G.

COURS
D'HISTOIRE MODERNE

II

HISTOIRE
DE LA CIVILISATION EN FRANCE

— TOME I —

HISTOIRE

DE LA

CIVILISATION

EN FRANCE

DEPUIS LA CHUTE DE L'EMPIRE ROMAIN

PAR

M. GUIZOT

MEMBRE DE L'ACADÉMIE FRANÇAISE

DEUXIÈME ÉDITION

revue et corrigée

TOME PREMIER

PARIS

DIDIER, LIBRAIRE-ÉDITEUR

35, QUAI DES AUGUSTINS

—

1840

HISTOIRE DE LA CIVILISATION EN FRANCE.

PREMIÈRE LEÇON.

Objet du cours. — Deux méthodes pour étudier avec détail l'histoire de la civilisation européenne. — Motifs pour étudier de préférence l'histoire d'une civilisation spéciale. — Motifs pour étudier celle de la France. — Des faits essentiels qui constituent la perfection de la civilisation. — Comparaison des grands peuples de l'Europe sous ce point de vue. — De la civilisation anglaise. — Allemande. — Italienne. — Espagnole. — Française. — La civilisation française est la plus complète, et celle qui représente le plus fidèlement la civilisation générale. — Qu'il s'agit, en l'étudiant, de tout autre chose que d'une simple étude. — De la tendance qui prévaut aujourd'hui dans l'ordre intellectuel — De la tendance qui prévaut dans l'ordre social. — Deux problèmes en résultent. — Leur contradiction apparente. — Notre temps est appelé à les résoudre. — Troisième problème, purement moral, également élevé par l'état actuel de la civilisation. — Reproches injustes dont elle est l'objet. — Nécessité de les prévenir. — Toute science aujourd'hui devient une puissance sociale. — Toute puissance doit travailler au perfectionnement moral de l'individu, aussi bien qu'à l'amélioration de la société.

MESSIEURS,

Plusieurs d'entre vous se rappellent l'objet et la nature du cours qui a fini, il y a quelques mois. Il a été très-général, très-rapide. J'ai essayé de faire, en très-peu de temps, passer devant vos yeux le tableau historique de la civilisation européenne. J'ai couru, pour ainsi dire, de sommité en sommité, me bornant presque constamment à des faits généraux et à des assertions, au risque de n'être pas toujours bien compris, ni peut-être cru.

La nécessité, vous le savez, Messieurs, m'avait imposé cette méthode; et, malgré la nécessité, je ne me serais qu'à grand'peine résigné à ses inconvénients, si je n'avais prévu que, dans les cours suivants, je pourrais y remédier; si je ne m'étais proposé, dès lors, de remplir un jour le cadre que je traçais, de vous faire arriver à ces résultats généraux que j'avais l'honneur de vous exposer, par la même voie qui m'y avait conduit, par une étude attentive et complète des faits. C'est le dessein que je viens essayer d'accomplir aujourd'hui.

Deux méthodes s'offrent à moi pour y réussir. Je pourrais recommencer le cours de l'été dernier, et reprendre l'histoire générale de la civilisation européenne dans son ensemble, en racontant avec détail ce que je n'ai pu exposer qu'en gros, en parcourant à pas lents la carrière que nous avons fournie presque sans respirer. Ou bien je pourrais étudier l'histoire de la civilisation dans l'un des principaux pays, chez l'un des grands peuples d'Europe où elle s'est développée, et borner ainsi le champ de mes recherches pour le mieux exploiter.

La première méthode, Messieurs, m'a paru offrir de graves inconvénients. Il serait difficile, pour ne pas dire impossible, de maintenir, dans une histoire si vaste, et qui doit être en même temps détaillée, d'y maintenir, dis-je, quelque unité. Nous avons reconnu, l'été dernier, qu'il y avait une véritable unité dans la civilisation européenne; mais cette unité n'éclate que dans les faits généraux, dans les grands résultats. Il faut s'élever au haut des montagnes pour voir disparaître les inégalités, les diversités du territoire, et découvrir l'aspect général, la physionomie essentielle et simple de tout le pays. Quand on sort des faits généraux, quand on veut pénétrer dans les particularités, l'unité s'efface, les diversités se retrouvent, on se perd dans la variété des événements, des causes, des effets; en sorte que, pour raconter l'histoire avec détail, et y conserver cependant quelque ensemble, il faut absolument en rétrécir le champ.

C'est aussi d'ailleurs une grande objection à cette méthode, que la prodigieuse étendue et la diversité des connaissances qu'elle exige et suppose, soit dans celui qui parle, soit dans ceux qui écoutent. Quiconque veut retracer un peu exactement le cours de la civilisation européenne doit avoir une connaissance assez approfondie, non-seulement des événements qui se sont passés chez les différents peuples, de leur histoire proprement dite, mais de leur langue, de leur littérature, de leur philosophie, enfin de toutes les faces de leur destinée; travail évidemment à peu près impossible, du moins pour le temps qui nous est accordé.

Il m'a paru, Messieurs, qu'en étudiant spécialement l'histoire de la civilisation dans l'un des grands pays de l'Europe, j'arriverais plus vite avec vous au résultat que nous cherchons. L'unité du récit, en effet, devient alors possible à concilier avec les détails; il y a dans tout pays une certaine unité nationale, qui résulte de la communauté des mœurs, des lois, de la langue, des événements, et qui s'est empreinte dans la civilisation. Nous pouvons suivre les faits pas à pas, sans perdre de vue l'ensemble. Enfin, il est, je ne veux pas dire facile, mais possible, de réunir les connaissances nécessaires pour un tel travail.

Je me suis donc décidé, Messieurs, à préférer cette seconde méthode, à abandonner l'histoire générale de la civilisation européenne chez tous les peuples qui ont concouru à sa formation, pour ne m'occuper avec vous que d'une civilisation particulière, qui puisse devenir pour nous, en tenant compte des différences, l'image de la grande destinée européenne.

Le choix de la méthode une fois fait, celui du pays ne m'a pas été difficile; j'ai pris l'histoire de la France, de la civilisation française. Je ne me défendrai certes pas d'avoir éprouvé, à ce choix, un sentiment de plaisir; toutes les émotions, toutes les susceptibilités du patriotisme sont légitimes; ce qui importe, c'est qu'elles soient avouées par la vérité, par la raison. Quelques personnes semblent craindre aujourd'hui que le patriotisme n'ait beaucoup à souffrir de l'étendue des sentiments et des idées qui naissent de l'état actuel de la civilisation européenne : on prédit qu'il ira s'énerver et se perdre dans le cosmopolitisme. Je ne saurais partager de telles craintes. Il en sera aujourd'hui de l'amour de la patrie comme de toutes les opinions, de toutes les actions, de tous les sentiments des hommes. Celui-là aussi est condamné, j'en conviens, à subir constamment l'épreuve de la publicité, de la discussion, de l'examen ; il est condamné à n'être plus un préjugé, une habitude, une passion aveugle et exclusive; il est condamné à avoir raison. Il ne périra point sous le poids de cette nécessité, Messieurs, pas plus que tous les sentiments naturels et légitimes ; il s'épurera, au contraire, il s'élèvera. Ce sont des épreuves qu'il aura à subir, il en sortira vainqueur. Je crois pouvoir l'affirmer : si une autre histoire en Europe m'avait paru plus grande, plus instructive, plus propre que celle de la France à représenter le cours de la civilisation générale, je l'aurais choisie. Mais j'ai raison de choisir la France : indépendamment de l'intérêt spécial que son histoire a pour nous, depuis longtemps l'opinion européenne proclame la France le pays le plus civilisé de l'Europe. Toutes les fois que la lutte ne s'engage pas entre les amours-propres nationaux, quand on cherche l'opinion réelle et désintéressée des peuples dans les idées, les actions où elle se manifeste indirectement et sans prendre la forme de la controverse, on reconnaît que la France est le pays dont la civilisation a paru la plus complète, la plus communicative, a le plus frappé l'imagination européenne.

Et qu'on ne croie pas, Messieurs, que cette prédominance de notre patrie tienne uniquement à l'agrément des relations sociales, à la douceur de nos mœurs, à cette vie facile et animée qu'on vient si souvent chercher dans notre pays. Cela y a sans doute quelque part ; mais le fait dont je parle a des causes plus générales et plus profondes : ce n'est point une mode aristocratique, comme on eût pu le croire quand il s'agissait de la civilisation du siècle de Louis XIV, ni une effervescence populaire, comme le spectacle de notre temps a pu le faire supposer. La préférence que l'opinion désintéressée de l'Europe accorde à la civilisation française est philosophiquement légitime ; c'est le résultat d'un jugement instinctif, confus sans doute, mais bien fondé, sur la nature de la civilisation en général, et ses véritables éléments.

Vous vous rappelez, j'espère, Messieurs, la définition que j'ai essayé de donner de la civilisation, en ouvrant le cours de l'été dernier. J'ai recherché quelles idées s'attachaient à ce mot, dans le bon sens commun des hommes. Il m'a paru que, de l'avis général, la civilisation consistait essentiellement dans deux faits : le développement de l'état social, et celui de l'état intellectuel ; le développement de la condition extérieure et générale, et celui de la nature intérieure et personnelle de l'homme ; en un mot, le perfectionnement de la société et de l'humanité.

Et non-seulement, Messieurs, ces deux faits constituent la civilisation ; mais leur simultanéité, leur intime et rapide union, leur action réciproque, sont indispensables à sa perfection. J'ai fait voir que s'ils n'arrivent pas toujours ensemble, si tantôt le développement de la société, tantôt celui de l'homme individuel, va plus vite et plus loin, ils n'en sont pas moins nécessaires l'un à l'autre, et se provoquent, s'amènent l'un l'autre, tôt ou tard. Quand ils vont longtemps l'un sans l'autre, quand leur union se fait longtemps attendre, le sentiment d'une pénible lacune, de l'incomplet, du regret, s'empare des spectateurs. Une grande amélioration sociale, un grand progrès du bien-être matériel, se manifestent-ils chez un peuple, sans être accompagnés d'un beau développement intellectuel, d'un progrès analogue dans les esprits; l'amélioration sociale semble précaire, inexplicable, presque illégitime. On lui demande quelles idées générales l'ont produite et la justifient, à quels principes elle se rattache. On veut se promettre qu'elle ne sera point limitée à quelques générations, à un certain territoire; qu'elle se communiquera, se répandra, deviendra la conquête de tous les peuples. Et comment l'amélioration sociale peut-elle se communiquer, se répandre, si ce n'est par les idées, sur l'aile des doctrines? Les idées seules se jouent des distances, passent les mers, se font partout comprendre et accueillir. Telle est, d'ailleurs, la noble nature de l'humanité, qu'elle ne saurait voir un grand développement de force matérielle, sans aspirer à la force morale qui doit s'y joindre et la dominer; quelque chose de subalterne demeure empreint dans le bien-être social, tant qu'il n'a pas porté d'autres fruits que le bien-être même, tant qu'il n'a pas élevé l'esprit de l'homme au niveau de sa condition.

Qu'en revanche il éclate quelque part un grand développement d'intelligence, et qu'aucun progrès social n'y paraisse attaché, on s'étonne, on s'inquiète. Il semble qu'on voie un bel arbre qui ne porte pas de fruits, un soleil qui n'échauffe pas, qui ne féconde pas. On prend une sorte de dédain pour des idées ainsi stériles, et qui ne s'emparent pas du monde extérieur. Et non-seulement on les prend en dédain, mais on finit par douter de leur légitimité rationnelle, de leur vérité; on est tenté de les croire chimériques quand elles se montrent impuissantes, et ne savent pas gouverner la condition humaine. Tant l'homme a le sentiment qu'il est chargé ici-bas de faire passer les idées dans les faits, de réformer, de régler le monde qu'il habite selon la vérité qu'il conçoit; tant les deux grands éléments de la civilisation, le développement intellectuel et le développement social, sont étroitement liés l'un à l'autre; tant il est vrai que sa perfection réside non-seulement dans leur union, mais dans leur simultanéité, dans l'étendue, la facilité, la rapidité avec laquelle ils s'appellent et se produisent mutuellement.

Essayons maintenant, Messieurs, de considérer de ce point de vue les différents pays de l'Europe; recherchons les caractères particuliers de la civilisation de chacun d'eux, et jusqu'à quel point ces caractères coïncident avec ce fait essentiel, fondamental, sublime, qui constitue maintenant pour nous la perfection de la civilisation. Nous arriverons par là à découvrir laquelle des diverses civilisations européennes est la plus complète, la plus conforme au type de la civilisation en général; laquelle, par conséquent, a les premiers droits à notre étude, et représente mieux l'histoire de l'Europe dans son ensemble.

Je commence par l'Angleterre. La civilisation anglaise a été particulièrement dirigée vers le perfectionnement social; vers l'amélioration de la condition extérieure et publique des hommes; vers l'amélioration non pas seulement de la condition matérielle, mais aussi de la condition morale; vers l'introduction de plus de justice dans la société, comme de plus de bien-être vers le développement du droit comme du bonheur. Cependant, à tout prendre, le développement de la société a été plus étendu, plus glorieux en Angleterre que celui de l'humanité; les intérêts, les faits sociaux y ont tenu plus de place, y ont exercé plus de puissance que les idées générales; la nation apparaît plus grande que l'homme individuel. Cela est si vrai, que les philosophes mêmes de l'Angleterre, les hommes qui semblent voués par profession au développement de l'intelligence pure, Bacon, Locke, les Écossais, appartiennent à l'école philosophique qu'on peut appeler pratique; ils s'inquiètent surtout des résultats immédiats et positifs; ils ne se confient ni aux élans de l'imagination, ni aux déductions de la logique : ils ont le génie du bon sens. Je porte mes regards sur les temps de la plus grande activité intellectuelle de l'Angleterre, sur les époques où il semble que les idées, le mouvement des esprits aient tenu le plus de place dans son histoire; je prends la crise politique et religieuse des xvie et xviie siècles. Personne n'ignore quel prodigieux mouvement a travaillé alors l'Angleterre. Quelqu'un pourrait-il me dire quel grand système philosophique, quelles grandes doctrines générales, et devenues européennes, ce mouvement a enfantés? Il a eu d'immenses et admirables résultats; il a fondé des droits, des mœurs; il a non-seulement puissamment agi sur les relations sociales, mais sur les ames; il a fait des sectes, des enthousiastes; il n'a guère élevé ni agrandi, directement du moins, l'horizon de l'esprit humain; il n'a point allumé un de ces grands flambeaux intellectuels qui éclairent toute une époque. Dans aucun pays, peut-être, les croyances religieuses n'ont possédé et ne possèdent encore aujourd'hui plus d'empire qu'en Angleterre; mais elles sont surtout pratiques; elles exercent une grande influence sur la conduite, le bonheur, les sentiments des individus; mais des résultats généraux et rationnels, des résultats qui s'adressent à l'intelligence humaine tout entière, elles en ont très-peu. Sous quelque point de vue que vous considériez cette civilisation, vous lui trouverez ce caractère essentiellement pratique, social. Je pourrais pousser ce développement beaucoup plus loin, je pourrais passer en revue toutes les parties de la société anglaise ; je serais partout frappé du même fait. Dans la littérature, par exemple, le mérite pratique domine encore. Il n'y a personne qui ne dise que les Anglais sont peu habiles à composer un livre, à le composer rationnellement et artistement tout ensemble, à en distribuer les parties, à en régler l'exécution de manière à frapper l'imagination du lecteur par cette perfection de l'art, de la forme, qui aspire surtout à satisfaire l'intelligence. Ce côté purement intellectuel des œuvres de l'esprit est le côté faible des écrivains anglais, tandis qu'ils excellent à convaincre par la clarté de l'exposition, par le retour fréquent des mêmes idées, par l'évidence du bon sens, dans tous les moyens enfin d'amener des effets pratiques.

Le même caractère est empreint dans la langue anglaise elle-même. Ce n'est point une langue systématique, régulière, rationnellement construite ; elle emprunte des mots de tous côtés, aux sources les plus diverses, sans s'inquiéter de la symétrie, de l'harmonie ; elle manque essentiellement de cette élégance, de cette beauté logique qui éclate dans le grec, dans le latin ; elle a je ne sais quelle apparence incohérente, grossière. Mais elle est riche, flexible, prête à tout, capable de suffire à tous les besoins de l'homme dans le cours extérieur de la vie. Partout le principe de l'utilité, de l'application, domine en Angleterre, et fait la physionomie comme la force de sa civilisation.

D'Angleterre je passe en Allemagne. Le développement de la civilisation a été ici lent et tardif ; la brutalité des mœurs allemandes a été proverbiale en Europe pendant des siècles. Cependant, quand, sous cette apparence si grossière, on recherche la marche comparative des deux éléments fondamentaux de la civilisation, on trouve que le développement intellectuel a toujours devancé et surpassé en Allemagne le développement social; que l'esprit humain y a prospéré beaucoup plus que la condition humaine. Comparez, au xvi° siècle, l'état intellectuel des réformateurs allemands, Luther, Mélanchton, Bucer et tant d'autres, comparez, dis-je, le développement d'esprit qui se révèle dans leurs travaux avec les mœurs contemporaines du pays, avec leurs propres mœurs : quelle inégalité! Au xvii° siècle, mettez les idées de Leibnitz, les études de ses disciples et des universités allemandes à côté des mœurs qui règnent non-seulement dans le peuple, mais dans les classes supérieures; lisez, d'une part, les écrits des philosophes; de l'autre, les mémoires qui peignent la cour de l'électeur de Brandebourg ou de Bavière : quel contraste! Quand nous arrivons à notre temps, le contraste est plus frappant encore : c'est un lieu commun aujourd'hui de dire qu'au delà du Rhin les idées et les faits, l'ordre intellectuel et l'ordre réel, sont presque entièrement séparés. Il n'y a personne qui ne sache quelle a été depuis cinquante ans l'activité de l'esprit en Allemagne; dans tous les genres, en philosophie, en histoire, en littérature, en poésie, il s'est avancé très-loin; on peut dire qu'il n'a pas toujours suivi les meilleures voies; on peut contester une partie des résultats auxquels il est arrivé; mais quant à l'énergie, à l'étendue du développement même, il est impossible de les contester. A coup sûr, l'état social, la condition publique, n'a point marché du même pied. Sans doute là aussi il y a eu progrès, amélioration; mais nulle comparaison n'est possible entre les deux faits. Aussi le caractère particulier de toutes les œuvres de l'esprit en Allemagne, de la poésie, de la philosophie, de l'histoire, est-il le défaut de connaissance du monde extérieur, l'absence du sentiment de la réalité : on reconnaît en les lisant que la vie, les faits, n'ont exercé sur ces hommes que bien peu d'influence, n'ont point préoccupé leur imagination ; ils ont vécu retirés en eux-mêmes, avec leurs idées, tour à tour enthousiastes ou logiciens. De même que le génie pratique éclate partout en Angleterre, de même la pure activité intellectuelle est le trait dominant de la civilisation allemande.

Nous ne trouverons, en Italie, ni l'un ni l'autre des deux caractères. La civilisation italienne n'a été ni essentiellement pratique, comme celle de l'Angleterre, ni presque exclusivement spéculative, comme celle de l'Allemagne; ni les grands développements de l'intelligence individuelle, ni l'habileté et l'activité sociale n'ont manqué à l'Italie, l'homme et la société s'y sont déployés avec éclat; les Italiens ont brillé, excellé à la fois dans les sciences pures, dans les arts, dans la philosophie, aussi bien que dans la pratique des affaires et de la vie. Depuis long-temps, il est vrai, l'Italie semble arrêtée dans l'un et l'autre progrès; la société et l'esprit humain y semblent énervés et paralysés; mais on sent, quand on y regarde de près, que ce n'est point l'effet d'une incapacité intérieure et nationale; c'est le dehors qui pèse sur l'Italie et l'arrête : elle est comme une belle fleur qui a envie d'éclore, et qu'une main froide et rude comprime de toutes parts. Ni la capacité intellectuelle ni la capacité politique n'ont péri en Italie; il lui manque ce qui lui a toujours manqué, ce qui est partout une des conditions vitales de la civilisation ; il lui manque la foi, la foi dans la vérité. Je voudrais me faire entendre exactement, et qu'on n'attribuât pas aux mots dont je me sers un autre sens que celui que j'y attache moi-même. J'entends ici, par la foi, cette confiance dans la vérité, qui fait que non-seulement on la tient pour vraie et que l'intelligence en est satisfaite, mais qu'on a confiance dans son droit de régner sur le monde, de gouverner les faits, et dans sa puissance pour y réussir. C'est par ce sentiment qu'une fois entré en possession de la vérité, l'homme se sent appelé à la faire passer dans les faits extérieurs, à les réformer, à les régler selon la raison. Eh bien ! c'est ce qui a manqué presque généralement à l'Italie; elle a été féconde en grands esprits, en idées générales; elle a été couverte d'hommes d'une rare habileté pratique, versés dans l'intelligence de toutes les conditions de la vie extérieure, dans l'art de conduire et de manier la société; mais ces deux classes d'hommes et de faits sont demeurées étrangères l'une à l'autre. Les hommes à idées générales, les esprits spéculatifs ne se sont point cru la mission ni peut-être le droit d'agir sur la société ; confiants même dans la vérité de leurs principes, ils ont douté de leur puissance. D'autre part, les hommes d'affaires, les maîtres de la société n'ont tenu presque aucun compte des idées générales ; ils n'ont presque jamais ressenti aucune envie de régler, selon certains principes, les faits placés sous leur empire. Les uns et les autres ont agi comme si la vérité n'était bonne qu'à connaître, et n'avait rien à demander ni à faire de plus. C'est là, au xve siècle comme plus tard, le côté faible de la civilisation de l'Italie ; c'est là ce qui a frappé d'une sorte de stérilité et son génie spéculatif et son habileté pratique ; les deux puissances n'y ont point vécu en confiance réciproque, en correspondance, en action et en réaction continuelles.

Il y a un autre grand pays dont en vérité je parle par égard, par respect pour un peuple noble et malheureux, plutôt que par nécessité ; je veux dire l'Espagne. Ni les grands esprits, ni les grands événements, n'ont manqué à l'Espagne ; l'intelligence et la société humaine y ont apparu quelquefois dans toute leur gloire ; mais ce sont des faits isolés, jetés çà et là dans l'histoire espagnole, comme des palmiers sur les sables. Le caractère fondamental de la civilisation, le progrès, le progrès général, continu, semble refusé, en Espagne, tant à l'esprit humain qu'à la société. C'est une immobilité solennelle, ou des vicissitudes sans fruit. Cherchez une grande idée ou une grande amélioration sociale, un système philosophique ou une institution féconde, que l'Europe tienne de l'Espagne; il n'y en a point : ce peuple a été isolé en Europe; il en a peu reçu et lui a peu donné. Je me serais reproché d'omettre son nom ; mais sa civilisation est de peu d'importance dans l'histoire de la civilisation européenne.

Vous le voyez, Messieurs, le fait fondamental, le fait sublime de la civilisation en général, l'union intime, rapide, le développement harmonique des idées et des faits, de l'ordre intellectuel et de l'ordre réel, ne se reproduisent dans aucun des quatre grands pays que nous venons de parcourir. Quelque chose d'essentiel leur manque à tous, en fait de civilisation ; aucun n'en offre l'image à peu près complète, le type pur, dans toutes ses conditions, avec tous ses grands caractères.

Il en est, je crois, autrement de la France. En France, le développement intellectuel et le développement social n'ont jamais manqué l'un à l'autre. L'homme et la société y ont toujours marché et grandi, je ne dirai pas de front et également, mais à peu de distance l'un de l'autre. A côté des grands événements, des révolutions, des améliorations publiques, on aperçoit toujours, dans notre histoire, des idées générales, des doctrines qui leur correspondent. Rien ne s'est passé dans le monde réel, dont l'intelligence ne se soit à l'instant saisie, et n'ait tiré pour son propre compte une nouvelle richesse; rien, dans le domaine de l'intelligence, qui n'ait eu dans le monde réel, et presque toujours assez vite, son retentissement et son résultat. En général même, les idées en France ont précédé et provoqué les progrès de l'ordre social ; ils se sont préparés dans les doctrines avant de s'accomplir dans les choses, et l'esprit a marché le premier dans la route de la civilisation. Ce double caractère d'activité intellectuelle et d'habileté pratique, de méditation et d'application, est empreint dans tous les grands événements de l'histoire de France, dans toutes les grandes classes de la société française, et leur donne une physionomie qui ne se retrouve point ailleurs.

Au commencement du xiie siècle, par exemple, éclate le mouvement d'affranchissement des communes, grand progrès, à coup sûr, de la condition sociale ; en même temps se manifeste un vif élan vers l'affranchissement de la pensée. J'ai indiqué ce fait l'été dernier. Abailard est contemporain des bourgeois de Laon et de Vezelay. La première grande lutte des libres penseurs, contre le pouvoir absolu dans l'ordre intellectuel, est contemporaine de la lutte des bourgeois pour la liberté publique. Ces deux mouvements, à la vérité, étaient en apparence fort étrangers l'un à l'autre : les philosophes avaient très-mauvaise opinion des bourgeois insurgés, qu'ils traitaient de barbares ; et les bourgeois, à leur tour, quand ils en entendaient parler, regardaient les philosophes comme des hérétiques. Mais le double progrès n'en est pas moins simultané.

Sortez du xiie siècle, prenez un des établissements qui ont joué le plus grand rôle dans l'histoire de l'esprit en France, l'Université de Paris. Personne n'ignore quels ont été, à dater du xiii^e

siècle, ses travaux scientifiques ; c'était le premier établissement de ce genre en Europe. Aucun autre n'a eu en même temps une existence politique aussi importante, aussi active. L'Université de Paris s'est associée à la politique des rois, à toutes les luttes du clergé français contre la cour de Rome, du clergé contre le pouvoir temporel ; des idées se développaient, des doctrines s'établissaient dans son sein ; elle travaillait presque aussitôt à les faire passer dans le monde extérieur. Ce sont les principes de l'Université de Paris qui ont servi de drapeau aux tentatives des conciles de Constance et de Bâle; qui ont fait faire et soutenu la pragmatique-sanction de Charles VII. L'activité intellectuelle et l'influence positive ont été inséparables pendant des siècles dans cette grande école. Passons au xvie siècle ; jetons un coup d'œil sur l'histoire de la réforme en France : un caractère la distingue ; elle a été plus savante, aussi savante, du moins, et plus modérée, plus raisonnable que partout ailleurs. La principale lutte d'érudition et de doctrine, contre l'Église catholique, a été soutenue par la réforme française; c'est en France ou en Hollande, et toujours en français, qu'ont été écrits tant d'ouvrages philosophiques, historiques, polémiques, à l'appui de cette cause ; ni l'Allemagne, ni l'Angleterre, à coup sûr, n'y ont employé, à cette époque, plus d'esprit et de science ; et, en même temps, la réforme française est restée étrangère aux écarts des anabaptistes allemands, des sectaires anglais; elle a rarement manqué de prudence pratique, et pourtant on ne peut douter de l'énergie et de la sincérité de ses croyances, car elle a résisté longtemps aux plus rudes revers.

Dans les temps modernes, aux xvii⁵ et xviii⁵ siècles, l'intime et rapide union des idées et des faits, le développement correspondant de la société et de l'homme, sont si visibles, que ce n'est pas la peine d'insister.

Voilà donc quatre ou cinq grandes époques, quatre ou cinq grands événements dans lesquels le caractère particulier de la civilisation française est empreint. Prenons les diverses classes de notre société ; regardons leurs mœurs, leur physionomie : le même fait nous frappera. Le clergé de France est à la fois docte et actif, associé à tous les travaux intellectuels et à toutes les affaires du monde, raisonneur, érudit et administrateur; il ne se voue exclusivement, pour ainsi dire, ni à la religion, ni à la science, ni à la politique, mais s'applique constamment à les allier et à les concilier. Les philosophes français offrent aussi un rare mélange de spéculation et d'intelligence pratique ; ils méditent profondément, hardiment; ils cherchent la vérité pure, sans aucune vue d'application ; mais ils conservent toujours le sentiment du monde extérieur, des faits au milieu desquels ils vivent; ils s'élèvent très-haut, mais sans perdre la terre de vue. Montaigne, Descartes, Pascal, Bayle, presque tous les grands philosophes de la France, ne sont ni de purs logiciens, ni des enthousiastes. L'été dernier, à cette même place, vous avez entendu leur éloquent interprète caractériser le génie de Descartes, à la fois homme du monde et de la science : « net, ferme, résolu, assez téméraire, » pensant dans son cabinet avec la même intrépi- » dité qu'il se battait sous les murs de Prague ; » ayant goût au mouvement de la vie comme à l'activité de la pensée. Nos philosophes n'ont pas tous possédé le génie, ni mené la destinée aventureuse de Descartes ; mais presque tous ont en même temps recherché la vérité et compris le monde, habiles tout ensemble à observer et à méditer.

Enfin, Messieurs, quel trait caractérise particulièrement, dans l'histoire de France, la seule classe d'hommes qui y ait joué un rôle vraiment public, la seule qui ait tenté de faire pénétrer le pays dans son gouvernement, de donner au pays un gouvernement légal, la magistrature française et le barreau, les parlements et tout ce qui les entourait ? N'est-ce pas précisément ce mélange de doctrine et de sagesse pratique, de respect pour les idées et pour les faits, de science et d'application ? Dans toutes les carrières où s'exerce l'intelligence pure, dans l'érudition, la philosophie, la littérature, l'histoire, partout vous rencontrez les parlementaires, le barreau français ; et, en même temps, ils ont pris part à toutes les affaires publiques et privées ; ils ont eu la main dans tous les intérêts réels et positifs de la société.

En quelque sens qu'on regarde et retourne la France, on lui trouvera ce double caractère ; les deux faits essentiels de la civilisation s'y sont développés dans une étroite correspondance ; jamais l'homme n'y a manqué de grandeur individuelle, ni sa grandeur individuelle de conséquence et d'utilité publique. On a beaucoup parlé, surtout depuis quelque temps, du bon sens comme d'un trait distinctif du génie français. Il est vrai; mais ce n'est point un bon sens purement pratique, uniquement appliqué à réussir dans ses entreprises ; c'est un bon sens élevé, étendu, un bon sens philosophique, qui pénètre au fond des idées, et les comprend et les juge dans toute leur portée, en même temps qu'il tient compte des faits extérieurs. Ce bon sens, c'est la raison ; l'esprit français est à la fois rationnel et raisonnable.

La France a donc cet honneur, Messieurs, que sa civilisation reproduit, plus fidèlement qu'aucune autre, le type général, l'idée fondamentale de la civilisation. C'est la plus complète, la plus vraie, la plus civilisée, pour ainsi dire. Voilà ce qui lui a valu le premier rang dans l'opinion désintéressée de l'Europe. La France s'est montrée en même temps intelligente et puissante, riche en idées et en forces au service des idées. Elle s'est adressée, à la fois, à l'esprit des peuples et à leur désir d'amélioration sociale ; elle a remué les imaginations et les ambitions ; elle a paru capable de découvrir la vérité et de la faire prévaloir. A ce double titre, elle a été populaire; car c'est là le double besoin de l'humanité.

Nous avons donc bien le droit, Messieurs, de regarder la civilisation française comme la première à étudier, comme la plus importante et la plus féconde. Il faudra l'étudier sous le double aspect sous lequel je viens de la présenter, dans le développement social et dans le développement intellectuel; il faudra y chercher le progrès des idées, des esprits, de l'homme intérieur, individuel, et celui de la condition extérieure et générale. En la considérant ainsi, il n'y a pas, dans l'histoire générale de l'Europe, un grand événement, une grande question que nous ne rencontrions dans la nôtre. Nous atteindrons ainsi le but historique et scientifique que nous nous sommes proposé; nous assisterons au spectacle de la civilisation européenne, sans nous perdre dans le nombre et la variété des scènes et des acteurs.

Mais il s'agit pour nous, Messieurs, de quelque chose de plus, et de plus important qu'un spectacle, et même qu'une étude; si je ne me trompe, nous venons chercher ici autre chose que du savoir. Le cours de la civilisation, et en particulier celui de la civilisation française, a élevé un grand problème, un problème particulier à notre temps, dans lequel l'avenir tout entier est intéressé, non-seulement notre avenir, mais celui de l'humanité, et que nous sommes peut-être, nous, c'est-à-dire notre génération, spécialement appelés à résoudre.

Quel est l'esprit qui prévaut aujourd'hui dans l'ordre intellectuel, dans la recherche de la vérité, quel qu'en soit l'objet? Un esprit de rigueur, de prudence, de réserve; l'esprit scientifique, la méthode philosophique. Elle observe soigneusement les faits, et ne se permet les généralisations que lentement, progressivement, à mesure que les faits sont connus. Cet esprit domine évidemment, depuis plus d'un demi-siècle, dans les sciences qui s'occupent du monde matériel; il a fait leurs progrès et leur gloire. Il tend aujourd'hui à pénétrer de plus en plus dans les sciences du monde moral, dans la politique, l'histoire, la philosophie. Partout la méthode scientifique s'étend et s'affermit; partout on sent la nécessité de prendre les faits pour base et pour règle; on est persuadé qu'ils sont la matière de la science, qu'aucune idée générale ne peut avoir de valeur réelle si elle n'est sortie du sein des faits, si elle ne s'en nourrit constamment à mesure qu'elle grandit. Les faits sont maintenant, dans l'ordre intellectuel, la puissance en crédit.

Dans l'ordre réel, dans le monde social, dans le gouvernement, l'administration, l'économie politique, une autre direction se manifeste; là prévaut l'empire des idées, du raisonnement, des principes généraux, de ce qu'on appelle les théories. Tel est évidemment le caractère de la grande révolution qui s'est opérée de notre temps, de tous les travaux du xviiie siècle; et ce caractère n'appartient pas seulement à une crise, à une époque de destruction passagère; c'est aussi le caractère permanent, régulier, paisible, de l'état social qui se fonde ou s'annonce de toutes parts. Cet état repose sur la discussion et la publicité, c'est-à-dire sur l'empire de la raison publique, des doctrines, des convictions communes à tous. D'une part, jamais les faits n'ont tenu tant de place dans la science; de l'autre, jamais les idées n'ont joué dans le monde un si grand rôle.

Il en était bien autrement jadis, Messieurs, il y a cent ans : dans l'ordre intellectuel, dans la science proprement dite, les faits étaient mal étudiés, peu respectés ; le raisonnement et l'imagination se donnaient libre carrière ; on se livrait à l'élan des hypothèses ; on se hasardait sans autre guide que le fil des déductions. Dans l'ordre politique, au contraire, dans le monde réel, les faits étaient tout-puissants, et passaient presque pour naturellement légitimes. On ne se hasardait guère à les contester, même quand on s'en plaignait ; la sédition était plus commune que la hardiesse de la pensée, et l'esprit eût été mal venu à réclamer, pour une idée, au nom de la vérité seule, quelque part aux affaires d'ici-bas.

Le cours de la civilisation a donc renversé l'ancien état de choses : elle a amené l'empire des faits où dominait le libre mouvement de l'esprit, et l'influence des idées où régnait presque exclusivement l'autorité des faits.

Cela est si vrai, que ce résultat est empreint, et fortement empreint, jusque dans les reproches dont la civilisation actuelle est l'objet. Ses adversaires parlent-ils de l'état actuel de l'esprit humain, de la direction de ses travaux; ils l'accusent de sécheresse, de petitesse. Cette méthode rigoureuse, positive, cet esprit scientifique abaisse, disent-ils, les idées, glace l'imagination, ôte à l'intelligence sa grandeur, sa liberté, la rétrécit et la matérialise. S'agit-il de l'état des sociétés, de ce qui s'y tente, de ce qui s'y fait; on poursuit des chimères, on s'embarque sur la foi des théories; ce sont les faits qu'il faut étudier, respecter, chérir; il ne faut croire qu'à l'expérience. En sorte que la civilisation actuelle est accusée à la fois de sécheresse et de rêverie, d'hésitation et de précipitation, de timidité et de témérité. Comme philosophes, nous rampons terre à terre; comme politiques, nous tentons l'entreprise d'Icare, et nous aurons le même sort.

C'est ce double reproche, ou, pour mieux dire, ce double péril, Messieurs, que nous avons à repousser. Nous sommes chargés, en effet, de résoudre le problème qui y donne lieu. Nous sommes chargés de faire prévaloir de plus en plus dans l'ordre intellectuel l'empire des faits, dans l'ordre social l'empire des idées; de gouverner de plus en plus notre raison selon la réalité, la réalité selon notre raison; de maintenir à la fois la rigueur de la méthode scientifique, et le légitime empire de l'intelligence. Il n'y a rien là de contradictoire, tant s'en faut; c'est, au contraire, le résultat naturel, nécessaire, de la situation de l'homme comme spectateur au milieu du monde, et de sa mission comme acteur sur le monde. Je ne suppose rien, Messieurs, je n'explique point; je décris ce qui est. Nous sommes jetés dans un monde que nous n'avons point créé ni inventé; nous le trouvons, nous le regardons; nous l'étudions : il faut bien que nous le prenions comme un fait, car il subsiste hors de nous, indépendamment de nous ; c'est sur des faits que notre esprit s'exerce, il n'a que des faits pour matériaux ; et quand il en découvre les lois générales, ces lois sont elles-mêmes des faits qu'il constate. Ainsi le veut notre situation comme spectateurs. Comme acteurs, nous faisons autre chose : quand nous avons observé les faits extérieurs, leur connaissance développe en nous des idées qui leur sont supérieures ; nous nous sentons appelés à réformer, à perfectionner, à régler ce qui est ; nous nous sentons capables d'agir sur le monde, d'y étendre le glorieux empire de la raison. C'est là la mission de l'homme : comme spectateur, il est soumis aux faits ; comme acteur, il s'en empare, et leur imprime une forme plus régulière, plus pure. Je le disais donc tout-à-l'heure à bon droit : il n'y a rien de contradictoire dans le problème que nous avons à résoudre. Il est très-vrai qu'un double péril est attaché à cette double tâche ; en étudiant les faits, l'intelligence peut s'en laisser écraser ; elle peut s'abaisser, se rétrécir, se matérialiser ; elle peut croire qu'il n'y a de faits que ceux qui la frappent au premier coup d'œil, qui nous touchent de près, qui tombent, comme on dit, sous nos sens : grande et grossière erreur, Messieurs ; il y a des faits éloignés, immenses, obscurs, sublimes, très-difficiles à atteindre, à observer, à décrire, et qui n'en sont pas moins des faits, et que l'homme n'est pas moins obligé d'étudier et de connaître ; et s'il les méconnaît ou s'il les oublie, sa pensée, en effet, en sera prodigieusement abaissée, et toute sa science portera l'empreinte de cet abaissement. Il se peut, d'autre part, que l'ambition de l'esprit humain, dans son action sur le monde réel, soit emportée, excessive, chimérique; qu'il s'égare en poursuivant trop loin et trop vite l'empire de ses idées sur les choses. Mais que prouve ce double péril, sinon la double mission qui le fait naître? et il faudra bien que la mission s'accomplisse, que le problème soit résolu; car l'état actuel de la civilisation le pose clairement, et ne permet pas qu'on le perde de vue. Aujourd'hui, quiconque dans la recherche de la vérité s'écartera de la méthode scientifique, ne prendra pas l'étude des faits pour base de tout développement intellectuel; et quiconque, dans l'administration de la société, ne saura pas tenir compte des principes, des idées générales, des doctrines, n'obtiendra aucun succès durable, sera sans pouvoir réel; car le pouvoir, le succès, rationnel ou social, sont maintenant attachés à la conformité de nos travaux avec ces deux lois de l'activité humaine, ces deux tendances de la civilisation.

Ce n'est pas tout, Messieurs, et nous avons encore un bien autre problème à résoudre. Des deux que je viens de poser, l'un est scientifique, l'autre social; l'un intéresse l'intelligence pure, l'étude de la vérité; l'autre, l'application des résultats de cette étude au monde extérieur. Il en est un troisième qui naît également de l'état actuel de la civilisation, et nous est également imposé; un problème moral, qui se rapporte non plus à la science, non plus à la société, mais au développement intérieur de chacun de nous, au mérite, à la valeur de l'homme individuel.

Outre les reproches que je viens de rappeler, et dont notre civilisation est l'objet, on l'accuse d'exercer sur notre nature morale une funeste influence. On dit que, par son esprit incessamment raisonneur, par sa manie de tout discuter, de tout mesurer, de tout réduire à une valeur précise et certaine, elle refroidit, dessèche, concentre l'ame humaine; qu'à force de prétendre à ne se tromper sur rien, à repousser toute illusion, tout abandon de la pensée, à savoir le véritable prix de toutes choses, on finira par se dégoûter de toutes choses et ne plus tenir qu'à soi. On dit en même temps que, par la douceur actuelle de la vie, par la facilité et l'agrément des relations sociales, par la sécurité qui règne en général dans la société, les ames s'amollissent, s'énervent; qu'en même temps qu'on apprend à ne tenir qu'à soi, on s'accoutume à tenir, pour soi-même, à tout, à ne savoir se passer de rien, rien souffrir, rien sacrifier. En un mot, on prétend que l'égoïsme d'une part, la mollesse de l'autre, la sécheresse des mœurs et leur faiblesse, sont des résultats naturels, probables de l'état actuel de la civilisation; que le dévouement et l'énergie, les deux grandes puissances comme les deux grandes vertus de l'homme, et qui ont brillé dans des temps que nous appelons barbares, manquent et manqueront de plus en plus aux temps que nous appelons civilisés, et particulièrement au nôtre.

Il serait aisé, je crois, Messieurs, de repousser ce double reproche, et d'établir : 1° en thèse générale, que l'état actuel de la civilisation, considéré au fond et dans son ensemble, ne doit nullement, selon les probabilités morales, avoir pour résultats dominants l'égoïsme et la mollesse; 2° en fait, que ni le dévouement, ni l'énergie, n'ont manqué au besoin, aux temps modernes, aux peuples civilisés. Mais la question me mènerait loin, et il faut finir. Il est vrai : l'état actuel de la civilisation impose au dévouement et à l'énergie morale, comme au patriotisme dont je parlais en commençant, comme à tous les mérites, à tous les sentiments de l'homme, une difficulté de plus. Ces grandes facultés de notre nature se sont souvent déployées un peu au hasard, d'une manière irréfléchie, sans s'inquiéter beaucoup du motif, et, s'il est permis de le dire, à tort et à travers. Elles seront désormais tenues d'avoir raison; la légitimité des motifs et l'utilité des résultats seront exigées de leurs actes. Sans doute, c'est un poids de plus que la nature humaine aura à soulever pour se déployer dans sa grandeur. Elle le soulèvera, Messieurs; jamais la nature humaine n'a manqué à ce que les circonstances ont exigé d'elle; plus on lui demande, plus elle donne; sa richesse croît avec sa dépense. L'énergie et le dévouement se puiseront à d'autres sources, se manifesteront sous d'autres formes. Sans doute, nous ne possédons pas encore pleinement les idées générales, les convictions intimes qui doivent les inspirer : les croyances qui répondent à nos mœurs sont faibles encore, obscures, chancelantes : des principes de dévouement et d'énergie, qui agissaient jadis, sont maintenant sans vertu, car ils ont perdu notre confiance. Il faut que nous cherchions, que nous découvrions ceux qui peuvent s'emparer fortement de nous, nous convaincre et nous émouvoir en même temps. Ceux-là inspireront le dévouement et l'énergie ; ceux-là entretiendront les ames dans cet état d'activité désintéressée et de fermeté simple qui est la santé morale. Les mêmes progrès qui nous imposent cette nécessité nous fourniront de quoi y suffire.

Vous le voyez, Messieurs ; dans les études que nous venons faire, il s'agit pour nous de bien autre chose que de savoir ; le développement intellectuel ne peut, ne doit pas rester aujourd'hui un fait isolé ; nous avons à en tirer, pour notre pays, de nouveaux moyens de civilisation ; pour nous-mêmes, une régénération morale. La science est belle, sans doute, et vaut bien, à elle seule, les travaux de l'homme ; mais elle est mille fois plus belle quand elle devient une puissance et enfante la vertu. C'est là, Messieurs, ce que nous avons à en faire : découvrir la vérité ; la réaliser au dehors, dans les faits extérieurs, au profit de la société ; la faire tourner, au dedans de nous, en croyances capables de nous inspirer le désintéressement et l'énergie morale, qui sont la force et la dignité de l'homme dans ce monde : voilà notre triple tâche, voilà où notre travail doit aboutir ; travail difficile et lent, et qui s'étend, au lieu de prendre fin, par le succès. Mais, en aucune chose peut-être, il n'est donné à l'homme d'arriver au but ; sa gloire est d'y marcher.

DEUXIÈME LEÇON.

Nécessité de lire une histoire de France générale avant d'étudier celle de la civilisation.—De l'ouvrage de M. de Sismondi.—Pourquoi il faut étudier l'état politique avant l'état moral, la société avant l'homme. —De l'état social de la Gaule au ve siècle. — Des monuments originaux et des ouvrages modernes qui le font connaître. — Différence de la société civile et de la société religieuse à cette époque. — Administration impériale de la Gaule.— Des gouverneurs de provinces.—De leurs bureaux.— De leur traitement. — Utilité et vices de cette administration. — Chute de l'Empire romain. — De la société gauloise. — 1° Des sénateurs. — 2° Des curiales.— 3° Du peuple. — 4° Des esclaves. — Relations publiques de ces diverses classes. — Décadence et impuissance de la société civile gauloise. — Ses causes.—Le peuple se rallie à la société religieuse.

Messieurs,

Permettez qu'avant d'entrer dans l'histoire de la civilisation française, j'engage ceux d'entre vous qui se proposent d'en faire une étude sérieuse, à lire avec attention une grande histoire de France, qui puisse, en quelque sorte, servir de cadre aux faits et aux idées que nous aurons à y placer. Je ne vous raconterai pas les événements proprement dits; cependant, il est indispensable que vous les connaissiez. De toutes les histoires de France que je pourrais vous indiquer, la meilleure est, sans contredit, celle de M. de Sismondi. Elle n'est point encore terminée; les douze volumes publiés ne vont que jusqu'à la fin du règne de Charles VI ; mais, à coup sûr, nos études de cette année ne dépasseront pas ce terme. Je n'ai garde de prétendre discuter ici les mérites et les défauts de l'ouvrage de M. de Sismondi. Cependant j'ai besoin de vous dire en quelques mots ce que vous y trouverez surtout, ce que je vous conseille spécialement d'y chercher. Considérée comme exposition critique des institutions, du développement politique, du gouvernement de la France, l'*histoire des Français* est incomplète, et laisse, je crois, quelque chose à désirer ; dans les volumes qui ont paru, les deux époques les plus importantes pour la destinée politique de la France, le règne de Charlemagne et celui de saint Louis, sont au nombre, peut-être, des plus faibles parties du livre. Comme histoire du développement intellectuel, des idées, quelque chose manque également à la profondeur des recherches et à l'exactitude des résultats. Mais, soit comme récit des événements, soit comme tableau des vicissitudes de l'état social, des rapports des différentes classes entre elles, et de la formation progressive de la nation française, l'ouvrage est très-distingué, et vous y puiserez une riche et solide instruction. Peut-être y souhaiterez-vous encore un peu plus d'impartialité et de liberté dans l'imagination ; peut-être la rédaction des événements et des opinions contemporaines s'y laisse-t-elle quelquefois trop entrevoir : ce n'en est pas moins un vaste et beau travail, infiniment supérieur à tous ceux qui l'ont précédé ; et vous serez, en le lisant avec attention, très-bien préparés aux études que nous avons à faire en commun.

Je me propose, Messieurs, à mesure que nous aborderons, soit une époque particulière, soit une crise de la société française, de vous indiquer et les monuments originaux qui nous en restent, et les principaux ouvrages modernes qui en ont déjà traité. Vous pourrez ainsi éprouver vous-mêmes, au creuset de vos propres études, les résultats que j'essaierai de vous présenter.

Vous vous rappelez que je me suis promis de considérer la civilisation dans son ensemble, comme développement social et comme développement moral, dans l'histoire des relations des hommes et dans celle des idées : j'étudierai donc chaque époque sous ce double point de vue. Je commencerai toujours par l'étude de l'état social. Ce n'est pas, à vrai dire, commencer par le commencement : l'état social dérive, entre beaucoup de causes, de l'état moral des peuples; les croyances, les sentiments, les idées, les mœurs précèdent la condition extérieure, les relations sociales, les institutions politiques; la société, sauf une réaction nécessaire et puissante, est ce que la font les hommes. Il faudrait donc, pour se conformer à la vraie chronologie, à la chronologie interne et morale, étudier les hommes avant la société. Mais l'ordre historique véritable, l'ordre dans lequel les faits se succèdent et s'engendrent réciproquement, diffère essentiellement de l'ordre scientifique, de l'ordre dans lequel il convient de les étudier. Dans la réalité, les faits se développent, pour ainsi dire, du dedans au dehors ; les causes sont intérieures, et produisent les effets extérieurs. L'étude, au contraire, la science, procède et doit procéder du dehors au dedans. C'est du dehors qu'elle est d'abord frappée ; c'est le dehors qu'elle atteint du premier coup, et c'est en le regardant qu'elle avance, pénètre et arrive, par degrés, au dedans.

Nous rencontrons ici, Messieurs, la grande question, la question si souvent et si bien traitée, mais non encore épuisée peut-être, des deux méthodes, l'analyse et la synthèse. Celle-ci est la méthode primitive, la méthode de création : l'autre est la méthode de seconde date, la méthode scientifique. Si la science voulait procéder suivant la méthode de création, si elle prétendait saisir les faits dans l'ordre suivant lequel ils se reproduisent, elle courrait grand risque, pour ne pas dire plus, de ne se point placer en débutant à la source pleine et pure des choses, de n'en pas embrasser le principe tout entier, de ne se prendre qu'à l'une des causes d'où les effets dérivent ; et, engagée alors dans une voie étroite et fausse, elle s'égarerait de plus en plus ; et au lieu d'arriver à la création véritable, au lieu de trouver les faits tels qu'ils se produisent réellement, elle n'enfanterait que des chimères sans valeur, malgré la puissance intellectuelle qu'on aurait dépensée à les poursuivre, mesquines au fond, sous une apparence de grandeur.

D'autre part, si la science, en procédant du dehors au dedans, selon la méthode qui lui est propre, oubliait que ce n'est point là la méthode primitive et féconde, que les faits en eux-mêmes subsistent et se développent dans un autre ordre que celui où elle les voit, elle pourrait arriver à oublier que les faits la précèdent, à méconnaître le fond même des choses, à s'éblouir d'elle-même, à se prendre, en quelque sorte, pour la réalité, et à n'être bientôt plus qu'une combinaison d'apparences et de termes, aussi vaine, aussi trompeuse que les hypothèses et les déductions de la méthode contraire.

Il importe, Messieurs, de ne jamais perdre de vue cette distinction et ses conséquences ; nous les rencontrerons plus d'une fois sur notre chemin.

Quand j'ai essayé, l'été dernier, de démêler, dans le berceau de la civilisation européenne, ses éléments primitifs et essentiels, j'y ai trouvé, d'une part, le monde romain, de l'autre, les Barbares. Il faut donc, pour commencer, dans quelque portion de l'Europe que ce soit, l'étude de la civilisation moderne, étudier d'abord l'état de la société romaine au moment où l'Empire romain est tombé, c'est-à-dire vers la fin du IVe et au commencement du Ve siècle. Cette étude est particulièrement nécessaire quand il s'agit de la France. Toute la Gaule, en effet, était soumise à l'Empire ; et sa civilisation, dans le midi surtout, était complètement romaine. Dans l'histoire de l'Angleterre ou de l'Allemagne, Rome tient moins de place ; leur civilisation, dans son origine, n'a pas été romaine, mais germanique ; ce n'est guère que plus tard qu'elles ont vraiment subi l'influence des lois, des idées, des traditions de Rome. Il en est autrement de notre civilisation; elle est romaine dès ses premiers pas. Elle a de plus ce caractère particulier qu'elle a puisé aux deux sources de la civilisation européenne générale. La Gaule était située sur la limite du monde romain et du monde germanique. Le midi de la Gaule a été essentiellement romain, le nord essentiellement germanique; les mœurs, les institutions, les influences germaniques ont dominé dans le nord de la Gaule; les mœurs, les institutions, les influences romaines, dans le midi. Nous retrouvons déjà ici ce caractère de la civilisation française, que j'ai essayé de faire ressortir à notre dernière réunion : c'est qu'elle est l'image la plus complète, la plus fidèle de la civilisation européenne dans son ensemble. La civilisation de l'Angleterre et de l'Allemagne est surtout germanique; celle de l'Espagne et de l'Italie, surtout romaine; celle de la France est la seule qui participe presque également des deux origines, qui reproduise, dès son début, la complexité, la variété des éléments de la société moderne.

L'état social de la Gaule à la fin du IVe et au commencement du Ve siècle, c'est donc là le premier objet de notre étude. Voici quels sont, d'un côté, les grands monuments originaux, de l'autre, les principaux ouvrages modernes, que je vous engage à consulter.

Parmi les monuments originaux, le plus important est, sans contredit, le code Théodosien. Montesquieu n'a pas dit formellement, mais il a eu l'air de croire¹ que ce code était, au ve siècle, toute la loi romaine, l'ensemble de la législation romaine. Il n'en est rien. Le code Théodosien est un recueil des constitutions des empereurs depuis Constantin jusqu'à Théodose-le-Jeune, publié par ce dernier en 438. Indépendamment de ces constitutions, les anciens sénatus-consultes, les anciens plébiscites, la loi des douze tables, les édits des préteurs, enfin les opinions des jurisconsultes, faisaient partie du droit romain. Tout récemment même, et par une constitution de Valentinien III, en 426, cinq des grands jurisconsultes, Papinien, Ulpien, Paul, Gaïus et Modestin, avaient reçu expressément force de loi. Cependant il est vrai de dire que, sous le point de vue pratique, le code Théodosien était la loi la plus importante de l'Empire; c'est aussi le monument qui répand le plus de lumières sur cette époque².

Le second document original est la *Notitia Imperii romani*, véritable almanach impérial du ve siècle, qui contient le tableau de tous les fonctionnaires de l'Empire, de toute l'administration, de tous les rapports du gouvernement avec les sujets³. La *Notitia* a été savamment commentée par le jurisconsulte Pancirole; nul ouvrage ne contient autant de faits singuliers et curieux sur l'état intérieur de cette société.

---

¹ *Esprit des Lois*, liv. xxviii, chap. 4.

² Six vol. in-fol., avec les Commentaires de J. Godefroy.—Édit. de Ritter.—Leipzig, 1738.

³ La meilleure édition est celle qui se trouve dans le tome vii des *Antiquités romaines* de Graevius.

Enfin, je citerai comme troisième source originale les grandes collections des actes des conciles. Il y en a deux : la collection des conciles tenus dans les Gaules, publiée par le père Sirmond [1], avec un volume de supplément de Lalande [2], et la collection générale des conciles, du père Labbe [3].

Quant aux travaux modernes, voici d'abord les ouvrages français que vous pouvez, je crois, consulter avec le plus de fruit :

1° La *Théorie des lois politiques de la monarchie française*, ouvrage assez peu connu, publié au commencement de la révolution [4], et composé par une femme, mademoiselle de Lézardière. Ce n'est guère qu'un recueil des textes originaux, soit législatifs, soit historiques, sur l'état, les mœurs, les institutions gauloises et franques du IIIe au IXe siècle; mais ces textes sont recueillis, mis en ordre, et traduits avec une science et une exactitude très-peu communes.

2° Je me permettrai de vous indiquer aussi les *Essais* que j'ai publiés *sur l'histoire de France* [5], et dans lesquels je me suis surtout appliqué à retracer, sous ses diverses faces, l'état de la société immédiatement avant et après la chute de l'Empire romain.

Quant à l'histoire ecclésiastique, celle de Fleury me paraît la meilleure.

---

[1] Trois vol. in-fol. — Paris, 1629.
[2] Un vol. in-fol. — Paris, 1660.
[3] Dix-huit vol. in-fol. — Paris, 1672.
[4] En 1792 ; 8 vol. in-8°. — Paris.
[5] Un vol. in-8°. — Paris.

Ceux d'entre vous, Messieurs, qui savent l'allemand feront bien de lire :

1° L'*Histoire du droit romain dans le moyen âge,* par M. de Savigny [1]; ouvrage destiné à montrer que le droit romain n'a jamais péri en Europe, et se retrouve, du ve au xiiie siècle, dans une multitude d'institutions, de lois et de coutumes. L'état moral de la société n'y est pas toujours bien compris, ni représenté avec vérité ; mais, quant aux faits, la science et la critique y sont supérieures.

2° L'*Histoire générale de l'Église chrétienne,* par M. Henke [2]; ouvrage peu développé, et qui laisse beaucoup à désirer quant à l'intelligence et l'appréciation morale des faits, mais savant, judicieux, et écrit avec une indépendance d'esprit assez rare en pareille matière.

3° Le *Manuel d'histoire ecclésiastique* de M. Gieseler [3]; le dernier et le plus complet, en cette matière, de ces savants résumés si répandus en Allemagne, et qui servent de guide lorsqu'on veut approfondir une étude.

Vous avez probablement déjà remarqué, Messieurs, que je vous indique ici deux sortes d'ouvrages, les uns relatifs à l'histoire civile, les autres à l'histoire ecclésiastique. C'est qu'en effet il y avait à cette époque, dans le monde romain, deux sociétés très-différentes, la société civile et la société religieuse. Elles différaient non-seulement par

---

[1] Quatre vol. in-8°. — Il n'est pas encore terminé.
[2] Six vol. in-8°, 4e édit. — Brunswick, 1800.
[3] Trois vol. in-8°. — Bonn, 1827.

leur objet, non-seulement parce qu'elles étaient régies par des principes et des institutions diverses, non-seulement parce que l'une était vieille et l'autre jeune; entre elles existait une diversité bien plus importante et plus profonde. La société civile semblait chrétienne comme la société religieuse; les souverains, les peuples avaient en immense majorité embrassé le christianisme; mais, au fond, la société civile était païenne; elle tenait du paganisme ses institutions, ses lois, ses mœurs. C'était la société que le paganisme avait faite, nullement celle du christianisme. La société civile chrétienne ne s'est développée que plus tard, après l'invasion des Barbares; elle appartient à l'histoire moderne. Au ve siècle, malgré les apparences extérieures, il y avait, entre la société civile et la société religieuse, incohérence, contradiction, combat; car elles étaient d'origine et de nature essentiellement diverses.

Je vous demande, Messieurs, de ne jamais oublier cette diversité; elle fait seule comprendre l'état du monde romain à cette époque.

Quelle était donc cette société civile, chrétienne de nom, mais au fond païenne encore?

Prenons d'abord ce qu'elle a de plus extérieur, de plus apparent, son gouvernement, ses institutions, son administration.

L'Empire d'Occident était divisé, au ve siècle, en deux préfectures, celle des Gaules et celle d'Italie. La préfecture des Gaules comprenait trois diocèses: les Gaules, l'Espagne et la Grande-Bretagne. A la tête de la préfecture était un préfet du prétoire ; à la tête de chaque diocèse, un vice-préfet.

Le préfet du prétoire des Gaules résidait à Trèves. La Gaule était divisée en dix-sept provinces administrées chacune par un gouverneur particulier, sous les ordres du préfet. De ces provinces, six étaient gouvernées par des consulaires [1] ; les onze autres, par des présidents [2].

Il n'y avait, quant au mode d'administration, aucune différence importante entre ces deux classes de gouverneurs ; ils ne différaient que de rang, de titre, et exerçaient au fond le même pouvoir.

Dans les Gaules comme ailleurs, les gouverneurs avaient deux sortes de fonctions :

1° Ils étaient les hommes d'affaires de l'empereur, chargés, dans toute l'étendue de l'Empire, des intérêts du gouvernement central, de la perception des impôts, des domaines publics, des postes impériales, du recrutement et de l'administration des armées, en un mot, de tous les rapports que l'empereur pouvait avoir avec les sujets.

2° Ils avaient l'administration de la justice entre les sujets eux-mêmes. Toute juridiction civile et criminelle leur appartenait, sauf deux exceptions. Certaines villes des Gaules possédaient ce qu'on appelait *jus italicum*, le droit italique. Dans les municipes d'Italie, le droit de rendre la justice aux

---

[1] La Viennoise, la 1re Lyonnaise, la 1re et la 2e Germanie, la 1re et la 2e Belgique.
[2] Les Alpes maritimes, les Alpes Pennines ; la Grande-Séquanaise, la 1re et la 2e Aquitaine, la Novempopulanie, la 1re et la 2e Narbonnaise, la 2e et la 3e Lyonnaise, la Lyonnaise des Senons.

citoyens, au moins en matière civile et en première instance, appartenait à certains magistrats municipaux, *duumviri, quatuorviri, quinquennales, œdiles, prætores,* etc. On a souvent cru qu'il en était de même hors de l'Italie et dans toutes les provinces ; c'est une erreur : dans quelques villes seulement, assimilées aux municipes d'Italie, les magistrats municipaux exerçaient, toujours sauf l'appel au gouverneur, une véritable juridiction.

Il y avait de plus, dans presque toutes les villes, et depuis le milieu du IVe siècle, un magistrat particulier, appelé *defensor,* élu non-seulement par la curie ou corps municipal, mais par tout le peuple, et chargé de défendre, au besoin contre le gouverneur même, les intérêts de la population. Le défenseur avait en matière civile la juridiction de première instance ; il jugeait même un certain nombre de causes que nous appellerions aujourd'hui de police correctionnelle.

Sauf ces deux exceptions, les gouverneurs jugeaient seuls tous les procès, et les jugeaient sans aucun autre recours que l'appel à l'empereur.

Voici comment s'exerçait leur juridiction. Dans les premiers siècles de l'Empire, et conformément aux anciennes coutumes, celui auquel la juridiction appartenait, préteur, gouverneur de province, ou magistrat municipal, ne faisait, quand un procès arrivait devant lui, que déterminer la règle de droit, le principe légal d'après lequel il devait être jugé. Il établissait ce que nous appelons le point de droit, et désignait ensuite un simple citoyen, nommé *judex*, véritable juré, qui examinait et décidait le point de fait. On faisait l'application du principe posé par le magistrat au fait reconnu par le *judex*, et le procès était jugé.

Peu à peu, à mesure que le despotisme impérial s'établit, et que les anciennes libertés disparurent, l'intervention du *judex* devint moins régulière. Les magistrats décidèrent, sans y recourir, certaines affaires qu'on appela *extraordinariæ cognitiones*. Dioclétien abolit formellement l'institution dans les provinces; elle ne parut plus que comme exception; et Justinien atteste que, sous son règne, elle était complétement tombée en désuétude. La juridiction tout entière appartenait donc aux gouverneurs, d'une part agents et représentants de l'empereur en toutes choses, de l'autre, maîtres de la vie et de la fortune des citoyens, sauf l'appel à l'empereur.

Voulez-vous, Messieurs, vous faire, par quelque autre voie, une idée de l'étendue de leur pouvoir et de la manière dont il s'exerçait? J'ai tiré de la *Notitia Imperii romani* le tableau des bureaux d'un gouverneur de province; tableau absolument pareil à celui qu'on pourrait tirer aujourd'hui de l'*Almanach royal*, sur la composition des bureaux d'un ministère ou d'une préfecture : je vais le mettre sous vos yeux. Ce sont les bureaux du préfet du prétoire qu'il vous fera connaître; mais les gouverneurs subordonnés au préfet du prétoire, consulaires, correcteurs ou présidents, exerçaient, sous sa surveillance, les mêmes pouvoirs; et leurs bureaux, sur une moindre échelle, étaient presque absolument les mêmes.

Les principaux employés d'un préfet du prétoire étaient :

1° *Princeps* ou *primiscrinius officii.* Il faisait citer devant le tribunal du préfet ceux qui y avaient affaire : il rédigeait et dictait les jugements ; c'était sur son ordre qu'on arrêtait les prévenus. Son principal soin était la perception des impôts. Il jouissait de plusieurs priviléges.

2° *Cornicularius.* Il publiait les ordonnances, les édits et les jugements du gouverneur. Sa charge était fort ancienne ; les tribuns du peuple avaient un *cornicularius* (Valer. Max., I. VI, c. 11). Son nom venait de ce qu'il avait pour signe de distinction une corne, dont il se servait peut-être, soit pour les publications, soit pour imposer silence à l'audience. Le *præco*, ou héraut, lui obéissait. Il ne restait qu'un an en place, et avait lui-même un bureau nombreux. C'était une espèce de greffier en chef.

3° *Adjutor.* Aide ou suppléant qui paraît avoir été attaché aux différents emplois ; sa charge était ici de faire arrêter les coupables, de présider à la torture, etc. Il avait aussi son bureau.

4° *Commentariensis.* Directeur des prisons, plus considéré que nos geôliers, mais ayant les mêmes fonctions ; il avait la police des prisons, conduisait les prisonniers devant le tribunal, leur fournissait des aliments quand ils étaient pauvres, leur faisait donner la question, etc.

5° *Actuarii vel ab actis.* Ils écrivaient les contrats des citoyens et tous les actes destinés à faire foi en justice, les testaments, les donations, etc. De là sont venus les notaires. Comme les *actuarii* attachés au préfet du prétoire ou au président ne pouvaient être partout, les duumvirs, et autres magistrats municipaux, eurent le droit de recevoir et de rédiger ces actes.

6° *Numerarii.* Ils étaient chargés de la comptabilité. Les simples gouverneurs en avaient deux, dits *tabularii*; les préfets du prétoire en avaient quatre : 1° *numerarius bonorum*; il tenait les comptes des biens dévolus au fisc, dont les revenus devaient aller au *comes rerum privatorum*; 2° *numerarius tributorum*, chargé des comptes des revenus publics qui allaient à l'*ærarium* et au comte des largesses sacrées; 3° *numerarius auri*; il recevait l'or qu'on retirait des provinces, faisait changer en or les monnaies d'argent, et tenait les comptes des revenus des mines d'or; 4° *numerarius operum publicorum*; il tenait les comptes de tous les travaux publics, ports, murs, aqueducs, thermes et travaux auxquels était destiné le tiers des revenus des cités, et des contributions foncières levées au besoin. Ces *numerarii* avaient sous leurs ordres un grand nombre d'employés.

7° *Sub adjuva.* Sous-aide de l'*adjutor.*

8° *Curator epistolarum.* C'était le secrétaire chargé de la correspondance : il avait beaucoup de subordonnés, appelés *épistolares.*

9° *Regerendarius.* Rapporteur chargé de transmettre au préfet les requêtes des administrés et de rédiger ses réponses.

10° *Exceptores.* Ils écrivaient toutes les pièces relatives aux jugements des préfets; ils les lisaient devant son tribunal : ils étaient sous la direction d'un *primicerius.* On pourrait les comparer à des sous-greffiers et à des expéditionnaires.

11° *Singularii, vel singulares, ducenarii, centenarii,* etc. Chef d'une espèce de gendarmerie attachée au service des gouverneurs de province. Les *singulares* les accompagnaient comme une garde militaire, faisaient exécuter leurs ordres dans la province, arrêtaient les coupables et les conduisaient en prison. Ils levaient les impôts, ainsi que les *ducenarii* (chefs de deux cents hommes ou *cohortales*), les *centenarii,* les *sexagenarii,* etc.

12° *Primipilus.* Chef de ces *cohortales,* chargé de distribuer les vivres aux soldats, au nom du préfet du prétoire : il inspectait ces vivres.

Il est clair que les employés les plus considérables sont seuls indiqués ici, et qu'ils en avaient sous leurs ordres beaucoup d'autres. On comptait, dans les bureaux du préfet du prétoire d'Afrique, 398 employés, et 600 dans ceux du comte d'Orient. Indépendamment même du nombre, vous voyez, par la nature de leurs fonctions, que les attributions des gouverneurs de province embrassaient toutes choses, et que la société tout entière avait affaire à eux.

Permettez-moi d'arrêter un moment votre attention sur le traitement qu'ils recevaient; on en peut tirer, sur l'état social à cette époque, quelques inductions assez curieuses.

Sous Alexandre Sévère, d'après un passage de

son biographe Lampride [1], les gouverneurs de province recevaient vingt livres d'argent et cent pièces d'or [2], six cruches (*phialas*) de vin, deux mulets et deux chevaux, deux habits de parade (*vestes forenses*), un habit simple (*vestes domesticas*), une baignoire, un cuisinier, un muletier, et enfin (je vous demande pardon de ce détail, mais il est trop caractéristique pour que je l'omette), quand ils n'étaient pas mariés, une concubine, *quod sine his esse non possent*, dit le texte. Quand ils sortaient de charge, ils étaient toujours obligés de rendre les mulets, les chevaux, le muletier et le cuisinier. Si l'empereur était content de leur administration, ils gardaient le reste; sinon ils étaient obligés de le rendre au quadruple. Sous Constantin, le traitement en denrées subsistait encore, en partie du moins; on voit les gouverneurs de deux grandes provinces, de l'*Asiana* et du Pont, recevoir de l'huile pour quatre lampes. Ce fut seulement sous Théodose II, précisément dans la première moitié du ve siècle, qu'on cessa de rien donner en nature aux gouverneurs. Encore les employés de leurs bureaux, dont je viens de vous présenter le tableau, reçurent-ils jusqu'à Justinien, dans l'empire d'Orient, une portion de leur traitement en denrées. J'insiste sur cette circonstance, parce qu'elle donne une idée du peu d'activité des relations commerciales, et de l'imperfection de la circulation dans l'Empire.

Les faits sont clairs, Messieurs, la nature de ce

---

[1] Chap. XLII.
[2] Selon M. Letronne, 3,913 fr.

gouvernement est évidente ; nulle indépendance pour les fonctionnaires ; ils sont subordonnés l'un à l'autre, jusqu'à l'empereur qui dispose et décide pleinement de leur sort. Nul recours pour les sujets contre les fonctionnaires, sinon à leurs supérieurs. Vous ne rencontrez nulle part de pouvoirs coordonnés, égaux, destinés à se contrôler, à se limiter l'un l'autre. Tout procède du haut en bas ou du bas en haut, selon une hiérarchie unique et rigoureuse. C'est le despotisme administratif pur et simple.

N'en concluez pas cependant que ce système de gouvernement, ce mécanisme administratif eût été institué dans le seul intérêt du pouvoir absolu, et n'eût jamais cherché ni produit d'autre effet que de le servir. Il faut, pour l'apprécier avec équité, se faire une juste idée de l'état des provinces, et spécialement des Gaules, au moment où la république fut remplacée par l'empire. Deux pouvoirs y régnaient ; celui du proconsul romain envoyé pour gouverner passagèrement telle ou telle province ; celui des anciens chefs nationaux, du gouvernement qu'avait le pays avant de tomber sous le joug romain. Ces deux pouvoirs étaient, je crois, à tout prendre, plus iniques, plus funestes que l'administration impériale qui leur succéda. Je ne crois pas que rien ait pu être plus effroyable, pour une province, que le gouvernement d'un proconsul romain, avide tyran de passage, qui venait là pour faire sa fortune, et se livrer quelque temps à tous les besoins de l'intérêt personnel, à tous les caprices du pouvoir absolu. Sans doute ces proconsuls n'étaient pas tous des Verrès ou des Pison; mais les crimes d'un temps donnent aussi sa mesure; et s'il fallait un Verrès pour soulever l'indignation de Rome, que ne pouvait pas faire un proconsul avant d'approcher de cette limite? Quant aux anciens chefs du pays, c'était, je n'en doute pas, un gouvernement prodigieusement irrégulier, oppressif, barbare. La civilisation de la Gaule, lorsqu'elle fut conquise par les Romains, était très-inférieure à celle de Rome : les deux pouvoirs qui y prévalaient étaient, d'une part, celui des prêtres des druides; de l'autre, celui de chefs qu'on peut comparer aux chefs de clans. L'ancienne organisation sociale des campagnes en Gaule ressemblait assez en effet à celle de l'Irlande ou de la Haute-Écosse; la population se groupait autour des hommes considérables, des grands propriétaires : Vercingentorix, par exemple, était probablement un chef de cette sorte, patron d'une multitude de paysans, de petits propriétaires attachés à ses domaines, à sa famille, à ses intérêts. De beaux et honorables sentiments, Messieurs, peuvent se développer dans ce système; il peut inspirer, aux hommes qui s'y trouvent engagés, des habitudes puissantes, des affections profondes; mais il est, à tout prendre, peu favorable aux progrès de la civilisation. Rien de régulier, de général ne s'y établit; les passions grossières s'y déploient librement; les guerres privées y sont sans fin; les mœurs y demeurent stationnaires; toutes choses s'y décident dans des intérêts individuels ou locaux; tout y fait obstacle à l'accroissement de la prospérité, à l'extension des idées, au riche et rapide développement de l'homme et de la société. Quand l'administration impériale prévalut dans la Gaule, quelque amers et légitimes que pussent être les ressentiments et les regrets patriotiques, elle fut, à coup sûr, plus éclairée, plus impartiale, plus préoccupée de vues générales et d'intérêts vraiment publics, que n'avaient été les anciens gouvernements nationaux. Elle n'était ni engagée dans les rivalités de famille, de cité, de tribu, ni enchaînée à des préjugés de religion, de naissance, à des mœurs sauvages et immobiles. D'autre part, les gouverneurs, plus stables dans leurs fonctions, contrôlés jusqu'à un certain point par l'autorité impériale, étaient moins avides, moins violents, moins oppressifs que les proconsuls du sénat. Aussi voit-on, dans les Ier, IIe et même IIIe siècles, un progrès véritable dans la prospérité et la civilisation de la Gaule. Les villes s'enrichissent, s'étendent; le nombre des hommes libres augmente. C'était, parmi les anciens Gaulois, une habitude, c'est-à-dire une nécessité, pour les simples hommes libres, de se mettre sous la protection d'un grand, de s'enrôler sous la bannière d'un patron; ainsi seulement ils se procuraient quelque sécurité. Cette coutume, sans disparaître complétement, diminue dans les premiers siècles de l'administration impériale; les hommes libres prennent une existence plus indépendante, ce qui prouve qu'elle est mieux garantie par les lois générales, par les pouvoirs publics. Plus d'égalité s'introduit entre les classes diverses; toutes arrivent à la fortune et au pouvoir. Les mœurs s'adoucissent, les idées s'étendent, le pays se couvre de monuments, de routes. Tout indique enfin une société qui se développe, une civilisation en progrès.

Mais les bienfaits du despotisme sont courts, et il empoisonne les sources mêmes qu'il ouvre. Il ne possède, pour ainsi dire, qu'un mérite d'exception, une vertu de circonstance; et dès que son heure est passée, tous les vices de sa nature éclatent et pèsent de toutes parts sur la société.

A mesure que l'empire, ou pour mieux dire le pouvoir de l'empereur, s'affaiblit, à mesure qu'il se vit en proie à plus de dangers extérieurs et intérieurs, ses besoins devinrent plus grands et plus pressants; il lui fallut plus d'argent, plus d'hommes, plus de moyens d'action de tout genre; il demanda davantage aux peuples, et en même temps il s'occupa moins d'eux. Il envoyait plus de troupes sur les frontières pour résister aux Barbares, il en restait moins dans l'intérieur pour maintenir l'ordre. On dépensait plus d'argent à Constantinople ou à Rome pour acheter des auxiliaires ou satisfaire de dangereux courtisans; on en employait moins pour l'administration des provinces. Le despotisme se trouvait ainsi à la fois plus exigeant et plus faible, obligé de prendre beaucoup, et incapable de protéger même le peu qu'il laissait. Ce double mal avait pleinement éclaté à la fin du IVe siècle. Non-seulement à cette époque tout progrès social a cessé, mais le mouvement rétrograde est sensible; le territoire est envahi de toutes parts, l'intérieur parcouru et dévasté par des bandes de Barbares ; la population décline, surtout dans les campagnes ; au milieu des villes, les travaux publics s'arrêtent, les embellissements sont suspendus ; les hommes libres recommencent en foule à rechercher la protection de quelque homme puissant. C'est la plainte continuelle des écrivains gaulois des ive et ve siècles, de Salvien, par exemple, dans son ouvrage *de Gubernatione Dei*, le tableau le plus vif et le plus curieux peut-être de l'état de la société à cette époque. Partout enfin apparaissent tous les symptômes de la décadence du gouvernement, de la désolation du pays.

Le mal alla si loin, que l'Empire romain se sentit hors d'état de vivre : il commença par rappeler ses troupes ; il dit aux provinces, à la Grande-Bretagne, à la Gaule : « Je ne puis plus vous défendre, dé- » fendez-vous vous-mêmes. » Bientôt il fit davantage, il cessa de les gouverner ; l'administration elle-même se retira comme les troupes. C'est le fait qui s'accomplit au milieu du ve siècle. L'Empire romain se replie de toutes parts, et abandonne, soit aux Barbares, soit à elles-mêmes, les provinces qu'il avait conquises jadis avec tant d'efforts.

Quelle est, Messieurs, dans la Gaule spécialement, cette société ainsi livrée à elle-même, et obligée de se suffire ? Comment est-elle constituée ? quels moyens, quelles forces trouvera-t-elle en elle-même pour se maintenir ?

Quatre classes de personnes, quatre conditions

sociales différentes, existaient, à cette époque, dans la Gaule : 1° les sénateurs ; 2° les curiales ; 3° le peuple proprement dit, désigné sous le nom de *plebs*; 4° les esclaves.

L'existence distincte des familles sénatoriales est attestée par tous les monuments du temps. C'est un nom que l'on rencontre à chaque pas, soit dans les documents législatifs, soit dans les historiens. Désignait-il les familles dont les membres appartenaient ou avaient appartenu au sénat romain, ou simplement les sénats municipaux des cités gauloises ? C'est une question, car le sénat de chaque ville, le corps municipal connu sous le nom de *curia*, s'appelait souvent aussi *senatus*.

On ne peut guère douter, je crois, qu'il ne s'agît de familles qui avaient appartenu au sénat romain, et tiraient de là leur nom de sénatoriales ; les empereurs, maîtres de composer le sénat à leur gré, le recrutaient dans toutes les provinces de l'empire, en y appelant les familles considérables des cités. Les hommes qui avaient occupé de grandes charges, par exemple, celle de gouverneurs de province, reçurent le droit d'entrer au sénat. La même faveur fut bientôt accordée à quiconque tenait de l'empereur seulement le titre honorifique de ces charges. Enfin, il suffit d'avoir obtenu un simple titre, celui de *clarissime*, qu'on donnait comme on donnerait aujourd'hui celui de baron ou de comte, pour être rangé parmi les sénateurs.

Cette qualité conférait de véritables priviléges qui élevaient les sénateurs au-dessus du reste des citoyens : 1° le titre même; 2° le droit d'être jugé par un tribunal particulier; quand il s'agissait d'un procès capital contre un sénateur, le magistrat était obligé de s'adjoindre cinq assesseurs tirés au sort ; 3° l'exemption de la torture ; 4° enfin, l'exemption des charges ou fonctions municipales, devenues alors un fardeau très-onéreux.

Telle était la condition des familles sénatoriales. Il serait peut-être excessif de dire qu'elles formaient une classe de citoyens essentiellement distincte; les sénateurs étaient pris dans toutes les classes, même parmi les affranchis; l'empereur pouvait retirer les priviléges qu'il avait donnés. Cependant, comme ces priviléges étaient réels, et, de plus, héréditaires, du moins pour les enfants nés depuis l'élévation de leur père à la dignité de sénateur, il y avait là une différence réelle de situation sociale, et le principe ou du moins l'apparence d'une aristocratie politique.

La seconde classe des citoyens était celle des curiales ou décurions, c'est-à-dire des propriétaires aisés, membres, non du sénat romain, mais de la curie ou corps municipal de leur cité. J'ai essayé de résumer, dans mes *Essais sur l'Histoire de France*, les lois et les faits relatifs aux curiales, et d'en tirer un tableau exact de leur condition : permettez-moi de rappeler ici ce résumé.

La classe des curiales comprenait les habitants des villes, soit qu'ils y fussent nés (*municipes*), soit qu'ils fussent venus s'y établir (*incolæ*), qui possédaient une propriété foncière de plus de vingt-cinq arpents (*jugera*), et ne comptaient, à aucun titre, parmi les privilégiés exempts des fonctions curiales.

On appartenait à cette classe, soit par l'origine, soit par la désignation.

Tout enfant d'un curiale était curiale, et tenu de toutes les charges attachées à cette qualité.

Tout habitant, marchand ou autre, qui acquérait une propriété foncière au-dessus de vingt-cinq *jugera*, devait être réclamé par la curie, et ne pouvait refuser.

Aucun curiale ne pouvait, par un acte personnel et volontaire, sortir de sa condition. Il leur était interdit d'habiter la campagne, d'entrer dans l'armée, d'occuper des emplois qui les auraient affranchis des fonctions municipales, avant d'avoir passé par toutes ces fonctions, depuis celle de simple membre de la curie jusqu'aux premières magistratures de la cité. Alors seulement ils pouvaient devenir militaires, fonctionnaires publics et sénateurs. Les enfants qu'ils avaient eus avant cette élévation demeuraient curiales.

Ils ne pouvaient entrer dans le clergé qu'en laissant la jouissance de leurs biens à quelqu'un qui voulût être curiale à leur place, ou en les abandonnant à la curie même.

Comme les curiales s'efforçaient sans cesse de sortir de leur condition, une multitude de lois prescrivent la recherche de ceux qui ont fui, ou qui sont parvenus à entrer furtivement dans l'armée, dans le clergé, dans les fonctions publiques, dans le sénat, et ordonnent de les en arracher pour les rendre à la curie.

Les curiales ainsi enfermés, de gré ou de force, dans la curie, voici quelles étaient leurs fonctions et leurs charges :

1° Administrer les affaires du municipe, ses dépenses et ses revenus, soit en en délibérant dans la curie, soit en occupant les magistratures municipales. Dans cette double situation, les curiales répondaient, non-seulement de leur gestion individuelle, mais des besoins de la ville, auxquels ils étaient tenus de pourvoir eux-mêmes, en cas d'insuffisance des revenus ;

2° Percevoir les impôts publics, aussi sous la responsabilité de leurs biens propres, en cas de non-recouvrement. Les terres soumises à l'impôt foncier, et abandonnées par leurs possesseurs, retombaient à la curie, qui était tenue d'en payer l'impôt, jusqu'à ce qu'elle eût trouvé quelqu'un qui voulût s'en charger. Si elle ne trouvait personne, l'impôt de la terre abandonnée était réparti entre les autres propriétés.

3° Nul curiale ne pouvait vendre, sans la permission du gouverneur de la province, la propriété qui le rendait curiale ;

4° Les héritiers des curiales, quand ils étaient étrangers à la curie, et les veuves ou filles de curiales qui épousaient un homme non curiale, étaient tenus d'abandonner à la curie le quart de leurs biens ;

5° Les curiales qui n'avaient pas d'enfants ne pouvaient disposer, par testament, que du quart de leurs biens. Les trois autres quarts allaient de droit à la curie ;

6° Ils ne pouvaient s'absenter du municipe, même pour un temps limité, sans en avoir reçu l'autorisation du gouverneur de la province ;

7° Quand ils s'étaient soustraits à la curie, et qu'on ne pouvait les ressaisir, leurs biens étaient confisqués au profit de la curie ;

8° L'impôt connu sous le nom d'*aurum coronarium*, et qui consistait en une somme à payer au prince, à l'occasion de certains événements solennels, pesait sur les curiales seuls.

Les dédommagements accordés aux curiales accablés de telles charges étaient :

1° L'exemption de la torture, si ce n'est dans des cas très-graves ;

2° L'exemption de certaines peines afflictives et infamantes réservées pour le menu peuple ;

3° Après avoir parcouru toute la carrière des charges municipales, ceux qui avaient échappé à toutes les chances de ruine dont elle était semée étaient exempts de rentrer dans les fonctions municipales, jouissaient de certains honneurs, et recevaient assez souvent le titre de comtes ;

4° Les décurions tombés dans la misère étaient nourris aux dépens des municipes.

Je n'ai pas besoin d'insister pour faire sentir combien cette condition était dure et pesante, et dans quel état elle dut réduire la classe aisée des villes, la bourgeoisie. Aussi tout indique que cette classe devenait de jour en jour moins nombreuse. Quand on cherche à se faire une idée du nombre des curiales, les documents manquent. On dressait pourtant chaque année ce qu'on appelait le tableau des membres de la curie, *album curiæ*; mais ces tableaux sont perdus : d'après les inscriptions de Fabrétti, M. de Savigny en a cité un ; c'est l'album de *Canusium*, Canosa, petite ville d'Italie ; il est de l'an 223, et porte le nombre des curiales de cette ville à cent quarante-huit. A en juger d'après leur étendue et leur importance comparative, les grandes villes de la Gaule, Arles, Narbonne, Toulouse, Lyon, Nîmes, devaient en avoir bien davantage : nul doute, en effet, que primitivement il n'en fût ainsi ; mais le nombre des curiales alla toujours diminuant, et, à l'époque qui nous occupe, on n'en comptait guère, en général, plus d'une centaine dans les plus grandes cités.

La troisième classe de la société gauloise était le peuple proprement dit, ou *plebs*. Elle comprenait, d'une part, les petits propriétaires trop peu riches pour entrer dans la curie ; de l'autre, les marchands et les artisans libres. Je n'ai rien à dire des petits propriétaires ; ils étaient probablement fort peu nombreux ; mais au sujet des artisans libres, j'ai besoin d'entrer dans quelques explications.

Vous savez tous, Messieurs, que, sous la république et dans les premiers temps de l'empire, l'industrie était une profession domestique, exercée par les esclaves au profit de leur maître. Tout propriétaire d'esclaves faisait fabriquer chez lui tout ce dont il avait besoin ; il avait des esclaves forgerons, serruriers, menuisiers, cordonniers, etc. Et non-seulement il les faisait travailler pour lui, mais il vendait les produits de leur industrie aux hommes libres, ses clients ou autres, qui ne possédaient point d'esclaves.

Par une de ces révolutions lentes et cachées qu'on trouve accomplies à une certaine époque, mais dont on ne suit pas le cours, et jusqu'à l'origine desquelles on ne remonte jamais, il arriva que l'industrie sortit de la domesticité, et qu'au lieu d'artisans esclaves, il se forma des artisans libres qui travaillèrent, non pour un maître, mais pour le public et à leur profit. Ce fut un immense changement dans l'état de la société, surtout dans son avenir. Quand et comment il s'opéra au sein du monde romain, je ne le sais pas, et personne, je crois, ne l'a découvert; mais à l'époque où nous sommes, au commencement du ve siècle, ce pas était fait : il y avait dans toutes les grandes villes de la Gaule une classe assez nombreuse d'artisans libres; déjà même ils étaient constitués en corporations, en corps de métiers représentés par quelques uns de leurs membres. La plupart des corporations, dont on a coutume d'attribuer l'origine au moyen âge, remontent, dans le midi de la Gaule surtout et en Italie, au monde romain. Depuis le ve siècle, on en aperçoit la trace, directe ou indirecte, à toutes les époques; et elles formaient déjà à cette époque, dans beaucoup de villes, une des principales et des plus importantes parties du peuple.

Enfin, la quatrième classe était celle des esclaves; il y en avait de deux sortes. Nous sommes trop accoutumés à attacher au mot *esclave* une idée simple, à nous figurer sous ce mot une condition pleinement identique; il n'en était rien. Il faut distinguer avec soin, à l'époque qui nous occupe, les esclaves domestiques et les esclaves ruraux. Quant aux premiers, leur condition était en effet à peu près la même partout; mais pour ceux qui cultivaient les terres, on les trouve désignés sous une foule de noms divers : *coloni, inquilini, rustici, agricolæ, aratores, tributarii, originarii, adscriptitii;* et ces noms indiquent presque tous des conditions différentes. Quelquefois ce sont des esclaves domestiques, envoyés dans un domaine pour travailler aux champs, au lieu de travailler dans l'intérieur des maisons de ville. D'autres sont de vrais serfs de la glèbe, qui ne pouvaient être vendus qu'avec le domaine; ailleurs, on reconnaît des métayers, qui cultivent à mi-fruit; ailleurs, de vrais fermiers, qui paient leur redevance en argent; d'autres paraissent des ouvriers libres, des valets de ferme employés pour un salaire. Et tantôt ces conditions très-diverses semblent confondues sous la dénomination générale de *coloni,* tantôt elles sont désignées par des noms différents.

Ainsi, Messieurs, à en juger d'après les mots et les apparences, une noblesse politique, une haute bourgeoisie ou noblesse municipale, le peuple proprement dit, les esclaves domestiques ou ruraux, et toutes les variétés de leur situation, telle était la société gauloise; telles étaient les forces qui subsistaient encore dans la Gaule, après la retraite de l'Empire romain.

Mais que valaient réellement ces apparences? Que pouvaient effectivement ces forces? Quelle société vivante et puissante devaient former, par leur concours, les classes diverses que nous venons de reconnaître?

On est accoutumé à donner à toute classe privilégiée le nom d'aristocratie. Je ne pense pas que ce nom convienne à ces familles sénatoriales dont je viens de vous parler. C'était une collection hiérarchique de fonctionnaires, nullement une aristocratie. Ni le privilége, ni la richesse, ni même la possession du pouvoir, ne suffisent à faire une aristocratie. Permettez-moi d'appeler un moment votre attention sur le véritable sens de ce terme ; je n'irai pas le chercher bien loin, je consulterai l'histoire du mot dans la langue à laquelle il est emprunté.

Dans les plus anciens écrivains grecs, le mot ἀρείων, ἄριστος, désigne ordinairement le plus fort, la supériorité de la force personnelle, physique, matérielle. On le trouve ainsi employé dans Homère, Hésiode, et même dans quelques chœurs de Sophocle ; il venait peut-être du mot qui désignait le dieu Mars, le dieu de la force, Ἄρης.

Quand on avance avec le cours de la civilisation grecque, quand on approche du temps où le développement social avait fait prévaloir d'autres causes de supériorité que la force physique, le mot ἄριστος désigne le plus puissant, le plus considérable, le plus riche ; c'est la qualification donnée aux principaux citoyens, quelles que soient les sources de leur puissance et de leur crédit.

Allons un peu plus loin ; prenons les philosophes, les hommes accoutumés à élever, à épurer les idées ; le mot ἄριστος est pris souvent par eux dans un sens beaucoup plus moral ; il désigne le meilleur, le plus vertueux, le plus habile, la supériorité intellectuelle. Le gouvernement aristocratique est alors à leurs yeux le gouvernement des meilleurs, c'est-à-dire l'idéal des gouvernements.

Ainsi la force physique, la prépondérance sociale, la supériorité morale, telles sont, pour ainsi dire, à en croire les vicissitudes du sens des mots, telles sont les gradations de l'aristocratie, les états divers par lesquels elle doit passer.

C'est qu'en effet, Messieurs, pour être réelle, pour mériter son nom, il faut qu'une aristocratie possède, et possède par elle-même, l'un ou l'autre de ces caractères; il lui faut ou une force qui lui appartienne en propre, qu'elle n'emprunte de personne, que personne ne puisse lui ravir, ou une force avouée, acceptée, proclamée par les hommes sur qui elle s'exerce. Il lui faut l'indépendance ou la popularité. Elle a besoin de tenir le pouvoir de son droit personnel, comme l'aristocratie féodale, ou de le recevoir d'une élection nationale et libre, comme il arrive dans les gouvernements représentatifs. Rien de pareil ne se rencontre dans l'aristocratie sénatoriale des Gaules : elle ne possède ni l'indépendance, ni la popularité. Pouvoir, richesse, privilége, tout en elle est emprunté et précaire. Sans doute les familles sénatoriales étaient quelque chose dans la société et dans l'esprit des peuples, car elles étaient riches et avaient occupé les charges publiques; mais elles étaient incapables d'aucun grand effort, incapables d'entraîner le peuple à leur suite, soit pour défendre, soit pour gouverner le pays.

Voyons la seconde classe, celle des curiales, et recherchons quelle est sa force réelle. A en juger par les apparences, il y a ici quelque chose de plus : la présence des principes de liberté est évidente; les voici tels que j'ai déjà essayé de les mettre en lumière dans mon *Essai sur le régime municipal romain*, au Ve siècle :

1° Tout habitant, possesseur d'une fortune qui garantit son indépendance et ses lumières, est curiale, et comme tel appelé à prendre part à l'administration des affaires de la cité.

Ainsi le droit est attaché à la capacité présumée, sans aucun privilége de naissance, sans aucune limite de nombre; et ce droit n'est pas un simple droit d'élection, c'est le droit de délibération pleine, de participation immédiate aux affaires, tel qu'il peut exister dans l'enceinte d'une ville, et pour des intérêts que peuvent comprendre et débattre presque tous ceux qui sont capables de s'élever au-dessus de l'existence individuelle. La curie n'est point un conseil municipal restreint et choisi; c'est la réunion des habitants qui possèdent les conditions de la capacité curiale.

2° Une assemblée ne peut administrer; il faut des magistrats. Ils sont tous élus par la curie, pour un temps très-court, et leur propre fortune répond de leur administration.

3° Enfin, dans les grandes circonstances, quand il s'agit de changer le sort de la cité, ou d'élire un magistrat revêtu d'une autorité vague et plus arbitraire, la curie elle-même ne suffit point; la totalité des habitants est appelée à concourir à ces actes solennels.

Qui ne croirait, à l'aspect de tels droits, reconnaître une petite république où la vie municipale et la vie politique sont confondues, où prévaut le régime le plus démocratique? qui penserait qu'un municipe ainsi réglé fait partie d'un grand empire, et tient par des liens étroits et nécessaires à un pouvoir central éloigné et souverain? Qui ne s'attendrait, au contraire, à trouver là tous les éclats de liberté, toutes les agitations, toutes les brigues, et souvent tous les désordres, toutes les violences, qui, à toutes les époques, caractérisent les petites sociétés ainsi enfermées et gouvernées dans leurs murs?

Il n'en est rien, et tous ces principes sont sans vie. En voici d'autres qui les frappent à mort.

1° Tels sont les effets et les exigences du despotisme central, que la qualité de curiale n'est plus un droit reconnu à tous ceux qui sont capables de l'exercer, mais un fardeau imposé à tous ceux qui peuvent le porter. D'une part, le gouvernement s'est déchargé du soin de pourvoir aux services publics qui ne touchent pas son propre intérêt, et l'a rejeté sur cette classe de citoyens ; d'autre part, il les emploie à percevoir les impôts qui lui sont destinés, et les rend responsables du recouvrement. Il ruine les curiales pour solder ses fonctionnaires et ses soldats ; il accorde à ses fonctionnaires et à ses soldats tous les avantages du privilége, pour qu'ils lui servent à empêcher les curiales de se soustraire à la ruine. Complétement nuls comme citoyens, les curiales ne vivent que pour être exploités et détruits comme bourgeois.

2° Les magistrats électifs des curies ne sont au fait que les agents gratuits du despotisme, au profit duquel ils dépouillent leurs concitoyens, en attendant qu'ils puissent, de manière ou d'autre, se soustraire à cette dure obligation.

3° Leur élection même est sans valeur, car le délégué impérial dans la province peut l'annuler ; et ils ont le plus grand intérêt à obtenir de lui cette faveur. Par là encore ils sont dans sa main.

4° Enfin, leur autorité n'est point réelle, car elle n'a point de sanction. Nulle juridiction effective ne leur est accordée ; ils ne font rien qui ne puisse être annulé. Il y a plus : comme le despotisme s'aperçoit tous les jours plus clairement de leur mauvaise volonté ou de leur impuissance, chaque jour il pénètre plus avant lui-même, et par ses délégués directs, dans le domaine de leurs attributions. Les affaires de la curie s'évanouissent successivement avec ses pouvoirs, et un jour viendra où le régime municipal pourra être aboli d'un seul coup, dans l'empire encore subsistant, « parce que, dira le législateur, toutes ces lois errent » en quelque sorte vainement et sans objet autour du sol légal [1]. »

Vous le voyez, Messieurs, la force, la vie réelle manquaient aux curiales, aussi bien qu'aux familles sénatoriales ; ils n'étaient pas plus capables de défendre et de gouverner la société.

Quant au peuple, je n'ai pas besoin de m'arrêter sur sa situation ; il est bien clair qu'il n'était pas en état de sauver et de régénérer le monde romain.

[1] Nov. 46, rendue par l'empereur d'Orient, Léon le philosophe, vers la fin du IXe siècle.

Cependant il ne faut pas le croire aussi faible, aussi nul qu'on le suppose communément. Il était assez nombreux, surtout dans le midi de la Gaule, soit par suite du développement de l'activité industrielle pendant les trois premiers siècles, soit par la retraite, dans les villes, d'une partie de la population des campagnes fuyant les dévastations des Barbares. D'ailleurs, plus le désordre augmentait, plus l'influence populaire tendait aussi à croître. Dans les temps réguliers, quand l'administration, ses fonctionnaires et ses troupes étaient là, quand la curie n'était pas ruinée et impuissante, le peuple demeurait dans son état ordinaire d'inaction et de dépendance. Mais quand tous les maîtres de la société furent déchus, quand la dissolution fut générale, le peuple devint quelque chose; il prit du moins un certain degré d'activité et d'importance locale.

Je n'ai rien à dire des esclaves; ils n'étaient rien pour eux-mêmes; comment auraient-ils pu quelque chose pour la société? C'était d'ailleurs sur les colons que portaient surtout les désastres des invasions; c'étaient les colons que les Barbares pillaient, chassaient, emmenaient captifs, pêle-mêle avec leurs bestiaux. Je dois cependant vous faire remarquer que, sous le régime impérial, la condition des esclaves s'était adoucie. La législation en fait foi.

Essayons, Messieurs, de rapprocher tous ces traits épars de la société civile gauloise au ve siècle, et de nous la représenter dans son ensemble avec quelque vérité.

Son gouvernement était monarchique, despotique même; et toutes les institutions, tous les pouvoirs monarchiques tombaient, abandonnaient eux-mêmes leur poste. Son organisation intérieure semblait aristocratique; mais c'était une aristocratie sans force, sans consistance, incapable de jouer un rôle public. Un élément démocratique, des municipalités, une bourgeoisie libre, y paraissaient encore; mais la démocratie y est aussi énervée, aussi impuissante que l'aristocratie et la monarchie. La société tout entière se dissout et se meurt.

Ici se révèle, Messieurs, le vice radical de la société romaine, de toute société où l'esclavage subsiste sur une grande échelle, où quelques maîtres régnent sur des troupeaux de peuples. En tous pays, en tous temps, quel que soit même le régime politique, au bout d'un intervalle plus ou moins long, par le seul effet de la jouissance du pouvoir, de la richesse, du développement intellectuel, de tous les avantages sociaux, les classes supérieures s'usent, s'énervent; elles ont besoin d'être sans cesse excitées par l'émulation, renouvelées par l'immigration des classes qui vivent et travaillent au-dessous d'elles. Voyez ce qui s'est passé dans l'Europe moderne. Il y a eu une prodigieuse variété de conditions sociales, des degrés infinis dans la richesse, la liberté, les lumières, l'influence, la civilisation. Et, sur tous les degrés de cette longue échelle, un mouvement ascendant a constamment poussé chaque classe, et toutes les classes les unes par les autres, vers un plus grand développement; et aucune n'a pu y demeurer étrangère. De là la fécondité, l'immortalité pour ainsi dire de la civilisation moderne, sans cesse recrutée et rajeunie.

Rien de semblable n'existait dans la société romaine; les hommes y étaient divisés en deux grandes classes, séparées par un intervalle immense; point de variété, point de mouvement ascendant, point de démocratie véritable : c'était, en quelque sorte, une société d'officiers, qui ne savait où se recruter, et ne se recrutait point en effet. Il y eut bien, du 1er au IIIe siècle, comme je l'ai dit tout-à-l'heure, un mouvement de progrès dans le menu peuple; il gagna en liberté, en nombre, en activité. Mais ce mouvement fut beaucoup trop lent, beaucoup trop peu étendu, pour que le peuple pût arriver à temps, et en renouvelant les classes supérieures, les sauver de leur propre décadence.

A côté d'elles s'était formée une autre société, plus jeune, plus énergique, plus féconde, la société ecclésiastique. Ce fut à celle-là que se rallia le peuple. Aucun lien puissant ne l'unissait aux sénateurs, ni peut-être aux curiales ; il se groupa autour des prêtres et des évêques. Étrangère à la société civile payenne, dont les maîtres ne lui avaient point fait sa place, la masse de la population entra avec ardeur dans la société chrétienne, dont les chefs lui tendaient les bras. L'aristocratie sénatoriale et curiale n'était qu'un fantôme : le clergé devint l'aristocratie réelle; il n'y avait point de peuple romain ; il y eut un peuple chrétien. C'est de celui-là que nous nous occuperons dans notre prochaine réunion.

TROISIÈME LEÇON.

Objet de la leçon. — Variété des principes et des formes de la société religieuse en Europe.—Classification des divers systèmes, 1° quant aux rapports de l'Église avec l'État ; 2° quant à la constitution intérieure de l'Église. — Tous ces systèmes prétendent remonter à l'Église primitive. — Examen critique de ces prétentions. — Elles ont toutes une certaine mesure de légitimité. — Fluctuation et complexité de la situation extérieure et du régime intérieur de la société chrétienne du Ier au Ve siècle. — Tendances dominantes. — Faits qui avaient prévalu au Ve siècle. — Causes de liberté dans l'Église à cette époque. — — De l'élection des évêques. — Des conciles. — Comparaison de la société religieuse et de la société civile. — De la vie des chefs de ces deux sociétés. — Lettres de Sidoine Apollinaire.

MESSIEURS,

C'est de l'état de la société religieuse au Ve siècle que nous avons à nous occuper aujourd'hui. Je n'ai pas besoin de vous rappeler la grandeur du rôle qu'elle a joué dans l'histoire de la civilisation moderne; c'est un fait évident et convenu. Ce n'est pas la première fois que ce fait s'est reproduit; il y a eu dans le monde plus d'un éclatant exemple de la puissance de la société religieuse, de ses idées, de ses institutions, de son gouvernement. Mais une différence fondamentale est à remarquer. En Asie, en Afrique, dans l'antiquité, partout avant notre Europe, la société religieuse se présente sous une forme générale et unique; un système y prévaut, un principe y domine : tantôt elle est subordonnée; c'est le pouvoir temporel qui exerce les fonctions spirituelles, et gouverne le culte et même les croyances : tantôt elle occupe la première place; c'est le pouvoir spirituel qui règne sur l'ordre civil. Dans l'un et l'autre cas, la situation et l'organisation de la société religieuse sont simples, claires, stables. Dans l'Europe moderne, au contraire, elle a été le théâtre des systèmes les plus divers; on y rencontre tous les principes; elle renferme en quelque sorte des exemples, des échantillons de toutes les formes sous lesquelles elle a paru ailleurs.

Essayons, pour plus de clarté, de démêler et de classer les différents principes, les différents systèmes qui ont été soutenus ou appliqués dans la société religieuse européenne, les constitutions diverses qu'elle a subies.

Deux grandes questions se présentent : d'une part, la situation pour ainsi dire extérieure de la société religieuse, sa manière d'être envers la société civile, les relations de l'Église avec l'État; d'autre part, l'organisation intérieure, le gouvernement propre de la société religieuse elle-même.

A l'une ou à l'autre de ces questions se rattachent toutes les modifications dont elle a été l'objet.

Je m'occupe d'abord de sa situation extérieure, de ses rapports avec l'État.

Quatre systèmes essentiellement différents ont été soutenus à ce sujet :

1° L'État est subordonné à l'Église : sous le point de vue moral, dans l'ordre chronologique même, l'Église précède l'État; l'Église est la société première, supérieure, éternelle; la société civile n'est qu'une conséquence, une application de ses maximes; c'est au pouvoir spirituel qu'appartient la souveraineté; le pouvoir temporel ne doit être que son instrument.

2° Ce n'est pas l'État qui est dans l'Église, mais l'Église dans l'État : c'est l'État qui règle le territoire, fait la guerre, perçoit les impôts, gouverne toute la destinée extérieure des citoyens. C'est à lui de donner à la société religieuse la forme, les institutions qui conviennent le mieux à la société générale. Dès que les croyances cessent d'être individuelles, dès qu'elles donnent naissance à des associations, celles-ci tombent sous l'atteinte du pouvoir temporel, seul véritable pouvoir.

3° L'Église doit être, dans l'État, indépendante, inaperçue; l'État n'a rien à démêler avec elle; le pouvoir temporel ne doit prendre, des croyances religieuses, aucune connaissance : qu'il les laisse se rapprocher, se séparer, vivre et se gouverner comme il leur convient; il n'a, pour intervenir dans leurs affaires, ni droit, ni bon motif.

4° L'État et l'Église sont des sociétés distinctes, il est vrai, mais contiguës, engagées l'une dans l'autre : qu'elles vivent séparées, mais non étrangères; qu'elles s'allient à certaines conditions, et subsistent chacune pour son compte, en se faisant de mutuels sacrifices, en se prêtant un mutuel appui.

Quant à l'organisation intérieure de la société religieuse elle-même, la diversité des principes et des formes est encore plus grande.

Et, d'abord, deux grands systèmes se distinguent : dans l'un, le pouvoir est concentré aux mains du clergé ; les prêtres seuls forment un corps constitué ; c'est la société ecclésiastique qui gouverne la société religieuse : dans l'autre, la société religieuse se gouverne elle-même, intervient du moins dans son gouvernement; l'organisation sociale embrasse les fidèles aussi bien que les prêtres.

Le gouvernement appartient-il à la société ecclésiastique seule ; elle peut être constituée selon les modes les plus divers : 1° sous la forme de la monarchie pure ; l'histoire du monde en a offert plus d'un exemple ; 2° sous une forme aristocratique ; tel est le régime où des évêques, soit chacun dans son diocèse, soit réunis en assemblées, gouvernent l'Église de leur propre droit, et sans le concours du clergé inférieur ; 3° sous une forme démocratique, lorsque, par exemple, le gouvernement de l'Église appartient à tout le clergé, à des assemblées de prêtres égaux entre eux.

La société religieuse se gouverne-t-elle elle-même ; la variété n'y sera pas moins grande : 1° les fidèles, les laïques, siégeront avec les prêtres dans les assemblées chargées du gouvernement de l'Église ; 2° il n'y aura point de gouvernement général de l'Église; chaque congrégation particulière, locale, formera une église indépendante, qui se gouvernera elle-même, dont les membres choisiront le chef spirituel selon leur croyance et leur dessein; 3° il n'y aura point de gouvernement spirituel distinct et permanent, point de clergé, point de prêtres; l'enseignement, la prédication, toutes les fonctions spirituelles seront exercées par les fidèles eux-mêmes, selon l'occasion, l'inspiration, en proie à une continuelle mobilité.

Je pourrais combiner entre elles ces formes diverses, en mêler les éléments dans des proportions différentes, en faire naître ainsi une foule d'autres diversités, je ne ferais rien qui ne fût déjà connu.

Et non-seulement, Messieurs, tous ces principes ont été professés, tous ces systèmes soutenus comme seuls vrais et légitimes, mais ils ont tous été appliqués; ils ont tous existé réellement. Qui ignore qu'aux XII° et XIII° siècles le pouvoir spirituel a réclamé comme son droit, tantôt l'exercice direct, tantôt la domination indirecte, du pouvoir temporel? Qui ne voit qu'en Angleterre, où le parlement a disposé de la foi comme de la couronne, l'Église est subordonnée à l'État? Que sont la papauté, l'érastianisme[1], l'épiscopat, le presbytérianisme, les indépendants, les quakers, sinon les applications des doctrines que je viens d'indiquer? Toutes les

---

[1] Système dans lequel l'Église est gouvernée par l'État; ainsi nommé d'Éraste, théologien et médecin allemand du XVI° siècle, qui, le premier, l'a soutenu avec éclat.

doctrines se sont changées en faits; il y a des exemples de tous les systèmes et de leurs combinaisons si variées.

Et non-seulement tous les systèmes ont été réalisés, mais ils ont tous prétendu à la légitimité historique aussi bien qu'à la légitimité rationnelle; ils ont tous reporté leur origine aux premiers temps de l'Église chrétienne; ils ont tous revendiqué des faits anciens, comme fondement et justification.

Messieurs, ni les uns ni les autres n'ont eu complétement tort : on trouve, dans les premiers siècles de l'Église, des faits auxquels ils peuvent tous se rattacher. Ce n'est pas à dire qu'ils soient tous également vrais rationnellement, également fondés historiquement, ni qu'ils représentent une série d'états divers par lesquels l'Église ait passé tour à tour. Mais il y a dans chacun de ces systèmes une part plus ou moins grande de vérité morale, de réalité historique. Ils ont tous joué un rôle, occupé une place, dans l'histoire de la société religieuse moderne; ils ont tous, à des degrés inégaux, concouru au travail de sa formation.

Je vais les rechercher successivement dans les cinq premiers siècles de l'Église; nous n'aurons pas de peine à les y démêler.

Prenons d'abord tout ce qui se rapporte à la situation extérieure de l'Église, à ses relations avec la société civile.

Quant au système de l'Église indépendante, inaperçue dans l'État, existant, se gouvernant sans que le pouvoir temporel intervienne, c'est évidemment la situation primitive de l'Église chrétienne. Tant qu'elle a été renfermée dans un étroit espace, ou disséminée en petites congrégations isolées, obscures, le gouvernement romain l'a ignorée, l'a laissé vivre et se régir comme il lui convenait.

Cet état a cessé; l'Empire romain a pris connaissance de la société chrétienne; je ne parle pas du moment où il en a pris connaissance pour la persécuter, mais de celui où le monde romain est devenu chrétien, où le christianisme est monté sur le trône avec Constantin. La situation de l'Église envers l'État a grandement changé à cette époque. Il serait faux de dire qu'elle est tombée alors sous le gouvernement de l'État, que le système de sa subordination au pouvoir temporel a prévalu. En général, les empereurs n'ont pas prétendu régler la foi; ils ont accepté la doctrine de l'Église. La plupart des questions qui ont provoqué depuis la rivalité des deux pouvoirs, ne s'élevaient pas encore à cette époque. Cependant on y rencontre un grand nombre de faits dans lesquels le système de la souveraineté de l'État sur l'Église a pu prendre et a pris en effet son origine. Vers la fin du IIIe et au commencement du IVe siècle, par exemple, les évêques avaient avec les empereurs un ton extrêmement humble et soumis; ils exaltaient sans cesse la majesté impériale. Si elle avait prétendu porter atteinte à l'indépendance de leur foi, ils se seraient défendus et se défendirent souvent en effet avec énergie; mais ils avaient grand besoin de sa protection; elle était nouvelle pour eux, à peine venaient-ils d'être reconnus et adoptés ; ils traitaient le pouvoir temporel avec beaucoup d'égards et de ménagement. D'ailleurs ils ne pouvaient rien par eux-mêmes ; la société religieuse ou plutôt son gouvernement n'avait, à cette époque, aucun moyen de faire exécuter ses volontés ; les institutions, les règles, les habitudes lui manquaient ; il était sans cesse obligé de recourir à l'intervention du gouvernement civil, seul ancien, seul organisé. Ce besoin continuel d'un aveu étranger donnait à la société religieuse un air de subordination et de dépendance plus extérieure que réelle ; au fond, l'indépendance et même la puissance étaient grandes ; mais, dans presque toutes les affaires, pour tous les intérêts de l'Église, l'empereur intervenait ; on invoquait son consentement et son action. Les conciles étaient ordinairement convoqués par son ordre ; et non-seulement il les convoquait, mais il y présidait, soit par lui-même, soit par ses délégués ; il décidait quelles matières y seraient traitées. Ainsi Constantin assistait en personne au concile d'Arles en 314, au concile de Nicée en 325, et dirigeait, du moins en apparence, les délibérations. Je dis en apparence ; car la présence même de l'empereur dans un concile était une conquête de l'Église, et prouvait sa victoire bien plus que sa soumission. Mais enfin les formes étaient celles d'une subordination respectueuse ; l'Église se servait de la force de l'Empire, se couvrait de sa majesté ; et l'érastianisme, indépendamment des motifs rationnels dont il se prévaut, a trouvé, dans l'histoire de cette époque, des faits qui lui ont pu servir de justification.

Quant au système contraire, la souveraineté générale et absolue de l'Église, il est clair qu'il ne saurait se rencontrer dans le berceau d'une société religieuse; il appartient nécessairement aux jours de sa plus grande force, de son plus puissant développement. Cependant, on le voit déjà poindre au ve siècle, et poindre très-clairement. C'est déjà un principe reconnu, avoué de la société civile, comme il est proclamé par la société religieuse, que la supériorité des intérêts spirituels sur les intérêts temporels, de la destinée du croyant sur celle du citoyen. Il en résulte que le langage des chefs de la société spirituelle, des prêtres, des évêques, naguère si modeste, est devenu confiant, fier, souvent même hautain; tandis que celui des chefs de la société civile, des empereurs eux-mêmes, malgré sa vieille pompe, est au fond modeste et soumis. A cette époque, d'ailleurs, le gouvernement temporel était en grande décadence; l'Empire périssait; le pouvoir impérial tombait de jour en jour dans une ridicule nullité. Le pouvoir spirituel, au contraire, se fortifiait, grandissait, pénétrait de plus en plus dans la société civile; l'Église devenait plus riche, sa juridiction s'étendait; elle marchait visiblement à la domination. La chute complète de l'Empire en Occident, et l'avénement des monarchies barbares, contribuèrent beaucoup à élever ses prétentions et son pouvoir. L'Église avait été, sous les empereurs, obscure, faible, enfant, si je puis me servir de cette expression ; elle en avait contracté, avec eux, une sorte de réserve ; elle était accoutumée à respecter leur pouvoir, leur nom. Peut-être, si l'Empire avait subsisté, ne se serait-elle jamais complétement dégagée de cette habitude de sa première jeunesse. Ce qui donnerait lieu de le croire, c'est qu'il en est arrivé ainsi dans l'Empire d'Orient ; l'Empire d'Orient a vécu douze siècles dans une décadence continuelle ; le pouvoir impérial n'y était pas redoutable : cependant l'Église n'y est point arrivée, n'y a pas même prétendu à la souveraineté. L'Église grecque est restée, avec les empereurs d'Orient, à peu près dans la relation où était l'Église romaine avec les empereurs romains. En Occident, l'Empire est tombé ; des rois couverts de fourrures ont succédé aux princes revêtus de la pourpre ; l'Église n'a pas porté à ces nouveaux venus la même considération, le même respect. Elle a, de plus, été obligée, pour lutter contre leur barbarie, de tendre extrêmement le ressort du pouvoir spirituel ; l'exaltation du sentiment des peuples à ce sujet a été son moyen d'action et de défense. De là ce progrès si rapide de ses prétentions à la souveraineté, qui n'apparaissait encore, au ve siècle, que dans le lointain.

Quant au système de l'alliance entre les deux sociétés distinctes et indépendantes, il n'est pas difficile à reconnaître à l'époque qui nous occupe, car c'était celui qui prévalait ; rien n'était précis ni fixe dans les conditions de l'alliance ; l'égalité ne devait pas être longue entre les deux pouvoirs ; mais ils subsistaient chacun dans sa sphère, et traitaient ensemble chaque fois qu'ils venaient à se rencontrer.

Nous trouvons donc, du 1ᵉʳ au vᵉ siècle, tantôt dans leur plein développement, tantôt en germe, tous les systèmes selon lesquels peuvent être réglés les rapports de l'Église avec l'État ; ils ont tous leur origine dans des faits voisins du berceau de la société religieuse. Passons à l'organisation intérieure de cette société, au gouvernement propre de l'Église ; nous arriverons au même résultat.

Deux principes contraires, vous vous le rappelez, peuvent présider à cette organisation : ou la société religieuse se gouverne elle-même, ou la société ecclésiastique est seule constituée et possède seule le pouvoir.

Il est clair que cette dernière forme ne saurait être celle d'une Église naissante : aucune association morale ne commence par l'inertie de la masse des associés, par la séparation du peuple et du gouvernement. Aussi est-il certain qu'à l'origine du christianisme, les fidèles prenaient part à l'administration de la société. Le système presbytérien, c'est-à-dire le gouvernement de l'Église par ses chefs spirituels, assistés des plus considérables d'entre les fidèles, tel a été le régime primitif. Beaucoup de questions peuvent s'élever sur les noms, les fonctions, les relations de ces chefs, ecclésiastiques et laïques, des congrégations naissantes ; leur concours au gouvernement des affaires communes ne semble pas douteux.

Nul doute aussi qu'à cette époque les sociétés

séparées, les congrégations chrétiennes de chaque ville, ne fussent beaucoup plus indépendantes l'une de l'autre qu'elles ne l'ont été depuis; nul doute qu'elles ne se gouvernassent, je ne dirai pas complétement, mais, à beaucoup d'égards, chacune pour son compte, et isolément. De là le système des *indépendants*, qui veulent que la société religieuse n'ait point de gouvernement général, et que chaque congrégation locale soit une société complète et souveraine.

Nul doute enfin que dans ces petites sociétés chrétiennes naissantes, éloignées les unes des autres, souvent dépourvues de moyens de prédication et d'instruction, nul doute qu'en l'absence d'un chef spirituel institué par les premiers fondateurs de la foi, il ne soit souvent arrivé que, poussé par un élan intérieur, quelque homme puissant par l'esprit et doué du don d'agir sur les hommes, un simple fidèle, ne se soit levé, n'ait pris la parole, et n'ait prêché la petite association dont il faisait partie. De là le système des quakers, le système de la prédication spontanée, individuelle, sans aucun ordre de prêtre, sans clergé légalement institué et permanent.

Voilà déjà quelques-uns des principes, quelques-unes des formes de la société religieuse qui se rencontrent dans le berceau de l'Église chrétienne. Il en contenait bien d'autres : peut-être même ceux-là n'étaient-ils pas les plus puissants.

Et d'abord il est incontestable que les premiers fondateurs, ou, pour mieux dire, les premiers instruments de la fondation du christianisme, les apôtres, se regardaient comme investis d'une mission spéciale, reçue d'en haut, et à leur tour transmettaient à leurs disciples, par l'imposition des mains ou sous toute autre forme, le droit d'enseigner et de prêcher. L'ordination est un fait primitif dans l'Église chrétienne. De là un ordre de prêtres, un clergé distinct, permanent, investi de fonctions et de droits particuliers.

Autre fait primitif. Les congrégations particulières étaient, il est vrai, assez isolées; mais elles tendaient à se réunir, à vivre sous une foi, sous une discipline commune : c'est l'effort naturel de toute société qui se forme; c'est la condition nécessaire de son extension, de son affermissement. Le rapprochement, l'assimilation des éléments divers, le mouvement vers l'unité, tel est le cours de la création. Les premiers propagateurs du christianisme, les apôtres ou leurs disciples, conservaient d'ailleurs, sur les congrégations mêmes dont ils s'éloignaient, une certaine autorité, une surveillance lointaine, mais efficace. Ils avaient soin de former ou de maintenir, entre les églises particulières, des liens non-seulement de fraternité morale, mais d'organisation. De là une tendance constante vers un gouvernement général de l'Église, une constitution identique et permanente.

Il me paraît enfin hors de doute que, dans les idées des premiers chrétiens, dans leur sentiment simple et commun, les apôtres étaient regardés comme supérieurs à leurs disciples, les disciples immédiats des apôtres comme supérieurs à leurs successeurs, supériorité purement morale, point légale ni établie comme une institution, mais réelle et avouée. De là le premier germe, le germe religieux du système épiscopal. Il est aussi venu d'une autre source. Les villes où pénétrait le christianisme étaient très-inégales en population, en richesse, en importance ; et non-seulement il y avait entre elles de telles inégalités matérielles, mais une grande inégalité de développement intellectuel, de pouvoir moral. L'influence se distribua donc inégalement entre les chefs spirituels des congrégations. Les chefs des villes les plus considérables, les plus éclairées, prirent naturellement de l'ascendant, exercèrent une véritable autorité, d'abord morale, ensuite réglée, sur les congrégations environnantes. C'est là le germe politique du système épiscopal.

Ainsi, Messieurs, en même temps que vous reconnaissez, dans l'état primitif de la société religieuse, l'association des laïques aux prêtres dans le gouvernement, c'est-à-dire le système presbytérien; l'isolement des congrégations particulières, c'est-à-dire le système des indépendants ; la prédication libre, spontanée, accidentelle, c'est-à-dire le système des quakers; en même temps vous y voyez naître, contre le système des quakers, un ordre de prêtres, un clergé permanent ; contre le système des indépendants, un gouvernement général de l'Église; contre le système presbytérien, un régime d'inégalité entre les prêtres mêmes, le régime épiscopal.

Comment se sont développés ces principes si divers, et quelquefois si contraires? quelles causes ont abaissé les uns, élevé les autres? Et d'abord comment s'est accomplie la transition du gouvernement partagé par les fidèles, au gouvernement du clergé seul? Comment la société religieuse a-t-elle passé sous l'empire de la société ecclésiastique?

On a fait, dans cette révolution, Messieurs, une large part à l'ambition du clergé, aux intérêts personnels, aux passions humaines. Je ne prétends point la réduire : il est vrai, toutes ces causes ont contribué au résultat qui nous occupe; et pourtant s'il n'y avait eu que de telles causes, c'est-à-dire des causes légitimes, jamais ce résultat ne serait arrivé. J'ai déjà eu occasion de le dire, et je saisis toutes les occasions de le répéter : aucun grand événement n'arrive par des causes complétement illégitimes ; soit à côté, soit au-dessous de celles-là, il y a toujours des causes légitimes, de bonnes et justes raisons pour qu'un fait important s'accomplisse. Nous en rencontrons ici un nouvel exemple.

C'est, je crois, un principe certain, et maintenant établi dans un grand nombre d'esprits, que la participation au pouvoir suppose la capacité morale de l'exercer; où la capacité manque réellement, la participation au pouvoir périt naturellement. Le droit continue de résider virtuellement dans la nature humaine; mais il sommeille, ou plutôt il n'existe qu'en germe, en perspective, attendant que la capacité se développe, pour se développer avec elle et paraître au jour.

Rappelez-vous, Messieurs, ce que j'ai eu l'honneur de vous dire, dans notre dernière réunion, sur l'état de la société civile romaine au ve siècle : j'ai essayé de vous peindre sa profonde décadence ; vous avez vu que les classes aristocratiques périssaient, prodigieusement réduites en nombre, sans influence, sans vertu. Quiconque, dans leur sein, possédait quelque énergie, quelque activité morale, entrait dans le clergé chrétien. Il ne restait réellement que le menu peuple, *plebs romana*, qui se ralliait autour des prêtres et des évêques, et formait le peuple chrétien.

Entre ce peuple et ses nouveaux chefs, entre la société religieuse et la société ecclésiastique, l'inégalité était grande : inégalité non-seulement de richesse, d'influence, de situation sociale, mais de lumières, de développement intellectuel et moral. Et plus le christianisme, par le seul fait de sa durée, se développait, s'étendait, s'élevait, plus cette inégalité croissait et éclatait. Les questions de foi, de doctrine, devenaient, d'année en année, plus complexes et plus difficiles ; les règles de la discipline de l'Église, ses relations avec la société civile, s'étendaient, s'embarrassaient également ; en sorte que, pour prendre part à l'administration de ses affaires, il fallait, d'époque en époque, un plus grand développement d'esprit, de science, de caractère ; en un mot, des conditions morales plus élevées et plus rares. Et cependant tels étaient le trouble général de la société et le malheur des temps, que l'état moral du peuple, au lieu de s'améliorer et de s'élever, s'abaissait de jour en jour.

C'est là, Messieurs, quand on a fait la part de toutes les passions humaines, de tous les intérêts personnels, c'est là la véritable cause qui a fait passer la société religieuse sous l'empire de la société ecclésiastique, qui a exclu du pouvoir les fidèles pour le livrer au seul clergé.

Comment s'opéra la seconde révolution dont nous avons déjà saisi l'origine? Comment, dans le sein même de la société ecclésiastique, le pouvoir passa-t-il du corps des prêtres aux évêques?

Ici, Messieurs, une distinction importante est à faire : l'état des choses n'était point le même au v⁵ siècle quant au pouvoir des évêques dans leur siége, et au gouvernement général de l'Église. Dans l'intérieur du diocèse, l'évêque ne gouvernait pas seul; il agissait avec le concours et l'assentiment de son clergé. Ce n'était pas là une véritable institution; le fait n'était pas réglé d'une manière fixe, ni selon des formes permanentes; mais il est évident toutes les fois qu'il s'agit de l'administration urbaine ou diocésaine. Les mots *cum assensu clericorum* reviennent sans cesse dans les monuments du temps. S'agit-il au contraire du gouvernement général, soit de la province ecclésiastique, soit de l'Église tout entière; les choses changent; les évêques vont seuls aux conciles investis de ce gouvernement; et quand de simples prêtres y paraissent, c'est comme délégués de leur évêque. Le gouvernement général de l'Église, à cette époque, est entièrement épiscopal.

N'attachez cependant pas à ces mots le sens qu'ils ont emporté plus tard : *ne croyez pas que chaque évêque allât aux conciles uniquement pour son propre compte, en vertu de son propre droit. Il y allait comme représentant de son clergé.* L'idée que l'évêque, chef naturel de ses prêtres, parlait et agissait partout pour leur compte et en leur nom, était alors dans tous les esprits, dans celui des évêques eux-mêmes, et limitait leur pouvoir, tout en leur servant d'échelon pour monter plus haut et s'affranchir.

Une autre cause, encore plus décisive peut-être, bornait les conciles aux seuls évêques : c'était le petit nombre des prêtres et l'embarras de leur fréquent déplacement. A en juger par le grand rôle qu'ils jouent, et, passez-moi cette expression, par le bruit qu'ils font au ve siècle, on est tenté de croire les prêtres fort nombreux. Il n'en était rien : quelques indications positives, quelques témoignages historiques, le prouvent directement. Au commencement du ve siècle, par exemple, il est question du nombre des prêtres à Rome; et on dit, comme une grande richesse, que Rome a vingt-quatre églises et soixante-seize prêtres. Les preuves indirectes fournissent les mêmes conclusions; les actes des conciles du ive et du ve siècle sont pleins de canons qui défendent à un simple clerc d'aller se faire ordonner dans un autre diocèse que le sien; à un prêtre de quitter son diocèse pour aller servir ailleurs, ou même de voyager sans le consentement de son évêque ¹. On s'applique, par toutes sortes de moyens, à fixer les prêtres dans le lieu où ils sont; on les garde, on les retient avec un soin extrême, tant ils sont rares, tant les évêques pourraient être tentés de se les enlever réciproquement. Après l'établissement des monarchies barbares, les rois francs ou bourguignons, tous les chefs riches et fameux, travaillaient sans cesse à se débaucher mutuellement ces compagnons, ces *leudes*, ces *antrustions*, qui faisaient leur cortége et leur force ; la législation barbare abonde en dispositions destinées à réprimer ces tentatives; les rois se promettent, dans les traités, qu'ils n'attireront point, qu'ils ne recevront même pas leurs leudes réciproques. La législation ecclésiastique des iv° et v° siècles contient, quant aux prêtres, des dispositions analogues, prises, à coup sûr, par les mêmes motifs.

C'était donc pour un prêtre une assez grande affaire que de quitter, pour une mission lointaine, l'église à laquelle il était attaché; il y était difficilement remplacé; le service religieux souffrait de son absence. L'établissement du système représentatif, dans l'Église comme dans l'État, suppose un assez grand nombre d'hommes qui se puissent déplacer aisément, sans inconvénient pour eux-mêmes et pour la société. Il n'en était point ainsi au v° siècle; et, pour remplir les conciles de simples prêtres,

---

¹ Voyez les canons des conciles d'Arles en 314, de Turin en 397, d'Arles en 450, de Tours en 461.

peut-être eût-il fallu des indemnités et des dispositions coërcitives, comme il en a fallu longtemps en Angleterre pour faire venir les bourgeois au parlement. Tout tendait donc à faire passer le gouvernement de l'Église entre les mains des évêques, et au ve siècle le système épiscopal avait presque complétement prévalu.

Quant au système de *la monarchie pure,* le seul dont nous n'ayons encore rien dit, parce que les faits ne nous l'ont pas encore montré, il était fort loin de dominer à cette époque, de prétendre même à dominer; et la sagacité la plus exercée, l'ardeur même de l'ambition personnelle, n'eût pu pressentir ses futures destinées. Cependant on voyait déjà croître de jour en jour la considération et l'influence de la papauté; il est impossible de consulter avec impartialité les monuments du temps sans reconnaître que, de toutes les parties de l'Europe, on s'adresse à l'évêque de Rome pour avoir son opinion, sa décision même en matière de foi, de discipline, dans les procès des évêques, en un mot dans toutes les grandes occasions où l'Église est intéressée. Souvent ce n'est qu'un avis qu'on lui demande, et quand il l'a donné, ceux à qui l'avis déplaît ne s'y soumettent pas; mais un parti puissant s'y range toujours, et, d'affaire en affaire, sa prépondérance devient plus marquée. Deux causes y contribuaient surtout alors : d'une part, le système du patriarcat était encore puissant dans l'Église; au-dessus des évêques et des archevêques, avec des priviléges plus nominaux qu'efficaces, mais généralement avoués, un patriarche présidait à une grande contrée. L'Orient avait eu et avait encore plusieurs patriarches, celui de Jérusalem, celui d'Antioche, celui de Constantinople, celui d'Alexandrie. En Occident, l'*évêque de Rome l'était seul;* et cette circonstance aida beaucoup à l'élévation exclusive de la papauté. La tradition, d'ailleurs, que saint Pierre avait été évêque de Rome, et l'idée que les papes étaient ses successeurs, étaient déjà fort répandues parmi les chrétiens d'Occident.

Ainsi, Messieurs, on aperçoit clairement, dans les cinq premiers siècles, le fondement historique de tous les systèmes qui ont été soutenus ou appliqués, tant sur l'organisation intérieure que sur la situation extérieure de la société religieuse. Il s'en faut bien qu'ils soient tous au même rang : les uns n'ont paru qu'en passant, et comme des accidents ou des transitions; les autres n'ont existé pendant longtemps qu'en germe et ne se sont développés qu'avec lenteur; ils sont de dates très-diverses et d'importance très-inégale; mais tous peuvent se rattacher à quelque fait, invoquer quelque autorité.

Quand on se demande quels principes prévalaient au sein de cette variété de principes, quels grands résultats étaient consommés au ve siècle, on reconnaît les faits suivants :

1° La séparation de la société religieuse et de la société ecclésiastique, la domination de la société ecclésiastique sur la société religieuse; résultat dû surtout à l'extrême inégalité intellectuelle et sociale qui existait entre le peuple et le clergé chrétien.

2° La prédominance du système aristocratique dans l'organisation intérieure de la société ecclésiastique; l'intervention des simples prêtres dans le gouvernement de l'Église devient de jour en jour plus rare et plus faible; le pouvoir se concentre de plus en plus entre les mains des évêques.

3° Enfin, quant aux rapports de la société religieuse avec la société civile, de l'Église avec l'État, le système qui prévaut est celui de l'alliance, de la transaction entre des puissances distinctes, mais en contact perpétuel.

Tels sont les trois grands faits qui caractérisent l'état de l'Église au commencement du ve siècle. A leur seul énoncé, sur la simple apparence générale, il est impossible d'y méconnaître des germes menaçants, d'une part, dans le sein de la société religieuse, pour la liberté de la masse des fidèles; de l'autre, et dans le sein de la société ecclésiastique, pour la liberté d'une grande partie du clergé lui-même. La prédominance presque exclusive des prêtres sur les fidèles et des évêques sur les prêtres, présageait dans l'avenir les abus du pouvoir et les désordres des révolutions. De telles craintes, Messieurs, si quelqu'un les eût conçues au ve siècle, n'auraient pas été sans fondement; mais on était loin de les concevoir; c'était surtout à se régler, à se constituer, qu'aspirait la société chrétienne; elle avait surtout besoin d'ordre, de lois, de gouvernement; et, malgré la dangereuse tendance de quelques uns des principes qui y prévalaient, les libertés, soit du peuple dans la société religieuse, soit des simples prêtres dans la société ecclésiastique, ne manquaient alors ni de réalité ni de garanties.

La première résidait dans l'élection des évêques, fait sur lequel je n'ai garde d'insister, car il est évident pour quiconque jette un coup d'œil sur les monuments de cette époque. Cette élection n'avait lieu ni suivant des règles générales, ni dans des formes permanentes; elle était prodigieusement irrégulière, diverse, sujette à une multitude d'accidents. En 374, l'évêque de Milan, Auxence, arien d'opinion, venait de mourir; on s'était réuni dans la cathédrale pour élire son successeur. Le peuple, le clergé, les évêques de la province, tous étaient là, et tous très-animés; les deux partis, les orthodoxes et les ariens, voulaient chacun nommer l'évêque. Le tumulte aboutit à un désordre violent. Un gouverneur venait d'arriver à Milan, au nom de l'empereur; c'était un jeune homme, il s'appelait Ambroise. Informé du tumulte, il se rend dans l'église pour le faire cesser; ses paroles, son air, plurent au peuple. Il avait bonne renommée : une voix s'élève du milieu de l'église, la voix d'un enfant, selon la tradition; elle s'écrie : « Il faut nommer Ambroise évêque! » Et, séance tenante, Ambroise fut nommé évêque; il est devenu saint Ambroise.

Voilà un exemple de la manière dont les élections épiscopales se faisaient encore à la fin du IV° siècle. A coup sûr elles n'étaient pas toutes à ce point désordonnées, subites; mais ces caractères ne choquaient, n'étonnaient même personne; et le lendemain de son élévation, saint Ambroise était tenu de tous pour très-bien élu. Voulez-vous que nous regardions à une époque postérieure, à la fin du v⁰ siècle, par exemple? J'ouvre le recueil des lettres de Sidoine Apollinaire, le monument le plus curieux et en même temps le plus authentique des mœurs de ce temps, surtout des mœurs de la société religieuse; Sidoine a été évêque de Clermont ; il a lui-même recueilli et revu ses lettres ; c'est bien là ce qu'il a écrit, ce qu'il a voulu léguer à la postérité. Voici une lettre qu'il adresse à son ami Domnulus :

Sidoine à son cher Domnulus, salut [1].

Puisque tu désires savoir ce qu'a fait à Châlons, avec sa religion et sa fermeté accoutumées, notre père en Christ, le pontife Patient [2], je ne puis tarder plus longtemps à te faire partager notre grande joie. Il arriva en cette ville en partie précédé, en partie suivi des évêques de la province, réunis pour donner un chef à l'Église de ce municipe, troublée et chancelante dans sa discipline, depuis la retraite et la mort de l'évêque Paul. L'assemblée des clercs trouva dans la ville des factions diverses, toutes ces intrigues privées qui ne se forment jamais qu'au détriment du bien public, et qu'avait excitées un triumvirat de compétiteurs. L'un d'eux, privé d'ailleurs de toute vertu, étalait l'illustration d'une race antique; un autre, nouvel Apicius, se faisait appuyer par les applaudissements et les clameurs de bruyants parasites gagnés à l'aide de sa cuisine ; un troisième s'était engagé par un marché secret, s'il parvenait au but de son ambition, à livrer les domaines de l'Église au pillage de ses partisans. Le saint Patient et le saint Euphronius [3], qui, dédaignant toute haine et toute faveur, étaient les premiers à soutenir fermement et rigidement le plus sage avis, ne tardèrent pas à reconnaître l'état des choses. Avant de rien manifester en public, ils tinrent d'abord conseil en secret avec les évêques leurs collègues ; puis, bra-

[1] Livre IV, lett. 25.
[2] Évêque de Lyon.
[3] Évêque d'Autun.

vant les cris d'une tourbe de furieux, ils imposèrent tout à coup les
mains, sans qu'il se doutât de rien et formât aucun vœu pour être élu,
à un saint homme nommé Jean, recommandable par son honnêteté,
sa charité et sa douceur. Jean a été d'abord lecteur, et a servi à l'autel
dès son enfance; puis, à la suite de beaucoup de temps et de travail,
il est devenu archidiacre... Il n'était donc que prêtre du second ordre,
et, au milieu de ces factions si acharnées, personne n'exaltait par ses
louanges un homme qui ne demandait rien ; mais personne aussi n'osait
accuser un homme qui ne méritait que des éloges. Nos évêques l'ont
proclamé leur collègue, au grand étonnement des intrigants, à l'extrême
confusion des méchants, aux acclamations des gens de bien, et sans que
personne osât ou voulût réclamer...

Tout à l'heure nous assistions à une élection populaire ; en voilà maintenant une aussi irrégulière, aussi inattendue, faite tout à coup, au milieu du peuple, par deux pieux évêques. En voici une troisième encore plus singulière, s'il est possible. Sidoine lui-même en est à la fois le narrateur et l'acteur.

L'évêque de Bourges était mort : telle était l'ardeur des compétiteurs et de leurs factions, que la ville en était bouleversée et qu'il n'y avait aucun moyen d'arriver à un résultat. Les habitants de Bourges imaginèrent de s'adresser à Sidoine, illustre dans toute la Gaule par sa naissance, sa richesse, son éloquence, son savoir, longtemps revêtu des plus hautes fonctions civiles, et tout récemment nommé lui-même évêque de Clermont. Ils le prièrent de leur choisir un évêque, à peu près comme, dans l'enfance des républiques grecques, le peuple, lassé des orages civiles et de sa propre impuissance, allait chercher un sage étranger pour qu'il lui donnât des lois. Sidoine, un peu surpris d'abord, accepte pourtant, s'assure du concours des évêques dont il a besoin pour l'ordination de celui qu'il est seul chargé d'élire, se rend à Bourges, rassemble le peuple dans la cathédrale. Permettez-moi de vous lire la lettre dans laquelle il rend compte de toute l'affaire à Perpétuus, évêque de Tours, et lui envoie le discours qu'il prononça dans cette assemblée ; elle est un peu longue, et le discours aussi ; mais ce mélange de rhétorique et de religion, ces puérilités littéraires au milieu des scènes les plus animées de la vie réelle, cette confusion du bel esprit et de l'évêque, font bien mieux connaître que toutes les dissertations du monde cette singulière société, à la fois vieille et jeune, en décadence et en progrès : je ne retrancherai çà et là que quelques passages sans intérêt.

Sidoine, au seigneur-pape Perpétuus, salut [1].

Dans ton zèle pour les lectures spirituelles, tu vas jusqu'à vouloir connaître des écrits qui ne sont nullement dignes d'occuper tes oreilles ou d'exercer ton jugement. Tu me commandes en conséquence de t'envoyer le discours que j'ai adressé dans l'église au peuple de Bourges, discours auquel ni les divisions de la rhétorique, ni les mouvements de l'art oratoire, ni les figures grammaticales, n'ont prêté l'élégance et la régularité convenables ; car dans cette occasion je n'ai pu combiner, selon l'usage général des orateurs, soit les graves témoignages de l'histoire, soit les fictions des poëtes, soit les étincelles de la controverse. Les séditions, les brigues, la diversité des partis, m'entraînaient en tous sens ; et si l'occasion me fournissait une ample matière, les affaires ne me laissaient pas le temps de la méditer. Il y avait une telle foule de compétiteurs, que deux bancs ne suffisaient pas pour contenir les candidats d'un seul siége ; tous se plaisaient à eux-mêmes, et tous déplaisaient également à tous. Nous n'eussions même rien pu faire pour le

[1] Liv. VII, lett. 9.

bien commun, si le peuple, plus calme, n'eût renoncé à son propre jugement pour se soumettre à celui des évêques. Quelques prêtres chuchotaient dans quelque coin, mais en public pas un ne soufflait; car la plupart redoutaient leur ordre non moins que les autres ordres... Reçois donc cette feuille : je l'ai dictée, le Christ en est témoin, en deux veilles d'une nuit d'été ; mais je crains bien qu'en la lisant tu n'en croies là-dessus encore plus que je ne te mande.

Discours.

Mes très-chers, l'histoire profane rapporte qu'un certain philosophe enseignait à ses disciples la patience de se taire avant de leur montrer la science de parler, et qu'ainsi tous les commençants observaient pendant cinq ans un silence rigoureux, au milieu des discussions de leurs condisciples ; de sorte que les esprits les plus prompts ne pouvaient être loués avant qu'il se fût écoulé un temps convenable pour les bien connaître. Quant à moi, ma faiblesse est réservée à une condition bien différente, moi qui, même avant d'avoir rempli auprès de quelque homme de bien l'humble fonction de disciple, me vois forcé d'entreprendre avec les autres la tâche de docteur [1]... Mais enfin, puisqu'il vous a plu, dans votre erreur, de vouloir que moi, dénué de sagesse, je cherche pour vous, avec l'aide du Christ, un évêque rempli de sagesse, et en la personne duquel se réunissent toutes sortes de vertus, sachez que votre accord en cette volonté, en me faisant un grand honneur, m'impose aussi un plus grand fardeau...

Et d'abord il faut que vous sachiez quels torrents d'injures m'attendent, et à quels aboiements de voix humaines se livrera contre vous aussi la foule des prétendants... Si je viens à nommer quelqu'un parmi les moines, pût-il même être comparé aux Paul, aux Antoine, aux Hilaire, aux Macaire, tout aussitôt je sens résonner, autour de mes oreilles, les murmures bruyants d'une foule d'ignobles pygmées qui se plaindront, disant : « Celui qu'on nomme là remplit les fonctions non d'un évêque, mais d'un abbé : il est bien plus propre à intercéder pour les ames auprès du juge céleste, que pour les corps auprès des juges de la terre. » Qui ne serait profondément irrité, en voyant les plus sincères vertus représentées comme des vices ? Si nous choisissons un homme humble, on l'appellera abject ; si nous en proposons un d'un caractère fier, on le traitera d'orgueilleux ; si nous prenons un homme peu éclairé, son ignorance le fera passer pour ridicule ; si au contraire c'est un savant, sa science le fera dire bouffi d'orgueil ; s'il est austère, on le haïra comme cruel ; s'il est indulgent, on l'accusera de trop de facilité ; s'il

---

[1] Sidoine venait à peine d'être nommé évêque vers la fin de 471.

est simple, on le dédaignera comme bête; s'il est plein de pénétration, on le rejettera comme rusé; s'il est exact, on le traitera de minutieux; s'il est coulant, on l'appellera négligent; s'il a l'esprit fin, on le déclarera ambitieux; s'il a du calme, on le tiendra pour paresseux; s'il est sobre, on le prendra pour avare; s'il mange pour se nourrir, on l'accusera de gourmandise; si le jeûne est sa nourriture, on le taxera de vanité... Ainsi, de quelque manière que l'on vive, toujours la bonne conduite et les bonnes qualités seront livrées aux langues acérées des médisants, semblables à des hameçons à deux crochets. Et, de plus, le peuple, dans son obstination, les clercs, dans leur indocilité, ne se soumettent que difficilement à la discipline monastique.

Si je désigne un clerc, ceux qui n'ont été promus qu'après lui le jalouseront, ceux qui l'ont été avant le dénigreront; car parmi eux il y en a quelques uns (ce qui soit dit sans offenser les autres) qui s'imaginent que la durée du temps de la cléricature est la seule mesure du mérite, et qui voudraient en conséquence que, dans l'élection d'un prélat, nous choisissions non selon le bien commun, mais d'après l'âge...

Si, par hasard, je vous indique un homme qui ait exercé des charges militaires, aussitôt j'entends s'élever ces paroles : « Sidoine, parce qu'il a passé des fonctions du siècle à la cléricature, ne veut pas prendre pour métropolitain un homme de la congrégation religieuse; fier de sa naissance, élevé au premier rang par les insignes de ses dignités, il dédaigne les pauvres du Christ. » C'est pourquoi je vais, à l'instant même, rendre le témoignage que je dois, non pas tant à la charité des gens de bien qu'aux soupçons des méchants. Au nom de l'Esprit saint, notre Dieu tout-puissant, qui, par la voix de Pierre, condamna Simon le magicien, pour avoir cru que la grâce de la bénédiction pût être achetée à prix d'argent, je déclare que, dans le choix de l'homme que j'ai cru le plus digne, je n'ai été influencé par l'argent ni la faveur; et qu'après avoir examiné, autant et plus même qu'il ne fallait, ce qu'étaient la personne, le temps, la province et cette ville, j'ai jugé que celui qui convient le mieux de vous donner est l'homme dont je vais rappeler la vie en peu de mots.

Simplicius, béni de Dieu, répond aux vœux des deux ordres et par sa conduite et par sa profession; la république pourra trouver en lui de quoi admirer, l'Église de quoi chérir. Si nous devons porter respect à la naissance (et l'évangéliste nous a prouvé lui-même qu'il ne faut pas négliger cette considération, car Luc, en commençant l'éloge de Jean, estimait très-avantageux qu'il descendît d'une race sacerdotale), les parents de Simplicius ont présidé dans les églises et dans les tribunaux; sa famille a été illustrée par des évêques et des prélats : ainsi ses ancêtres ont toujours été en possession de dicter des lois, soit divines, soit humaines... Si nous regardons à son âge, il a à la fois toute l'activité de la jeunesse et la prudence de la vieillesse... Si l'on veut de la charité, il en a montré avec profusion au citoyen, au clerc, au pèlerin, aux petits comme aux grands ; et son pain a été plus souvent et plutôt goûté par celui qui ne devait pas le rendre. S'il a fallu se charger d'une mission, plus d'une fois Simplicius s'est présenté, pour votre ville, devant les rois couverts de fourrures, et devant les princes ornés de la pourpre... J'allais presque oublier de parler d'une chose qu'il ne faut cependant pas omettre. Jadis, dans ces temps antiques de Moïse, ainsi que le dit le Psalmiste, lorsqu'il fallut élever le tabernacle d'alliance, tout Israël dans le désert entassa aux pieds de Béseleel le produit de ses offrandes. Dans la suite, Salomon, pour construire le temple de Jérusalem, mit en mouvement toutes les forces du peuple, quoiqu'il eût réuni les dons de la reine de la contrée méridionale de Saba aux richesses de la Palestine et aux tributs des rois voisins. Simplicius, jeune, soldat, faible, seul, encore fils de famille et déjà père, vous a fait aussi construire une église ; il n'a été arrêté dans son pieux dessein, ni par l'attachement des vieillards à leurs biens, ni par la considération de ses petits-enfants ; et cependant sa modestie a été telle qu'il a gardé le silence à ce sujet. Et en effet, c'est, si je ne me trompe, un homme étranger à toute ambition de popularité ; il ne recherche point la faveur de tous, mais celle des gens de bien ; il ne s'abaisse point à une imprudente familiarité, mais il attache un grand prix à de solides amitiés... Enfin, il doit surtout être désiré pour évêque, parce qu'il ne le désire nullement, et ne travaille point à obtenir le sacerdoce, mais seulement à le mériter.

Quelqu'un me dira peut-être : Mais comment, en si peu de temps, en avez-vous tant appris sur cet homme ? Je lui répondrai : Je connaissais les habitants de Bourges avant de connaître la ville. J'en ai connu beaucoup en route, dans le service militaire, dans des rapports d'argent et d'affaires, dans leurs voyages, dans les miens. On apprend aussi beaucoup de choses par l'opinion publique, car la nature n'impose pas à la renommée les bornes étroites de la patrie...

La femme de Simplicius descend de la famille des Palladius, qui ont occupé les chaires des lettres et des autels, avec l'approbation de leur ordre ; et comme le caractère d'une matrone ne veut être rappelé qu'avec modestie et succinctement, je me contenterai d'affirmer que cette femme répond dignement au mérite et aux honneurs des deux familles, soit de celle où elle est née et a grandi, soit de celle où elle a passé par un honorable choix. Tous deux élèvent leurs fils dignement et en toute sagesse ; et le père, en les comparant à lui, trouve un nouveau sujet de bonheur en ce que déjà ses enfants le surpassent.

Et puisque vous avez juré de reconnaître et d'accepter la déclaration de mon infirmité au sujet de cette élection, au nom du Père, du Fils et du Saint-Esprit, Simplicius est celui que je déclare devoir être fait métropolitain de notre province et souverain pontife de votre ville ; quant à vous, si vous adoptez ma dernière décision au sujet de l'homme dont je viens de parler, approuvez-la conformément à vos premiers engagements.

Je n'ai besoin de rien ajouter, Messieurs ; ces trois exemples vous ont, j'en suis sûr, très-bien expliqué ce qu'était au ve siècle l'élection des évêques. Sans doute elle n'avait point les caractères d'une institution véritable ; dénuée de règles, de formes permanentes et légales, livrée aux hasards des circonstances et des passions, ce n'était pas là une de ces libertés fortes devant lesquelles s'ouvre un long avenir ; mais, dans le présent, celle-là était très-réelle ; elle amenait un grand mouvement dans l'intérieur des cités ; c'était une garantie efficace.

Il y en avait une seconde, la tenue fréquente des conciles. Le gouvernement général de l'Église était complétement, à cette époque, entre les mains des conciles ; conciles généraux, nationaux, provinciaux. On y portait les questions de foi et de discipline, les procès des évêques, toutes les grandes ou difficiles affaires de l'Église. Dans le cours du ive siècle, on trouve quinze conciles et vingt-cinq dans le ve [1], et ce ne sont là que les principaux conciles, ceux dont il est resté des traces écrites ; il y en a eu, à coup sûr, un grand nombre de locaux, peu fréquentés, de courte durée, qui n'ont laissé

---

[1] *Voir* les deux tableaux ci-contre.

aucun monument, dont le souvenir même a été perdu.

Une preuve indirecte démontre l'importance des conciles à cette époque. Personne n'ignore qu'en Angleterre, dans l'origine du gouvernement représentatif, lors de la formation de la chambre des communes, on a fait beaucoup de statuts pour ordonner la tenue régulière et fréquente des parlements. Le même fait paraît au ve siècle pour les conciles. Plusieurs canons, entre autres ceux du

TABLEAU DES PRINCIPAUX CONCILES DU IVe SIÈCLE.

DATE.	LIEU.	ASSISTANTS.
314	Arles.............	33 évêques, 14 prêtres, 25 diacres, 8 lecteurs ou exorcistes.
346	Cologne............	14 évêques, 10 prêtres délégués.
353	Arles.	
355	Poitiers............	Les évêques de Gaule.
356	Béziers.	
358	Vaison.............	Id.
358	Lieu inconnu.......	Id.
360	Lieu inconnu........	Id.
362	Paris..............	Id.
374	Valence............	21 évêques.
385	Bordeaux.	
386	Trèves.	
386	Lieu inconnu.......	Les évêques de Gaule.
387	Nîmes.	
397	Turin.	

concile d'Orange tenu en 441, portent qu'un concile ne se séparera jamais sans indiquer le concile

TABLEAU DES PRINCIPAUX CONCILES DU Ve SIÈCLE.

DATE.	LIEU.	ASSISTANTS.
406	Toulouse............	Les évêques de Gaule.
419	Valence.............	Id.
429	Lieu incertain.	
439	Riez................	13 évêques, 1 prêtre délégué.
441	Orange..............	16 évêques, 1 prêtre.
442	Vaison.	
444	Lieu incertain.	
451	Lieu incertain.	
452	Arles...............	44 évêques.
452	Narbonne............	Les évêques de la 1re Narbonn.
453	Angers..............	8 évêques.
454	Bourges.............	Les évêques de Gaule.
455	Arles...............	13 évêques.
460	Lyon.	
461	Tours	8 évêques, 1 prêtre délégué, 1 évêque signe après.
463	Arles...............	19 évêques.
465	Vannes..............	6 évêques.
470	Châlons-sur-Saône.....	Les évêques de la Lyonnaise.
472	Bourges.	
474	Vienne.	
475	Arles...............	30 évêques.
475	Lyon.	
495	Lyon.	
496	Reims.	
499	Lyon...............	8 évêques.
25		

suivant, et que si le malheur des temps empêche qu'on ne tienne un concile deux fois par an, selon les canons, on prendra toutes les précautions possibles pour s'assurer du moins qu'il ne s'écoulera pas un long intervalle sans qu'il s'en réunisse quelqu'un.

Ainsi les deux grandes garanties de la liberté dans une société quelconque, l'élection d'une part, et la discussion de l'autre, existaient, en fait, dans la société ecclésiastique du ve siècle, désordonnées, il est vrai, incomplètes, précaires, la suite des temps l'a bien prouvé; mais, dans le présent, réelles et fortes, à la fois cause et témoignage du mouvement et de l'ardeur des esprits.

Maintenant, Messieurs, mettez, je vous prie, mettez cet état de la société religieuse à côté de l'état de la société civile que j'ai essayé de peindre dans notre dernière réunion. Je ne m'arrêterai pas à tirer les conséquences de cette comparaison; elles sautent aux yeux, et déjà, à coup sûr, vous les avez reconnues. Je les résumerai en deux traits.

Dans la société civile, point de peuple, point de gouvernement; l'administration impériale est tombée, l'aristocratie sénatoriale tombée, l'aristocratie municipale tombée; la dissolution est partout; le pouvoir et la liberté sont atteints de la même stérilité, de la même nullité.

Dans la société religieuse, au contraire, se révèle un peuple très-animé, un gouvernement très-actif. Les causes d'anarchie et de tyrannie sont nombreuses; mais la liberté est réelle et le pouvoir aussi. Partout se rencontrent, se développent les germes d'une activité populaire très-énergique et d'un gouvernement très-fort. C'est, en un mot, une société pleine d'avenir, d'un avenir orageux, chargé de bien et de mal, mais puissant et fécond.

Voulez-vous que nous fassions dans cette comparaison un pas de plus? Nous n'avons considéré jusqu'ici que les faits généraux, la vie publique, pour ainsi dire, des deux sociétés. Voulez-vous que nous pénétrions dans la vie domestique, dans l'intérieur des maisons? que nous recherchions comment employaient et passaient leur temps, d'une part les hommes considérables de la société civile, de l'autre les chefs de la société religieuse? Il vaut la peine d'adresser au ve siècle cette question, car sa réponse ne peut manquer d'être très-instructive.

Il y avait dans les Gaules, à la fin du ive et au ve siècle, un certain nombre d'hommes importants et honorés, longtemps revêtus des grandes charges de l'État, demi-païens, demi-chrétiens, c'est-à-dire n'ayant point de parti pris, et, à vrai dire, se souciant peu d'en prendre aucun en matière religieuse; gens d'esprit, lettrés, philosophes, pleins de goût pour l'étude et les plaisirs intellectuels, riches et vivant magnifiquement. Tel était, à la fin du ive siècle, le poëte Ausone, comte du palais impérial, questeur, préfet du prétoire, consul, et qui possédait, en Saintonge et près de Bordeaux, de fort belles terres; tels, à la fin du ve, Tonance Ferréol, préfet des Gaules, en grand crédit auprès des rois visigoths, et dont les domaines étaient situés en Languedoc et dans le Rouergue, sur les bords du Gardon et près de Milhau; Eutrope, aussi préfet des Gaules, platonicien de profession, et qui habitait en Auvergne; Consence, de Narbonne, un des plus riches citoyens du Midi, et dont la maison de campagne, dite *Octaviana*, et située sur la route de Béziers, passait pour la plus magnifique de la province. C'étaient là les grands seigneurs de la Gaule romaine : après avoir occupé les fonctions supérieures du pays, ils vivaient dans leurs terres loin de la masse de la population, passant leur temps à la chasse, à la pêche, dans des divertissements de tout genre; ils avaient de belles bibliothèques, souvent un théâtre où se jouaient les drames de quelque rhéteur, leur client : le rhéteur Paul faisait jouer chez Ausone sa comédie de *l'Extravagant (Delirus)*, composait lui-même de la musique pour les entr'actes, et présidait à la représentation. A ces divertissements se joignaient des jeux d'esprit, des conversations littéraires; on raisonnait sur les anciens auteurs; on expliquait, on commentait; on faisait des vers sur tous les petits incidents de la vie. Elle se passait de la sorte agréable, douce, variée, mais molle, égoïste, stérile, étrangère à toute occupation sérieuse, à tout intérêt puissant et général. Et je parle ici des plus honorables débris de la société romaine, des hommes qui n'étaient ni corrompus, ni désordonnés, ni avilis, qui cultivaient leur intelligence, et avaient en dégoût les mœurs serviles et la décadence de leur temps.

Voici maintenant quelle était la vie d'un évêque,

par exemple, de saint Hilaire, évêque d'Arles, et de saint Loup, évêque de Troyes, au commencement du ve siècle.

Saint Hilaire se levait de grand matin : il habitait toujours dans la ville; dès qu'il était levé, quiconque voulait le voir était reçu ; il écoutait les plaintes, accommodait les différends, faisait l'office de juge de paix. Il se rendait ensuite à l'église, célébrait l'office, prêchait, enseignait, quelquefois plusieurs heures de suite. Rentré chez lui, il prenait son repas, et pendant ce temps on lui faisait quelque lecture pieuse; ou bien il dictait, et souvent le peuple entrait librement et venait écouter. Il travaillait aussi des mains, tantôt filant pour les pauvres, tantôt cultivant les champs de son église. Ainsi s'écoulait sa journée, au milieu du peuple, dans des occupations graves, utiles, d'un intérêt public, qui avaient, à chaque heure, quelque résultat.

La vie de saint Loup n'était pas tout à fait la même ; ses mœurs étaient plus austères, son activité moins variée; il vivait durement, et la rigidité de sa conduite, l'assiduité de ses prières, étaient sans cesse célébrées par ses contemporains. Aussi exerçait-il plus d'ascendant par son exemple général que par le détail de ses actions : il frappait l'imagination des hommes, à ce point que, selon une tradition dont la vérité importe assez peu, puisque, vraie ou fausse, elle révèle également l'opinion contemporaine, Attila, en quittant la Gaule, l'emmena avec lui jusqu'au bord du Rhin, jugeant qu'un si saint homme protégerait son armée. Saint

Loup était d'ailleurs d'un esprit cultivé, et portait au développement intellectuel un intérêt actif. Il s'inquiétait dans son diocèse des écoles et des lectures pieuses ; il protégeait tous ceux qui cultivaient les lettres ; et lorsqu'il fallut aller combattre dans la Grande-Bretagne les doctrines de Pélage, ce fut sur son éloquence et sa sainteté, en même temps que sur celle de saint Germain d'Auxerre, que le concile de 429 s'en remit du succès.

Que dirai-je de plus, Messieurs ? les faits parlent clairement ; entre les grands seigneurs de la société romaine et les évêques, il n'est pas difficile de dire où était la puissance, à qui appartenait l'avenir.

J'ajouterai un seul fait, indispensable pour compléter ce tableau de la société gauloise au ve siècle et de son singulier état.

Les deux classes d'hommes, les deux genres de vie et d'activité que je viens de mettre sous vos yeux, n'étaient pas toujours aussi distincts, aussi séparés qu'on serait tenté de le croire, et que leur différence pourrait le faire présumer. De grands seigneurs à peine chrétiens, d'anciens préfets des Gaules, des hommes du monde et de plaisir, devenaient souvent évêques. Ils finissaient même par y être obligés, s'ils voulaient prendre part au mouvement moral de l'époque, conserver quelque importance réelle, exercer quelque influence active. C'est ce qui arriva à Sidoine Apollinaire, comme à beaucoup d'autres. Mais, en devenant évêques, ces hommes ne dépouillaient pas complétement leurs habitudes, leurs goûts ; le rhéteur, le grammairien, le bel esprit, l'homme du monde et de plaisir, ne disparaissaient pas toujours sous le manteau épiscopal ; et les deux sociétés, les deux genres de mœurs se montraient quelquefois bizarrement rapprochées. Voici une lettre de Sidoine, exemple et monument curieux de cette étrange alliance. Il écrit à son ami Ériphius :

Sidoine, à son cher Ériphius, salut.

Tu es toujours le même, mon cher Ériphius ; jamais ni la chasse, ni la ville, ni les champs ne t'attirent si fortement que l'amour des lettres ne te retienne encore... Tu me prescris de t'envoyer les vers que j'ai faits à la prière de ton beau-père [1], cet homme respectable qui, dans la société de ses égaux, vit également prêt à commander ou à obéir. Mais comme tu désires savoir en quel lieu et à quelle occasion ont été faits ces vers, afin de mieux comprendre cette œuvre de peu de valeur, ne t'en prends qu'à toi-même si la préface est plus longue que l'ouvrage.

Nous nous étions réunis au sépulcre de saint Just [2], tandis que la maladie t'empêchait de te joindre à nous. On avait, avant le jour, fait la procession annuelle, au milieu d'une immense population des deux sexes, que ne pouvaient contenir la basilique et la crypte, quoique entourées d'immenses portiques. Après que les moines et les clercs eurent, en chantant alternativement les psaumes avec une grande douceur, célébré matines, chacun se retira de divers côtés, pas très-loin cependant, afin d'être tout prêt pour tierce, lorsque les prêtres célébreraient le sacrifice divin. Les étroites dimensions du lieu, la foule qui se pressait autour de nous, et la grande quantité de lumières, nous avaient suffoqués ; la pesante vapeur d'une nuit encore voisine de l'été, quoique attiédie par la première fraîcheur d'une aurore d'automne, avait encore réchauffé cette enceinte. Tandis que les diverses classes de la société se dispersaient de tous côtés, les principaux citoyens allèrent se rassembler autour du tombeau du consul Syagrius, qui n'était pas éloigné de la portée d'une flèche. Quelques uns s'étaient assis sous l'ombrage d'une treille formée de pieux qu'avaient recouverts les pampres verdoyants de la vi-

---

[1] Philimathius
[2] Évêque de Lyon, vers la fin du IVe siècle. On célébrait sa fête le 2 septembre.

gne ; nous nous étions étendus sur un vert gazon embaumé du parfum des fleurs. La conversation était douce, enjouée, plaisante : en outre (ce qui est le plus agréable), il n'était question ni des puissances, ni des tributs ; nulle parole qui pût compromettre, et personne qui pût être compromis. Quiconque pouvait raconter en bons termes une histoire intéressante, était sûr d'être écouté avec empressement. Toutefois, on ne faisait point de narration suivie, car la gaieté interrompait souvent le discours. Fatigués enfin de ce long repos, nous voulûmes faire quelque chose. Bientôt, nous séparant en deux bandes, selon les âges, les uns demandèrent à grands cris le jeu de la paume ; les autres, une table et des dés. Pour moi, je fus le premier à donner le signal du jeu de paume, car je l'aime, tu le sais, autant que les livres. D'un autre côté, mon frère Domnicius, homme rempli de grâce et d'enjouement, s'était emparé des dés, les agitait, et frappait de son cornet, comme s'il eût sonné de la trompette, pour appeler à lui les joueurs. Quant à nous, nous jouâmes beaucoup avec la foule des écoliers, de manière à ranimer, par cet exercice salutaire, la vigueur de nos membres engourdis par un trop long repos. L'illustre Philimathius lui-même, comme dit le poëte de Mantoue :

Ausus et ipse manu juvenum tentare laborem,

se mêla constamment aux joueurs de paume. Il y réussissait très-bien quand il était plus jeune ; mais comme il était fort souvent repoussé du milieu, où l'on se tenait debout, par le choc du joueur qui courait ; comme, d'autres fois, s'il entrait dans l'arène, il ne pouvait ni couper le chemin, ni éviter la paume volant devant lui ou tombant sur lui, et que, renversé fréquemment, il ne se relevait qu'avec peine de sa chute malencontreuse, il fut le premier à s'éloigner de la scène du jeu, poussant des soupirs, et fort échauffé : cet exercice lui avait fait gonfler les fibres du foie, et il éprouvait des douleurs poignantes. Je m'arrêtai tout aussitôt, pour faire l'acte de charité de cesser en même temps que lui, et d'éviter ainsi à notre frère l'embarras de sa fatigue. Nous nous assîmes donc de nouveau, et bientôt la sueur le força à demander de l'eau pour se laver le visage ; on lui en présenta, et en même temps une serviette chargée de poils, qui, nettoyée de sa saleté de la veille, était par hasard suspendue sur une corde, tendue par une poulie devant la porte à deux battants de la petite maison du portier. Tandis qu'il séchait à loisir ses joues : « Je voudrais, me dit-il, que tu dictasses pour moi un quatrain » sur l'étoffe qui me rend cet office. — Soit, lui répondis-je. — Mais, » ajouta-t-il, que mon nom soit contenu dans ces vers. » — Je lui répliquai que ce qu'il demandait était faisable. — « Eh bien ! reprit-il, dicte » donc. » Je lui dis alors en souriant : — « Sache cependant que les Mu-

» ses s'irriteront bientôt, si je veux me mêler à leur chœur au milieu de
» tant de témoins » — Il reprit alors très vivement, et cependant avec
politesse (car c'est un homme de feu et une source inépuisable de
bons mots) : « Prends plutôt garde, seigneur Solius, qu'Apollon ne
» s'irrite bien davantage, si tu tentes de séduire en secret et seul ses
» chères élèves. » Tu peux juger quels applaudissements excita cette réponse rapide et si bien tournée. Alors, et sans plus de retard, j'appelai son secrétaire, qui était là tout près, ses tablettes à la main, et je lui dictai le quatrain que voici :

« Un autre matin, soit en sortant d'un bain chaud, soit lorsque la
» chasse échauffe le front, puisse le beau Philimathius trouver encore
» ce linge pour sécher son visage tout mouillé, afin que l'eau passe de
» son front dans cette toison comme dans le gosier d'un buveur ! »

A peine votre Épiphanius avait-il écrit ces vers, qu'on nous annonça que l'heure était venue, que l'évêque sortait de sa retraite, et nous nous levâmes aussitôt.....

Sidoine était alors évêque, et sans doute plusieurs de ceux qui l'accompagnaient au tombeau de saint Just et à celui du consul Syagrius, qui participaient avec lui à la célébration de l'office divin et au jeu de paume, au chant des psaumes et au goût des petits vers, étaient évêques comme lui.

Nous voilà, Messieurs, au terme de la première question que nous nous sommes posée : nous venons de considérer l'état social de la Gaule civile et religieuse, romaine et chrétienne, au ve siècle. Il nous reste à étudier l'état moral de la même époque, les idées, les croyances, les sentiments qui l'agitaient, en un mot la vie intérieure et intellectuelle des hommes. Ce sera l'objet de notre prochaine réunion.

QUATRIÈME LEÇON.

Objet de la leçon. — Que faut-il entendre par l'état moral d'une société? — Influence réciproque de l'état social sur l'état moral, et de l'état moral sur l'état social. — Au ive siècle, la société civile gauloise possède seule des institutions favorables au développement intellectuel. — Des écoles gauloises. — De la situation légale des professeurs. — La société religieuse n'a d'autre moyen de développement et d'influence que ses idées. — Cependant l'une languit et l'autre prospère. — Décadence des écoles civiles. — Activité de la société chrétienne. — Saint Jérôme, saint Augustin et saint Paulin de Nole. — Leur correspondance avec la Gaule. — Fondation et caractère des monastères dans la Gaule. — Causes de la différence de l'état moral des deux sociétés. — Tableau comparatif de la littérature civile et de la littérature chrétienne aux ive et ve siècles. — Inégalité de la liberté d'esprit dans les deux sociétés. — Nécessité que la religion prêtât son appui aux études et aux lettres.

Messieurs,

Avant d'entrer dans l'examen de l'état moral de la société gauloise à la fin du ive et au commencement du ve siècle, permettez que je m'arrête un moment sur le but même de ce travail. Ces mots, *état moral*, ont, aux yeux de beaucoup de gens, une apparence un peu vague. Je voudrais les déterminer avec précision. On accuse aujourd'hui les sciences morales de manquer d'exactitude, de clarté, de certitude; on leur reproche de n'être pas des sciences. Elles peuvent, elles doivent être des sciences tout comme les sciences physiques, car elles s'exercent aussi sur des faits. Les faits moraux ne sont pas moins réels que les autres : l'homme ne les a point inventés, il les a aperçus et nommés ; il les constate et en tient compte à toutes les minutes de sa vie ; il les étudie comme il étudie tout ce qui l'entoure, tout ce qui arrive à son intelligence par l'entremise de ses organes. Les sciences morales ont, s'il est permis de parler ainsi, la même matière que les autres sciences ; elles ne sont donc nullement condamnées par leur nature à être moins précises ni moins certaines. Il leur est plus difficile, j'en conviens, d'arriver à l'exactitude, à la clarté, à la précision. Les faits moraux sont, d'une part, plus étendus, plus vastes, et, de l'autre, plus profondément cachés, que les faits matériels ; ils sont à la fois plus complexes dans leur développement et plus simples à leur origine. De là une plus grande difficulté de les observer, de les classer, de les réduire en science. C'est la véritable source des reproches dont les sciences morales ont été souvent l'objet. Remarquez, je vous prie, en passant, leur singulière destinée : ce sont évidemment les premières dont le genre humain se soit occupé ; quand on remonte au berceau des sociétés, on rencontre partout les faits moraux, qui, sous le manteau de la religion ou de la poésie, attirent l'attention, agitent la pensée des hommes. Et cependant, pour réussir à les bien connaître, à les connaître scientifiquement, il faudra tout le savoir-faire, toute la pénétration, toute la prudence de la raison la plus exercée. Telle est donc la nature des sciences morales qu'elles ont à la fois, dans l'ordre chronologique, les premières et les dernières; les premières dont le besoin tourmente l'esprit humain, les dernières qu'il parvienne à élever à ce degré de précision, de clarté et de certitude, qui est le caractère scientifique. Ne nous étonnons donc pas et ne nous effrayons pas davantage des reproches qu'elles ont encourus; ils sont naturels et illégitimes : sachons bien que ni la certitude ni la valeur des sciences morales n'en sont le moins du monde atteintes; et tirons-en cette utile leçon que, dans leur étude, dans l'observation et la description des faits moraux, il faut, s'il est possible, être encore plus difficile, plus exact, plus attentif, plus rigoureux que partout ailleurs. J'en profite pour mon compte, et je commence par déterminer avec précision ce que j'entends par ces mots : *état moral* de la société.

Nous nous sommes occupés jusqu'ici de l'état social de la Gaule, c'est-à-dire des relations des hommes entre eux, de leur condition extérieure et naturelle. Cela fait, les rapports sociaux décrits, les faits dont l'ensemble constitue la vie d'une époque, sont-ils épuisés? Non, certes : il reste à étudier l'état intérieur, personnel des hommes, l'état des ames, c'est-à-dire, d'une part, les idées, les croyances, toute la vie intellectuelle de l'homme; de l'autre, les rapports qui lient les idées aux actions, les croyances aux déterminations de la volonté, la pensée à la liberté humaine.

C'est là le double fait qui constitue, à mon avis, l'état moral d'une société, et que nous avons à étudier dans la société gauloise du ve siècle.

A en croire une opinion fort répandue, je pourrais me dispenser d'insister longtemps sur cet examen. On a beaucoup dit que l'état moral dépend de l'état social, que les relations des hommes entre eux, les principes ou les coutumes qui y président, décident de leurs idées, de leurs sentiments, de leur vie intérieure; que les gouvernements, les institutions font les peuples. C'est une idée dominante dans le dernier siècle, et qui se reproduit, sous des formes différentes, dans les plus illustres écrivains de l'époque, dans Montesquieu, Voltaire, les économistes, les publicistes, etc. Rien de plus simple : la révolution que le siècle dernier a fait éclater a été une révolution sociale; il s'est bien plus occupé de changer la situation réciproque des hommes que leurs dispositions intérieures et personnelles; il a voulu réformer la société plutôt que l'individu. Qui s'étonnera qu'il ait été surtout préoccupé de ce qu'il cherchait, de ce qu'il faisait; que l'importance de l'état social l'ait trop exclusivement frappé?

Quelque chose cependant aurait dû l'avertir : il travaillait à changer les relations, la condition extérieure des hommes; mais quels étaient les instruments, les points d'appui de son travail? des idées, des sentiments, des dispositions intérieures et individuelles : c'était à l'aide de l'état moral qu'il entreprenait la réforme de l'état social. Il devait donc reconnaître l'état moral non-seulement comme distinct, mais comme jusqu'à un certain point indépendant de l'état social ; il devait voir que les situations, les institutions ne sont pas tout, ne décident pas de tout, dans la vie des peuples ; que d'autres causes peuvent modifier, combattre, surmonter même celles-là, et que si le monde extérieur agit sur l'homme, l'homme à son tour le lui rend bien. Je n'insiste pas davantage, Messieurs ; je ne voudrais pas, tant s'en faut, qu'on crût que je repousse l'idée que je combats ; sa part de légitimité est grande : nul doute que l'état social n'exerce sur l'état moral une puissante influence. Je ne veux pas seulement que cette doctrine soit exclusive ; l'influence est partagée et réciproque : s'il est vrai de dire que les gouvernements font les peuples, il n'est pas moins vrai que les peuples font les gouvernements. La question qui se rencontre ici est plus haute et plus grande encore qu'elle ne paraît : c'est la question de savoir si les événements, la vie du monde social, sont, comme le monde physique, sous l'empire de causes extérieures et nécessaires, ou si l'homme lui-même, sa pensée, sa volonté, concourent à les produire et à les gouverner ; quelle est la part de la fatalité et celle de la liberté dans les destinées du genre humain. Question d'un intérêt immense, et que j'aurai peut-être un jour occasion de traiter comme elle le mérite ; je ne puis aujourd'hui que la poser à sa place, et je me contente de réclamer pour la liberté, pour l'homme lui-même, une place, et une grande place, dans la création de l'histoire parmi les auteurs des événements.

Je reviens à l'examen de l'état moral de la société civile et de la société religieuse dans les Gaules, aux iv° et v° siècles.

Si les institutions pouvaient tout faire, si les moyens fournis par la société et les lois suppléaient à tout, l'état intellectuel de la société civile gauloise, à cette époque, aurait été très-supérieur à celui de la société religieuse. La première, en effet, possédait seule toutes les institutions propres à seconder le développement des esprits, le progrès et l'empire des idées. La Gaule romaine était couverte de grandes écoles : les principales étaient celles de Trèves, Bordeaux, Autun, Toulouse, Poitiers, Lyon, Narbonne, Arles, Marseille, Vienne, Besançon, etc. Quelques unes étaient fort anciennes : celles de Marseille et d'Autun, par exemple, dataient du i^{er} siècle ; on y enseignait la philosophie, la médecine, la jurisprudence, les belles-lettres, la grammaire, l'astrologie, toutes les sciences du temps. Dans la plupart des autres écoles, on n'enseigna d'abord que la rhétorique et la grammaire; vers le iv° siècle seulement, des professeurs de philosophie et de droit furent partout introduits.

Non-seulement ces écoles étaient nombreuses et pourvues de plusieurs chaires, mais les empereurs prenaient sans cesse en faveur des professeurs de nouvelles mesures. Leurs intérêts sont, depuis Constantin jusqu'à Théodose le jeune, l'objet de constitutions fréquentes, qui tantôt étendent, tantôt confirment leurs priviléges; voici les principales :

1°.

Constantin Auguste à Volusianus [1] (en 321).

Nous ordonnons que les médecins, les grammairiens, et les autres professeurs ès-lettres, soient, ainsi que les biens qu'ils possèdent dans leurs cités, exempts des charges municipales, et qu'ils puissent être revêtus des honneurs [2]. Nous défendons qu'on les traduise (*induement*) en justice, ou qu'on leur fasse quelque tort; si quelqu'un les tourmente, qu'il soit poursuivi par les magistrats, afin qu'eux-mêmes ne prennent pas cette peine, et qu'il paie cent mille pièces au fisc; si un esclave les a offensés, qu'il soit frappé de verges par son maître, devant celui qu'il a offensé; et si le maître a consenti à l'outrage, qu'il paie vingt mille pièces au fisc, et que son esclave reste en gage jusqu'à ce que toute la somme soit livrée. Nous ordonnons de rendre auxdits professeurs leurs traitements et salaires; et comme ils ne doivent pas être chargés de fonctions onéreuses...., nous permettons qu'on leur confère les *honneurs* quand ils le voudront, mais nous ne les y forçons point [3].

2°.

Constantin Auguste au peuple (en 133).

Confirmant les bienfaits de nos divins prédécesseurs, nous ordonnons que les médecins et les professeurs ès-lettres, ainsi que leurs femmes et leurs enfants, soient exempts de toutes fonctions et charges publiques; qu'ils ne soient pas compris dans le service de la milice, ni obligés de recevoir des hôtes, ou de s'acquitter d'aucune charge, afin que par là ils aient plus de facilité pour instruire beaucoup de gens dans les études libérales et les arts susnommés [4].

---

[1] Probablement préfet du prétoire.
[2] On distinguait dans les cités les *munera*, fonctions municipales d'un ordre inférieur, et qui ne conféraient point de priviléges; et les *honores*, fonctions supérieures, magistratures véritables, auxquelles certains priviléges étaient attachés.
[3] Cod. Théod., liv. III, tit. 3, l. 1.
[4] *Ibid.*, l. 3.

3°.

Gratien Auguste à Antoine, préfet du prétoire des Gaules (en 376).

Qu'au sein des grandes cités qui, dans tout le diocèse confié à ta Magnificence, fleurissent et brillent par d'illustres maîtres, les meilleurs président à l'éducation de la jeunesse (nous voulons parler des rhéteurs et des grammairiens, dans les langues attique et romaine); que les orateurs reçoivent du fisc, à titre d'émoluments, vingt-quatre rations [1]; que le nombre moins considérable de douze rations soit, suivant l'usage, accordé aux grammairiens grecs et latins. Et afin que les cités qui jouissent des droits de métropole choisissent de fameux professeurs, et comme nous ne pensons pas que chaque cité soit libre de payer suivant son gré ses rhéteurs et ses maîtres, nous voulons faire pour l'illustre cité de Trèves quelque chose de plus : ainsi donc, que trente rations y soient accordées au rhéteur, vingt au grammairien latin et douze au grammairien grec, si l'on peut en trouver un capable [2].

Valentinien, Honorius, Théodose II, rendirent plusieurs décrets semblables. Depuis que l'Empire était partagé entre plusieurs maîtres, chacun d'eux s'inquiétait un peu plus de la prospérité de ses États et des établissements publics qui s'y rencontraient. De là une amélioration momentanée dont les écoles se ressentirent; particulièrement celles des Gaules, sous l'administration de Constance Chlore, de Julien et de Gratien.

A côté des écoles étaient placés en général d'autres établissements analogues. Ainsi, il y avait, à Trèves, une grande bibliothèque du palais impérial, sur laquelle aucun renseignement spécial ne nous est resté, mais dont nous pouvons juger par

---

[1] *Annona*, une certaine mesure de blé, d'huile et d'autres denrées, probablement ce qu'il en fallait pour la consommation journalière d'une personne, ἡμερήσιον.

[2] Cod. Théod., liv. XIII, tit. 3, l. 11.

les détails qui nous ont été conservés sur celle de Constantinople. Celle-ci avait un bibliothécaire et sept scribes, constamment occupés, quatre pour le grec et trois pour le latin; ils copiaient, soit les ouvrages anciens qui se détérioraient, soit les ouvrages nouveaux. Il est probable que la même institution subsistait à Trèves et dans les grandes villes de la Gaule.

La société civile était donc pourvue de moyens d'instruction et de développement intellectuel. Il n'en était pas de même de la société religieuse : elle n'avait, à cette époque, point d'institution spécialement consacrée à l'enseignement; elle ne recevait de l'État aucun secours dans ce but particulier. Les chrétiens pouvaient, comme les autres, fréquenter les écoles publiques; mais la plupart des professeurs étaient encore païens, ou indifférents en matière religieuse, et, dans leur indifférence, assez malveillants pour la religion nouvelle. Ils attiraient donc fort peu les chrétiens. Les sciences qu'ils enseignaient, la grammaire et la rhétorique, païennes d'origine, dominées par le vieil esprit païen, n'avaient d'ailleurs que peu d'intérêt pour le christianisme. Enfin, ce fut longtemps dans les classes inférieures, parmi le peuple, que se propagea le christianisme, surtout dans les Gaules; et c'étaient les classes supérieures qui suivaient les grandes écoles. Aussi, n'est-ce guère qu'au commencement du IVe siècle qu'on voit les chrétiens y paraître, et encore y sont-ils rares.

Aucune autre source d'étude ne leur était ouverte. Les établissements qui devinrent peu après, dans l'Église chrétienne, le refuge et le foyer de l'instruction, les monastères commençaient à peine dans les Gaules : ce fut seulement après l'an 360 que les deux premiers furent fondés par saint Martin, l'un à Ligugé, près de Poitiers, l'autre à Marmoutiers, près de Tours ; et ils étaient consacrés plutôt à la contemplation religieuse qu'à l'enseignement.

Toute grande école, toute institution spécialement vouée au service et aux progrès de l'intelligence, manquait donc alors aux chrétiens ; ils n'avaient que leurs idées mêmes, le mouvement intérieur et personnel de leur pensée. Il fallait qu'ils tirassent tout d'eux-mêmes ; leurs croyances et l'empire de leurs croyances sur la volonté, le besoin qu'elles avaient de se propager, de prendre possession du monde, c'était là toute leur force.

Cependant l'activité et la puissance intellectuelle des deux sociétés étaient prodigieusement inégales. Avec ses institutions, ses professeurs, ses priviléges, l'une n'était et ne faisait rien ; avec ses idées seules, l'autre travaillait sans relâche et s'emparait de tout.

Tout atteste, au ve siècle, la décadence des écoles civiles. Les beaux esprits contemporains, Sidoine Apollinaire et Mamert Claudien, par exemple, la déplorent à chaque page, disant que les jeunes gens n'étudient plus, que les professeurs n'ont plus d'élèves, que la science languit et se perd. On essayait, par une multitude de petits expédients, d'échapper à la nécessité de longues et fortes études ; c'est le temps des abréviateurs, abréviateurs d'histoire, de philosophie, de grammaire, de rhétorique; et ils se proposent évidemment, non de propager l'instruction dans les classes qui n'étudieraient pas, mais d'épargner le travail de la science à ceux qui pouvaient et ne voulaient pas s'y livrer. C'étaient surtout les jeunes gens des classes supérieures qui fréquentaient les écoles : or, ces classes étaient, vous l'avez vu, en pleine dissolution. Les écoles tombaient avec elles ; les institutions subsistaient encore, mais vides; l'ame avait quitté le corps.

L'aspect intellectuel de la société chrétienne est bien différent. La Gaule était, au v.⁰ siècle, sous l'influence de trois chefs spirituels, dont aucun ne l'habitait : saint Jérôme [1] à Bethléem, saint Augustin [2] à Hippone, saint Paulin [3] à Nole : celui-ci seul Gaulois d'origine. Ils gouvernaient véritablement la chrétienté gauloise; c'était à eux qu'elle s'adressait, en toute occasion, pour en recevoir des idées, des solutions, des conseils. Les exemples abondent. Un prêtre, né au pied des Pyrénées, et qui s'appelait Vigilance, avait voyagé en Palestine ; il y avait vu saint Jérôme, et s'était pris avec lui de controverse sur quelques questions de doctrine ou de discipline ecclésiastique. De retour dans les Gaules, il écrivit sur ce qu'il regardait comme des abus ; il attaqua le culte des martyrs, leurs reliques,

---

[1] Né en 331, mort en 420.
[2] Né en 354, mort en 430.
[3] Né en 354, mort en 431.

les miracles opérés sur leur tombeau, les jeûnes fréquents, les austérités, même le célibat. A peine son ouvrage était publié, qu'un prêtre, nommé Ripaire, qui habitait dans son voisinage, probablement le Dauphiné ou la Savoie, en informa saint Jérôme, lui rendant compte en gros du contenu du livre et de son danger, disait-il. Saint Jérôme répond sur-le-champ à Ripaire, et sa réponse est une première réfutation qui en promet une seconde plus détaillée. Aussitôt Ripaire et un autre prêtre voisin, Didier, envoient à Bethléem, par un troisième prêtre, Sisinnius, l'écrit de Vigilance; et, moins de deux ans après le commencement de la querelle, saint Jérôme fait passer dans les Gaules une réfutation complète, qui s'y répand avec rapidité. Le même fait avait lieu, presque au même moment, entre la Gaule et saint Augustin, au sujet de l'hérésie de Pélage sur le libre arbitre et la grâce : même soin de la part des clercs gaulois d'informer de tout le grand évêque; même activité de sa part à répondre à leurs questions, à lever leurs doutes, à soutenir, à diriger leur foi. Toute hérésie qui menaçait, toute question qui s'élevait, devenait, entre les Gaules d'une part, Hippone, Bethléem et Nole de l'autre, l'occasion d'une longue et rapide succession de lettres, de messages, de voyages, de pamphlets. Il n'était pas même nécessaire qu'il s'élevât une grande question, qu'il s'agît d'un intérêt religieux général et pressant. De simples fidèles, des femmes étaient préoccupés de certaines idées, de certains scrupules; les lumières leur manquaient :

ils recouraient aux mêmes docteurs, aux mêmes remèdes. Une femme de Bayeux, Hédibie, et au même moment une femme de Cahors, Algasie, rédigent, pour les adresser à saint Jérôme, l'une douze, l'autre onze questions sur des matières philosophiques, religieuses, historiques; elles lui demandent l'explication de certains passages des livres saints; elles veulent savoir de lui quelles sont les conditions de la perfection morale; ou bien quelle conduite on doit tenir dans certaines circonstances de la vie. En un mot, elles le consultent comme un directeur spirituel quotidien et familier; et un prêtre, nommé Apodème, part du fond de la Bretagne, chargé de porter ces lettres au fond de la Palestine, et d'en rapporter la réponse. La même activité, la même rapidité de circulation règnent dans l'intérieur de la chrétienté gauloise; saint Sulpice Sévère, compagnon et ami de saint Martin de Tours, écrit une *Vie* du saint encore vivant; en quatre ou cinq ans, de l'an 397 à l'an 402, elle est partout répandue, dans la Gaule, en Espagne, en Italie; on en vend des copies dans toutes les grandes villes; les évêques se l'envoient avec empressement. Partout où se manifeste un besoin, une affaire, un embarras religieux; les docteurs travaillent, les prêtres voyagent, les écrits circulent. Et ce n'était pas, Messieurs, une chose facile que cette activité, cette vive et vaste correspondance. Les moyens matériels manquaient; les routes étaient peu nombreuses, périlleuses; il fallait porter bien loin les questions, attendre bien longtemps les réponses; il fallait que le zèle actif, que la patience immobile ne s'épuisassent point ; il fallait enfin cette persévérance dans les besoins moraux, qui est de tout temps une vertu rare, et qui peut seule suppléer à l'imperfection des institutions.

Du reste, les institutions commençaient à naître et à se régulariser parmi les chrétiens de la Gaule. A la première moitié du ve siècle appartient la fondation de la plupart des grands monastères des provinces méridionales. On attribue à saint Castor, évêque d'Apt jusque vers 422, celui de Saint-Faustin à Nîmes, et un autre dans son diocèse. Vers le même temps, Cassien fondait à Marseille celui de Saint-Victor ; saint Honorat et saint Caprais celui de Lérins, le plus célèbre du siècle, dans une des îles d'Hyères ; un peu plus tard naquirent celui de Condat ou Saint-Claude en Franche-Comté, celui de Grigny dans le diocèse de Vienne, et plusieurs autres de moindre importance. Le caractère primitif de ces monastères gaulois a été tout autre que celui des monastères orientaux. En Orient, les monastères ont eu surtout pour but l'isolement et la contemplation ; les hommes qui se retiraient dans la Thébaïde voulaient échapper aux plaisirs, aux tentations, à la corruption de la société civile ; ils voulaient se livrer seuls, hors de tout commerce social, aux élans de leur imagination et aux rigueurs de leur conscience. Ce ne fut que plus tard qu'ils se rapprochèrent dans les lieux où ils s'étaient d'abord dispersés, et d'anachorètes ou solitaires, devinrent cénobites, κοινόβιοι, vivant en commun.

En Occident, et malgré l'imitation de l'Orient, les monastères ont eu une autre origine ; ils ont commencé par la vie commune, par le besoin, non de s'isoler, mais de se réunir. La société civile était en proie à toutes sortes de désordres ; nationale, provinciale ou municipale, elle se dissolvait de toutes parts ; tout centre, tout asile manquait aux hommes qui voulaient discuter, s'exercer, vivre ensemble ; ils en trouvèrent un dans les monastères ; la vie monastique n'eut ainsi, en naissant, ni le caractère contemplatif, ni le caractère solitaire ; elle fut au contraire très-sociale, très-active ; elle alluma un foyer de développement intellectuel ; elle servit d'instrument à la fermentation et à la propagation des idées. Les monastères du midi de la Gaule sont les écoles philosophiques du christianisme : c'est là qu'on médite, qu'on discute, qu'on enseigne ; c'est de là que partent les idées nouvelles, les hardiesses de l'esprit, les hérésies. Ce fut dans les abbayes de Saint-Victor et de Lérins que toutes les grandes questions sur le libre arbitre, la prédestination, la grâce, le péché originel, furent le plus vivement agitées, et que les opinions pélagiennes trouvèrent, pendant cinquante ans, le plus d'aliment et d'appui.

Vous le voyez, Messieurs, l'état intellectuel de la société religieuse et celui de la société civile ne sauraient se comparer : d'une part, tout est décadence, langueur, inertie ; de l'autre, tout est mouvement, ardeur, ambition, progrès. Quelles sont les causes d'un tel contraste ? Il faut savoir d'où provenait, comment s'entretenait, pourquoi s'aggravait chaque jour, entre les deux sociétés, une différence si éclatante : par là seulement nous parviendrons à bien connaître, à bien comprendre leur état moral.

Il y a, je crois, au fait que je viens de signaler, deux grandes causes : 1° la nature même des sujets, des questions, des travaux intellectuels dont s'occupaient les deux sociétés ; 2° la liberté très-inégale des esprits dans l'une et dans l'autre.

La littérature civile, si je puis me servir de cette expression, n'offre guère, à cette époque, dans les Gaules, que quatre sortes d'hommes et d'ouvrages : des grammairiens, des rhéteurs, des chroniqueurs et des poëtes, poëtes non pas en grand, mais en petit, des faiseurs d'épithalames, d'inscriptions, de descriptions, d'idylles, d'églogues. Voilà sur quels sujets s'exerçait alors ce qui restait de l'esprit romain.

La littérature chrétienne est tout autre. Elle abonde en philosophes, en politiques, en orateurs ; elle remue les plus grandes questions, les plus pressants intérêts. Je vais mettre sous vos yeux, en ayant toujours soin de me renfermer dans la Gaule, quelques noms propres et quelques titres, le tableau comparé des principaux écrivains et des principaux ouvrages des deux littératures. Vous tirerez vous-mêmes les conséquences.

Je n'ai garde, vous le pensez bien, de prétendre ici à une énumération biographique ou littéraire tant soit peu complète. Je n'indique que les noms et les faits les plus apparents.

Parmi les grammairiens dont la littérature civile est chargée, je nommerai : 1° Agrœtius ou Agritius, professeur à Bordeaux vers le milieu du ive siècle, et de qui il nous reste un traité ou fragment de traité sur la propriété et la différence de la langue latine; ce sont des synonymes latins, par exemple, *temperantia*, *temperatio* et *temperies*; *percussus* et *perculsus*; l'auteur appuie sur des exemples tirés des meilleurs écrivains, Cicéron, Horace, Térence, Tite-Live, etc., les distinctions qu'il établit; 2° Urbicus, aussi professeur à Bordeaux, célèbre surtout par sa profonde connaissance de la langue et de la littérature grecques; 3° Ursulus et Harmonius, professeurs à Trèves; Harmonius a recueilli les poésies d'Homère, en y ajoutant des notes sur les mauvaises leçons, les interprétations, etc.

A côté des grammairiens se placent les rhéteurs chargés non-seulement d'enseigner l'éloquence, mais de faire des discours, des panégyriques, dans toutes les grandes circonstances de la vie, les fêtes, les solennités civiles, la mort ou l'avénement d'un empereur, etc. Douze de ces airs de bravoure d'une éloquence vaine ont été spécialement conservés et recueillis. Les quatre principaux panégyristes sont : 1° Claude Mamertin, auteur de l'éloge de l'empereur Maximien, prononcé à Trèves le 20 avril 292, jour où l'on célébrait la fondation de Rome;

2° Eumène, professeur d'éloquence à Autun, auteur de quatre discours prononcés de 297 à 311, en présence et à l'honneur de Constance Chlore et de Constantin ; 3° Nazarius, professeur à Bordeaux, auteur d'un panégyrique de Constantin ; 4° Claude Mamertin, peut-être fils du premier, auteur d'un discours prononcé en 362 devant Julien.

Parmi les chroniqueurs gaulois et païens de cette époque, le plus distingué est Eutrope, qui écrivit, vers l'an 370, son abrégé de l'histoire romaine.

Je pourrais étendre à mon gré la liste des poëtes, mais vous ne vous plaindrez pas que je n'en nomme que trois. Le plus fécond, le plus célèbre, et sans contredit le plus spirituel et le plus élégant, est Ausone, né à Bordeaux vers 309, et mort dans une de ses terres en 394, après avoir occupé les plus hautes charges publiques, et composé : 1° cent quarante épigrammes ; 2° trente-huit épitaphes ; 3° vingt idylles ; 4° vingt-quatre épîtres ; 5° dix-sept descriptions de villes, et une multitude de petits poëmes semblables sur les professeurs de Bordeaux, les personnes ou les incidents de sa famille, les douze Césars, les sept sages de la Grèce, etc., etc.

Un oncle d'Ausone, nommé Arborius, de Toulouse, a laissé un petit poëme adressé à une jeune fille trop bien parée, *ad virginem nimis cultam.*

Un poëte de Poitiers, Rutilius Numatianus, qui avait vécu à Rome, et qui revint dans sa patrie vers l'an 416, a écrit sur son retour un poëme intitulé *Itinerarium* ou *de Reditu*, ouvrage assez curieux par quelques détails de lieux, de mœurs, et par l'humeur du poëte contre l'invasion de la société par les juifs et les moines. Il était évidemment païen.

Je passe à la littérature chrétienne gauloise de la même époque.

Le premier nom que je rencontre est celui de saint Ambroise; quoiqu'il ait passé sa vie en Italie, je le prends comme Gaulois, parce qu'il était né à Trèves vers l'an 340. Ses œuvres ont été recueillies en deux volumes *in-folio*. Ils contiennent trente-six ouvrages différents, traités religieux, commentaires sur les livres saints, discours, lettres, hymnes, etc. Le plus étendu et aussi le plus curieux est intitulé *de Officiis Ministrorum* (des Devoirs des Ministres de l'Église). J'y reviendrai peut-être plus tard et avec détail; je ne veux aujourd'hui que vous en faire remarquer le caractère; vous seriez tentés de croire, d'après le titre, que c'est un traité des devoirs particuliers des prêtres, et de la manière dont ils doivent s'acquitter de leurs fonctions. Vous vous tromperiez; c'est un traité complet de morale, où l'auteur, à propos des prêtres, passe en revue tous les devoirs humains, y pose et résout une multitude de questions de philosophie pratique.

A côté de saint Ambroise je placerai saint Paulin, né, comme lui, en Gaule (à Bordeaux, vers l'an 353), mort, comme lui, évêque en Italie (à Nole, en 431). Plusieurs de ses ouvrages, entre autres son livre contre les païens, se sont perdus; il ne reste guère de lui que des lettres et des poésies; mais les lettres avaient, à cette époque, une bien autre importance que dans les temps modernes ; la littérature proprement dite tenait, dans le monde chrétien, assez peu de place ; on n'écrivait guère pour écrire, pour le seul plaisir de manifester ses idées ; quelque événement éclatait, une question s'élevait, quelque nécessité pressait le monde chrétien : on faisait un livre, et le livre se produisait souvent sous la forme d'une lettre à un fidèle, à un ami, à une église. Politique, religion, controverse, intérêts spirituels et temporels, conseils généraux et particuliers, tout se rencontre donc dans les lettres de ce temps, et elles sont au nombre de ses plus curieux monuments.

J'ai déjà nommé saint Sulpice-Sévère, de Toulouse [1] (ou de quelque autre ville d'Aquitaine, car son origine n'est pas connue avec certitude), et sa *Vie de saint Martin*, de Tours. Il a écrit de plus une *Histoire sacrée*, l'un des premiers essais d'histoire ecclésiastique tentés en Occident ; elle va du commencement du monde jusqu'à l'an 400, et contient quelques faits importants qui ne se trouvent point ailleurs.

Presque en même temps, un peu plus tard cependant, le moine Cassien, Provençal d'origine [2], à ce qu'il paraît, quoiqu'il eût vécu longtemps en Orient, publiait à Marseille, sur la demande de saint Castor, évêque d'Apt, ses *Institutions* et ses *Conférences*, ouvrages destinés à faire connaître

---

[1] Né vers 355, mort vers 420.
[2] Né vers 360, mort vers 440.

aux Occidentaux l'origine, le régime, les pratiques et les idées des moines d'Orient. C'était alors même, vous venez de le voir, que se fondaient, dans la Gaule méridionale, et par le concours de Cassien lui-même, la plupart des monastères ; ses livres répondaient donc à un besoin actuel et pratique.

Je m'aperçois qu'avant Cassien j'aurais dû vous parler de saint Hilaire, évêque de Poitiers[1], l'un des chefs les plus actifs et les plus honorables de l'Église gauloise ; il a écrit un grand nombre d'ouvrages, peu étendus, mais très-importants de leur temps. Ce sont pour la plupart des pamphlets sur les intérêts et les questions qui préoccupaient les esprits. Depuis que le christianisme était sorti de l'enfance, les grands évêques avaient deux rôles à jouer à la fois, le rôle de philosophes et celui de politiques ; ils possédaient l'empire des idées, ou au moins l'influence dans l'ordre intellectuel ; et ils étaient en même temps chargés des affaires temporelles de la société religieuse ; ils étaient tenus de suffire constamment à deux missions, de méditer et d'agir, de convaincre et de gouverner. De là la prodigieuse variété et aussi la précipitation qui éclatent souvent dans leurs écrits ; ce sont, en général, des œuvres de circonstance, des pamphlets destinés, tantôt à résoudre une question de doctrine, tantôt à traiter une affaire, à éclairer une ame ou à apaiser un désordre, à repousser une hérésie ou à obtenir du pouvoir civil une concession. Les ou-

---

[1] Mort vers 368.

vrages de saint Hilaire sont particulièrement empreints de ce caractère.

Un moine qui avait pu connaître saint Hilaire, puisqu'il avait vécu auprès de saint Martin de Tours, Évagre, a composé deux dialogues intitulés, l'un : *Dispute entre Théophile, chrétien, et Simon, juif;* l'autre : *Dispute de Zachée, chrétien, et d'Apollonius, philosophe* : monuments curieux de la manière dont un moine chrétien concevait, à la fin du IVe siècle, la discussion, d'une part, entre le judaïsme et le christianisme; de l'autre, entre le christianisme et la philosophie.

Un prêtre de Marseille, Salvien, originaire de Trèves, écrivait un peu plus tard son traité de l'*Avarice*, pur essai de morale religieuse; et son livre que j'ai déjà cité, *de Gubernatione Dei*, remarquable soit comme tableau de l'état social et des mœurs de l'époque, soit comme tentative de justifier la Providence des malheurs du monde, et d'en renvoyer le blâme aux hommes mêmes qui l'en accusent.

La querelle du pélagianisme donna lieu à un grand nombre d'ouvrages, parmi lesquels je ne citerai que ceux de saint Prosper d'Aquitaine, et spécialement son poëme *contre les Ingrats,* l'un des plus heureux essais de poésie philosophique qui aient été tentés dans le sein du christianisme. Sa *Chronique*, qui s'étend depuis l'origine du monde jusqu'à l'an 455, n'est pas non plus sans importance.

Pendant que la question du libre arbitre et de la grâce agitait toute l'Église, et surtout la Gaule, celle de l'immatérialité de l'ame se débattait plus paisiblement dans la Narbonnaise, entre Fauste [1], évêque de Riez, qui soutenait que l'ame est matérielle, et Mamert Claudien [2], prêtre de Vienne, frère de l'évêque saint Mamert, défenseur de l'immatérialité. La lettre où Fauste établit son opinion, et le traité de Mamert Claudien, intitulé *de la nature de l'Ame*, sont au nombre des plus curieux monuments de l'état de l'esprit humain au ve siècle, et je me propose de vous les faire connaître plus tard avec détail.

Je ne citerai plus de la littérature chrétienne de cette époque qu'un seul nom, celui de Gennade, prêtre à Marseille, qui nous a laissé, sous le titre de *Traité des hommes illustres* ou *Auteurs ecclésiastiques*, depuis le milieu du ive siècle jusqu'à la fin du ve, l'ouvrage où l'on trouve le plus de renseignements sur l'histoire littéraire du temps.

Maintenant, Messieurs, comparez ces deux listes, si incomplètes, si sèches, d'auteurs et d'ouvrages; n'est-il pas vrai que les noms, les titres seuls expliquent la différence de l'état intellectuel des deux sociétés? Les écrivains chrétiens s'adressent en même temps aux plus grands intérêts de la pensée et de la vie; ils sont actifs et puissants dans le domaine de l'intelligence et dans celui de la réalité; leur activité est rationnelle et leur philosophie populaire; ils traitent des choses qui remuent les ames au fond de la solitude, et les peuples au milieu

---

[1] Mort en 490.
[2] Mort vers 473.

des cités. La littérature civile, au contraire, est étrangère aux questions et de principe et de circonstance, aux besoins moraux et aux sentiments familiers des masses ; c'est une littérature de convention et de luxe, de coterie et d'école, vouée uniquement, par la nature même des sujets dont elle s'occupe, aux menus plaisirs des gens d'esprit et des grands seigneurs.

Ce n'est pas tout, Messieurs, et il y a, de la diversité de l'état moral des deux sociétés, une bien autre cause : la liberté (je veux dire la liberté d'esprit) manquait à l'une, et était, dans l'autre, réelle et forte.

Comment la liberté n'aurait-elle pas manqué à la littérature civile? Elle appartenait à la société civile, au vieux monde romain ; elle en était l'image et l'amusement ; elle en avait tous les caractères, la décadence, la stérilité, la futilité, la servilité.

La nature même des sujets sur lesquels elle s'exerçait lui rendait cet état fort supportable. Elle était étrangère à toutes les grandes questions morales, à tous les intérêts réels de la vie, c'est-à-dire aux carrières où la liberté d'esprit est indispensable. La grammaire, la rhétorique, la petite poésie, s'accommodent assez bien de la servitude. Pour faire des synonymes latins comme Agrœcius, ou pour censurer, comme Arborius, une jeune fille trop parée, ou même pour célébrer, comme Ausone, les beautés du cours de la Moselle, on peut à toute rigueur se passer de liberté, et même de mouvement d'esprit. Cette littérature subalterne a prospéré plus d'une fois sous le despotisme et dans le déclin de la société.

Au sein même des écoles, la liberté manquait. Les professeurs étaient complétement amovibles. L'empereur pouvait, non-seulement les transférer d'une ville à l'autre, mais les révoquer à son gré. Ils avaient d'ailleurs contre eux, dans un grand nombre de villes de la Gaule, le peuple lui-même. Le peuple était chrétien, du moins en grande majorité; et ces écoles toutes païennes d'intention et d'origine lui déplaisaient. Les professeurs étaient souvent mal vus, maltraités. Ils n'avaient guère pour appui que les débris des classes supérieures, et l'autorité impériale qui maintenait l'ordre; car, Messieurs, l'autorité impériale, qui plus d'une fois n'avait fait, en persécutant les chrétiens, que céder aux clameurs du peuple, a souvent, au iv⁰ siècle, protégé les païens contre le peuple, soit dans l'intérêt de l'ordre, soit par l'influence des hommes considérables, païens ou indifférents, soit par ce respect des établissements publics, des anciennes existences, auquel un gouvernement ne renonce presque jamais. Mais vous comprenez sans peine quelle situation dépendante, faible, précaire, résultait de là pour les professeurs. Celle des étudiants n'était guère plus forte ni plus libre. Ils étaient l'objet d'une foule de mesures de police inquisitoriales, vexatoires, et contre lesquelles ils ne possédaient presque aucune garantie. Voici une constitution de Valentinien qui nous fera connaître leur situation : elle ne s'applique qu'à l'école de Rome ; mais le régime des autres écoles était analogue.

Valentinien, Valens et Gratien, à Olybrius, préfet de Rome (370).

1° Que tous ceux qui viendront étudier à Rome apportent d'abord au maître du cens [1] les lettres des gouverneurs de province qui leur ont donné congé de venir, et où doivent être indiqués leur ville, leur âge et leurs qualités ; 2° qu'ils déclarent, dès leur arrivée, à quelles études ils se proposent de se livrer de préférence ; 3° que le bureau des employés du cens connaisse leur demeure, afin de tenir la main à ce qu'ils fassent les études qu'ils ont indiquées comme le but de leurs désirs ; 4° que lesdits employés veillent à ce que lesdits étudiants se montrent dans les réunions tels qu'ils doivent être, à ce qu'ils évitent toute cause de mauvais et honteux renom, ainsi que les associations entre eux, que nous regardons comme très-voisines des crimes ; à ce qu'ils n'aillent pas trop souvent aux spectacles, et ne se livrent pas fréquemment à des banquets intempestifs. Que si quelque étudiant ne se conduit pas dans la ville comme l'exige la dignité des études libérales, qu'il soit publiquement battu de verges, mis sur un vaisseau, chassé de la ville, et renvoyé chez lui. Quant à ceux qui se livrent assidûment à leurs études, qu'ils puissent rester à Rome jusqu'à leur vingtième année ; après quoi, s'ils négligent de s'en aller d'eux-mêmes, que le préfet ait soin de les faire partir, même contre leur gré. Et pour que ces choses-là ne soient pas traitées légèrement, que ta haute Sincérité avertisse le bureau du cens qu'il ait à rédiger chaque mois un état desdits étudiants, quels ils sont, d'où ils viennent, et lesquels, leur temps écoulé, doivent être renvoyés en Afrique ou en d'autres provinces..... Qu'un tableau pareil soit transmis tous les ans aux bureaux de N. G., afin que, bien instruits des mérites et des études de tous, nous jugions s'ils sont nécessaires à notre service, et quand [2].

Quelques unes de ces précautions peuvent être, dans certains cas, nécessaires et légitimes ; mais il

---

[1] Magistrat qui, par quelques unes de ses fonctions, avait quelque analogie avec le préfet de police.
[2] Cod. Théod., l. XIV, t. IX, l. 1.

est bien clair que là où elles sont le fait essentiel, dominant, là où elles constituent le fond du régime des écoles, il n'y a point de liberté.

La liberté éclate au contraire de toutes parts dans la littérature chrétienne. Et d'abord l'activité des esprits, la diversité des opinions publiquement manifestées, prouvent à elles seules la liberté. L'esprit humain ne se déploie pas ainsi en tous sens, ni avec tant d'énergie, quand il est chargé de fers. La liberté, d'ailleurs, était inhérente à la situation intellectuelle de l'Église : elle était dans le travail de la formation de ses doctrines, et, sur un grand nombre de points, ne les avait point encore arrêtées ou promulguées. A mesure qu'une question apparaissait, soulevée soit par un événement, soit par quelque écrit, elle était examinée, débattue par les chefs de la société religieuse; et son opinion officielle, la conséquence de ses croyances générales, le dogme, en un mot, était proclamé. Une liberté précaire, passagère peut-être, mais réelle, appartient nécessairement à une telle époque.

L'état de la législation contre l'hérésie ne lui était pas encore mortel : le principe de la persécution, l'idée que la vérité a droit de gouverner par la force, était bien dans les esprits, mais il ne dominait pas encore dans les faits. La puissance civile commençait à prêter main-forte à l'Église contre les hérétiques, et à sévir contre eux; on les exilait, on leur interdisait certaines fonctions, on les dépouillait de leurs biens; quelques uns même, comme les priscillianistes en 385, étaient condamnés à mort :

les lois des empereurs, surtout celles de Théodose-le-Grand, étaient pleines de menaces et de dispositions contre l'hérésie ; le cours des choses enfin tendait visiblement à la tyrannie : cependant la puissance civile hésitait encore à se faire l'instrument des doctrines ; les plus grands évêques, saint Hilaire, saint Ambroise, saint Martin, se récriaient encore contre toute condamnation capitale des hérétiques, disant que l'Église n'avait droit d'employer que les armes spirituelles. En un mot, quoique le principe de la persécution fût en progrès, et en progrès très-menaçant, la liberté était encore plus forte : liberté périlleuse, orageuse, mais active et générale ; on était hérétique à ses risques et périls, mais on pouvait l'être ; on pouvait soutenir, on soutenait son opinion, pendant longtemps, avec énergie, avec publicité.

Il suffit de regarder aux canons des conciles de cette époque pour se convaincre que la liberté était grande encore : sauf deux ou trois grands conciles généraux, ces assemblées, dans les Gaules en particulier, ne s'occupaient guère que de discipline ; les questions de théorie, de doctrine, n'y apparaissent que plus rarement et dans les grandes occasions ; c'est surtout du gouvernement de l'Église, de sa situation, des droits et des devoirs des clercs, qu'on traite et décide : preuve que, sur une multitude de points, la diversité des idées était admise et le débat encore ouvert.

Ainsi d'une part la nature même des travaux, de l'autre la situation des esprits, expliquent pleinement la supériorité intellectuelle de la société religieuse sur la société civile ; l'une était sérieuse et libre, l'autre servile et frivole : qu'y a-t-il à ajouter ?

Aussi n'ajouterai-je qu'une dernière observation, mais qui n'est pas sans importance, et qui seule peut-être explique pleinement pourquoi la littérature civile ne pouvait manquer d'être frappée à mort, tandis que la littérature religieuse vivait et prospérait si énergiquement.

Pour que la culture de l'esprit, les sciences, les lettres prospèrent par elles-mêmes, indépendamment de tout intérêt prochain et direct, il faut, Messieurs, des temps heureux, paisibles, des temps de contentement et de bonne fortune pour les hommes. Quand l'état social devient difficile, rude, malheureux, quand les hommes souffrent beaucoup et longtemps, l'étude court grand risque d'être négligée et de décliner. Le goût de la vérité pure, le sentiment du beau séparé de tout autre besoin, sont des plantes délicates autant que nobles; il leur faut un ciel pur, un soleil brillant, une atmosphère douce; elles courbent la tête et se flétrissent au milieu des orages. Le développement intellectuel, le travail des esprits pour atteindre à la vérité, s'arrêteraient alors, s'ils ne se plaçaient à la suite et sous l'égide de quelqu'un des intérêts actuels, immédiats, puissants de l'humanité. C'est ce qui arriva à la chute de l'Empire romain : l'étude, les lettres, la pure activité intellectuelle, n'auraient pu résister seules aux désastres, aux souffrances, au découragement universel ; il fallait qu'elles se pussent rattacher aux sentiments et aux intérêts populaires ; qu'elles cessassent de paraître un luxe, et devinssent un besoin. La religion chrétienne leur en fournit le moyen ; ce fut en s'alliant avec elle que la philosophie et les lettres se sauvèrent de la ruine qui les menaçait ; leur activité eut alors des résultats directs, pratiques ; elles se montrèrent appliquées à diriger les hommes dans leur conduite, vers leur salut. On peut le dire sans exagération : l'esprit humain proscrit, battu de la tourmente, se réfugia dans l'asile des églises et des monastères ; il embrassa en suppliant les autels, pour vivre sous leur abri et à leur service, jusqu'à ce que des temps meilleurs lui permissent de reparaître dans le monde et de respirer en plein air.

Je ne pousserai pas plus loin, Messieurs, cette comparaison de l'état moral des deux sociétés au ve siècle ; nous en savons assez, je pense, pour nous les représenter nettement l'une et l'autre. Il faut maintenant entrer plus avant dans l'examen de la société religieuse, seule vivante et féconde ; il faut rechercher quelles questions l'occupaient, quelles solutions on lui en donnait, quelles controverses étaient puissantes et populaires, quelle devait être leur influence sur la vie et les actions des hommes. Ce sera l'objet de nos prochaines réunions.

CINQUIÈME LEÇON.

Des principales questions débattues en Gaule au ve siècle. — Du pélagianisme. — De la méthode à suivre dans son histoire. — Des faits moraux qui ont donné lieu à cette controverse : 1° de la liberté humaine ; 2° de l'impuissance de la liberté, et de la nécessité d'un secours extérieur ; 3° de l'influence des circonstances extérieures sur la liberté ; 4° des changements moraux qui surviennent dans l'ame humaine sans que l'homme les attribue à sa volonté. — Des questions qui naissent naturellement de ces faits. — Du point de vue spécial sous lequel on a dû les considérer dans l'Église chrétienne au ve siècle. — Histoire du pélagianisme à Rome, en Afrique, en Orient et dans la Gaule. — Pélage. — Célestius. — Saint Augustin. — Histoire du semi-pélagianisme. — Cassien. — Fauste. — Saint Prosper d'Aquitaine. — Des prédestinations. — Influence et résultats généraux de cette controverse.

Messieurs ,

Dans notre dernière réunion, j'ai essayé de vous peindre, mais uniquement sous ses traits généraux, l'état moral comparatif de la société civile et de la société religieuse en Gaule, au ve siècle. Entrons plus avant dans l'examen de la société religieuse, la seule qui fournisse à l'étude et à la réflexion une ample matière.

Les principales questions qui aient occupé au ve siècle la société chrétienne gauloise, sont : 1° le pélagianisme, ou hérésie de Pélage, combattu surtout par saint Augustin ; 2° la nature de l'ame, agitée dans le midi de la Gaule entre l'évêque Fauste et le clerc Mamert Claudien ; 3° quelques points de culte et de discipline, plutôt que de doctrine, comme le culte des martyrs, le mérite des jeûnes, des austérités, le célibat, etc ; c'était, vous l'avez vu, l'objet des écrits de Vigilance ; 4° enfin, la prolongation de la lutte du christianisme contre le paganisme et le judaïsme : elle a encore inspiré les deux dialogues du moine Évagre, entre le juif Simon et le chrétien Théophile, le chrétien Zachée et le philosophe Apollonius.

De ces questions, le pélagianisme est de beaucoup la plus importante : il a été la grande affaire intellectuelle de l'Église au v° siècle, comme l'arianisme l'avait été au iv°. C'est de son histoire que nous nous occuperons spécialement aujourd'hui.

Personne n'ignore qu'il s'agit, dans cette controverse, du libre arbitre et de la grâce, c'est-à-dire des rapports de la liberté de l'homme avec la puissance divine, de l'influence de Dieu sur l'activité morale de l'homme.

Permettez qu'avant d'en aborder l'histoire, j'indique la méthode que je me propose d'y porter.

Au seul énoncé de cette question, vous voyez qu'elle n'est particulière ni au v° siècle, ni au christianisme ; c'est un problème universel, de tous les temps, de tous les lieux, que toutes les religions, toutes les philosophies ont posé et tenté de résoudre.

Il se rapporte donc évidemment à des faits moraux primitifs, universels, inhérents à la nature humaine, et que l'observation doit y reconnaître. Je rechercherai d'abord ces faits ; j'essaierai de démêler dans l'homme en général, indépendamment de toute considération de temps, de lieu, de croyance particulière, les éléments naturels, la matière première, pour ainsi dire, de la controverse pélagienne. Je mettrai ces faits en lumière, sans y rien ajouter, sans en rien retrancher, sans les discuter, uniquement appliqué à les constater et à les décrire.

Je montrerai ensuite quelles questions découlent naturellement des faits naturels, quelles difficultés, quelles controverses se peuvent élever à leur occasion, toujours indépendamment de toute circonstance particulière de temps, de lieu, d'état social.

Cela fait, et, si je puis m'exprimer ainsi, le côté général, théorique de la question une fois bien établi, je déterminerai sous quel point de vue spécial ces faits moraux ont dû être considérés au ve siècle, par les défenseurs des diverses opinions en débat.

Enfin, après avoir ainsi expliqué de quelles sources et sous quels auspices est né le pélagianisme, je raconterai son histoire ; je tenterai de suivre, dans leurs rapports et leur progrès, les idées principales qu'il a suscitées, pour faire bien connaître quel était l'état des esprits au moment où s'éleva cette grande controverse, ce qu'elle en fit, et à quel point elle les laissa.

Je vous demande, Messieurs, votre plus scrupuleuse attention, surtout dans l'examen des faits moraux auxquels la question se rattache : ils sont difficiles à bien reconnaître, à énoncer avec précision ; je voudrais que rien ne leur manquât en clarté et en certitude, et à peine ai-je le temps de les montrer en passant.

Le premier, celui qui fait le fond de toute la querelle, c'est la liberté, le libre arbitre, la volonté humaine. Pour connaître exactement ce fait, il faut le dégager de tout élément étranger, le réduire strictement à lui-même. C'est, je crois, faute de ce soin qu'on l'a si souvent mal compris ; on ne s'est point placé en face du fait de la liberté, et de celui-là seul ; on l'a vu et décrit, pour ainsi dire, pêle-mêle avec d'autres faits qui lui tiennent de très-près dans la vie morale, mais qui n'en diffèrent pas moins essentiellement. Par exemple, on a fait consister la liberté humaine dans le pouvoir de délibérer et de choisir entre les motifs d'action ; la délibération et le jugement qui la suit ont été considérés comme l'essence du libre arbitre. Il n'en est rien. Ce sont là des actes d'intelligence et non de liberté ; c'est devant l'intelligence que comparaissent les différents motifs d'action, intérêts, passions, opinions, ou autres ; elle les considère, les compare, les évalue, les pèse, et enfin les juge. C'est là un travail préparatoire, qui précède l'acte de volonté, mais ne le constitue en aucune façon. Quand la délibération a eu lieu, quand l'homme a pris pleine connaissance des motifs qui se présentent à lui, et de leur valeur, alors survient un fait tout nouveau, tout différent, le fait de la liberté ; l'homme prend une résolution, c'est-à-dire commence une série de faits qui ont en lui-même leur source, dont il se regarde comme l'auteur, qui naissent parce qu'il le veut, qui ne naîtraient pas s'il ne voulait pas, qui seraient autres s'il les voulait produire autrement. Écartez tout souvenir de la délibération intellectuelle, des motifs connus et appréciés; concentrez votre pensée et celle de l'homme qui prend une résolution sur le moment même où il la prend, où il dit : « Je veux, je ferai, » et demandez-vous, demandez-lui à lui-même s'il ne pourrait pas vouloir et faire autrement. A coup sûr, vous répondrez, il vous répondra : « Oui. » Ici se révèle le fait de la liberté : il réside tout entier dans la résolution que prend l'homme à la suite de la délibération : c'est la résolution qui est l'acte propre de l'homme, qui subsiste par lui, et par lui seul; acte simple, indépendant de tous les faits qui le précèdent ou l'entourent; identique dans les circonstances les plus diverses; toujours le même, quels que soient ses motifs et ses résultats.

L'homme voit cet acte, Messieurs, tout comme il le produit; il se sait libre, il a conscience de sa liberté. La conscience est cette faculté qu'a l'homme de contempler ce qui se passe en lui, d'assister à sa propre existence, d'être pour ainsi dire spectateur de lui-même. Quels que soient les faits qui s'accomplissent dans l'homme, c'est par le fait de conscience qu'ils se révèlent à lui; la conscience atteste la liberté, comme la sensation, comme la pensée; l'homme se voit, se sait libre, comme il se voit, comme il se sait sentant, réfléchissant, jugeant. On a souvent essayé, on essaie encore aujourd'hui d'établir, entre ces faits divers, je ne sais quelle inégalité de clarté, de certitude ; on s'élève contre ce qu'on appelle la prétention d'introduire dans la science des faits inouïs, obscurs, les faits de conscience, la sensation, la perception, dit-on, voilà qui est clair, avéré; mais les faits de conscience, où sont-ils? quels sont-ils? Je ne crois pas avoir besoin d'insister longtemps, Messieurs : la sensation, la perception sont des faits de conscience tout comme la liberté : l'homme les aperçoit de la même manière, avec le même degré de lumière et de certitude. Il peut prêter son attention à certains faits de conscience plutôt qu'à certains autres, et oublier ou méconnaître ceux qu'il ne regarde point : l'opinion à laquelle je fais allusion dans ce moment en est la preuve; mais quand il s'observe d'une manière complète, quand il assiste, sans en rien perdre, au spectacle de sa vie intérieure, il a peu de peine à se convaincre que toutes les scènes se passent sur le même théâtre, et lui sont connues au même titre, par la même voie.

Je désire, Messieurs, que le fait de la liberté humaine, ainsi réduit à sa nature propre et distinctive, demeure bien présent à votre pensée ; car sa confusion avec d'autres faits limitrophes, mais différents, a été l'une des principales causes de trouble et de débat dans la grande controverse dont nous avons à nous occuper.

Un second fait également naturel, également universel, a joué dans cette controverse un rôle considérable.

En même temps que l'homme se sent libre, qu'il se reconnaît la faculté de commencer, par sa volonté seule, une série de faits, en même temps il reconnaît que sa volonté est placée sous l'empire d'une certaine loi qui prend, selon les occasions auxquelles elle s'applique, des noms différents, loi morale, raison, bon sens, etc. Il est libre; mais, dans sa propre pensée, sa liberté n'est point arbitraire; il en peut user d'une façon insensée, injuste, coupable; et chaque fois qu'il en use, une certaine règle y doit présider. L'observation de cette règle est son devoir, la tâche de sa liberté.

Il s'aperçoit bientôt que jamais il ne s'acquitte pleinement de cette tâche, qu'il n'agit jamais parfaitement selon la raison, la loi morale; que, toujours libre, c'est-à-dire moralement capable de se conformer à la règle, en fait il n'accomplit point tout ce qu'il doit, ni même tout ce qu'il peut. A chaque occasion, quand il s'interroge avec scrupule et se répond avec sincérité, il est forcé de se dire : « J'aurais pu si j'avais voulu ; » mais sa volonté a été molle, lâche; elle n'est allée jusqu'au bout ni de son devoir, ni de son pouvoir.

C'est là, Messieurs, un fait évident, et dont chacun peut rendre témoignage : il y a même ceci de singulier, que le sentiment de cette faiblesse de la volonté devient souvent d'autant plus clair, d'autant plus pressant, que l'homme moral se développe et se perfectionne : les meilleurs, c'est-à-dire ceux qui ont employé et déployé le plus de force, qui ont su le mieux conformer leur volonté à la raison, à la morale, sont bien souvent les plus frappés de son insuffisance, les plus convaincus de cette inégalité profonde entre la conduite de l'homme et sa tâche, la liberté et sa loi.

De là, Messieurs, un sentiment qui se retrouve, sous des formes diverses, dans tous les hommes; le sentiment de la nécessité d'un secours extérieur, d'un appui à la volonté humaine, d'une force qui s'ajoute à sa force et la soutienne au besoin. L'homme cherche de tous côtés cet appui, cette force secourable; il les demande aux encouragements de l'amitié, aux conseils de la sagesse, à l'exemple, l'approbation de ses semblables, à la crainte du blâme; il n'est personne qui n'ait à citer, chaque jour, dans sa propre conduite, mille preuves de ce mouvement de l'ame, avide de trouver hors d'elle-même une aide à sa liberté, qu'elle sent à la fois réelle et insuffisante. Et comme le monde visible, la société humaine, ne répondent pas toujours à son vœu, comme ils sont atteints de la même insuffisance qui se révèle à son tour, l'ame va chercher hors du monde visible, au-dessus des relations humaines, cet appui dont elle a besoin : le sentiment religieux se développe; l'homme s'adresse à Dieu, et l'appelle à son secours. La prière est la forme la plus élevée, mais non la seule, sous laquelle se manifeste ce sentiment universel de la faiblesse de la volonté humaine, ce recours à une force extérieure et alliée.

Et telle est la nature de l'homme, que lorsqu'il demande sincèrement cet appui, il l'obtient, et qu'il lui suffit presque de le chercher pour le trouver. Quiconque, sentant sa volonté faible, invoque de bonne foi les encouragements d'un ami, l'influence de sages conseils, l'appui de l'opinion publique, où s'adresse à Dieu par la prière, sent aussitôt sa volonté fortifiée, soutenue, dans une certaine mesure et pour un certain temps. Ceci est un fait d'une expérience journalière, et qu'il est aisé de vérifier.

En voici un troisième dont la gravité ne saurait être méconnue; je veux dire l'influence des circonstances indépendantes de l'homme sur la volonté humaine, l'empire du monde extérieur sur la liberté. Personne ne conteste le fait; mais il importe de s'en rendre compte avec exactitude, car, si je ne m'abuse, il est en général mal compris.

J'ai distingué tout à l'heure la liberté de la délibération qui la précède et s'accomplit par l'intelligence. Or, Messieurs, les circonstances indépendantes de l'homme, quelles qu'elles soient, le lieu, le temps où l'homme est né, les habitudes, les mœurs, l'éducation, les événements, n'agissent en aucune façon sur l'acte même de la liberté, tel que j'ai essayé de le décrire; il n'en est point atteint ni modifié; il reste toujours identique et complet, quels que soient les motifs qui le provoquent. C'est sur ces motifs, dans la sphère où se déploie l'intelligence, que les circonstances extérieures exercent et épuisent leur pouvoir : le siècle, le pays, le monde au sein duquel s'écoule la vie, font varier à l'infini les éléments de la délibération qui précède la volonté : par suite de cette variation, certains faits, certaines idées, certains sentiments, sont, dans ce travail intellectuel, présents ou absents, prochains ou éloignés, puissants ou faibles, et le résultat de la délibération, c'est-à-dire le jugement porté sur les motifs, en est grandement affecté. Mais l'acte de volonté qui la suit demeure essentiellement le même : ce n'est qu'indirectement, et à cause de la diversité des éléments introduits dans la délibération, que la conduite de l'homme subit cette influence du monde extérieur. Un exemple, j'espère, me fera pleinement comprendre. Fidèle aux mœurs de sa tribu, à regret, mais pour accomplir son devoir, un Sauvage tue son père vieux et infirme : un Européen, au contraire, le nourrit, le soigne, se dévoue au soulagement de sa vieillesse et de ses infirmités. Rien de plus différent, à coup sûr, que les idées entre lesquelles se passe, dans les deux cas, la délibération qui précède l'action, et les résultats qui l'accompagnent : rien de plus inégal que la légitimité, la valeur morale des deux actions en elles-mêmes ; mais la résolution même, l'acte libre et personnel de l'Européen et du sauvage, n'est-il pas semblable, s'il a été accompli dans la même intention et avec le même degré d'effort ?

Ainsi, sur les motifs et sur les conséquences de l'acte libre, l'influence des circonstances indépendantes de la volonté est immense ; mais c'est là le champ où elle s'exerce ; le fait intérieur placé entre la délibération et l'action extérieure, le fait de la liberté reste le même, et s'accomplit pareillement au milieu des éléments les plus divers.

J'arrive au quatrième et dernier des grands faits moraux qu'il est indispensable de bien connaître pour comprendre l'histoire du pélagianisme. J'en pourrais énumérer beaucoup d'autres ; mais ils sont de moindre importance, ils découlent évidemment de ceux que je mets ici en lumière, et je n'ai pas le temps de m'y arrêter.

Certains changements, certains événements moraux s'accomplissent et se déclarent dans l'homme sans qu'il en rapporte l'origine à un acte de sa volonté, sans qu'il s'en reconnaisse l'auteur.

Au premier aspect, l'assertion étonne peut-être quelques personnes : permettez-moi, Messieurs, de l'éclaircir d'avance par l'exemple de faits analogues, mais plus fréquents, qui ont lieu dans le domaine de l'intelligence, et sont plus faciles à saisir.

Il n'y a personne à qui il ne soit arrivé de chercher laborieusement quelque idée, quelque souvenir ; de s'endormir au milieu de cette recherche sans y avoir réussi ; et le lendemain, à son réveil, d'atteindre sur-le-champ au but. Il n'y a point d'écolier qui, ayant commencé à étudier sa leçon, ne se soit couché sans la savoir, et le matin, en se levant, ne l'ait apprise presque sans travail. Je pourrais citer beaucoup de faits de ce genre ; je choisis ces deux-là comme les plus incontestables et les plus simples.

J'en tire cette seule conséquence : indépendamment de l'activité volontaire et réfléchie de la pensée, un certain travail intérieur et spontané s'accomplit dans l'intelligence de l'homme, travail que nous ne gouvernons pas, dont nous ne contemplons pas le cours, et pourtant réel et fécond.

Il n'y a rien là d'étrange : chacun de nous apporte en naissant une nature intellectuelle qui lui est propre. L'homme gouverne et modifie, perfectionne ou dégrade par sa volonté son être moral, mais il ne le crée point ; il l'a reçu, et l'a reçu doué de certaines dispositions individuelles, d'une force spontanée. La diversité native des hommes, sous le point de vue moral comme sous le point de vue physique, n'est pas contestable. Or, de même que la nature physique de chaque homme se développe spontanément et par sa propre vertu, de même, quoique à un degré fort inégal, il s'opère dans la nature intellectuelle, mise en mouvement par ses relations avec le monde extérieur ou par la volonté de l'homme lui-même, un certain développement involontaire, inaperçu, et, pour me servir d'un mot dont je ne voudrais pas qu'on tirât aucune conséquence, mais qui exprime figurément ma pensée, je ne sais quel travail de végétation qui porte naturellement des fruits.

Ce qui arrive dans l'ordre intellectuel, Messieurs, arrive également dans l'ordre moral. Certains faits surviennent dans l'intérieur de l'ame humaine, qu'elle ne s'attribue pas, dont elle ne se rend pas raison par sa propre volonté ; certains jours, à certains moments, elle se trouve dans un autre état moral que celui où elle s'était laissée, où elle se connaissait. Elle ne remonte pas jusqu'à la source de ses changements ; elle n'y a point assisté, et ne se souvient pas d'y avoir concouru. En d'autres termes, l'homme moral ne se fait pas lui-même tout entier ; il a le sentiment que des causes, des puissances extérieures à lui, agissent sur lui et le modifient à son insu ; il y a pour lui, dans sa vie morale comme dans l'ensemble de sa destinée, de l'inexplicable, de l'inconnu.

Et il n'est pas nécessaire, pour se convaincre de ce fait, d'avoir recours à ces grandes révolutions morales, à ces changements subits, éclatants, que l'ame humaine peut quelquefois éprouver, mais auxquels l'imagination des narrateurs ajoute beaucoup, et qu'il est difficile de bien apprécier. Il suffit, je crois, de regarder en soi-même, pour y découvrir plus d'un exemple de ces modifications involontaires ; et chacun de vous, en observant sa vie intérieure, reconnaîtra sans peine, si je ne m'abuse, que les vicissitudes, les développements de son être moral ne sont pas tous le résultat, soit d'actes de sa volonté, soit de circonstances extérieures qu'il connaisse et qui les lui expliquent.

Tels sont, Messieurs, les principaux faits moraux auxquels se rapporte la controverse pélagienne; les voilà sans aucun mélange d'événements historiques, de circonstances particulières, tels que nous les livre la nature humaine, simple, universelle. Vous voyez sur-le-champ que, de ces faits seuls, toujours abstraction faite de tout élément spécial et accidentel, résulte une multitude de questions, et que plus d'un grand débat peut s'élever à leur sujet. Et, d'abord, on peut en contester la réalité : ils ne courent pas tous également ce péril ; le fait de la liberté humaine, par exemple, est plus évident, plus irrésistible qu'aucun autre ; on l'a méconnu cependant ; on peut tout méconnaître ; il n'y a point de bornes au champ de l'erreur.

En admettant même ces faits, en les reconnaissant, on peut se tromper sur la place que chacun occupe, sur le rôle que chacun joue dans la vie morale ; on peut mesurer inexactement leur étendue, leur importance ; on peut faire trop grande ou trop petite la part de la liberté, des circonstances extérieures, de la faiblesse de la volonté, des influences inconnues, etc.

On peut aussi tenter d'expliquer les faits, et varier prodigieusement dans les explications. S'agit-il, par exemple, de ces changements involontaires, inaperçus, qui surviennent dans l'état moral de l'homme ; on dira que l'ame est inattentive, qu'elle ne se souvient pas de tout ce qui se passe en elle-même, qu'elle a probablement oublié tel acte de volonté, telle résolution, telle impression qui a produit ces conséquences dont elle n'a pas tenu le fil, ni observé le développement. Ou bien on aura recours, pour expliquer ces faits obscurs de la vie morale, à une action directe, spéciale, de Dieu sur l'ame, à un rapport permanent entre l'action de Dieu et l'activité de l'homme.

Enfin, on peut tenter de concilier entre eux ces faits de diverses manières ; on peut les réduire en système selon tel ou tel principe, les rapporter à telle ou telle doctrine générale sur la nature et la destinée de l'homme et du monde, etc. Ainsi, par une foule de causes, mille questions peuvent naître de la nature seule des faits qui nous occupent. Ils sont, à les prendre en eux-mêmes et dans leur généralité, un sujet fécond en débats.

Que sera-ce si des causes particulières, locales, momentanées, viennent encore faire varier le point de vue sous lequel on les considère, modifier la connaissance qu'en prend l'esprit humain, le diriger, à leur égard, dans un sens plutôt que dans un autre, mettre en lumière ou dans l'ombre, grossir ou atténuer tel ou tel fait? C'est ce qui arrive toujours, ce qui est arrivé au ve siècle. J'ai essayé de remonter avec vous aux origines naturelles et purement morales de la controverse pélagienne : il faut maintenant que nous considérions ses origines historiques ; elles ne sont pas moins nécessaires pour la bien comprendre.

Il était impossible que, dans le sein de l'Église chrétienne, les faits moraux que je viens de décrire ne fussent pas considérés sous des points de vue divers.

Le christianisme a été une révolution essentiellement pratique, point une réforme scientifique, spéculative. Il s'est surtout proposé de changer l'état moral, de gouverner la vie des hommes ; et nonseulement de quelques hommes, mais des peuples, du genre humain tout entier.

C'était là, Messieurs, une prodigieuse nouveauté : la philosophie grecque, du moins depuis l'époque où son histoire devient claire et certaine, avait été essentiellement scientifique, bien plus appliquée à la recherche de la vérité qu'à la réforme et au gouvernement des mœurs. Deux écoles seules avaient pris une direction un peu différente ; les stoïciens et les néoplatoniciens se proposaient formellement d'exercer une influence morale, de régler la conduite aussi bien que d'éclairer l'intelligence : mais leur ambition, sous ce rapport, se bornait à un petit nombre de disciples, à une sorte d'aristocratie intellectuelle.

Ce fut au contraire la prétention spéciale et caractéristique du christianisme, d'être une réforme morale et une réforme universelle, de gouverner partout, au nom de ses doctrines, la volonté et la vie.

De là, Messieurs, pour les chefs de la société chrétienne, une disposition presque inévitable : entre les faits moraux qui constituent notre nature, ils devaient s'attacher surtout à mettre en lumière ceux qui sont propres à exercer une influence réformatrice, qui entraînent promptement des effets pratiques. Vers ceux-là devait se porter de préférence l'attention des grands évêques, des pères de l'Église, car ils y puisaient les moyens de faire poursuivre au christianisme sa carrière, d'accomplir eux-mêmes leur mission.

Il y a plus : le point d'appui de la réforme morale chrétienne était la religion ; c'était dans les idées religieuses, dans les rapports de l'homme avec la Divinité, de la vie actuelle avec la vie future, qu'elle prenait sa force. Ses chefs devaient donc préférer et favoriser aussi, dans les faits moraux, ceux dont la tendance est religieuse, qui touchent au côté religieux de notre nature, et sont, pour ainsi dire, placés sur la limite des devoirs actuels et des espérances futures, de la morale et de la religion.

Enfin, les besoins et les moyens d'action du christianisme, pour opérer la réforme morale et gouverner les hommes, variaient nécessairement avec les temps et les situations : il fallait s'adresser, pour ainsi dire, dans l'ame humaine, tantôt à tel fait, tantôt à tel autre; aujourd'hui à une certaine disposition, demain à une disposition différente. Il est évident, par exemple, qu'au 1er et au ve siècle la tâche des chefs de la société religieuse n'était pas la même, et ne pouvait s'accomplir par les mêmes voies. Le fait dominant au 1er siècle était la lutte contre le paganisme, le besoin de renverser un ordre de choses odieux au nouvel état de l'ame, le travail, en un mot, de la révolution, de la guerre. Il fallait en appeler incessamment à l'esprit de liberté, d'examen; au déploiement énergique de la volonté; c'était là le fait moral que la société chrétienne invoquait, déployait à toute heure, en toute occasion.

Au ve siècle, la situation était autre; la guerre était finie ou à peu près, la victoire remportée; les chefs chrétiens avaient surtout à régler la société religieuse; le jour était venu de promulguer ses croyances, d'arrêter sa discipline, de la constituer enfin sur les ruines de ce monde païen qu'elle avait vaincu. Ces vicissitudes se retrouvent dans toutes les grandes révolutions morales; je n'ai pas besoin d'en multiplier sous vos yeux les exemples. Vous comprenez qu'à cette époque ce n'était plus l'esprit de liberté qu'on avait sans cesse à invoquer : les dispositions favorables à l'établissement de la règle, de l'ordre, à l'exercice du pouvoir, devaient obtenir la préférence et être cultivées à leur tour.

Appliquez ces considérations aux faits moraux naturels qui ont enfanté la controverse pélagienne, et vous démêlerez sans peine quels étaient ceux dont, au ve siècle, les chefs de l'Église devaient spécialement seconder le développement.

Une autre cause encore modifiait le point de vue sous lequel ils considéraient notre nature morale. Les faits relatifs à la liberté humaine, et les problèmes qui s'élèvent à leur occasion ne sont pas isolés ; ils se rattachent à d'autres faits, à d'autres problèmes encore plus généraux et plus complexes, par exemple, à la question de l'origine du bien et du mal, à celle de la destinée générale de l'homme, et de ses rapports essentiels avec les desseins de la Divinité sur le monde. Or, sur ces questions supérieures, il y avait dans l'Église des doctrines arrêtées, des partis pris, des solutions déjà données : et lorsque de nouvelles questions s'élevaient, les chefs de la société religieuse étaient obligés de mettre leurs idées en accord avec ses idées générales, ses croyances établies. Voici donc quelle était, en pareil cas, la complexité de leur situation. Certains faits, certains problèmes moraux attiraient leurs regards; ils auraient pu les examiner et les juger en philosophes, avec toute la liberté de leur esprit, abstraction faite de toute considération extérieure, sous le point de vue purement scientifique : mais ils possédaient un pouvoir officiel; ils étaient appelés à gouverner les hommes, à régler leurs actions, à agir sur leur volonté : de là une nécessité pratique, politique, qui pesait sur la pensée du philosophe, et la courbait en un certain sens. Ce n'est pas tout : philosophes et politiques, ils étaient en même temps tenus de se réduire aux fonctions de purs logiciens, de se conformer en toute occasion aux conséquences de certains principes, de certaines doctrines immuables. Ils jouaient donc en quelque sorte trois rôles, ils portaient trois jougs; ils avaient à consulter tout ensemble la nature des choses, la nécessité pratique, et la logique; et toutes les fois qu'une question nouvelle apparaissait, toutes les fois qu'ils étaient appelés à prendre connaissance de faits moraux auxquels ils n'avaient pas encore prêté grande attention, il fallait penser et agir sous ce triple caractère, suffire à cette triple mission.

Telle n'était pas, Messieurs, dans la société religieuse, la situation de tous les chrétiens : tous ne se regardaient pas comme appelés, d'une part, à gouverner moralement l'Église; de l'autre, à poursuivre dans toutes ses conséquences le système de ses doctrines. Il ne pouvait manquer de s'élever parmi eux des hommes qui se permissent d'observer et de décrire tels ou tels faits moraux en eux-mêmes, sans se préoccuper beaucoup de leur influence pratique, ou de leur place et de leur enchaînement dans un système général ; esprits bien moins étendus, bien moins puissants que les chefs de l'Église, mais plus libres dans un champ plus étroit, et qui, en s'imposant une tâche moins difficile, pouvaient arriver, sur certains points, à une science plus précise. Ainsi devaient naître les hérésiarques.

Ainsi naquit le pélagianisme. Nous voilà, si je ne m'abuse, au courant des grandes circonstances préliminaires et en quelque sorte extérieures qui ont dû influer sur sa destinée : nous connaissons 1° les principaux faits naturels sur lesquels a porté la querelle ; 2° les questions qui découlent naturellement de ces faits ; 3° le point de vue spécial sous lequel les faits et les questions devaient être considérés au ve siècle, soit par les chefs de la société religieuse, soit par les esprits actifs et curieux qui s'élevaient isolément dans son sein. Nous pouvons maintenant aborder l'histoire même de la controverse pélagienne ; nous tenons le fil qui peut nous y conduire, le flambeau qui doit l'éclairer.

C'est dans les premières années du ve siècle que la controverse s'est élevée avec éclat : non que le libre arbitre et l'action de Dieu sur l'ame humaine n'eussent pas encore occupé les chrétiens, les *Lettres* de saint Paul et bien d'autres monuments attestent le contraire ; mais on avait accepté ou méconnu les faits presque sans débat. Vers la fin du ive siècle,

on commençait à les scruter plus curieusement, et quelques uns des chefs de l'Église en concevaient déjà quelque inquiétude : « Il ne faut pas, disait
» alors saint Augustin lui-même, parler beaucoup
» de la grâce aux hommes qui ne sont pas encore
» chrétiens, ou des chrétiens bien affermis; c'est
» une question épineuse, et qui peut troubler la
» foi. »

Vers l'an 405, un moine breton, Pélage (c'est le nom que lui donnent les écrivains latins et grecs; il paraît que son nom national était Morgan), se trouvait à Rome. On a beaucoup discuté son origine, son caractère moral, son esprit, sa science, et on lui a dit, sous ces divers rapports, beaucoup d'injures : elles ne paraissait pas fondées; à en juger par les principaux témoignages, et par celui de saint Augustin lui-même, Pélage était un homme bien né, instruit, de mœurs graves et pures. Il vivait donc à Rome, déjà arrivé à un certain âge; et, sans donner aucun renseignement précis, sans écrire de livre, il commença à parler beaucoup du libre arbitre, à insister sur ce fait moral, à le mettre en lumière. Rien n'indique qu'il attaquât personne et recherchât la controverse; il paraissait croire seulement qu'on ne tenait pas assez de compte de la liberté humaine, qu'on ne lui faisait pas, dans les doctrines religieuses du temps, une assez large part.

Ces idées n'excitèrent à Rome aucun trouble, presque aucun débat. Pélage parlait librement; on l'écoutait sans bruit. Il avait pour principal disciple

Célestius, moine comme lui, on le croit du moins, mais plus jeune, plus confiant, d'un esprit plus hardi, et plus décidé à pousser jusqu'au bout les conséquences de ses opinions.

En 411, Pélage et Célestius ne sont plus à Rome; on les trouve en Afrique, à Hippone et à Carthage. Dans cette dernière ville, Célestius expose ses idées : une controverse s'engage aussitôt entre lui et le diacre Paulin, qui l'accuse d'hérésie auprès de l'évêque. En 412, un concile se rassemble : Célestius y comparaît et se défend avec vigueur; il est excommunié, et, après avoir vainement essayé d'un appel à l'évêque de Rome, il passe en Asie, où Pélage, à ce qu'il semble, l'avait précédé.

Leurs doctrines se répandaient; elles trouvaient dans les îles de la Méditerranée, entre autres en Sicile et à Rhodes, un accueil favorable; on envoya à saint Augustin un petit écrit de Célestius, intitulé *Definitiones*, et que beaucoup de gens s'empressaient de lire. Un Gaulois, Hilaire, lui en écrivit avec une vive inquiétude. L'évêque d'Hippone commença à s'alarmer; il voyait, dans les idées nouvelles, plus d'une erreur et plus d'un péril.

Et d'abord, entre les faits relatifs à l'activité morale de l'homme, celui du libre arbitre était presque le seul dont Pélage et Célestius parussent occupés : saint Augustin y croyait comme eux, et l'avait proclamé plus d'une fois; mais d'autres faits devaient, à son avis, prendre place à côté de celui-là; par exemple, l'insuffisance de la volonté humaine, la nécessité d'un secours extérieur, et les changements moraux qui surviennent dans l'ame sans qu'elle puisse se les attribuer. Pélage et Célestius semblaient n'en tenir aucun compte ; première cause de lutte entre eux et l'évêque d'Hippone, dont l'esprit plus vaste considérait la nature morale sous un plus grand nombre d'aspects.

Pélage d'ailleurs, par l'importance presque exclusive qu'il donnait au libre arbitre, affaiblissait le côté religieux de la doctrine chrétienne, pour en fortifier, si je puis ainsi parler, le côté humain. La liberté est le fait de l'homme ; il y apparaît seul. Dans l'insuffisance de la volonté humaine, au contraire, et dans les changements moraux qu'elle ne s'attribue point, il y a place pour l'intervention divine. Or, la puissance réformatrice de l'Église étant essentiellement religieuse, elle n'avait qu'à perdre, sous le point de vue pratique, à une théorie qui mettait en première ligne le fait où la religion n'avait rien à démêler, et laissait dans l'ombre ceux où son empire trouvait occasion de s'exercer.

Enfin, saint Augustin était le chef des docteurs de l'Église, appelé, plus qu'aucun autre, à maintenir le système général de ses croyances. Or, les idées de Pélage et de Célestius lui semblaient en contradiction avec quelques uns des points fondamentaux de la foi chrétienne, surtout avec la doctrine du péché originel et de la rédemption. Il les attaqua donc sous un triple rapport : comme philosophe, parce que leur science de la nature humaine était, à ses yeux, étroite et incomplète ;

comme réformateur pratique et chargé du gouvernement de l'Église, parce qu'ils affaiblissaient, selon lui, son plus efficace moyen de réforme et de gouvernement; comme logicien, parce que leurs idées ne cadraient pas exactement avec les conséquences déduites des principes essentiels de la foi.

Vous voyez quelle gravité prenait dès lors la querelle : tout s'y trouvait engagé, la philosophie, la politique et la religion, les opinions de saint Augustin et ses affaires, son amour-propre et son devoir. Il s'y livra tout entier, publiant des traités, écrivant des lettres, recueillant tous les renseignements qui lui arrivaient de toutes parts, prodigue de réfutations, de conseils, et portant dans tous ses écrits, dans toutes ses démarches, ce mélange de passion et de douceur, d'autorité et de sympathie, d'étendue d'esprit et de rigueur logique qui lui donnait un si rare pouvoir.

Pélage et Célestius, de leur côté, ne demeuraient pas inactifs; ils avaient trouvé en Orient de puissants amis. Si saint Jérôme fulminait contre eux à Bethléem, Jean, évêque de Jérusalem, les protégeait avec zèle : il convoqua, à leur occasion, une assemblée des prêtres de son Église : l'Espagnol Orose, disciple de saint Augustin, et qui se trouvait en Palestine, s'y présenta, et raconta tout ce qui s'était passé en Afrique, au sujet de Pélage, ainsi que les erreurs dont on l'accusait : sur la recommandation de l'évêque Jean, Pélage fut appelé; on lui demanda s'il enseignait vraiment ce qu'Au-

gustin avait réfuté : « Que m'importe Augustin ? » répondit-il ; plusieurs des assistants furent choqués : Augustin était alors le docteur le plus célèbre et le plus respecté de l'Église; on voulait chasser Pélage et même l'excommunier : mais Jean détourna le coup, fit asseoir Pélage, et l'interrogea, disant : « C'est moi qui suis ici Augustin ; c'est à
» moi que tu répondras. » Pélage parlait grec, son accusateur Orose ne parlait que latin ; les membres de l'assemblée ne l'entendaient pas ; elle se sépara sans rien décider.

Peu après, au mois de décembre 415, un concile se tint en Palestine, à Diospolis, l'ancienne Lydda, composé de quatorze évêques, et sous la présidence d'Euloge, évêque de Césarée. Deux évêques gaulois, bannis de leurs siéges, Héros, évêque d'Arles, et Lazare, évêque d'Aix, lui avaient adressé contre Pélage une nouvelle accusation. Ils ne se rendirent pas au concile, alléguant une maladie, et probablement informés qu'il leur était peu favorable. Pélage y parut toujours protégé par l'évêque de Jérusalem : on l'interrogea sur ses opinions ; il les expliqua, les modifia, adopta tout ce que le concile lui présenta comme la vraie doctrine de l'Église, raconta ce qu'il avait déjà souffert, fit valoir ses relations avec plusieurs saints évêques, avec Augustin lui-même, qui, deux ans auparavant, lui avait écrit une lettre destinée à contester quelques unes de ses idées, mais pleine de bienveillance et de douceur. L'accusation d'Héros et de Lazare fut lue, mais toujours en latin, et par l'entremise d'un interprète. Le concile se déclara satisfait ; Pélage fut absous et reconnu orthodoxe.

Le bruit de cette décision arriva bientôt en Afrique ; vous savez quelle activité régnait à cette époque dans l'Église, et avec quelle rapidité les événements, les nouvelles, les écrits circulaient d'Asie en Afrique, d'Afrique en Europe, de cité en cité. Dès que saint Augustin fut informé des résultats du concile de Diospolis, et quoiqu'il n'en connût pas encore les actes, il mit tout en mouvement pour en combattre l'effet. Vers le même temps survint en Palestine un incident qui donna à la cause de Pélage une mauvaise couleur. Il était resté à Jérusalem, et y professait ses idées avec plus d'assurance. Une violente émeute éclata à Bethléem contre saint Jérôme et les monastères qui s'y étaient formés auprès de lui : de graves excès furent commis, des maisons pillées, brûlées, un diacre tué ; et Jérôme fut obligé de se réfugier dans une tour. Les pélagiens, dit-on, étaient les auteurs de ces désordres : rien ne le prouve, et je suis un peu enclin à en douter ; cependant il y avait lieu de le soupçonner ; on le crut en général ; une grande clameur s'éleva, saint Jérôme en écrivit à l'évêque de Rome, Innocent Ier, et le pélagianisme en fut gravement compromis.

Deux conciles solennels siégeaient cette année (en 416) en Afrique, à Carthage et à Milève ; soixante-huit évêques assistaient à l'un ; soixante-un à l'autre. Pélage et sa doctrine y furent formellement condamnés ; les deux assemblées informèrent le pape de leur décision, et saint Augustin lui écrivit en particulier, avec quatre autres évêques, lui donnant sur toute l'affaire plus de détails, et l'engageant à l'examiner lui-même, pour proclamer la vérité et anathématiser l'erreur.

Le 27 janvier 417, Innocent répond aux deux conciles, aux cinq évêques, et condamne les doctrines des pélagiens.

Ils ne se tinrent pas pour battus : deux mois après, Innocent était mort; Zosime lui avait succédé; Célestius retourna à Rome; il obtint du nouveau pape un nouvel examen; il y expliqua ses opinions probablement comme l'avait fait Pélage à Diospolis, et, le 21 septembre 417, Zosime informa, par trois lettres, les évêques d'Afrique qu'il s'était scrupuleusement occupé de cette affaire, qu'il avait entendu Célestius lui-même, dans une réunion de prêtres tenue dans l'église de Saint-Clément; que Pélage lui avait écrit, pour se justifier; qu'il était satisfait de leurs explications, et les avait réintégrés dans la communion de l'Église.

A peine ces lettres étaient arrivées en Afrique, qu'un nouveau concile se réunit à Carthage (en mai 418); deux cent trois évêques [1] y étaient présents; il condamna en huit canons explicites les doctrines de Pélage, et s'adressa à l'empereur Honorius pour en obtenir, contre les hérétiques, des mesures qui missent l'Église à l'abri du péril.

De 418 à 421, paraissent en effet plusieurs édits

---

[1] Selon d'autres deux cent quatorze

et lettres des empereurs Honorius, Théodose II et Constance, qui bannissent de Rome, et de toutes les villes où ils tenteront de propager leurs fatales erreurs, Pélage, Célestius et leurs partisans.

Le pape Zosime ne résista pas longtemps à l'autorité des conciles et des empereurs : il convoqua une nouvelle assemblée, pour y entendre de nouveau Célestius ; mais Célestius avait quitté Rome, et Zosime écrivit aux évêques d'Afrique qu'il avait condamné les pélagiens.

La querelle continua quelque temps encore; dix-huit évêques d'Italie refusèrent de souscrire la condamnation de Pélage : ils furent dépossédés de leurs siéges, et exilés en Orient. Le triple arrêt du concile, du pape et de l'empereur avait porté à cette cause un coup mortel. Depuis l'année 418, on ne découvre plus, dans l'histoire, aucune trace de Pélage. Le nom de Célestius se rencontre encore quelquefois, jusque vers 427; il disparaît alors. Ces deux hommes une fois hors de la scène, leur école décline rapidement. L'opinion de saint Augustin, adoptée par les conciles, par les papes, par l'autorité civile, devient la doctrine générale de l'Église. Mais la victoire devait lui coûter encore quelques combats : le pélagianisme mourant laissait un héritier ; les semi-pélagiens rengagèrent aussitôt la lutte qu'il ne pouvait plus soutenir.

Dans le midi de la Gaule, au sein des monastères de Lérins et de Saint-Victor, alors le refuge des hardiesses de la pensée, il parut à quelques hommes, entre autres au moine Cassien, dont je vous ai déjà parlé, que le tort de Pélage avait été d'être trop exclusif, et de ne pas tenir assez de compte de tous les faits relatifs à la liberté humaine et à son rapport avec la puissance divine. L'insuffisance de la volonté de l'homme, par exemple, la nécessité d'un secours extérieur, les révolutions morales qui s'opèrent dans l'ame et ne sont pas son ouvrage, étaient des faits réels, importants, et qu'il ne fallait ni contester, ni seulement négliger. Cassien les admit pleinement, hautement, rendant ainsi, à la doctrine du libre arbitre, quelque chose de ce caractère religieux que Pélage et Célestius avaient tant affaibli. Mais, en même temps, il contesta, plus ou moins ouvertement, plusieurs des idées de saint Augustin, entre autres son explication de la réforme morale et de la sanctification progressive de l'homme. Saint Augustin les attribuait à l'action directe, immédiate, spéciale de Dieu sur l'ame, à la grâce proprement dite, grâce à laquelle l'homme n'avait par lui-même aucun titre, et qui provenait du don absolument gratuit, du libre choix de la Divinité. Cassien accorda plus d'efficacité aux mérites de l'homme même, et soutint que son amélioration morale était en partie l'œuvre de sa propre volonté, qui attirait sur lui le secours divin, et produisait, par un enchaînement naturel, bien que souvent inaperçu, les changements intérieurs auxquels se faisait reconnaître le progrès de la sanctification.

Tel fut, entre les semi-pélagiens et leur redoutable adversaire, le principal sujet de la controverse : elle commença vers 428, à la suite des lettres de Prosper d'Aquitaine et d'Hilaire, qui s'étaient hâtés d'informer saint Augustin que le pélagianisme renaissait sous une nouvelle forme. L'évêque d'Hippone écrivit sur-le-champ un nouveau traité intitulé : *De prædestinatione Sanctorum, et de dono perseverantiæ ;* Prosper publia son poëme *contre les ingrats;* et la guerre des pamphlets et des lettres reprit toute son activité.

Saint Augustin mourut en 430; saint Prosper et Hilaire restèrent seuls chargés de poursuivre son œuvre. Ils allèrent à Rome, et firent condamner les semi-pélagiens par le pape Célestin. Quelque modifiée que fût cette doctrine, elle était peu favorable dans l'Église; elle reproduisait une hérésie déjà vaincue; elle affaiblissait, bien qu'à un moindre degré, le ressort religieux de la morale et du gouvernement; elle était en désaccord avec le cours général des idées, qui tendait à faire, en toute occasion, à l'intervention divine, la plus large part; elle serait tombée presque sans résistance, si une doctrine directement contraire, celle des prédestinatiens, n'était venue lui prêter quelques moments de force et de crédit.

Des écrits de saint Augustin sur l'impuissance de la volonté humaine, la nullité de ses mérites et la nature parfaitement libre et gratuite de la grâce divine, quelques logiciens intraitables déduisirent la prédestination de tous les hommes, et l'irrévocabilité des décrets de Dieu sur le sort éternel de chacun. Les premières manifestations de cette doctrine au ve siècle sont obscures et douteuses; mais dès qu'elle parut, elle choqua le bon sens et l'équité morale de la plupart des chrétiens. Aussi les semi-pélagiens s'empressèrent-ils de la combattre, et de présenter leurs idées comme le contre-poison naturel d'une telle erreur. Tel fut surtout le caractère que s'efforça d'imprimer au semi-pélagianisme, vers l'an 445, l'évêque de Riez, Fauste, que j'ai déjà nommé, et dont je parlerai plus tard avec détail. Il se présenta comme une sorte de médiateur entre les pélagiens et les prédestinatiens : Il faut, disait-il, dans la question de la grâce de Dieu et de l'obéissance de l'homme, tenir la voie moyenne, et n'incliner ni à droite ni à gauche. Selon lui, Pélage et saint Augustin avaient été l'un et l'autre trop exclusifs : l'un accordait trop à la liberté humaine et pas assez à l'action de Dieu; l'autre oubliait trop la liberté humaine. Cette espèce de transaction obtint d'abord dans l'Église gauloise beaucoup de faveur; deux conciles réunis, l'un à Arles en 472, l'autre à Lyon en 473, condamnèrent formellement les prédestinatiens, et chargèrent Fauste de publier un traité qu'il avait écrit contre eux, intitulé : *De la grâce et de la liberté de la volonté humaine*, en lui ordonnant même d'y ajouter quelques développements. Mais ce ne fut là, pour le semipélagianisme, qu'un jour de répit, une lueur de fortune, et il ne tarda pas à retomber dans son discrédit.

De son vivant déjà, saint Augustin avait été accusé de conduire à la doctrine de la prédestination, à la complète abolition du libre arbitre, et s'en était énergiquement défendu. Il se trompait, je crois, comme logicien, en niant une conséquence qui semble découler invinciblement de ses idées, d'une part, sur l'impuissance et la corruption de la volonté humaine, de l'autre, sur la nature de l'intervention et de la prescience divine. Mais la supériorité d'esprit de saint Augustin le sauva, en cette occasion, des erreurs où l'eût précipité la logique, et il fut inconséquent précisément à cause de sa haute raison. Permettez-moi, Messieurs, d'insister un moment sur ce fait moral, qui seul explique les contradictions de tant de beaux génies : j'en prendrai un exemple tout près de nous, et l'un des plus frappants. La plupart d'entre vous ont lu à coup sûr le *Contrat social* de Rousseau : la souveraineté du nombre, de la majorité numérique, est, vous le savez, le principe fondamental de l'ouvrage; et Rousseau en suit longtemps les conséquences avec une inflexible rigueur; un moment arrive cependant où il les abandonne, et les abandonne avec éclat; il veut donner à la société naissante ses lois fondamentales, sa constitution; sa haute intelligence l'avertit qu'une telle œuvre ne peut sortir du suffrage universel, de la majorité numérique, de la multitude : « Il faudrait des dieux, dit-il, pour donner des lois aux hommes..... Ce n'est point magistrature, ce n'est point souveraineté..... C'est une fonction particulière et supérieure, qui n'a rien de commun avec l'empire humain[1] ; » et le voilà qui fait intervenir un législateur unique, un sage; violant ainsi son principe de la souveraineté du nombre pour recourir à un principe tout différent, à la souveraineté de l'intelligence, au droit de la raison supérieure.

Le *Contrat social*, Messieurs, et presque tous les ouvrages de Rousseau abondent en contradictions pareilles, et elles sont peut-être la preuve la plus éclatante du grand esprit de l'auteur.

Ce fut par une inconséquence de même nature que saint Augustin repoussa hautement la prédestination, qu'on lui imputait. D'autres, à sa suite, dialecticiens subtils et étroits, poussèrent sans hésiter jusqu'à cette doctrine et s'y établirent : pour lui, dès qu'il l'aperçut, éclairé par son génie, il détourna la vue, et, sans rebrousser tout à fait chemin, prit son vol dans un autre sens en refusant absolument d'abolir la liberté. L'Église fit comme saint Augustin : elle avait adopté ses doctrines sur la grâce, et condamné à ce titre les pélagiens et les semi-pélagiens; elle condamna pareillement les prédestinatiens, enlevant ainsi à Cassien, à Fauste, et à leurs disciples, le prétexte à la faveur duquel ils avaient repris quelque ascendant. Le semi-pélagianisme ne fit plus dès lors que décliner : saint Césaire, évêque d'Arles, reprit contre lui, au commencement du VIe siècle, la guerre que saint Augustin et saint Prosper lui avaient faite : en 529,

---

[1] *Contrat social*, liv. II, chap. VII.

les conciles d'Orange et de Valence le condamnèrent ; en 330, le pape Boniface II le frappa à son tour d'une sentence d'anathème, et il cessa bientôt, pour longtemps du moins, d'agiter les esprits. Le prédestinatianisme eut le même sort.

Aucune de ces doctrines, Messieurs, n'avait enfanté une secte proprement dite : elles ne s'étaient point séparées de l'Église, ni constituées en société religieuse distincte ; elles n'avaient point d'organisation, point de culte : c'étaient de pures opinions, débattues entre des hommes d'esprit ; plus ou moins accréditées, plus ou moins contraires à la doctrine officielle de l'Église, mais qui ne la menacèrent jamais d'un schisme. Aussi de leur apparition et des débats qu'elles avaient suscités, il ne resta guère que certaines tendances, certaines dispositions intellectuelles ; non des sectes ni des écoles véritables. On rencontre à toutes les époques, dans le cours de la civilisation européenne : 1° des esprits préoccupés surtout de ce qu'il y a d'humain dans notre activité morale, du fait de la liberté, et qui se rattachent ainsi aux pélagiens ; 2° des esprits surtout frappés de la puissance de Dieu sur l'homme, de l'intervention divine dans l'activité humaine, et enclins à faire disparaître la liberté humaine sous la main de Dieu ; ceux-là tiennent aux prédestinatiens. 3° Entre ces deux tendances se place la doctrine générale de l'Église, qui s'efforce de tenir compte de tous les faits naturels, de la liberté humaine et de l'intervention divine, nie que Dieu fasse tout dans l'homme, que l'homme puisse tout sans le secours de Dieu, et s'établit ainsi, avec plus de raison peut-être que de conséquence scientifique, dans ces régions du bon sens, vraie patrie de l'esprit humain, qui y revient toujours, après avoir erré de toutes parts *(post longos errores)*.

SIXIÈME LEÇON.

Objet de la leçon. — Caractère général de la littérature du moyen âge. —De la transition de la philosophie païenne à la théologie chrétienne. —De la question de la nature de l'ame dans l'Église chrétienne. — La plupart des anciens pères se prononcent pour le système de la matérialité. — Efforts pour en sortir. — Marche analogue des idées dans la philosophie païenne. — Commencements du système de la spiritualité. — Saint Augustin, Némésius, Mamert Claudien. — Fauste, évêque de Riez. — Ses arguments pour la matérialité de l'ame. — Mamert Claudien lui répond. — Considération de Mamert Claudien dans la Gaule. — Analyse et citations de son traité de la nature de l'ame. — Du dialogue d'Evagre entre le chrétien Zachée et le philosophe Apollonius. — Des effets de l'invasion des Barbares sur l'état moral de la Gaule.

MESSIEURS,

Entre la question dont nous nous sommes occupés samedi dernier, et celle dont nous nous occuperons aujourd'hui, la différence est grande. Le pélagianisme a été non-seulement une question, mais un événement; il a soulevé des partis, des intérêts, des passions; il a mis en mouvement les conciles, les empereurs; il a influé sur le sort de beaucoup d'hommes. La question de la nature de l'ame n'a produit rien de pareil; elle a été débattue entre quelques hommes d'esprit, dans un coin de l'Empire. J'ai eu, dans notre dernière réunion, beaucoup de faits à raconter: je n'ai à vous parler aujourd'hui que de livres et d'arguments.

Je vous prie de remarquer la marche de nos études. Nous avons commencé par examiner l'état social, les faits extérieurs et publics : de là nous avons passé à l'état moral de la Gaule; nous l'avons cherché d'abord dans les faits généraux, dans l'ensemble de la société; ensuite dans un grand débat religieux, dans une doctrine, mais dans une doctrine active, puissante, qui est devenue un événement ; nous allons l'étudier dans une simple discussion philosophique. Nous pénétrons ainsi de plus en plus dans l'intérieur des esprits : nous avons considéré les faits, puis les idées mêlées aux faits et subissant leur influence ; nous voici en présence des idées seules.

Permettez qu'avant d'entrer dans la question même, je dise quelques mots du caractère général des ouvrages de cette époque, et de ceux du moyen âge en général. Pourquoi ont-ils été si longtemps et si complétement oubliés? pourquoi méritent-ils qu'on leur rende aujourd'hui quelque attention?

Si vous comparez, d'une part, la littérature ancienne, grecque et romaine; de l'autre, la littérature moderne proprement dite, à celle du moyen âge, voici, je crois, ce qui vous frappera surtout.

Dans l'antiquité, la forme des ouvrages, l'art de la composition et du langage est admirable ; quand même le fond est médiocre, les idées fausses ou confuses, l'ignorance extrême, le travail est habile et ne peut manquer de plaire ; il atteste des esprits à la fois naturels et difficiles, simples et élégants, dont le développement intérieur surpasse de beaucoup la science acquise, qui sentent vivement et excellent à reproduire le beau.

Dans la littérature moderne, depuis le xvie siècle, par exemple, la forme est souvent imparfaite ; la simplicité et l'art manquent souvent à la fois ; mais le fond est en général raisonnable ; les ignorances grossières, les divagations, la confusion, deviennent de plus en plus rares ; la méthode, le bon sens, en un mot, le mérite scientifique domine ; si l'esprit n'est pas toujours satisfait, du moins est-il rarement choqué ; le spectacle n'est pas toujours beau, mais le chaos a disparu.

Autre est la condition des travaux intellectuels du moyen âge : en général, le mérite de l'art leur manque ; la forme en est grossière, bizarre ; le langage incorrect ; la méthode confuse, vicieuse ; ils abondent en divagations, en idées incohérentes ; on y sent des esprits peu avancés, peu cultivés, qui manquent de développement intérieur aussi bien que de science, et ni la raison ni le goût n'en sont satisfaits. C'est pourquoi ils ont été oubliés, tandis que la littérature grecque et romaine a survécu et survivra éternellement à la société dont elle est née. Cependant, sous cette forme si imparfaite, au milieu de ce bizarre mélange d'idées et de faits si souvent mal compris et mal liés, les livres du moyen âge sont des monuments très-remarquables de l'activité et de la richesse de l'esprit humain ; on y rencontre beaucoup de vues fortes et originales ; les questions y sont souvent sondées dans leurs dernières profondeurs ; des éclairs de vérité philosophique, de beauté littéraire, brillent à chaque instant au sein de ces orageuses ténèbres. Le minerai est brut dans cette mine, mais il contient beaucoup de métal et mérite encore d'être exploité.

Les écrits des ve et vi^e siècles ont d'ailleurs un caractère et un intérêt particulier : c'est le moment où l'ancienne philosophie expire, où commence la théologie moderne ; où l'une se transforme pour ainsi dire dans l'autre ; où certains systèmes deviennent des dogmes, certaines écoles des sectes. Ces époques de transition sont d'une grande importance, et peut-être, sous le point de vue historique, les plus instructives de toutes. Ce sont les seules où apparaissent rapprochés et en présence certains faits, certains états de l'homme et du monde, qui ne se montrent ordinairement qu'isolés et séparés par des siècles; les seules, par conséquent, où il soit facile de les comparer, de les expliquer, de les lier entre eux. L'esprit humain, Messieurs, n'est que trop disposé à marcher dans une seule route, à ne voir les choses que sous un aspect partiel, étroit, exclusif, à se mettre lui-même en prison; c'est donc pour lui une bonne fortune que d'être contraint, par la nature même du spectacle placé sous ses yeux, à porter de tous côtés sa vue, à embrasser un vaste horizon, à contempler un grand nombre d'objets différents, à étudier les grands problèmes du monde sous toutes leurs faces et dans leurs diverses solutions.

C'est surtout dans le midi de la Gaule que ce caractère du ve siècle se manifeste avec évidence. Vous avez vu quelle activité y régnait dans la société religieuse, entre autres dans les monastères de Lérins et de Saint-Victor, foyer de tant d'opinions hardies. Tout ce mouvement d'esprit ne venait pas du christianisme : c'était dans les mêmes contrées, dans la Lyonnaise, la Viennoise, la Narbonnaise, l'Aquitaine, que l'ancienne civilisation sur son déclin s'était pour ainsi dire concentrée, et conservait encore le plus de vie : l'Espagne, l'Italie même étaient à cette époque beaucoup moins actives que la Gaule, beaucoup moins riches en études et en écrivains. Peut-être faut-il attribuer surtout ce résultat au développement qu'avait pris dans ces provinces la civilisation grecque, et à l'influence prolongée de sa philosophie : dans toutes les grandes villes de la Gaule méridionale, à Marseille, à Arles, à Aix, à Vienne, à Lyon même, on entendait, on parlait la langue grecque; il y avait à Lyon, sous Caligula, dans l'*Athanacum*, temple consacré à cet emploi, des exercices littéraires en grec; et au commencement du vi^e siècle, lorsque saint Césaire, évêque d'Arles, engagea les fidèles à chanter avec les clercs, en attendant le sermon, une portion du peuple chantait en grec. On trouve, parmi les Gaulois distingués de cette époque, des philosophes de toutes les écoles grecques ; tel est mentionné comme pythagoricien, tel autre comme platonicien, tel comme épicurien, tel comme stoïcien. Les écrits gaulois des IVe et Ve siècles, entre autres celui dont je vais vous entretenir, le traité *de la nature de l'Ame*, de Mamert Claudien, citent des passages et des noms de philosophes qu'on ne rencontre point ailleurs. Tout atteste, en un mot, que, sous le point de vue philosophique comme sous le point de vue religieux, la Gaule romaine et grecque, aussi bien que chrétienne, était à cette époque, en Occident du moins, la portion la plus animée, la plus vivante de l'Empire. Aussi est-ce là que la transition de la philosophie païenne à la théologie chrétienne, du monde ancien au monde moderne, est le plus clairement empreinte, et se laisse le mieux observer.

Dans ce mouvement des esprits, la question de la nature de l'ame n'était pas nouvelle; dès le Ier siècle, et dans tous les siècles, on la voit débattue entre les docteurs de l'Église, et la plupart se prononcent en faveur de la matérialité : les passages abondent; j'en citerai quelques uns qui sont positifs. Tertullien dit expressément :

La corporalité de l'ame brille aux yeux des nôtres dans l'Évangile. L'ame d'un homme souffre aux enfers; elle est placée au milieu de la flamme; elle sent à la langue une douleur cruelle, et elle implore; de la main d'une ame plus heureuse, une goutte d'eau... Tout cela n'est rien sans le corps; l'être incorporel est libre de toute espèce de chaîne, étranger à toute peine comme à tout plaisir, car c'est par le corps que l'homme est puni ou jouit [1].

[1] Tertullien, *de Anima*, c. 5, 7.

Quel homme ne voit, dit Arnobe, que ce qui est simple et immortel ne peut connaître aucune douleur [1] ?

Nous concevons, dit saint Jean de Damas, des êtres incorporels et invisibles de deux façons, les uns par essence, les autres par grâce; les uns comme incorporels par nature, les autres comme ne l'étant que relativement et par comparaison avec la grossièreté de la matière. Ainsi, Dieu est incorporel par nature; quant aux anges, aux démons et aux ames (*humaines*), on ne les appelle incorporels que par grâce, et en les comparant à la grossièreté de la matière [2].

Je pourrais multiplier à l'infini ces citations; toutes prouveraient que la matérialité de l'ame était, dans les premiers siècles, une opinion non-seulement admise, mais dominante.

L'Église cependant tendait visiblement à en sortir. Les pères font un effort continuel pour se représenter l'ame autrement que comme matérielle. La phrase que je viens de citer de saint Jean de Damas en est déjà une preuve; vous voyez qu'il établit, entre les êtres matériels, une certaine distinction. Les pères philosophes entrent dans la même voie, et tentent d'y marcher plus avant. Origène, par exemple, s'étonne que l'ame matérielle puisse avoir des idées de choses immatérielles, et arriver à une vraie science : il en conclut qu'elle possède une certaine immatérialité relative, c'est-à-dire que, matérielle par rapport à Dieu, seul être vraiment spirituel, elle ne l'est pas par rapport aux choses de la terre, aux corps visibles et grossiers [3].

Tel avait été le cours des idées au sein de la

---

[1] Arnobe, *adversus Gentes*, l. 2.
[2] Saint Jean de Damas, *de orthodoxa Fide*, l. II, c. 3, 12.
[3] Origène, *de Principiis*, l. I, c. 1; l. II, c. 2.

philosophie païenne; dans ses premiers essais domine aussi la croyance à la matérialité de l'ame, et en même temps un certain effort progressif pour concevoir l'ame sous un aspect plus élevé, plus pur : les uns en font un air, un souffle ; les autres veulent que ce soit un feu ; tous travaillent à épurer, à raffiner, à spiritualiser la matière, dans l'espoir d'arriver au but où ils aspirent. Le même désir, la même tendance, existaient dans l'Église chrétienne; cependant l'idée de la matérialité de l'ame était plus générale parmi les docteurs chrétiens du 1er au ive siècle, que parmi les philosophes païens à la même époque. C'est contre les philosophes païens, et au nom d'un intérêt religieux, que certains pères soutiennent cette doctrine; ils veulent que l'ame soit matérielle pour qu'elle puisse être récompensée ou punie, pour qu'en passant à une autre vie elle se trouve dans un état analogue à celui où elle a été sur la terre; enfin, pour qu'elle n'oublie point combien elle est inférieure à Dieu, et ne soit jamais tentée de s'égaler à lui.

A la fin du ive siècle, une sorte de révolution s'opère, sur ce point, dans le sein de l'Église; la doctrine de l'immatérialité de l'ame, de la différence originelle et essentielle des deux substances, y apparaît, sinon pour la première fois, du moins bien plus positivement, bien plus précisément qu'il n'était arrivé jusque alors. Elle est professée et soutenue : 1° en Afrique, par saint Augustin dans son traité *de quantitate Animæ* ; 2° en Asie, par Némésius, évêque d'Émèse, qui a écrit un ouvrage très-remarquable *sur la nature de l'homme* (περὶ φύσεος ἀνθρώπου); 3° en Gaule, par Mamert Claudien, *de natura Animæ*. Renfermés dans l'histoire de la civilisation gauloise, ce dernier est le seul dont nous ayons à nous occuper.

Voici à quelle occasion il fut écrit. Un homme qui vous est déjà connu, Fauste, évêque de Riez, exerçait, dans l'Église gauloise, une grande influence; né Breton comme Pélage, il était venu, on ne sait pourquoi, dans le midi de la Gaule; il se fit moine dans l'abbaye de Lérins, et en 433 il en devint abbé. Il y institua une grande école, où il recevait les enfants des parents riches, et les faisait élever, leur enseignant toutes les sciences du temps. Il s'entretenait souvent, avec ses moines, de questions philosophiques, et était remarquable, à ce qu'il paraît, par son talent d'improvisation. Vers 462, il devint évêque de Riez. Je vous ai parlé de la part qu'il prit à l'hérésie semi-pélagienne, et de son livre contre les prédestinatiens. C'était un esprit actif, indépendant, un peu brouillon, et toujours empressé à se mêler de toutes les querelles qui s'élevaient. On ne sait quelle circonstance appela son attention sur la nature de l'ame : il en traite à la fin d'une longue lettre philosophique adressée à un évêque, et où plusieurs autres questions sont débattues; il se déclare pour la matérialité, et rédige ainsi ses principaux arguments :

1° Autres sont les choses invisibles, autres les choses incorporelles;
2° Tout ce qui est créé est matière, saisissable par le Créateur, et corporel;

3° L'ame occupe un lieu : 1° elle est enfermée dans un corps ; 2° elle n'est point partout où se porte sa pensée ; 3° elle n'est du moins que là où se porte sa pensée ; 4° elle est distincte de ses pensées qui varient et passent, tandis qu'elle est permanente et identique ; 5° elle sort du corps à la mort, et y rentre par la résurrection ; témoin, Lazare ; 6° la distinction de l'enfer et du paradis, des peines et des récompenses éternelles, prouve que, même après la mort, les ames occupent un lieu et sont corporelles.

4° Dieu seul est incorporel, parce qu'il est insaisissable et partout répandu [1].

Ces propositions, présentées d'une manière ferme et précise, sont, du reste, très-peu développées ; et quand l'auteur entre dans quelques détails, il les emprunte, en général, à la théologie, aux récits et à l'autorité des livres saints.

La lettre de Fauste circula sans porter son nom, et fit quelque bruit. Mamert Claudien, frère de saint Mamert, évêque de Vienne, et prêtre lui-même dans cette église, lui répondit par son traité *de natura Animœ*, ouvrage bien plus considérable que celui qu'il réfute. Mamert Claudien était, à cette époque, le philosophe le plus savant et le plus considéré de la Gaule méridionale : pour vous donner la mesure de sa réputation, je vous lirai une lettre de Sidoine Apollinaire, écrite, peu après la mort du philosophe, à son neveu Pétréius : elle porte le caractère ordinaire des lettres de Sidoine ; tout l'effort, toute la puérilité du bel esprit s'y mêlent à des sentiments vrais et à des faits curieux.

---

[1] Je me suis servi du texte de la lettre de Fauste, insérée dans l'édition du traité *de natura Animæ*, de Mamert Claudien, publiée avec des notes d'André Schott et de Gaspard Barth, à Zuickaw, en 1655.

Sidoine à son cher Pétréius[1], Salut [2].

Je suis désolé de la perte que vient de faire notre siècle, par la mort toute récente de ton oncle Claudien, enlevé à nos yeux, qui ne verront plus désormais, je le crains, aucun homme pareil. Il était en effet plein de sagesse et de prudence, docte, éloquent, ingénieux, et le plus spirituel des hommes de son temps, de son pays, de sa nation. Il ne cessa d'être philosophe, sans jamais offenser la religion; et quoiqu'il ne s'amusât point à faire croître ses cheveux ni sa barbe, quoiqu'il se moquât du manteau et du bâton des philosophes, quoiqu'il allât même quelquefois jusqu'à les détester, il ne se séparait cependant que par l'extérieur et la foi de ses amis les platoniciens. Dieu de bonté, quelle fortune toutes les fois que nous nous rendions auprès de lui pour le consulter! comme tout à coup il se donnait tout entier à tous, sans hésitation et sans dédain, trouvant son plus grand plaisir à ouvrir les trésors de sa science, lorsqu'on venait à rencontrer les difficultés de quelque question insoluble! Alors, si nous étions assis en grand nombre autour de lui, il nous imposait à tous le devoir d'écouter, n'accordant qu'à un seul, celui que peut-être nous eussions choisi nous-mêmes, le droit de parler; puis il nous exposait les richesses de sa doctrine, lentement, successivement, dans un ordre parfait, sans le moindre artifice de geste ni de langage. Dès qu'il avait parlé, nous lui opposions nos objections en syllogismes : mais il réfutait toutes les propositions hasardées de chacun; et ainsi rien n'était admis sans avoir été mûrement examiné et démontré. Mais ce qui excitait en nous le plus grand respect, c'est qu'il supportait toujours, sans la moindre humeur, la paresseuse obstination de quelques uns; c'était, à ses yeux, un tort excusable, et nous admirions sa patience sans savoir cependant l'imiter. Qui aurait pu craindre de consulter, sur les questions difficiles, un homme qui ne se refusait à aucune discussion, ne repoussait aucune question, pas même de la part de gens idiots et ignorants? C'en est assez sur ses études et sa science; mais qui pourrait louer dignement et convenablement les autres vertus de cet homme qui, se souvenant toujours des faiblesses de l'humanité, assistait les clercs de son travail, le peuple de ses discours, les affligés de ses exhortations, les délaissés de ses consolations, les prisonniers de son argent, ceux qui avaient faim en leur donnant à manger, ceux qui étaient nus en les couvrant de vêtements? Il serait, je pense, également superflu d'en dire davantage à ce sujet....

Voici ce que nous avions voulu dire d'abord : en l'honneur de cette

---

[1] Fils de la sœur de Mamert Claudien.
[2] Liv. iv, lett. 11.

cendre ingrate, comme dit Virgile, c'est-à-dire qui ne saurait nous rendre grâces, nous avons composé une triste et lamentable complainte, non sans beaucoup de peine, car n'ayant rien dicté depuis longtemps, nous y avons trouvé plus de difficulté : toutefois notre esprit, naturellement paresseux, a été ranimé par une douleur qui avait besoin de se répandre en larmes. Voici donc ces vers :

« Sous ce gazon repose Claudien, l'orgueil et la douleur de son frère
» Mamert, honoré comme une pierre précieuse de tous les évêques. En
» ce maître brilla une triple science, celle de Rome, celle d'Athènes et
» celle du Christ; et dans la vigueur de son âge, simple moine, il l'a-
» vait conquise tout entière et en secret. Orateur, dialecticien, poëte,
» savant docteur dans les livres sacrés; géomètre et musicien, il excel-
» lait à délier les nœuds des questions les plus difficiles, et à frapper
» du glaive de la parole les sectes qui attaquaient la foi catholique. Ha-
» bile à moduler les psaumes et à chanter, en présence des autels et à
» la grande reconnaissance de son frère, il enseigna à faire résonner
» les instruments de musique. Il régla, pour les fêtes solennelles de l'an-
» née, ce qui devait être lu en chaque circonstance. Il fut prêtre du se-
» cond ordre, et soulagea son frère du fardeau de l'épiscopat; car ce-
» lui-ci en portait les insignes, et lui tout le travail. Toi donc, ami
» lecteur, qui t'affliges comme s'il ne restait plus rien d'un tel homme,
» qui que tu sois, cesse d'arroser de larmes tes joues et ce marbre;
» l'âme et la gloire ne sauraient être ensevelies dans un tombeau. »

Voilà les vers que j'ai gravés sur les restes de celui qui fut notre frère à tous......

C'était à Sidoine que Mamert Claudien avait dédié son ouvrage.

Il est divisé en trois livres. Le premier est le seul qui soit vraiment philosophique : la question y est examinée en elle-même, indépendamment de tout fait spécial, de toute autorité et sous un point de vue purement rationnel. Dans le second, l'auteur invoque à son aide des autorités, d'abord celle des philosophes grecs, ensuite celle des philosophes romains, enfin les livres sacrés, l'Évangile, saint Paul, et les pères de l'Église. Le troisième livre a surtout pour objet d'expliquer, dans le système de la spiritualité de l'ame, certains événements, certaines traditions de la religion chrétienne, par exemple, la résurrection de Lazare, l'existence des anges, l'apparition de l'ange Gabriel à la vierge Marie, et de montrer que, loin de les contredire ou d'en être embarrassé, ce système les admet et en rend compte au moins aussi bien que tout autre.

La classification n'est pas aussi rigoureuse que je viens de le dire; les idées et les arguments sont souvent mêlés; la discussion philosophique reparaît çà et là dans les livres qui n'y sont pas consacrés : cependant, à tout prendre, l'ouvrage ne manque ni de méthode, ni de précision.

J'en vais mettre sous vos yeux le résumé tel que l'a rédigé Mamert Claudien lui-même, en dix thèses ou propositions fondamentales, dans l'avant-dernier chapitre du troisième livre. J'en traduirai ensuite littéralement quelques passages qui vous feront connaître, d'une part, à quelle profondeur et avec quelle force d'esprit l'auteur avait pénétré dans la question, de l'autre, quelles bizarres et absurdes conceptions pouvaient s'allier, à cette époque, aux idées les plus élevées et les plus justes.

Comme beaucoup des choses que j'ai énoncées dans ce débat, dit Mamert Claudien, sont éparses et pourraient ne pas être retenues facilement, je les veux rapprocher, resserrer, et placer, pour ainsi dire, en un seul point, sous les yeux de l'esprit :

1° Dieu est incorporel; l'ame humaine est l'image de Dieu, car l'homme a été fait à l'image et ressemblance de Dieu. Or un corps ne peut être l'image d'un être incorporel; donc l'ame humaine, qui est l'image de Dieu, est incorporelle.

2° Tout ce qui n'occupe pas un lieu déterminé est incorporel. Or l'ame est la vie du corps; et, dans le corps vivant, chaque partie vit autant que le corps entier. Il y a donc, dans chaque partie du corps, autant de vie que dans le corps entier, et l'ame est cette vie. Ce qui est aussi grand dans la partie que dans le tout, et dans un petit espace que dans un grand, n'occupe point de lieu ; donc l'ame n'occupe point de lieu. Ce qui n'occupe point de lieu n'est pas corporel ; donc l'ame n'est pas corporelle.

3° L'ame raisonne, et la faculté de raisonner est inhérente à la substance de l'ame. Or la raison est incorporelle, et ne tient point de place dans l'espace ; donc l'ame est incorporelle.

4° La volonté de l'ame est sa substance même, et quand l'ame veut, elle est toute volonté. Or la volonté n'est pas un corps ; donc l'ame n'est pas un corps.

5° De même la mémoire est une capacité qui n'a rien de local ; elle ne s'élargit pas pour se souvenir de plus de choses ; elle ne se rétrécit pas quand elle se souvient de moins de choses ; elle se souvient immatériellement même des choses matérielles. Et quand l'ame se souvient, elle se souvient tout entière ; elle est tout souvenir. Or le souvenir n'est pas un corps ; donc l'ame n'est pas un corps.

6° Le corps sent l'impression du tact dans la partie où il est touché ; l'ame tout entière sent l'impression, non par le corps tout entier, mais par une partie du corps. Une sensation de ce genre n'a rien de local ; or ce qui n'a rien de local est incorporel ; donc l'ame est incorporelle.

7° Le corps ne s'approche ni ne s'éloigne de Dieu, l'ame s'en approche et s'en éloigne sans changer de place ; donc l'ame n'est pas un corps.

8° Le corps se meut à travers un lieu, d'un lieu à un autre ; l'ame n'a point de mouvement semblable ; donc l'ame n'est point corps.

9° Le corps a longueur, largeur et profondeur ; et ce qui n'a ni longueur, ni largeur, ni profondeur, n'est point corps. L'ame n'a rien de pareil ; donc elle n'est point corps.

10° Il y a, dans tout corps, la droite, la gauche, le haut, le bas, le devant, le derrière ; il n'y a, dans l'ame, rien de semblable ; donc l'ame est incorporelle [1].

Voici quelques uns des principaux développements apportés à l'appui de ces propositions :

I.

Tu dis qu'autre chose est l'ame, autre chose la pensée de l'ame : tu

---

[1] Liv. III, ch. 14, p. 201-202.

devrais plutôt dire que les choses auxquelles pense l'ame..... ne sont l'ame ; mais la pensée n'est pas autre chose que l'ame elle-même. L'ame, dis-tu, se repose à ce point qu'elle ne pense rien du tout. Cela n'est pas vrai ; l'ame peut changer de pensée, mais non pas ne pas penser du tout. Que signifient nos rêves, sinon que, même lorsque le corps est fatigué et plongé dans le sommeil, l'ame ne cesse pas de penser? Ce qui te trompe grandement sur l'état de l'ame, c'est que tu crois qu'autre chose est l'ame, autre chose sont ses facultés. Ce que l'ame pense est un accident, mais ce qui pense est la substance même de l'ame [1].

II.

L'ame voit par l'entremise du corps ce qui est corporel, et par elle-même ce qui est incorporel. Sans l'entremise du corps, elle ne voit rien de ce qui est corporel, coloré, étendu ; mais elle voit la vérité, et la voit d'une vue immatérielle... Si, comme tu le prétends, l'ame, corporelle elle-même et enfermée dans un corps extérieur, peut voir par elle-même un objet corporel, rien ne lui est, à coup sûr, plus facile à voir que l'intérieur de ce corps où elle est enfermée. Eh bien, allons, dispose-toi, mets-toi tout entier à l'œuvre ; dirige, sur tes entrailles et sur toutes les parties de ton corps, cette vue corporelle de l'ame, comme tu l'appelles ; dis-nous comment est disposé le cerveau, où repose la masse du foie ; comment tient la rate...., quels sont les détours et la contexture des veines, les origines des nerfs..... Quoi donc ! tu nies que tu sois obligé de répondre sur de telles choses : et pourquoi le nies-tu ? Parce que l'ame ne peut voir directement et par elle-même les choses corporelles. Pourquoi donc ne le peut-elle pas, elle qui n'est jamais sans penser, c'est-à-dire sans voir ? Parce que nul ne peut voir, sans l'entremise de la vue corporelle, les objets corporels. Or, l'ame qui voit par elle-même certaines choses, mais non les choses corporelles, voit donc d'une vue incorporelle : or, un être incorporel peut seul voir d'une vue incorporelle ; donc l'ame est incorporelle [2].

III.

Si l'ame est corps, qu'est-ce donc que l'ame appelle son corps, sinon elle-même ? Ou l'ame est corps, et dans ce cas elle a tort de dire *mon corps*, elle devrait bien plutôt dire *moi*, puisque c'est là elle-même ; ou si l'ame a raison de dire *mon corps*, comme nous le pensons, elle n'est pas corps [3].

[1] Liv. I, ch. 24, p. 83.
[2] Liv. III, chap. 9, p. 187-188.
[3] Liv. I, ch. 16, p. 53.

IV.

Ce n'est pas sans raison qu'on dit que la mémoire est commune aux hommes et aux animaux : les cigognes et les hirondelles reviennent à leur nid, les chevaux à leur écurie ; les chiens reconnaissent leur maître. Mais comme l'ame des animaux, quoiqu'elle retienne l'image des lieux, n'a pas la connaissance de son être propre, ils demeurent bornés au souvenir des objets corporels qu'ils ont connus par les sens du corps; et, privés de l'œil de l'esprit, ils ne sauraient voir, non-seulement ce qui est au-dessus d'eux, mais eux-mêmes [1].

V.

On nous adresse un syllogisme formidable et qu'on croit insoluble ; l'ame, nous dit-on, est où elle est, et n'est pas où elle n'est pas. On espère nous faire dire, soit qu'elle est partout, soit qu'elle n'est nulle part : car alors, pense-t-on, si elle était partout, elle serait Dieu ; si elle n'était nulle part, elle ne serait pas. L'ame n'est point tout entière dans le monde entier ; mais de même que Dieu est tout entier dans tout l'univers, de même l'ame est tout entière dans tout le corps. Dieu ne remplit point, de la plus petite partie de lui-même, la plus petite partie du monde, et de la plus grande, la plus grande ; il est tout entier dans chaque partie, et tout entier dans le tout; de même l'ame ne réside point, par parties, dans les diverses parties du corps ; ce n'est point une partie de l'ame qui sent par l'œil et une autre qui anime le doigt : l'ame tout entière vit dans l'œil, et voit par l'œil ; l'ame tout entière anime le doigt et sent par le doigt [2].

VI.

L'ame qui sent dans le corps, quoiqu'elle sente par des organes visibles, sent invisiblement. Autre chose est l'œil, autre chose la vue ; autre chose sont les oreilles, autre chose l'ouïe ; autre chose les narines, autre l'odorat ; autre chose la bouche, autre le goût ; autre chose la main, autre le tact. Nous distinguons par le tact ce qui est chaud ou froid, mais nous ne touchons pas la sensation du tact, et elle n'est ni chaude, ni froide. Autre est l'organe par lequel nous sentons, et la sensation que nous sentons [3].

A coup sûr, Messieurs, ni l'élévation, ni la pro-

---

[1] Liv. I, ch. 21, p. 65.
[2] Liv. III, ch. 2, p. 164.
[3] Liv. I, ch. 6, p. 31.

fondeur ne manquent à ces idées; elles feraient honneur à tous les philosophes de tous les temps; et rarement la nature propre de l'ame, et son unité, ont été vues de plus près et décrites avec plus de précision. Je pourrais citer beaucoup d'autres passages remarquables, soit par la finesse des aperçus, soit par l'énergie de la discussion, quelquefois même par une profonde émotion morale et une véritable éloquence.

Eh bien! voici deux paragraphes qui sont du même homme, du même temps, dans le même livre. Mamert Claudien répond à l'argument de Fauste, qui veut que l'ame soit formée de l'air : il raisonne dans l'ancienne théorie, qui considérait l'air, le feu, la terre et l'eau, comme les quatre éléments essentiels de la nature :

> Le feu, dit-il, est évidemment un élément supérieur à l'air, tant par la place qu'il occupe que par sa puissance. C'est ce que prouve le mouvement du feu terrestre, qui, avec une rapidité presque incompréhensible, et par son élan naturel, remonte vers le ciel comme vers sa patrie. Si cette preuve ne suffisait pas, en voici une autre : l'air s'éclaire par la présence du soleil, c'est-à-dire du feu, et tombe dans les ténèbres par son absence. Et ce qui est une raison encore plus puissante, c'est que l'air subit l'action du feu et se réchauffe, tandis que le feu ne subit point l'action de l'air, et n'en est point refroidi. L'air peut être enfermé et retenu dans des vases; le feu, jamais. La prééminence du feu est donc clairement incontestable. Or, c'est du feu (de sa lumière) que nous vient la faculté de la vue, faculté commune à l'homme et aux animaux, et dans laquelle même certains animaux irraisonnables surpassent l'homme en énergie et en finesse. Si donc, comme on ne peut le nier, la vue vient du feu, et si l'ame comme tu le penses, est faite de l'air, il s'ensuit que l'œil de l'animal est, quant à sa substance, supérieur en dignité à l'ame de l'homme [1].

[1] Liv. 1, ch. 9, p. 38.

Cette confusion savante des faits matériels et des faits intellectuels, cette tentative d'établir je ne sais quelle hiérarchie de mérite et de rang entre les éléments, pour en déduire des conséquences philosophiques, ne rappellent-elles pas l'enfance de la science et des méditations de l'esprit humain ?

Voici en faveur de l'immatérialité de l'ame un autre argument qui ne vaut pas mieux, quoique moins bizarre en apparence :

> Tout être incorporel est supérieur, en dignité de nature, à un être corporel ; tout être non resserré dans un certain espace, à un être localisé ; tout être indivisible, à un être divisible. Or, si le Créateur souverainement puissant et souverainement bon n'a pas créé, comme il devait le faire, une substance supérieure au corps et semblable à lui, c'est qu'il n'a pas voulu ou qu'il n'a pas pu. S'il a voulu et n'a pas pu, la toute-puissance lui a manqué ; s'il a pu et n'a pas voulu (pensée qui, à elle seule, est un crime), ce ne peut être que par jalousie. Or, il ne se peut que la souveraine puissance ne puisse pas, ni que la souveraine bonté soit jalouse. Donc il a pu et voulu créer l'être incorporel ; donc il l'a créé [1].

Avais-je tort tout à l'heure, Messieurs, en vous parlant de ces étranges rapprochements, de ce mélange de hautes vérités et d'erreurs grossières, de vues admirables et de conceptions ridicules, qui caractérise les écrits de cette époque ? Encore celui de Mamert Claudien est-il un de ceux où de tels contrastes sont le plus rares.

Vous en connaissez maintenant assez pour en apprécier le caractère : pris dans son ensemble, c'est un ouvrage plus philosophique que théologique, et dans lequel cependant le principe religieux

---

[1] Liv. I, ch. 5, p. 26.

domine. Je dis que le principe religieux y domine, car l'idée de Dieu est le point de départ de toute la discussion : l'auteur ne commence point par observer et décrire les faits humains, spéciaux, actuels, pour remonter progressivement à la Divinité : Dieu est pour lui le fait primitif, universel, évident, la donnée fondamentale à laquelle se rapportent et doivent se coordonner toutes choses ; il descend toujours de Dieu à l'homme, et de la nature divine déduit la nôtre. C'est bien évidemment à la religion, non à la science, qu'il emprunte cette méthode. Mais ce point cardinal une fois établi, ce procédé logique une fois convenu, c'est dans la philosophie qu'il puise, en général, et ses idées et sa façon de les exposer; son langage est celui de l'école, non de l'Église; il en appelle à la raison, non à la foi; on sent en lui, tantôt l'académicien, tantôt le stoïcien, plus souvent le platonicien, mais toujours le philosophe, nullement le prêtre, quoique le chrétien ne disparaisse jamais.

Ainsi éclate, Messieurs, le fait que j'ai indiqué en commençant, la fusion de la philosophie païenne et de la théologie chrétienne, la métamorphose de l'une dans l'autre. Et il y a ceci de remarquable, que l'argumentation destinée à établir la spiritualité de l'âme vient évidemment de l'ancienne philosophie plus que du christianisme, et que l'auteur semble surtout s'appliquer à convaincre les théologiens, en leur prouvant que la foi chrétienne n'a rien en ceci qui ne se concilie à merveille avec les résultats auxquels conduit la raison.

Cette transition de la philosophie ancienne à la théologie moderne devrait être encore plus visible, plus fortement empreinte dans le dialogue du chrétien Zachée et du philosophe Apollonius, par le moine Évagre : là, en effet, les deux doctrines, les deux sociétés sont directement en présence, et appelées à débattre leurs mérites. Mais le débat n'est qu'apparent, et n'existe au fait que sur le titre. Je ne connais rien qui prouve plus évidemment à quel point le paganisme était mort dans l'esprit des peuples à cette époque. Le philosophe Apollonius ouvre le dialogue d'un ton arrogant, comme tout prêt à pulvériser le chrétien, et méprisant d'avance les arguments qu'on pourra lui présenter [1] :

> Si tu examines avec soin, lui dit-il, tu verras que toutes les religions et tous les rites sacrés ont des origines raisonnables ; mais votre croyance est tellement vaine et irrationnelle, qu'elle me semble ne pouvoir être admise que par folie.

Mais cet orgueil est stérile : dans tout le cours du dialogue, Apollonius ne met pas en avant un argument, une idée ; il ne prouve rien, ne répond à rien ; il ne parle que pour provoquer les discours de Zachée, qui de son côté ne s'inquiète en aucune façon du paganisme, ni de la philosophie de son adversaire, ne les réfute point, y fait à peine çà et là quelques allusions, et ne songe qu'à raconter l'histoire et la foi chrétienne, à en faire ressortir l'ensemble et l'autorité. Sans doute le livre est l'ou-

---

[1] Dialogue entre Zachée et Apollonius, dans le *Spicilége* de d'Achery, t. x, p. 3.

vrage d'un chrétien, et le silence qu'il fait tenir à son philosophe ne prouve pas que les philosophes se tussent en effet. Mais tel n'est point le caractère des premiers débats du christianisme avec la philosophie ancienne, lorsque celle-ci était encore vivante et puissante : il tenait compte alors des arguments de ses adversaires; il en parlait, il les réfutait ; la controverse était réelle et animée. Ici il n'y a plus de controverse; le chrétien endoctrine, catéchise le philosophe, et ne croit pas lui devoir rien de plus.

Il lui fait même une concession, et lui accorde une faveur en prenant pour lui cette peine; la discussion avec les païens était alors une sorte de luxe dont les chrétiens ne croyaient plus avoir besoin :

> Beaucoup de personnes, dit Évagre dans la préface de son livre, pensent qu'il faut mépriser plutôt que réfuter toutes les objections des Gentils, tant elles sont vaines et vides de vraie sagesse; mais il y a, je pense, dans un tel mépris, un orgueil inutile, et je trouve, à instruire les Gentils, un double bien : d'abord, on montre à tous à quel point notre religion est sainte et simple ; de plus, instruits de la sorte, ils en viennent à croire ce qu'ils méprisaient sans le connaître..... D'ailleurs, en approchant le flambeau des yeux des aveugles, s'ils n'en voient pas la lumière, ils en sentent du moins la chaleur.

Cette dernière phrase est belle, et exprime un sentiment plein de sympathie.

Un seul point me paraît remarquable dans ce dialogue : c'est que la question se pose nettement entre le rationalisme et la révélation chrétienne; non que la discussion soit plus réelle et plus étendue à ce sujet que sur tout autre : c'est dans quelques phrases seulement que se manifeste cette idée; mais elle est évidemment au fond de tous les esprits, et forme en quelque sorte le dernier retranchement où se défende encore la philosophie. Vous venez de voir qu'Apollonius reproche surtout à la doctrine chrétienne d'être irrationnelle ; Zachée lui répond :

> Il est aisé à chacun d'entendre et d'apprendre de Dieu, si tant est que quelqu'un des enseignements divins puisse convenir à votre sagesse... car c'est votre décision que le sage ne croit rien, ne se trompe point, mais sait toutes choses par lui-même, et n'admet pas que rien soit caché ni ignoré, ni que rien soit plus possible au Créateur qu'à la créature. Et c'est surtout contre les chrétiens que vous adoptez ce mode de raisonnement [1].

Et ailleurs :

> L'intelligence suit la foi, et l'esprit humain ne connaît que par la foi les choses élevées, et qui touchent à Dieu [2].

Ce serait une curieuse étude que celle de l'état du rationalisme à cette époque, des causes de sa ruine, et de ses efforts, de ses transformations pour y échapper : mais elle nous mènerait beaucoup trop loin, et d'ailleurs ce n'est pas dans la Gaule que la grande lutte du rationalisme et du christianisme s'est passée.

Le second dialogue d'Évagre, entre le chrétien Théophile et le juif Simon, est sans aucune importance : il ne contient que des explications, des commentaires, une menue controverse, pour ainsi dire, sur quelques textes des livres saints.

---

[1] Pag. 3.
[2] Pag. 9.

Je pourrais citer et extraire devant vous un grand nombre d'autres ouvrages du même temps et du même genre. J'ai choisi les plus remarquables, les plus caractéristiques, les plus propres à faire bien connaître l'état des esprits à cette époque, et leur activité. Elle était grande, exclusivement concentrée, il est vrai, dans la société religieuse ; ce que l'ancienne philosophie conservait de force et de vie passait au service des chrétiens ; c'était sous la forme religieuse, et au sein même du christianisme, que se reproduisaient les idées, les écoles, toute la science des philosophes ; mais à cette condition elles occupaient encore les esprits, et jouaient, dans l'état moral de la société nouvelle, un rôle important.

C'est là le mouvement que vinrent arrêter l'invasion des Barbares et la chute de l'Empire romain : cent ans plus tard, on ne trouve plus aucune trace de ce que je viens de mettre sous vos yeux ; ces discussions, ces voyages, ces correspondances, ces pamphlets, toute cette activité intellectuelle de la Gaule au viie siècle, il n'en est plus question.

La perte fut-elle grande ? l'invasion des Barbares étouffa-t-elle un mouvement important et fécond ? J'en doute fort. Rappelez-vous, je vous prie, ce que j'ai eu l'honneur de vous dire sur le caractère essentiellement pratique du christianisme ; le progrès intellectuel, la science proprement dite, n'était point son but ; et bien qu'il se rattachât, sur plusieurs points, à l'ancienne philosophie, bien qu'il sût s'approprier ses idées et en tirer bon parti, il ne s'inquiétait guère de la continuer, ni de la remplacer : changer les mœurs, gouverner la vie, telle était la pensée dominante de ses chefs.

De plus, malgré la liberté d'esprit qui régnait en fait, au ve siècle, dans la société religieuse, le principe de la liberté n'y était point en progrès; c'était au contraire le principe de l'autorité, de la domination officielle des intelligences, par une règle générale et fixe, qui tendait à prévaloir. Encore réelle et forte, la liberté intellectuelle était pourtant en décadence : l'avenir appartenait à l'autorité. Le fait est évident, les écrits du temps le prouvent à chaque page. Tel était, d'ailleurs, le résultat presque nécessaire de la nature de la réforme chrétienne; plus morale que scientifique, elle se proposait surtout d'établir une loi, de régir les volontés; c'était donc surtout d'autorité qu'elle avait besoin; l'autorité, dans un pareil état de mœurs, était son plus sûr, son plus efficace moyen.

Or, Messieurs, ce que l'invasion des Barbares et la chute de l'Empire romain arrêtèrent surtout, détruisirent même, ce fut le mouvement intellectuel; ce qui restait de science, de philosophie, de liberté d'esprit au ve siècle, disparut sous leurs coups. Mais le mouvement moral, la réforme pratique du christianisme, et l'établissement officiel de son autorité sur les peuples, n'en furent point frappés; peut-être même y gagnèrent-ils, au lieu d'y perdre : c'est du moins, je crois, ce que l'histoire de notre civilisation, à mesure que nous avancerons dans son cours, nous permettra de conjecturer.

L'invasion des Barbares ne tua donc point ce qui avait vie ; au fond, l'activité et la liberté intellectuelles étaient en décadence ; tout porte à croire qu'elles se seraient arrêtées d'elles-mêmes ; les Barbares les arrêtèrent plus rudement et plus tôt. C'est là, je crois, tout ce qu'on peut leur imputer.

Nous voici arrivés, Messieurs, dans les limites du moins où nous devons nous renfermer, au terme du tableau de la société romaine en Gaule au moment où elle est tombée : nous la connaissons, sinon complétement, du moins sous ses traits essentiels. Pour nous bien préparer à comprendre la société qui lui succéda, nous avons maintenant à étudier l'élément nouveau qui vint s'y mêler, les Barbares. Leur état avant l'invasion, avant qu'ils fussent venus bouleverser la société romaine, et changer eux-mêmes sous son influence, tel sera l'objet de notre prochaine réunion.

SEPTIÈME LEÇON.

Objet de la leçon. — De l'élément germanique dans la civilisation moderne. — Des monuments de l'ancien état social des Germains. — 1° Des historiens romains et grecs ; 2° des lois barbares ; 3° des traditions nationales. — Ils se rapportent à des époques fort diverses. — On les a souvent employés pêle-mêle. — Erreur qui en résulte. — De l'ouvrage de Tacite sur les mœurs des Germains. — Des opinions des écrivains allemands modernes sur l'ancienne société germanique. — Quel genre de vie y prévalait, la vie errante ou la vie sédentaire ? — Des institutions. — De l'état moral. — Comparaison entre l'état des tribus germaines et celui d'autres peuplades. — Fausseté de la plupart des tableaux de la vie barbare. — Principaux caractères de la véritable influence des Germains sur la civilisation moderne.

Messieurs,

Nous abordons successivement les diverses sources de notre civilisation. Nous avons déjà étudié, d'une part, ce qu'on peut appeler l'élément romain, la société civile romaine ; de l'autre, l'élément chrétien, la société religieuse. Considérons aujourd'hui l'élément barbare, la société germanique.

Les opinions sont fort diverses sur l'importance de cet élément, sur le rôle et la part des Germains dans la civilisation moderne ; les préjugés de nation, de situation, de classe, ont modifié l'idée que chacun s'en est faite. Les historiens allemands, les publicistes féodaux, M. de Boulainvilliers, par exemple, ont, en général, attribué aux Barbares une influence très-étendue : les publicistes bourgeois, comme l'abbé Dubos, l'ont, au contraire, fort réduite, pour faire à la société romaine une bien plus large part; au dire des ecclésiastiques, c'est à l'Église que la civilisation moderne est le plus redevable. Quelquefois les doctrines politiques ont seules déterminé l'opinion de l'écrivain : l'abbé de Mably, tout dévoué qu'il est à la cause populaire, et malgré son antipathie pour le régime féodal, insiste fortement sur les origines germaniques, parce qu'il croit y voir plus d'institutions et de principes de liberté que partout ailleurs. Je n'ai garde, Messieurs, de traiter aujourd'hui cette question ; nous la traiterons, elle se résoudra à mesure que nous avancerons dans l'histoire de la civilisation française : nous verrons, d'époque en époque, quel rôle y a joué chacun de ses éléments primitifs, ce que chacun a apporté et reçu dans leur combinaison. Je me bornerai à énoncer d'avance les deux résultats auxquels nous conduira, je crois, cette étude : le premier, qu'on a fait, en général, la part de l'élément barbare, dans la civilisation moderne, beaucoup trop grande; le second, qu'on ne lui a pas fait sa part véritable : on a attribué aux Germains, à leurs institutions, à leurs mœurs, trop d'influence sur notre société ; on ne leur a pas attribué celle qu'ils ont réellement exercée; nous ne leur devons pas tout ce qu'on réclame en leur nom ; nous leur devons ce qui ne semble pas venir d'eux.

En attendant que ce double résultat sorte, sous nos yeux, du développement progressif des faits, la première condition pour apprécier avec vérité la part de l'élément germanique dans notre civilisation, c'est de bien connaître ce qu'étaient réellement les Germains au moment où elle a commencé, où ils ont eux-mêmes concouru à sa formation; c'est-à-dire avant leur invasion et leur établissement sur le territoire romain, quand ils habitaient encore la Germanie, dans les IIIe et IVe siècles. Par là seulement nous pourrons nous former une idée exacte de ce qu'ils ont apporté dans l'œuvre commune, et démêler quels faits sont vraiment d'origine germanique.

Cette étude est difficile. Les monuments où nous pouvons étudier les Barbares avant l'invasion sont de trois sortes : 1° les écrivains grecs ou romains qui les ont connus et décrits depuis leur première apparition dans l'histoire jusqu'à cette époque, c'est-à-dire depuis Polybe, environ cent cinquante ans avant J.-C., jusqu'à Ammien Marcellin, dont l'ouvrage s'arrête à l'an de J.-C. 378. Entre ces deux termes, une foule d'historiens, Tite-Live, César, Strabon, Pomponius Méla, Pline, Tacite, Ptolémée, Plutarque, Florus, Pausanias, etc., nous ont laissé, sur les peuples germains, des renseignements plus ou moins détaillés; 2° les écrits et les documents postérieurs à l'invasion germanique, mais qui rapportent ou révèlent des faits antérieurs : par exemple, plusieurs chroniques, et surtout les lois barbares, salique, visigothe, bourguignonne, etc.; 3° les souvenirs et les traditions nationales des Germains eux-mêmes sur leur destinée et leur état dans les siècles antérieurs à l'invasion, en remontant jusqu'à leur première origine et leur plus ancienne histoire.

Au seul énoncé de ces documents, il est évident qu'ils se rapportent à des temps et à des états extrêmement divers. Les écrivains romains et grecs, par exemple, embrassent un espace de cinq cents ans, pendant lequel la Germanie et ses peuples leur ont apparu sous les points de vue les plus différents. Ils ont commencé à les connaître par des ouï-dire, des récits de voyageurs, quelques relations lointaines et rares. Sont venues ensuite les premières expéditions des Germains errants, surtout celle des Teutons et des Cimbres. Un peu plus tard, à partir de César et d'Auguste, les Romains, à leur tour, ont pénétré en Germanie; leurs armées ont passé le Rhin et le Danube, et vu les Germains sous un nouvel aspect, dans un nouvel état. Enfin, dès le IIIe siècle, les Germains se sont rués sur l'Empire romain, qui, les repoussant et les admettant tour à tour, les a connus bien plus intimement et dans une tout autre situation qu'il n'avait fait jusqu'alors. Qui ne voit que, durant cet intervalle, à travers tant de siècles et d'événements, les Barbares et les écrivains qui les décrivaient, l'objet et le tableau, ont dû prodigieusement varier?

Les documents de la seconde classe sont dans le même cas : les lois barbares ont été rédigées assez longtemps après l'invasion; la loi des Visigoths, dans sa partie la plus ancienne, appartient à la dernière moitié du ve siècle : il se peut que la loi salique ait été écrite une première fois sous Clovis ; mais la rédaction que nous en avons est d'une époque bien postérieure ; la loi des Bourguignons date de l'an 517. Elles sont donc toutes, dans leur forme actuelle, bien plus modernes que la société barbare que nous voulons étudier. Nul doute qu'elles ne contiennent beaucoup de faits, qu'elles ne décrivent souvent un état social antérieur à l'invasion ; nul doute que les Germains, transportés dans la Gaule, n'aient rédigé ainsi leurs anciennes coutumes, leurs anciens rapports. Mais nul doute aussi que, depuis l'invasion, la société germanique ne se fût profondément modifiée, et que ces modifications n'eussent passé dans les lois ; la loi des Visigoths et celle des Bourguignons sont bien plus romaines que barbares ; les trois quarts de leurs dispositions tiennent à des faits qui n'ont pu naître que depuis l'établissement de ces peuples sur le sol romain. La loi salique est plus primitive, plus barbare ; cependant on peut, je crois, prouver que, dans plusieurs parties, entre autres dans ce qui touche à la propriété, elle est souvent d'origine plus récente. Aussi bien donc que les historiens romains, les lois germaines révèlent des temps et des états de société très-divers.

Quant aux documents de la troisième classe, les traditions nationales des Germains, l'évidence est encore plus frappante : ces traditions ont presque toutes pour objet des faits fort antérieurs, et devenus probablement assez étrangers à l'état de ces peuples aux III⁰ et IV⁰ siècles ; des faits qui avaient concouru à produire cet état et pouvaient servir à l'expliquer, mais ne le constituaient plus. Je suppose que pour étudier, il y a cinquante ans, l'état des montagnards de la Haute-Écosse, on eût recueilli leurs traditions encore si vivantes et populaires, et qu'on eût pris les faits qu'elles expriment pour des éléments réels de la société écossaise au XVIII⁰ siècle, à coup sûr l'illusion eût été grande et féconde en étranges méprises. Il en serait de même, et à bien plus forte raison, à l'égard des anciennes traditions germaniques; elles se rapportent à l'histoire primitive des Germains, à leur origine, à leur filiation religieuse, à leurs relations avec une multitude de peuples en Asie, sur les bords de la mer Noire, de la mer Baltique ; à des événements enfin qui avaient puissamment agi sans doute pour amener l'état social des tribus germaines au III⁰ siècle, et dont il faut tenir grand compte, mais qui n'étaient plus alors que des causes, non des faits.

Vous le voyez, Messieurs, tous les monuments qui nous restent sur l'état des Barbares avant l'invasion, quelles que soient leur origine et leur nature, romains ou germains, traditions, chroniques ou lois, nous entretiennent de temps et de faits fort éloignés les uns des autres, et parmi lesquels il est très-difficile de démêler ce qui appartient vraiment aux III⁰ et IV⁰ siècles. C'est, à mon avis, l'erreur fondamentale d'un grand nombre d'écrivains allemands, et quelquefois des plus distingués, de n'avoir pas tenu assez de compte de cette circonstance : pour peindre la société et les mœurs germaines à cette époque, ils puisent souvent pêle-mêle dans les trois sources de documents que je viens d'indiquer, dans les écrivains romains, dans les lois barbares, dans les souvenirs nationaux, sans s'inquiéter de la différence des temps et des situations, sans observer aucune chronologie morale. De là l'incohérence de quelques uns de leurs tableaux, singulier mélange de mythologie, de barbarie et de civilisation naissante, des âges fabuleux, héroïque et semi-politique, sans exactitude et sans ordre aux yeux d'une critique un peu sévère, sans vérité pour l'imagination.

Je m'appliquerai, Messieurs, à éviter cette erreur : c'est de l'état des Germains peu avant l'invasion que je veux vous occuper ; c'est là ce qu'il nous importe de connaître, car c'est là ce qui a été réel et puissant au moment de la fusion des peuples, ce qui a exercé sur la civilisation moderne une véritable influence. Je n'entrerai point dans l'examen des origines et des antiquités germaniques ; je ne chercherai point quels ont été les rapports des Germains avec les peuples et les religions de l'Asie, si leur barbarie était un débris d'une ancienne civilisation, ni quels peuvent être, sous les formes barbares, les traits cachés de cette société originaire. La question est grande et belle ; mais ce n'est point la nôtre, et je ne m'y arrêterai pas. Je voudrais également ne jamais transporter dans l'état des Germains, au delà du Rhin et du Danube, les faits qui appartiennent aux Germains établis sur le sol gaulois. La difficulté est extrême. Bien avant d'avoir passé le Danube ou le Rhin, les Barbares étaient en relation avec Rome; leur condition, leurs mœurs, leurs idées, leurs lois peut-être en avaient déjà subi l'influence. Comment démêler, au milieu de renseignements d'ailleurs si incomplets et si confus, ces premiers résultats de l'importation étrangère? Comment assigner avec précision ce qui était vraiment germanique, et ce qui portait déjà une empreinte romaine? J'y tâcherai; la vérité de l'histoire l'exige absolument.

Le document le plus important que nous possédions sur l'état des Germains, entre l'époque où ils ont commencé à être connus du monde romain et celle où ils l'ont conquis, est sans contredit l'ouvrage de Tacite. Il y faut distinguer avec soin deux choses : d'un côté, les faits que Tacite a recueillis et décrits ; de l'autre, les réflexions qu'il y mêle, la couleur sous laquelle il les présente, le jugement qu'il en porte. Les faits sont exacts : il y a quelques raisons de croire que le père de Tacite, et peut-être lui-même, avait été procurateur de Belgique ; il avait pu recueillir sur la Germanie des renseignements détaillés ; il s'en était occupé avec soin ; les documents postérieurs prouvent presque tous la vérité matérielle de ses récits. Quant à leur couleur morale, Tacite a peint les Germains comme Montaigne et Rousseau les Sauvages, dans un accès d'humeur contre sa patrie : son livre est une satire des mœurs romaines, l'éloquente boutade d'un patriote philosophe qui veut voir la vertu là où il ne rencontre pas la mollesse honteuse et la dépravation savante d'une vieille société. N'allez pas croire cependant que tout soit faux, moralement parlant, dans cette œuvre de colère : l'imagination de Tacite est essentiellement forte et vraie ; quand il veut simplement décrire les mœurs germaines, sans allusion au monde romain, sans comparaison, sans en tirer aucune conséquence générale, il est admirable, et on peut ajouter pleine foi non-seulement au dessin, mais à la couleur du tableau ; jamais la vie barbare n'a été peinte avec plus de vigueur, plus de vérité poétique. C'est seulement quand la pensée de Rome revient à Tacite, quand il parle des Barbares pour en faire honte à ses concitoyens, c'est seulement alors que son imagination perd son indépendance, sa sincérité naturelle, et qu'une couleur fausse se répand sur ses tableaux.

Un grand changement s'opéra sans doute dans l'état des Germains entre la fin du 1ᵉʳ siècle, époque où écrivait Tacite, et les temps voisins de l'invasion ; les fréquentes communications avec Rome ne pouvaient manquer d'exercer sur eux quelque influence, et on a trop souvent négligé d'en tenir compte. Cependant le fond du livre de Tacite était encore vrai à la fin du 1ᵛᵉ comme du 1ᵉʳ siècle. Rien ne le prouve mieux que les récits d'Ammien Marcellin, pur soldat, sans imagination, sans instruction, qui avait fait la guerre contre les Germains, et dont les descriptions simples et brèves coïncident presque partout avec les vives et savantes couleurs de Tacite.

Nous pouvons donc, même pour l'époque qui nous occupe, accorder au tableau *des Mœurs des Germains* une confiance presque entière.

Si nous comparons ce tableau, Messieurs, aux peintures de l'ancien état social des Germains, tracées naguère par d'habiles écrivains allemands, nous serons surpris de la ressemblance. A coup sûr le sentiment qui les anime n'est pas le même; c'est avec indignation et douleur que Tacite raconte à Rome corrompue les vertus simples et fortes des Barbares; c'est avec orgueil et complaisance que les Allemands modernes les contemplent : mais de ces causes diverses naît un seul et même effet; comme Tacite, bien plus que Tacite, la plupart des Allemands peignent des plus belles couleurs l'ancienne Germanie, ses institutions, ses mœurs; s'ils ne vont pas jusqu'à les représenter comme l'idéal de la société, du moins les défendent-ils de toute imputation de barbarie. A les en croire : 1° la vie agricole et sédentaire y prévalait, même avant l'invasion, sur la vie errante; les institutions et les idées qui tiennent à la propriété foncière étaient déjà fort avancées; 2° les garanties de la liberté et même de la sûreté des individus étaient efficaces; 3° les mœurs étaient à la vérité violentes et grossières, mais au fond la moralité naturelle de l'homme se développait avec simplicité et grandeur; les affections de famille étaient fortes, les caractères fiers, les émotions profondes, les croyances religieuses hautes et puissantes; il y avait plus d'énergie et de pureté morale qu'on n'en trouve sous des formes plus élégantes, au sein d'un développement intellectuel bien plus étendu.

Et quand cette cause est soutenue par des esprits médiocres, elle abonde en prétentions étranges, en assertions ridicules : l'auteur d'une *Histoire d'Allemagne* assez estimée, Heinrich, ne veut pas que les anciens Germains s'enivrassent avec passion [1]; Meiners, dans son *Histoire du sexe féminin*, soutient que jamais les femmes n'ont été si heureuses ni si vertueuses qu'en Germanie, et qu'avant l'entrée des Francs, les Gaulois ne savaient ni les respecter ni les aimer [2].

Je n'ai garde d'insister sur ces puérilités du patriotisme scientifique : je n'y aurais même pas touché, si elles n'étaient la conséquence et pour ainsi dire l'excroissance d'un système soutenu par des hommes très-distingués, et qui fausse, à mon avis, l'idée historique et poétique qu'ils se forment des anciens Germains. A considérer les choses en gros et sur la simple apparence, l'erreur me semble évidente.

Comment soutenir, par exemple, que la société germaine était à peu près fixe, et que la vie agricole y dominait, en présence du fait même des migrations, des invasions, de ce mouvement continuel qui poussait les peuplades germaniques hors de leur territoire ? Comment croire à l'empire de la propriété foncière, et des idées ou des institutions qui s'y rattachent, sur des hommes qui abandonnent sans

---

[1] *Reichsgeschichte*, t. I, p. 69.
[2] *Geschichte des weiblichen Geschlechts*, t. I, p. 198 et suiv.

cesse le sol pour aller chercher fortune ailleurs ? Et remarquez que ce n'était pas seulement sur les frontières que s'accomplissait ce mouvement ; la même fluctuation régnait dans l'intérieur de la Germanie ; les tributs s'expulsaient, se déplaçaient, se succédaient sans cesse : quelques paragraphes de Tacite le prouvent surabondamment :

> Les Bataves, dit-il, étaient jadis une tribu des Cattes ; les troubles civils les forcèrent à se retirer dans les îles du Rhin, où ils font partie de l'Empire romain. (Tacite, *de Mor. Germ.*, c. 29.)
>
> Près des Tenctères se trouvaient autrefois les Bructères ; on dit maintenant que les Chamaves et les Angrivariens ont passé dans ce pays, après avoir, de concert avec les nations voisines, chassé ou détruit entièrement les Bructères. (*Ibid.*, c. 33.)
>
> Les Marcomans sont les premiers en gloire et en puissance ; leur pays même est le prix de leur bravoure ; ils en ont chassé autrefois les Boïens. (*Ibid.*, c. 42.)
>
> En temps de paix même, les guerriers cattes ne prennent point un visage plus doux ; aucun n'a de maison, ni de champs, ni de soins d'aucune espèce ; ils vivent où ils se trouvent, prodigues du bien d'autrui... jusqu'à ce que la faiblesse de l'âge les mette hors d'état de soutenir une vertu si rude. (*Ibid.*, c. 31.)
>
> C'est l'honneur des cités (des tribus) d'avoir des frontières dévastées, et d'être entourées d'immenses déserts. Ils regardent comme la meilleure preuve de leur valeur, que leurs voisins abandonnent leurs terres, et que nul n'ose s'arrêter près d'eux ; d'ailleurs ils se croient ainsi plus en sûreté, car ils n'ont à redouter aucune incursion soudaine. (César, *de Bell. Gall.* l. VI, c. 23.)

Sans doute, depuis Tacite, les tribus germaines, plusieurs du moins, avaient fait quelques progrès : cependant, à coup sûr, la fluctuation, le déplacement continuel n'avaient pas cessé, puisque l'invasion devenait de jour en jour plus générale et plus pressante.

Voici, si je ne m'abuse, d'où provient en partie

la différence qui existe entre le point de vue des Allemands et le nôtre. Il y avait en effet, au IVe siècle, chez plusieurs tribus ou confédérations germaines, entre autres chez les Francs et les Saxons, un commencement de vie sédentaire, agricole, et toute la nation n'était pas adonnée à la vie errante. Sa composition n'était pas simple; ce n'était pas une race unique, une seule condition sociale. On y reconnaît trois classes d'hommes : 1° les hommes libres, hommes d'honneur ou nobles, propriétaires; 2° les *lidi, liti, lasi,* etc., ou colons, hommes attachés au sol, et qui le cultivent pour des maîtres; 3° les esclaves proprement dits. L'existence des deux premières classes indique évidemment une conquête; la classe des hommes libres était la nation des conquérants, qui avaient forcé l'ancienne population à cultiver le sol pour leur compte. C'est un fait analogue à celui qui, plus tard et sur le territoire de l'Empire romain, enfanta le régime féodal. Ce fait s'était accompli à diverses époques, et sur divers points, dans l'intérieur de la Germanie : tantôt les propriétaires et les colons, les vainqueurs et les vaincus, étaient de races diverses; tantôt c'était dans le sein de la même race, entre des tribus différentes, que l'assujettissement territorial avait eu lieu; on voit des peuplades galliques ou belges soumises à des peuplades germaines, des Germains à des Slaves, des Slaves à des Germains, des Germains à des Germains. La conquête s'était passée, en général, sur une petite échelle, et demeurait exposée à beaucoup de vicissitudes; mais le fait en lui-même ne saurait être contesté; plusieurs passages de Tacite l'expriment positivement :

« Ils ont, dit-il, une certaine espèce d'esclaves, dont ils ne se servent
» pas comme nous, en leur assignant certains emplois dans l'intérieur
» de la maison : chacun a sa maison, ses pénates..... Le maître exige
» de l'esclavé, *comme d'un colon*, une certaine quantité de blé, de
» bétail ou de vêtements..... Frapper un esclave, le charger de fers, est
» chez eux une chose rare; ils les tuent quelquefois, non par une suite
» de leur sévérité ou de la discipline, mais par violence et de premier
» mouvement, comme ils tueraient *un ennemi.* » (C. 25.)

Qui ne reconnaît, à cette description, d'anciens habitants du territoire, tombés sous le joug de conquérants [1] ?

Les conquérants, dans les premiers temps du moins, ne cultivaient pas : ils jouissaient de la conquête, tantôt livrés à une paresse profonde, tantôt tourmentés de la passion de la guerre, des courses, des aventures. Quelque expédition lointaine venait-elle à les tenter; tous n'en avaient pas la même envie; ils ne partaient pas tous; une bande s'éloignait sous la conduite de quelque chef fameux; d'autres restaient, préférant garder leurs premières conquêtes, et continuer à vivre du travail des anciens habitants. La bande aventurière revenait quelquefois chargée de butin, quelquefois poursuivait sa course, et allait au loin conquérir quelque province de l'Empire, fonder peut-être quelque royaume. Ainsi se dispersèrent les Vandales, les Suèves, les Francs, les Saxons ; ainsi on voit ces peuples parcourir la Gaule, l'Espagne, l'Afrique, la Grande-

---

[1] Voyez aussi chap. 36 et 43.

Bretagne, s'y établir, commencer des États, tandis que les mêmes noms se rencontrent toujours en Germanie, où vivent et s'agitent encore en effet les mêmes peuples. Ils se sont morcelés : une partie s'est jetée dans la vie errante ; une autre s'est attachée à la vie sédentaire, n'attendant peut-être que l'occasion ou la tentation de partir à son tour.

De là, Messieurs, la différence du point de vue des écrivains allemands et du nôtre ; ils connaissent surtout cette portion des peuplades germaniques qui est restée sur le sol, et s'y est de plus en plus adonnée à la vie agricole et sédentaire; nous, au contraire, nous avons été naturellement conduits à considérer principalement la portion qui a mené la vie errante, et s'est emparée de l'Europe occidentale. Comme les savants allemands, nous parlons des Francs, des Saxons, des Suèves, mais non pas des mêmes Suèves, des mêmes Saxons, des mêmes Francs; nos recherches, nos paroles portent presque toujours sur ceux qui ont passé le Rhin, et c'est à l'état de bandes errantes que nous les voyons apparaître en Gaule, en Espagne, dans la Grande-Bretagne, etc. ; les assertions des Allemands ont pour principal objet les Saxons, les Suèves, les Francs restés en Germanie; et c'est à l'état de peuples conquérants, il est vrai, mais fixés, ou à peu près, dans certaines parties du territoire, et commençant à mener la vie de propriétaires, que les montrent presque tous les anciens monuments de l'histoire locale. L'erreur de ces savants est, si je ne m'abuse, de reporter trop loin l'autorité de ces monuments, tous fort postérieurs au IVe siècle, et d'attribuer à la vie sédentaire et à la fixité de l'état social en Germanie une date trop reculée : mais l'erreur est beaucoup plus naturelle et moins grande qu'elle ne le serait de notre part.

Quant aux anciennes institutions germaines, j'en parlerai avec détail quand nous traiterons spécialement des lois barbares, et surtout de la loi salique : je me bornerai aujourd'hui à caractériser, en quelques mots, leur état à l'époque qui nous occupe. On aperçoit dès lors, parmi les Germains, le germe des trois grands systèmes d'institutions qui, depuis la chute du monde romain, se sont disputé l'Europe : on y trouve : 1° des assemblées d'hommes libres, où sont débattus les intérêts communs, les entreprises publiques, toutes les affaires importantes de la nation ; 2° des rois, les uns à titre héréditaire, et quelquefois investis d'un caractère religieux; les autres à titre électif, et portant surtout un caractère guerrier ; 3° enfin, le patronage aristocratique, soit du chef de guerre sur ses compagnons, soit du propriétaire sur sa famille et ses colons. Ces trois systèmes, ces trois modes d'organisation sociale et de gouvernement se laissent entrevoir chez presque toutes les tribus germaines avant l'invasion ; mais aucun n'est réel, efficace ; il n'y a, à proprement parler, point d'institutions libres, ni monarchiques, ni aristocratiques, mais seulement le principe auquel elles se rapportent, le germe d'où elles peuvent sortir. Toutes choses sont livrées au caprice des volontés individuelles. Toutes les fois que l'assemblée de la nation, ou le roi, ou le patron, veut se faire obéir, il faut que l'individu y consente, ou que la force désordonnée, brutale, l'y contraigne ; c'est le libre développement et la lutte des existences et des libertés individuelles; il n'y a point de puissance publique, point de gouvernement, point d'État.

Quant à la condition morale des Germains à cette époque, il est extrêmement difficile de l'apprécier : c'est un texte de déclamations à l'honneur ou à la charge de la civilisation ou de la vie sauvage, de l'indépendance primitive ou de la société développée, de la simplicité naturelle ou des lumières; mais nous manquons de documents pour apprécier ces généralités à leur juste valeur. Il existe cependant un grand recueil de faits, postérieur, il est vrai, à l'époque dont nous parlons, mais qui en est encore l'image assez fidèle; c'est l'*Histoire des Francs* de Grégoire de Tours, à coup sûr l'ouvrage qui fournit le plus de renseignements et jette le plus de lumières sur l'état moral des Barbares; non que le chroniqueur se soit proposé de nous en instruire ; mais il raconte une foule d'anecdotes particulières, d'incidents de la vie privée, où les mœurs, les relations domestiques, les dispositions individuelles, l'état moral, en un mot, des hommes, se révèlent mieux que partout ailleurs. C'est là qu'on peut contempler et comprendre ce singulier mélange de violence et de ruse, d'imprévoyance et de calcul, de patience et d'emportement; cet égoïsme de l'intérêt et de la passion mêlé à l'empire indestructible de certaines idées de devoir, de certains sentiments désintéressés ; enfin, ce chaos de notre nature morale, qui constitue la barbarie ; état très-difficile à décrire avec précision, car aucun trait général et fixe ne s'y laisse saisir, aucun principe n'y règne ; on n'en peut rien affirmer qu'on ne soit à l'instant obligé d'affirmer le contraire ; c'est l'humanité forte et active, mais abandonnée à l'impulsion de ses penchants, à la mobilité de ses fantaisies, à la grossière imperfection de ses connaissances, à l'incohérence de ses idées, à l'infinie variété des situations et des accidents de la vie. Comment pénétrer dans un tel état et en reproduire l'image, à l'aide de quelques chroniques sèches ou mutilées, de quelques fragments de vieux poëmes, de quelques paragraphes de lois ?

Je ne connais qu'un moyen, Messieurs, de parvenir à se représenter avec quelque vérité l'état social et moral des peuplades germaniques : c'est de les comparer aux peuplades qui, dans les temps modernes, sur différents points du globe, dans l'Amérique septentrionale, dans l'intérieur de l'Afrique, dans l'Asie du nord, en Arabie, sont encore à un degré de civilisation à peu près pareil, et mènent à peu près la même vie. Celles-ci ont été observées de plus près et décrites avec plus de détail ; elles le sont encore tous les jours ; nous avons mille moyens de contrôler, de compléter nos idées sur leur compte ; notre imagination est continuellement émue et redressée par les récits des voyageurs. En appliquant à ces récits une critique attentive, en tenant compte d'un assez grand nombre de circonstances différentes, ils deviennent pour nous comme un miroir devant lequel se relève et où se reproduit l'image des anciens Germains. J'ai entrepris un travail de ce genre; j'ai suivi pas à pas l'ouvrage de Tacite, en recherchant dans les voyages, les histoires, les poésies nationales, dans tous les documents que nous possédons sur les peuplades barbares des diverses parties du monde, les faits analogues à ceux qu'il décrit. Je vais mettre sous vos yeux les principaux traits de ce rapprochement, et vous serez étonnés de la ressemblance des mœurs des Germains et de celles des Barbares plus modernes; ressemblance qui s'étend quelquefois jusqu'à des détails où l'on ne s'attendrait nullement à la rencontrer.

1°.

Se retirer pour revenir à la charge, paraît aux Germains prudence plutôt que lâcheté. (*De mor. Germ.*, c. 6.)

1°.

« Nos guerriers ne se piquent point d'attaquer l'ennemi de front et quand il est sur ses gardes; il faut pour cela qu'ils soient dix contre un. » (*Choix de lett. édif. Missions d'Amérique*, t. VII, p. 49.)

« Les Sauvages ne mettent point leur gloire à attaquer l'ennemi de front et à force ouverte... Si, malgré toutes leurs précautions et leur adresse, leurs mouvements sont découverts, ils pensent que le parti le plus sage est de se retirer. » (Robertson, *Hist. d'Amérique*, t. II, p. 371; trad. franç., édit. in-12 de 1778.) [1]

[1] Je cite Robertson pour m'épargner la peine de citer tous les récits

2°.

Leurs mères, leurs femmes, les accompagnent au combat; elles ne craignent pas de compter, de sucer leurs blessures; elles portent des vivres aux combattants et animent leur courage.

On dit que des armées déjà ébranlées et en déroute ont été ramenées à la charge par les femmes, qui les suppliaient, se jetaient devant les fuyards, etc. (*Ibid.*, c. 7, 8.)

3°.

Ils pensent qu'il y a dans les femmes quelque chose de saint et d'inspiré; ils ne méprisent point leurs conseils et font cas de leurs réponses. (*Ibid.*, c. 8.)

Les héros d'Homère fuient toutes les fois qu'ils ne sont pas les plus forts et peuvent se sauver.

2°.

Les femmes tunguses, en Sibérie, vont aussi à la guerre avec leurs maris; elles n'en sont pas moins maltraitées. (Meiners, *Hist. du sexe féminin*, en allemand, t. I, p. 18-19.)

A la bataille d'Yermuk, livrée en Syrie en 636, on voyait sur la dernière ligne la sœur de Derar et les femmes arabes..., qui savaient manier l'arc et la lance... Les Arabes se retirèrent trois fois en désordre, et trois fois les reproches et les coups des femmes les ramenèrent à la charge. (Gibbon, *Hist. de la décad. de l'Empire romain*, t. X, p. 240; trad. franç., édit. de 1812.)

3°.

« Lorsqu'il s'élève une guerre nationale, les prêtres et les devins sont consultés; quelquefois même on prend l'avis des femmes. » (Robertson, *Hist. d'Amérique*, t. II, p. 369.)

« Les Hurons, en particulier, consultent soigneusement les femmes. » (Charlevoix, *Hist. du Canada*, p. 267, 269-287.)

Les Gaulois consultaient les femmes dans les affaires importantes; ils convinrent avec Annibal que, si les Carthaginois avaient à se

originaux qu'il a compulsés, et auxquels il renvoie. Je me suis presque toujours assuré de son exactitude.

4°.

Ils croient, autant que nation au monde, aux auspices et à la divination... Ils coupent en morceaux une baguette d'arbre fruitier, et après avoir distingué ces morceaux par certaines marques, ils les sèment au hasard et pêle-mêle sur un vêtement blanc. Après cela, le grand-prêtre, s'il s'agit d'intérêts publics, le père de famille lui-même, si c'est une affaire particulière, invoque les dieux, les yeux levés au ciel, prend trois fois chaque morceau, et donne l'interprétation selon les marques qui se présentent.

On connaît aussi chez eux l'usage d'interroger le chant et le vol des oiseaux. (*Ibid.*, c. 10.)

5°.

Ils choisissent leurs rois à la noblesse, leurs chefs à la valeur. Les rois n'ont pas un pouvoir illimité ni arbitraire; les chefs commandent par leur exemple plutôt que par leurs ordres : s'ils sont hardis, s'ils se distinguent, s'ils paraissent aux premiers rangs, ils se font obéir par l'admiration qu'ils inspirent..... La nation connaît des affaires importantes..... Les princes

plaindre des Gaulois, ils porteraient leurs plaintes devant les femmes gauloises, qui en seraient juges. (*Mém. de l'Académ. des Inscript.*, t. XXIV, p. 374; mémoire de l'abbé Fénel.)

4°.

Ce mode de divination, par des baguettes, a quelque rapport avec la divination par les flèches qui était en usage dans tout l'Orient. Lorsque les Turcomans s'établirent en Perse, après la défaite des Gaznévides (A. C. 1038), ils choisirent un roi, en écrivant sur des flèches les noms des différentes tribus, des différentes familles de la tribu indiquée par le sort, et des différents membres de cette famille. (Gibbon, *Hist. de la décad. de l'Empire romain*, t. XI, p. 224.)

Les présages tirés du chant et du vol des oiseaux ont été connus chez les Romains, chez les Grecs, chez la plupart des Sauvages de l'Amérique, Natchez, Moxes, Chiquites, etc. (*Lett. édif.*, t. VII, p. 255; t. VIII, p. 141, 264.)

5°.

Les Sauvages ne connaissent entre eux ni princes ni rois. On dit en Europe qu'ils ont des républiques; mais ces républiques n'ont point de lois stables... Chaque famille se croit absolument libre, chaque Indien se croit indépendant. Cependant ils ont appris de la nécessité à former entre eux une sorte de société, et à se choisir un chef qu'ils appellent *cacique*, ou les chefs se font écouter plutôt par la force de leurs raisons que par celle de leur autorité. Si leur avis déplaît, les guerriers le rejettent par un frémissement ; s'il est approuvé, ils secouent leurs framées. (*Ibid.*, c. 7, 1.)

6°.

C'est la gloire, c'est la puissance d'être toujours environné d'une nombreuse troupe de jeunes guerriers d'élite qui font la dignité du chef pendant la paix et sa sûreté à la guerre. Et ce n'est pas seulement dans sa tribu, mais chez les tribus voisines, qu'un chef s'acquiert un nom glorieux, s'il brille par le nombre et la bravoure de sa suite... Si une tribu languit dans l'oisiveté d'une longue paix, la plupart des jeunes hommes vont d'eux-mêmes chercher les nations qui font la guerre... C'est de la libéralité de leur chef qu'ils attendent ce cheval belliqueux, cette framée ensanglantée et victorieuse. Des repas, des banquets, grossièrement apprêtés, mais abondants, leur tiennent lieu de solde. (*Ib.*, c. 13, 14.)

7°.

Quand ils ne font pas la guerre, ils passent leur temps à la chasse, et surtout dans l'oisiveté, livrés à l'intempérance et au sommeil ; les plus braves demeurent complétement inactifs ; les soins de la maison, des pénates et des champs, sont remis aux femmes, aux vieil-

c'est-à-dire commandant... Pour être élevé à cette dignité, il faut avoir donné des preuves éclatantes de valeur. (*Lett. édif*, t. VIII, p. 133.)

6°.

L'ordre le plus puissant chez les Iroquois est celui des chefs de guerre..... Il faut d'abord qu'ils soient heureux, et qu'ils ne perdent point de vue ceux qui les suivent; qu'ils soient généreux, et qu'ils se dépouillent en toute occasion de ce qu'ils ont de plus cher pour leurs soldats. (*Mémoires sur les Iroquois*, dans les *Variétés littéraires*, t. I, p. 543.)

Le crédit des chefs de guerre sur les jeunes gens est plus ou moins grand, suivant qu'ils donnent plus ou moins, et qu'ils ont plus ou moins d'attention à tenir chaudière ouverte. (*Journal des campagnes de M. de Bougainville en Canada*, dans les *Variétés littéraires*, t. I, p. 488.)

7°.

A la réserve de quelques petites chasses, les Illinois mènent une vie parfaitement oisive ; ils causent en fumant la pipe, et c'est tout..... Ils demeurent tranquilles sur leurs nattes, et passent leur temps à dormir ou à faire des arcs... Pour ce qui est des femmes, elles lards, à tous les faibles de la famille. (*Ibid.*, c. 15.)

travaillent depuis le matin jusqu'au soir, comme des esclaves. (*Lett. édif.*, t. VII, p. 82-86.)

Voyez aussi Robertson, *Histoire d'Amérique*, t. II, p. 561-570, note L.

8°.

Les Germains n'habitent point dans des villes; ils ne peuvent même souffrir que leurs habitations se touchent; ils demeurent séparés et à distance, selon qu'une source, une plaine, un bois, les a attirés dans un certain lieu. Ils forment des villages, non pas comme nous, par des édifices liés ensemble et contigus; chacun entoure sa maison d'un espace vide. (*Ibid.*, c. 16.)

8°.

Ainsi sont bâtis les villages des Sauvages d'Amérique et des montagnards de Corse; ils sont formés de maisons éparses et distantes, en sorte qu'un village de cinquante maisons occupe quelquefois un quart de lieue carrée. (Volney, *Tableaux des États-Unis d'Amérique*, p. 484-486.)

9°.

Ils sont presque les seuls d'entre les Barbares qui se contentent d'une femme, à l'exception d'un petit nombre de chefs qui s'entourent de plusieurs épouses, non par libertinage, mais à cause de leur noblesse. (*Ibid.*, c. 18.)

9°.

Chez les Sauvages de l'Amérique du Nord, dans les contrées où les moyens de subsister étaient rares et les difficultés d'élever une famille très-grandes, l'homme se bornait à une seule femme. (Robertson, *Histoire d'Amérique*, t. II, p. 293.)

Quoique les Moxes (au Pérou) admettent la polygamie, il est rare qu'ils aient plus d'une femme, leur indigence ne leur permettant pas d'en entretenir plusieurs. (*Lett. édif.*, t. VIII, p. 71.)

Chez les Guaranis (au Paraguay) la polygamie n'est pas permise au peuple; mais les caciques peuvent avoir deux ou trois femmes. (*Ibid.* p. 261.)

10°.

Ce n'est point la femme qui apporte une dot au mari, mais le mari qui en donne une à la femme... Ce ne sont pas des présents destinés à des plaisirs efféminés ou à parer la nouvelle mariée ; ce sont des bœufs, un cheval avec son mors, un écu, une framée, un glaive. (*Ibid.*)[1]

10°.

C'est ce qui a lieu partout où le mari achète sa femme, et où la femme devient une propriété, une chose, une esclave de son mari. « Chez les Indiens de la Guyane, les filles n'ont point de dot en se mariant... Il faut que l'Indien qui veut épouser une Indienne fasse au père des présents considérables : un hamac, un canot, des arcs, des flèches ne sont pas suffisants ; il faut qu'il travaille une année pour son futur beau-père, qu'il fasse l'abattis, qu'il aille à la chasse, à la pêche, etc. Les femmes sont parmi les Guyanais une vraie propriété. » (*Journal manuscrit d'un séjour à la Guyane*, par M. de M.....)

Il en est de même chez les Natchez, dans plusieurs tribus tartares, en Mingrélie, au Pégu, chez plusieurs peuplades nègres en Afrique, etc. (*Lett. édif.*, t. VII, p. 221 ; lord Kaims, *Sketches of the Hist. of Man*, t. I, p. 184-186 ; édit. in-4° de 1774.)

---

[1] On ne saurait douter que les Germains achetaient leurs femmes : la loi des Bourguignons porte : « Si quelqu'un renvoie sa femme sans rai-
» son, qu'il lui donne une somme égale à ce qu'il avait payé pour l'a-
» voir. » (Tit. XXXIV). Théodoric, roi des Ostrogoths, en donnant sa nièce en mariage à Hermanfried, roi des Thuringiens, lui fait écrire par Cassiodore : « Nous vous annonçons qu'à l'arrivée de vos envoyés, nous
» avons reçu pour cette chose sans prix, et selon l'usage des Gentils,
» le prix qui nous était adressé, des chevaux harnachés d'argent, comme
» il convient à des chevaux de noce. » (Cassiodore, *Variar.*, l. IV, ép. 1.)
Jusqu'à ces derniers temps, dans la Basse-Saxe, les fiançailles s'appelaient *brudkop*, c'est-à-dire *brautkauf* (achat de fiancée). (Adelung, *Histoire anc. des Allemands*, p. 301, not. 2.)

11°.

Chez une nation si nombreuse, on voit peu d'adultères ; la peine en est prompte, et le mari en est chargé. La femme nue, les cheveux coupés, est chassée de la maison par son mari, en présence de ses parents, et battue de verges dans tout le village. (*Ibid.*, p. 19.)

11°.

On prétend que l'adultère était inconnu chez les Caraïbes des îles avant l'établissement des Européens. (Lord Kaims, *Sketches of the Hist.*, etc., t. I, p. 207.)

« L'adultère, parmi les Sauvages de l'Amérique du nord, est puni, en général, sans forme de procès, par le mari, qui tantôt bat rudement sa femme, tantôt lui emporte le nez en la mordant. » (Long, *Voyage chez différentes nations sauvages de l'Amérique septentrionale*, p. 177.)

Voyez aussi l'*Histoire des Indiens d'Amérique*, par James Adair (en anglais, 1775), p. 144; *Variétés littéraires*, t. I, p. 458.

12°.

Les jeunes gens se livrent tard aux plaisirs de l'amour ; ainsi leur jeunesse n'est pas épuisée. On ne se hâte pas non plus de marier les jeunes filles. (*Ibid.*, c. 20.)

12°.

La froideur des Sauvages errants, en fait d'amour, a été souvent remarquée ; Bruce en a été frappé chez les Gallas et les Shangallas, sur les frontières de l'Abyssinie ; Levaillant, chez les Hottentots. « Les Iroquois savent et disent que l'usage des femmes énerve leur courage et leurs forces, et que, voulant faire le métier des armes, ils doivent s'en abstenir ou n'en user qu'avec modération. » (*Mémoires sur les Iroquois*, dans les *Variétés littéraires*, t. I, p. 455, —Voyez aussi Volney, *Tableau des États-Unis*, p. 448; Malthus, *Essais sur le principe de population*, t. I, p. 50 ; Robertson, *Histoire d'Amérique*, t. II, p. 237.)

Chez les Groënlandais, les filles

ne se marient qu'à vingt ans; il en est de même chez la plupart des Sauvages du nord. (Meiners, *Hist. du sexe féminin*, t. I, p. 29.)

13°.

Les neveux maternels sont aussi chers à leurs oncles qu'à leur père. Il en est même qui regardent ce lien de parenté comme le plus intime, le plus sacré, et qui, en demandant des ôtages, exigent des neveux maternels, comme obligeant plus fortement les parents, et tenant à une famille plus étendue. (*Ibid.*, c. 20.)

13°.

Chez les Natchez, « ce n'est pas le fils du chef régnant qui succède à son père; c'est le fils de sa sœur... Cette politique est fondée sur la connaissance qu'ils ont du libertinage de leurs femmes; ils sont sûrs, disent-ils, que le fils de la sœur du grand chef est du sang royal au moins du côté de sa mère. » (*Lett. édif.*, t. VII, p. 217.)

Chez les Iroquois et les Hurons, la dignité de chef passe toujours aux enfants de ses tantes, de ses sœurs ou de ses nièces du côté maternel. (*Mœurs des Sauvages*, par le père Lafitau, t. I, p. 73, 471.)

14°.

Il est du devoir d'embrasser les inimitiés comme les amitiés d'un père ou d'un parent. (*Ibid.*, 21.)

14°.

Personne n'ignore que ce trait se retrouve chez tous les peuples, dans l'enfance de la civilisation, quand il n'y a encore point de puissance publique qui protège ou punisse. Je ne citerai qu'un exemple de cette obstination des Sauvages dans la vengeance; il m'a paru frappant, et très-analogue à ce que racontent des Germains Grégoire de Tours et d'autres chroniqueurs.

« Un Indien, d'une tribu établie sur le Maroni, homme violent et sanguinaire, avait assassiné un de ses voisins du même village; pour se soustraire aux ressentiments de la famille de son ennemi, il s'enfuit, et vint s'établir à Simapo, à quatre lieues de notre désert; un frère du mort ne tarda pas à suivre le meurtrier. A son arrivée à Simapo, le capitaine lui demanda ce qu'il venait y faire. « Je viens, dit-il, pour tuer Avérani, qui a tué mon frère. — Je ne puis vous en empêcher, » lui dit le capitaine. Mais Avérani fut averti pendant la nuit, et s'enfuit avec ses enfants. Son ennemi, instruit de son départ, et qu'il se rendait par l'intérieur sur la rivière d'Aprouague, prit le parti de le suivre « Je le tuerai, dit-il, quand même il fuirait jusque chez les Portugais. » Il partit aussitôt. Nous ignorons s'il a pu l'atteindre. (*Journal manuscrit d'un séjour à la Guyane*, par M. de M....)

15°.

Aucune nation ne traite avec plus de générosité ses convives et ses hôtes. Repousser de son toit un homme quelconque est regardé comme un crime. (*Ibid.*, c. 21.)

15°.

L'hospitalité de tous les peuples sauvages est proverbiale. Voyez dans l'*Histoire de l'Académie des Inscriptions*, t. III, p. 41, l'extrait d'un mémoire de M. Simon, et une foule de récits de voyageurs.

16°.

Ils aiment les présents, mais ils n'obligent point à tenir compte de ce qu'ils donnent, et ne se croient point liés par ce qu'ils reçoivent. (*Ibid*, c. 21.)

16°.

Il en est de même des Sauvages d'Amérique; ils donnent et reçoivent avec grand plaisir, mais ne sentent et n'exigent nulle reconnaissance: « Si vous m'avez donné » ceci, disent les Galibis, c'est que » vous n'en aviez pas besoin. » (Aublet, *Histoire des plantes de la Guyane française*, t. II, p. 110.)

17°.

Passer le jour et la nuit à boire n'est honteux pour personne. (*Ib.*, c. 22.)

17°.

Le goût de tous les peuples sauvages pour le vin et les liqueurs fortes est connu de tout le monde : les Indiens de la Guyane font de longs voyages pour s'en procurer; l'un d'eux, de la peuplade de Simapo, répondit à M. de M...., qui lui demandait où ils allaient; *en boisson*; comme les paysans et les marchands vont *en vendange* : *En foire*. (*Journal manuscrit d'un séjour à la Guyane*, par M. de M....)

18°.

Ils n'ont qu'un seul genre de spectacle : les jeunes gens dansent nus au milieu des épées et des framées dirigées contre eux. (*Ibid.*, c. 24.)

18°.

L'amour n'entre pour rien dans les danses des Sauvages du nord de l'Amérique; ce sont uniquement des danses guerrières. (Robertson, *Histoire d'Amérique*, t. II, pages 459-461.)

19°.

Ils se livrent au jeu avec une telle ardeur, que, lorsqu'ils n'ont plus rien, ils mettent leur liberté et leur corps au hasard d'un dernier coup de dé. (*Ibid.*, c. 24.)

19°.

Les Américains jouent leurs fourrures, leurs ustensiles domestiques, leurs vêtements, leurs armes; et lorsque tout est perdu, on les voit souvent risquer d'un seul coup leur liberté personnelle. (Robertson, *Histoire d'Amérique*, t. II, p. 463.)

20°.

Ce n'est point pour aimer ou pour plaire qu'ils se parent, mais pour se donner un air gigantesque et terrible, comme on peut se parer pour aller au devant de ses ennemis. (*Ibid.*, c. 38.)

20°.

« Si les Iroquois affectent de se peindre le visage, c'est pour se donner un air redoutable avec lequel ils espèrent intimider leurs ennemis; c'est encore pour cette raison qu'ils se peignent de noir lorsqu'ils vont à la guerre. » (*Variétés littéraires*, t. I, p. 472.)

21°.

Dès qu'ils sont arrivés à la jeunesse, ils laissent croître leurs cheveux et leur barbe, et ne quittent cette manière d'être qu'après avoir tué un ennemi. (*Ibid.*, c. 31.)

21°.

Dès que les Indiens ont vingt ans, ils laissent croître leurs cheveux. (*Lett. édif.*, t. VIII, p. 261.)
L'usage de scalper ou d'enlever la chevelure de leurs ennemis, si familier aux Américains, était pratiqué aussi chez les Germains : c'est le *decalvare* mentionné dans les lois des Visigoths ; le *capillos et cutem detrahere*, encore en usage chez les Francs vers l'an 879, d'après les annales de Fulde ; le *hettinan* des Anglo-Saxons, etc. (Adelung, *Histoire ancienne des Allemands*, p. 303.)

Voilà bien des citations, Messieurs ; je pourrais les étendre bien davantage, et placer presque toujours, à côté de la moindre assertion de Tacite sur les Germains, une assertion analogue de quelque voyageur ou historien moderne sur quelqu'une des peuplades barbares aujourd'hui dispersées sur la face du globe.

Vous voyez quel est l'état social qui correspond à celui de l'ancienne Germanie : que faut-il donc penser des descriptions magnifiques qui en ont été si souvent tracées ? Ce qu'il faut penser des romans de M. Cooper comme tableau de la condition et des mœurs des Sauvages de l'Amérique septentrionale. Il y a sans contredit, dans ces romans et dans quelques uns des ouvrages où les Allemands ont essayé de peindre leurs farouches ancêtres, un sentiment assez vif, assez vrai, de certaines parties, de certains moments de la société et de la vie barbare ; de son indépendance, par exemple ; de l'activité et de la paresse qui s'y mêlent ; de l'habile énergie que l'homme y déploie contre les obstacles et les périls dont l'assiége la nature matérielle ; de la violence monotone de ses passions, etc. Mais la peinture est très-incomplète, si incomplète que la vérité même de ce qu'elle reproduit en est souvent fort altérée. Que M. Cooper pour les Mohicans ou les Delawares, que les écrivains allemands pour les anciens Germains, se laissent aller à présenter toutes choses sous leur aspect poétique ; que, dans leurs descriptions, les sentiments et les faits de la vie barbare s'élèvent à leur forme idéale, rien de plus naturel, je dirais volontiers rien de plus légitime ; l'idéal est l'essence de la poésie ; l'histoire même en veut, et peut-être est-ce la seule manière de faire comprendre les temps qui ne sont plus. Mais l'idéal aussi a besoin d'être vrai, complet, harmonique ; il ne consiste point dans la suppression arbitraire, fantasque, d'une grande partie de la réalité à laquelle il correspond. C'est un tableau idéal, à coup sûr, que celui de la société grecque dans les chants qui portent le nom d'Homère ; et pourtant cette société y est tout entière reproduite, avec la rusticité, la férocité de ses mœurs, la naïveté grossière de ses sentiments, ses bonnes et ses mauvaises passions, sans dessein de faire particulièrement ressortir, de célébrer tel ou tel de ses mérites, de ses avantages, ou de laisser dans l'ombre ses vices et ses maux. Ce mélange du bien et du mal, du fort et du faible, cette simultanéité d'idées et de sentiments en apparence contraires, cette variété, cette incohérence, ce développement inégal de la nature et de la destinée humaine, c'est précisément là ce qu'il y a de plus poétique, car c'est le fond même des choses, c'est la vérité sur l'homme et le monde ; et dans les peintures idéales qu'en veulent faire la poésie, le roman et même l'histoire, cet ensemble si divers et pourtant si harmonieux doit se retrouver ; sans quoi l'idéal véritable y manque aussi bien que la réalité. Or, c'est dans ce défaut que sont presque toujours tombés les écrivains dont je parle ; leurs tableaux de l'homme et de la vie sauvage sont essentiellement incomplets, arrangés, factices, dépourvus de simplicité et d'harmonie. Je crois voir des Barbares, des Sauvages de mélodrame qui viennent étaler leur indépendance, leur énergie, leur adresse, telle ou telle portion de leur caractère et de leur destinée, sous les yeux de spectateurs à la fois avides et blasés, qui se plaisent à contempler des qualités et des aventures étrangères à la vie qu'ils mènent, à la société dans laquelle ils sont enfermés. Je ne sais, Messieurs, si vous êtes frappés comme moi des défauts de l'imagination de notre temps ; elle manque en général, ce me semble, de naturel, de facilité, d'étendue ; elle ne voit pas les choses d'une vue large et simple, dans leurs éléments primitifs et réels ; elle les arrange et les mutile, sous prétexte de les idéaliser. Je retrouve bien, dans les descriptions modernes des anciennes mœurs germaniques, quelques traits épars de la barbarie ; mais ce qu'elle était dans son ensemble, la vraie société barbare, je ne l'y reconnais point.

Si j'étais maintenant obligé, Messieurs, de résumer ce que je viens de dire sur l'état des Germains avant l'invasion, j'y serais, je l'avoue, assez embarrassé. Il n'y a là point de traits bien achevés, bien précis, qui se puissent détacher et mettre clairement en lumière ; aucun fait, aucune idée, aucun sentiment n'a encore atteint son développement, ne se présente sous une forme déterminée ; c'est l'enfance de toutes choses, de l'état social, de l'état moral, des institutions, des relations, de l'homme lui-même ; tout est grossier, confus. Voici cependant deux points sur lesquels je crois devoir insister :

1° Au début de la civilisation moderne, les Germains y ont influé beaucoup moins par les institutions qu'ils ont apportées de Germanie, que par leur situation même au milieu du monde romain. Ils l'avaient conquis : ils étaient, sur les points du moins où ils s'établissaient, maîtres de la population et des terres. La société qui s'est formée après cette conquête a eu son origine bien plutôt dans cette situation, dans la vie nouvelle des conquérants, dans leurs rapports avec les vaincus, que dans les anciennes coutumes germaniques.

2° Ce que les Germains ont surtout apporté dans le monde romain, c'est l'esprit de liberté individuelle, le besoin, la passion de l'indépendance, de l'individualité. Aucune puissance publique, aucune puissance religieuse n'existait, à vrai dire, dans l'ancienne Germanie : la seule puissance réelle de cette société, ce qui y était fort et actif, c'était la volonté de l'homme ; chacun faisait ce qu'il voulait, à ses risques et périls. Le régime de la force, c'est-à-dire de la liberté personnelle, c'était là le fond de l'état social des Germains ; c'est par là qu'ils ont puissamment agi sur le monde moderne. Les expressions très-générales sont toujours si près de l'inexactitude, que je n'aime guère à les hasarder. Cependant, s'il fallait absolument exprimer en quelques mots les caractères dominants des éléments divers de notre civilisation, je dirais que l'esprit de légalité, d'association régulière, nous est venu du monde romain, des municipalités et des lois romaines. C'est au christianisme, à la société religieuse, que nous devons l'esprit de moralité, le sentiment et l'empire d'une règle, d'une loi morale, des devoirs mutuels des hommes. Les Germains nous ont donné l'esprit de liberté, de la liberté telle que nous la concevons et la connaissons aujourd'hui, comme le droit et le bien de chaque individu, maître de lui-même et de ses actions, et de son sort, tant qu'il ne nuit à aucun autre. Fait immense, Messieurs, car il était étranger à toutes les civilisations antérieures : dans les républiques anciennes, la puissance publique disposait de tout ; l'individu était sacrifié au citoyen. Dans les sociétés où dominait le principe religieux, le croyant appartenait à son Dieu, non à lui-même. Ainsi, l'homme avait toujours été absorbé dans l'Église ou dans l'État. Dans notre Europe seule, il a vécu, il s'est développé pour son compte, à sa guise, chargé sans doute, disons mieux, de plus en plus chargé de travaux et de devoirs, mais trouvant en lui-même son but et son droit. C'est aux mœurs germaines que remonte ce caractère distinctif de notre civilisation. L'idée fondamentale de la liberté, dans l'Europe moderne, lui vient de ses conquérants.

HUITIÈME LEÇON.

Objet de la leçon. — Description de l'état de la Gaule dans la dernière moitié du viᵉ siècle. — Véritable caractère des invasions germaniques. — Cause d'erreur à ce sujet. — Dissolution de la société romaine : 1° dans les campagnes ; 2° dans les villes, quoique à un moindre degré. — Dissolution de la société germaine : 1° de la peuplade ou tribu ; 2° de la bande guerrière. — Éléments du nouvel état social. — 1° De la royauté naissante ; — 2° de la féodalité naissante ; — 3° de l'Église après l'invasion. — Résumé.

Messieurs,

Nous sommes en possession des deux éléments primitifs et fondamentaux de la civilisation française ; nous avons étudié, d'une part, la société romaine, de l'autre, la société germaine, chacune en soi et avant leur rapprochement. Essayons de reconnaître ce qui est arrivé au moment où elles se sont touchées et confondues, c'est-à-dire de décrire l'état de la Gaule après la grande invasion et l'établissement des Germains.

Je voudrais assigner à cette description une date un peu précise, et vous dire d'avance à quel siècle, à quel territoire elle convient spécialement. La difficulté est grande. Telle était, à cette époque, la confusion des choses et des esprits, que la plupart des faits nous ont été transmis pêle-mêle et sans date ; à plus forte raison les faits généraux, ceux qui se rapportent aux institutions, aux relations des différentes classes, à l'état social en un mot, et qui, par leur nature, sont les moins apparents, les moins précis. Ils sont omis ou étrangement brouillés dans les monuments contemporains ; il faut, à chaque pas, en deviner et en rétablir la chronologie. Heureusement, l'exactitude de cette chronologie importe moins à l'époque qui nous occupe qu'à toute autre. Sans doute, du vi° au viii° siècle, l'état de la Gaule a changé ; les rapports des hommes, les institutions, les mœurs ont été modifiés ; moins cependant qu'on ne pourrait être tenté de le croire. Le chaos était extrême, et le chaos est essentiellement stationnaire. Quand toutes choses sont à ce point désordonnées, confondues, il faut beaucoup de temps pour qu'elles se démêlent, se redressent, pour que chacun des éléments de la société revienne à sa place, rentre dans sa route, se remette en quelque sorte sous la direction et l'impulsion du principe spécial qui doit présider à son développement. Après l'établissement des Barbares sur le sol romain, les événements et les hommes ont tourné longtemps dans le même cercle, en proie à un mouvement plus violent que progressif. Du vi° au viii° siècle, l'état de la Gaule a donc moins changé, et la rigoureuse chronologie des faits généraux a moins d'importance que la longueur de l'intervalle ne le ferait présumer. Tâchons cependant de déterminer, dans certaines limites, l'époque dont nous avons à tracer le tableau.

Les trois peuples germaniques qui ont occupé la Gaule sont les Bourguignons, les Visigoths et les Francs. Beaucoup d'autres peuples, beaucoup de bandes particulières, des Vandales, des Alains, des Suèves, des Saxons, etc., se promenèrent sur son territoire; mais les uns ne firent que le traverser, les autres y furent promptement absorbés, et ces petites incursions partielles sont sans importance historique. Les Bourguignons, les Visigoths et les Francs méritent seuls d'être comptés parmi nos ancêtres. Les Bourguignons s'établirent définitivement en Gaule, de l'an 406 à l'an 413; ils occupaient les pays situés entre le Jura, la Saône et la Durance; Lyon était le centre de leur domination. Les Visigoths, de l'an 412 à l'an 450, se répandirent dans les provinces comprises entre le Rhône, et même sur la rive gauche du Rhône, au sud de la Durance, la Loire et les Pyrénées; leur roi résidait à Toulouse. Les Francs, de l'an 481 à l'an 500, s'avancèrent dans le nord de la Gaule, et s'établirent entre le Rhin, l'Escaut et la Loire, non compris la Bretagne et la portion occidentale de la Normandie; Clovis eut pour capitales Soissons et Paris. Ainsi, à la fin du ve siècle, l'occupation définitive du territoire gaulois par les trois grands peuples germains était accomplie.

L'état de la Gaule ne fut pas exactement le même dans ses diverses parties, et sous la domination de ces trois peuples. Il y avait entre eux des différences notables. Les Francs étaient beaucoup plus étrangers, plus Germains, plus barbares que les Bourguignons et les Goths. Avant d'entrer en Gaule, ces derniers avaient d'anciennes relations avec les Romains; ils avaient vécu dans l'Empire d'Orient, en Italie; ils s'étaient familiarisés avec les mœurs et la population romaines. On en peut dire presque autant des Bourguignons. De plus, les deux peuples étaient chrétiens depuis assez longtemps. Les Francs au contraire arrivaient de Germanie, encore païens et ennemis. Les portions de la Gaule qu'ils occupèrent se ressentirent de cette différence; elle est décrite avec vérité et vivacité dans la viie des *Lettres sur l'histoire de France*, de M. Augustin Thierry [1]. Je suis porté cependant à la croire moins importante qu'on ne le suppose en général. Si je ne m'abuse, les provinces romaines différaient plus entre elles que les peuples qui les avaient conquises. Vous avez déjà vu combien la Gaule méridionale était plus civilisée que le nord, plus couverte de population, de villes, de monuments, de routes. Les Visigoths fussent-ils arrivés aussi barbares que les Francs, leur barbarie eût été, dans la Narbonnaise et l'Aquitaine, bien moins apparente, bien moins puissante; la civilisation romaine les eût bien plus tôt absorbés et changés. Ce fut là, je crois, ce qui arriva; et la diversité des effets qui accompagnèrent les trois conquêtes provint de la différence des vaincus plus que de celle des vainqueurs.

[1] Deuxième édit., p. 81-114.

Cette différence, d'ailleurs, sensible tant qu'on se borne à considérer les choses d'une vue très-générale, s'efface ou du moins devient très-difficile à saisir quand on pénètre plus avant dans l'étude de la société. On peut dire que les Francs étaient plus barbares que les Visigoths ; mais cela dit, il faut s'arrêter. En quoi différaient positivement, chez les deux peuples, les institutions, les idées, les relations des classes ? aucun document précis ne nous l'apprend.

Enfin, la différence d'état des provinces gauloises, celle du moins qui venait du fait de leurs maîtres, ne tarda pas à disparaître ou à s'atténuer beaucoup. Vers l'an 534, le pays des Bourguignons tomba sous le joug des Francs ; de l'an 507 à 542, celui des Visigoths subit à peu près le même sort. Au milieu du vi^e siècle, la race franque s'était répandue et dominait dans toute la Gaule. Les Visigoths conservaient encore une partie du Languedoc, et disputaient quelques villes au pied des Pyrénées ; mais, à vrai dire, sauf la Bretagne, toute la Gaule était, sinon gouvernée, du moins envahie par les Francs.

C'est à cette époque que je voudrais vous la faire connaître ; c'est l'état de la Gaule vers la dernière moitié du vi^e siècle, et surtout de la Gaule franque, que j'essaierai de décrire. Toute tentative d'assigner à cette description une date plus précise me paraît vaine et féconde en erreurs. Il y avait sans doute encore à cette époque beaucoup de variété dans l'état des provinces gauloises ; mais je n'en puis tenir compte; je me borne à vous en avertir.

On se fait en général, Messieurs, une idée très-fausse, à mon avis, de l'invasion des Barbares, de l'étendue et de la rapidité de ses effets. Vous avez sûrement rencontré souvent à ce sujet, dans vos lectures, les mots *inondation, tremblement de terre, incendie.* Ce sont les termes dont on se sert pour caractériser ce bouleversement. Je les crois trompeurs; ils ne représentent nullement la manière dont l'invasion s'est opérée, ni ses résultats immédiats. L'exagération est naturelle au langage humain : les mots expriment l'impression que l'homme reçoit des faits, bien plutôt que les faits mêmes; c'est après avoir passé par l'esprit de l'homme, et selon l'impression qu'ils y ont produite, que les faits sont décrits et nommés. Or, l'impression n'est jamais l'image fidèle et complète du fait. D'abord elle est individuelle, et le fait ne l'est point : les grands événements, l'invasion d'un peuple étranger, par exemple, sont racontés par les hommes qui en ont été personnellement atteints, victimes, acteurs ou spectateurs; et ils les racontent comme ils les ont vus, ils les caractérisent d'après ce qu'ils en ont connu ou subi : celui qui a vu sa maison ou son village brûlés appellera peut-être l'invasion un incendie; dans la pensée de tel autre, elle aura revêtu la forme d'une inondation, d'un tremblement de terre. Ces images sont vraies, mais d'une vérité, si je puis ainsi parler, pleine de prévention et d'égoïsme; elles reproduisent l'impression de quelques hommes; elles ne sont point l'expression du fait dans toute son étendue, ni de la manière dont il a frappé tout le pays.

Telle est d'ailleurs la poésie instinctive de l'esprit humain, qu'il est porté à recevoir des faits une impression plus vive, plus grande que ne sont les faits mêmes ; c'est son penchant de les étendre, de les ennoblir; ils sont pour lui comme une matière qu'il façonne, un thème sur lequel il s'exerce, et dont il tire, ou plutôt où il répand des beautés, des effets qui n'y étaient point. En sorte qu'une cause double et contraire remplit le langage d'illusion : sous un point de vue matériel, les faits sont plus grands que l'homme, et il n'en connaît, il n'en décrit que ce qui le frappe personnellement ; sous un point de vue moral, l'homme est plus grand que les faits, et en les décrivant il leur prête quelque chose de sa grandeur.

C'est là, Messieurs, ce qu'il ne faut jamais oublier dans l'étude de l'histoire, surtout dans la lecture des documents contemporains; ils sont en même temps incomplets et exagérés ; ils ignorent et amplifient : il faut se méfier de l'impression qui s'y révèle et comme trop étroite et comme trop poétique; il y faut à la fois ajouter et retrancher. Nulle part cette double erreur ne paraît davantage que dans les récits de l'invasion germanique, et les mots par lesquels on la décrit ne la représentent nullement.

L'invasion, Messieurs, ou, pour mieux dire, les invasions, étaient des événements essentiellement partiels, locaux, momentanés. Une bande arrivait, en général très-peu nombreuse; les plus puissantes, celles qui ont fondé des royaumes, la bande de Clovis, par exemple, n'était guère que de 5 à 6,000 hommes; la nation entière des Bourguignons ne dépassait pas 60,000 hommes. Elle parcourait rapidement un territoire étroit, ravageait un district, attaquait une ville, et tantôt se retirait, emmenant son butin, tantôt s'établissait quelque part, soigneuse de ne pas se trop disperser. Nous savons, Messieurs, avec quelle facilité, quelle promptitude, de pareils événements s'accomplissent et disparaissent. Des maisons sont brûlées, des champs dévastés, des récoltes enlevées, des hommes tués ou emmenés captifs : tout ce mal fait, au bout de quelques jours les flots se referment, le sillon s'efface, les souffrances individuelles sont oubliées; la société rentre, en apparence du moins, dans son ancien état. Ainsi se passaient les choses en Gaule au ive siècle.

Mais nous savons aussi que la société humaine, cette société qu'on appelle un peuple, n'est pas une simple juxta-position d'existences isolées et passagères : si elle n'était rien de plus, les invasions des Barbares n'auraient pas produit l'impression que peignent les documents de l'époque; pendant longtemps le nombre des lieux et des hommes qui en souffraient fut bien inférieur au nombre de ceux qui leur échappaient. Mais la vie sociale de chaque homme n'est point concentrée dans l'espace matériel qui en est le théâtre, et dans le moment qui s'enfuit; elle se répand dans toutes les relations qu'il a contractées sur les différents points du territoire; et non-seulement dans celles qu'il a contractées, mais aussi dans celles qu'il peut contracter ou seulement concevoir; elle embrasse non-seulement le présent, mais l'avenir; l'homme vit sur mille points où il n'habite pas, dans mille moments qui ne sont pas encore ; et si ce développement de sa vie lui est retranché, s'il est forcé de s'enfermer dans les étroites limites de son existence matérielle et actuelle, de s'isoler dans l'espace et le temps, la vie sociale est mutilée, la société n'est plus.

C'était là l'effet des invasions, de ces apparitions de bandes barbares, courtes, il est vrai, et bornées, mais sans cesse renaissantes, partout possibles, toujours imminentes; elles détruisaient : 1° toute correspondance régulière, habituelle, facile, entre les diverses parties du territoire; 2° toute sécurité, toute perspective d'avenir : elles brisaient les liens qui unissent entre eux les habitants d'un même pays, les moments d'une même vie; elles isolaient les hommes, et pour chaque homme, les journées. En beaucoup de lieux, pendant beaucoup d'années, l'aspect du pays put rester le même; mais l'organisation sociale était attaquée, les membres ne tenaient plus les uns aux autres, les muscles ne jouaient plus, le sang ne circulait plus librement ni sûrement dans les veines : le mal éclatait tantôt sur un point, tantôt sur l'autre : une ville était pillée, un chemin rendu impraticable, un pont rompu; telle ou telle communication cessait ; la culture des terres devenait impossible dans tel ou tel district : en un mot, l'harmonie organique, l'activité générale du corps social étaient chaque jour entravées, troublées; chaque jour la dissolution et la paralysie faisaient quelque nouveau progrès.

Ainsi fut détruite, vraiment détruite en Gaule la société romaine; non comme un vallon est ravagé par un torrent, mais comme le corps le plus solide est désorganisé par l'infiltration continuelle d'une substance étrangère. Entre tous les membres de l'État, entre tous les moments de la vie de chaque homme, venaient sans cesse se jeter les Barbares. J'ai essayé naguère de vous peindre le démembrement de l'Empire romain, cette impossibilité où se trouvèrent ses maîtres d'en tenir liées les diverses parties, et comment l'administration impériale fut contrainte de se retirer spontanément de la Grande-Bretagne, de la Gaule, incapable de lutter contre la dissolution de ce vaste corps. Ce qui s'était passé dans l'Empire se passait également dans chaque province; comme l'Empire s'était désorganisé, de même chaque province se désorganisait; les cantons, les villes, se détachaient, pour retourner à une existence locale et isolée. L'invasion opéra partout de la même manière, produisit partout les mêmes effets. Tous ces liens par lesquels Rome était parvenue, après tant d'efforts, à unir entre elles les diverses parties du monde; ce grand système d'administration, d'impôts, de recrutement, de travaux publics, de routes, ne put se maintenir. Il n'en resta que ce qui pouvait subsister isolément, localement, c'est-à-dire les débris du régime municipal. Les habitants se renfermèrent dans les villes; là ils continuèrent à se régir à peu près comme ils l'avaient fait jadis, avec les mêmes droits, par les mêmes institutions. Mille circonstances prouvent cette concentration de la société dans les cités : en voici une qu'on a peu remarquée. Sous l'administration romaine, ce sont les gouverneurs de province, les consulaires, les correcteurs, les présidents, qui occupent la scène, et reviennent sans cesse dans les lois et l'histoire ; dans le vi[e] siècle, leur nom devient beaucoup plus rare : on voit bien encore des ducs, des comtes, auxquels est confié le gouvernement des provinces; les rois barbares s'efforcent d'hériter de l'administration romaine, de garder les mêmes employés, de faire couler leur pouvoir dans les mêmes canaux ; mais ils n'y réussissent que fort incomplétement, avec grand désordre; leurs ducs sont plutôt des chefs militaires que des administrateurs ; évidemment les gouverneurs des provinces n'ont plus la même importance, ne jouent plus le même rôle; ce sont les gouverneurs de villes qui remplissent l'histoire; la plupart de ces comtes de Chilpéric, de Gontran, de Théodebert, dont Grégoire de Tours raconte les exactions, sont des comtes de villes, établis dans l'intérieur de leurs murs, à côté de leur évêque. Il y aurait de l'exagération à dire que la province a disparu; mais elle est désorganisée, sans consistance, presque sans réalité. La ville, l'élément primitif du monde romain, survit presque seule à sa ruine. Les campagnes sont la proie des Barbares ; c'est là qu'ils s'établissent avec leurs hommes ; c'est là qu'ils introduiront par degrés des institutions, une organisation sociale toutes nouvelles ; jusque là les campagnes ne tiendront dans la société presque aucune place : elles ne seront qu'un théâtre d'excursions, de pillages, de misères.

Dans l'intérieur même des villes, l'ancienne société était loin de se maintenir entière et forte. Au milieu du mouvement des invasions, les villes furent surtout des forteresses ; on s'y renfermait pour échapper aux bandes qui ravageaient le pays. Quand l'immigration barbare se fut un peu arrêtée, quand les peuples nouveaux se furent assis sur le territoire, les villes restèrent encore des forteresses : au lieu d'avoir à se défendre contre des bandes errantes, il fallut se défendre contre des voisins, contre les avides et turbulents possesseurs des campagnes environnantes. Il n'y avait donc, derrière ces faibles remparts, que bien peu de sûreté. Sans doute les villes sont des centres de population et de travail, mais à certaines conditions ; à condition, d'une part, que la population des campagnes cultivera pour elles ; de l'autre, qu'un commerce étendu, actif, viendra consommer les produits du travail des bourgeois. Si l'agriculture et le commerce dépérissent, les villes dépériront ; leur prospérité et leur force ne s'isolent point. Or, vous venez de voir dans quel état tombaient, au vi^e siècle, les campagnes de la Gaule ; les villes pouvaient y échapper quelque temps, mais de jour en jour le mal devait les gagner. Il les gagna en effet, et bientôt ce dernier débris de l'Empire parut atteint de la même faiblesse, en proie à la même dissolution.

Tels étaient au vi⁰ siècle, sur la société romaine, les effets généraux de l'invasion et de l'établissement des Barbares ; voilà l'état où ils l'avaient mise. Recherchons maintenant quelles en étaient aussi les conséquences sur le second élément de la civilisation moderne, sur la société germaine elle-même.

Une grande erreur réside au fond de la plupart des recherches dont cette question a déjà été l'objet. On a étudié les institutions des Germains en Germanie ; puis on les a transportées telles quelles dans la Gaule, à la suite des Germains : on a supposé que la société germaine s'était retrouvée à peu près la même après la conquête, et on est parti de là pour déterminer son influence et lui assigner sa part dans le développement de la civilisation moderne. Rien n'est plus faux et plus trompeur. La société germaine a été modifiée, dénaturée, dissoute par l'invasion, aussi bien que la société romaine. Dans ce grand bouleversement, l'organisation sociale des vainqueurs a péri comme celle des vaincus ; les uns et les autres n'ont mis en commun que des débris.

Deux sociétés, au fond plus semblables peut-être qu'on ne l'a cru, distinctes pourtant, subsistaient en Germanie : 1° la société de la peuplade ou tribu, tendant à l'état sédentaire, sur un territoire peu étendu qu'elle faisait cultiver par des colons et des esclaves ; 2° la société de la bande guerrière, accidentellement groupée autour d'un chef fameux, et menant la vie errante. C'est là ce qui résulte évidemment des faits que je vous ai déjà décrits.

A la première de ces deux sociétés, à la tribu, s'appliquent, dans une certaine mesure, ces descriptions de l'état des anciens Germains, tracées par les Allemands modernes, et dont je vous ai déjà entretenus. Quand une peuplade, en effet, peu nombreuse comme elles l'étaient toutes, occupait un territoire peu étendu ; quand chaque chef de famille était établi sur son domaine, au milieu de ses colons, l'organisation sociale que ces écrivains ont décrite pouvait être, sinon complète et efficace, du moins ébauchée : l'assemblée des propriétaires, des chefs de famille, décidait de toutes choses ; chaque bourgade avait la sienne ; la justice y était rendue par les hommes libres eux-mêmes, sous la direction des vieillards ; une sorte de police publique pouvait commencer entre les bourgades confédérées ; les institutions libres étaient là telles qu'on les rencontre dans le berceau des nations.

L'organisation de la bande guerrière était différente ; un autre principe y présidait, le principe du patronage d'un chef, de la clientelle aristocratique et de la subordination militaire. Je me sers à regret de ces derniers mots ; ils conviennent bien mal à des hordes barbares : cependant, quelque barbares que soient les hommes, une sorte de discipline s'introduit nécessairement entre le chef et ses guerriers, et il y a là, à coup sûr, plus d'autorité arbitraire, plus d'obéissance forcée que dans les associations qui n'ont pas la guerre pour objet. La bande germaine contenait donc un autre élément politique que la tribu. En même temps, cependant, la liberté y était grande : nul homme n'y était engagé que de son gré ; le Germain naissait dans sa tribu, et appartenait ainsi à une situation qui n'était point de son choix ; le guerrier choisissait son chef, ses compagnons, et n'entreprenait rien que par un acte de sa propre volonté. Dans le sein de la bande d'ailleurs, entre les chefs et leurs hommes, l'inégalité n'était pas grande ; il n'y avait guère que l'inégalité naturelle de force, de talent, de bravoure ; inégalité féconde dans l'avenir, et qui produit tôt ou tard d'immenses effets, mais qui, au début de la société, ne se déploie que dans d'assez étroites limites. Quoique le chef eût une plus grande part dans le butin, quoiqu'il possédât plus de chevaux, plus d'armes ; il n'était pas assez supérieur en richesse à ses compagnons pour disposer d'eux sans leur adhésion, chaque guerrier entrait dans l'association avec sa force et son courage, assez peu différent des autres, et maître d'en sortir quand il lui plaisait.

Telles étaient les deux sociétés germaines primitives : que devinrent-elles l'une et l'autre par le fait de l'invasion ? quels changements y produisit-elle nécessairement ? Par là seulement nous pourrons connaître quelle société germaine fut vraiment transportée sur le sol romain.

Messieurs, le fait caractéristique, le grand résultat de l'invasion, pour les Germains, ce fut leur passage à l'état de propriétaires, la cessation de la vie errante, et l'établissement définitif de la vie agricole.

Ce fait s'est accompli successivement, lentement, inégalement; la vie errante a continué pendant assez longtemps dans la Gaule, du moins pour un grand nombre de Germains. Cependant, quand on a tenu compte de ces délais, de ces désordres, on reconnaît qu'après tout les conquérants sont devenus propriétaires, qu'ils se sont attachés au sol, que la propriété foncière a été l'élément essentiel du nouvel état social.

Quelles ont été les conséquences de ce seul fait dans le régime de la bande guerrière et de la tribu?

Quant à la tribu, rappelez-vous, Messieurs, ce que j'ai eu l'honneur de vous dire sur le mode de son établissement territorial en Germanie, sur la manière dont les villages étaient construits et disposés : la population n'y était point pressée; chaque famille, chaque habitation était isolée, entourée d'un terrain en culture. Ainsi se posent, même quand ils mènent la vie sédentaire, les peuples qui ne sont encore qu'à ce degré de civilisation.

Lorsque la tribu fut transplantée sur le sol gaulois, les habitations se dispersèrent bien davantage; les chefs de famille s'établirent à une bien plus grande distance les uns des autres : ils occupèrent de vastes domaines; leurs maisons devinrent plus tard les châteaux; les villages qui se formèrent autour d'eux furent peuplés non plus d'hommes libres, leurs égaux, mais des colons attachés à leurs terres. Ainsi, sous le rapport matériel, la tribu se trouva dissoute par le seul fait de son nouvel établissement.

Vous devinez sans peine quel effet dut produire, dans ses institutions, ce seul changement. L'assemblée des hommes libres, où se traitaient toutes choses, devint beaucoup plus difficile à réunir; tant qu'ils vivaient les uns près des autres, ils n'avaient pas besoin de grands artifices, de combinaisons savantes, pour traiter en commun de leurs affaires : mais quand une population est éparse, pour que les principes et les formes des institutions libres lui demeurent applicables, il faut un grand développement social; il faut de la richesse, de l'intelligence, mille conditions, en un mot, qui manquaient à la peuplade germaine, transportée tout à coup sur un territoire beaucoup plus vaste que celui qu'elle occupait auparavant. Le système qui avait présidé à son existence en Germanie devait donc périr, et périt en effet. En ouvrant les plus anciennes lois germaniques, celles des Allemands, des Bavarois, des Francs, on voit qu'originairement l'assemblée des hommes libres, dans chaque canton, se tenait très-fréquemment, d'abord toutes les semaines, puis tous les mois : toutes les affaires y étaient portées; les jugements y étaient rendus, non-seulement les jugements criminels, mais les jugements civils; presque tous les actes de la vie civile s'accomplissaient en sa présence, les ventes, les donations, etc. Quand une fois la peuplade est établie en Gaule, les assemblées deviennent rares et difficiles ; si difficiles, qu'il faut employer des moyens coërcitifs pour y faire venir les hommes libres; c'est l'objet de plusieurs dispositions légales. Et si vous passez tout d'un coup du iv° siècle au milieu du viii°, vous trouvez qu'à cette dernière époque il n'y a plus, dans chaque comté, que trois assemblées d'hommes libres par an : encore manquent-elles souvent ; la législation de Charlemagne en fait foi [1].

Si d'autres preuves étaient nécessaires, en voici une qui mérite d'être remarquée. Quand les assemblées étaient fréquentes, les hommes libres, sous le nom de *rachimburgi*, *ahrimanni*, *boni homines*, et dans des formes diverses, y décidaient les affaires. Quand ils ne vinrent plus, il fallut trouver, dans les occasions indispensables, un moyen de les suppléer : aussi voit-on, à la fin du viii° siècle, les hommes libres remplacés, dans les fonctions judiciaires, par des juges permanents; les *scabini*, ou échevins de Charlemagne, sont de vrais juges ; dans chaque comté, cinq, sept, neuf hommes libres sont désignés par le comte, ou tout autre magistrat local, avec charge de se rendre à l'assemblée du comté, et de juger les procès. Les institutions primitives sont devenues impraticables ; le pouvoir judiciaire a passé du peuple à des magistrats.

Tel fut l'état où tomba, après l'invasion et par son influence, le premier élément de la société ger-

---

[1] Voyez mes *Essais sur l'Histoire de France*, p. 258, 266, 271.

maine, la peuplade, la tribu. Politiquement parlant, elle fut désorganisée, comme l'avait été la société romaine. Quant à la bande guerrière, les faits s'accomplirent d'une autre façon et sous une autre forme, mais avec les mêmes résultats.

Lorsqu'une bande arrivait quelque part, et prenait possession des terres ou d'une portion des terres, ne croyez pas que cette occupation eût lieu systématiquement, ni qu'on divisât le territoire par lots, et que chaque guerrier en reçût un selon son importance ou son rang : le chef de la bande, ou les différents chefs qui s'étaient réunis, s'appropriaient de vastes domaines; la plupart des guerriers qui les avaient suivis continuaient de vivre autour d'eux, chez eux, à leur table, sans propriété qui leur appartînt spécialement. La bande ne se dissolvait point en individus dont chacun devînt propriétaire; les guerriers les plus considérables entraient presque seuls dans cette nouvelle situation ; s'ils se fussent tous dispersés pour aller s'établir chacun sur un point du territoire, leur sûreté au milieu de la population eût été bientôt compromise; ils avaient besoin de rester réunis en groupes. La vie commune d'ailleurs, le jeu, la chasse, les banquets, c'étaient là les plaisirs des Barbares : comment se seraient-ils résignés à s'isoler ? L'isolement n'est supportable qu'à la condition du travail ; l'homme ne peut rester oisif et seul. Or, les Barbares étaient essentiellement oisifs; ils avaient donc besoin de vivre ensemble; et beaucoup de compagnons restèrent auprès de leur chef, menant, sur ses domaines, à peu près la même vie qu'ils menaient auparavant à sa suite. Mais de là il advint que leur situation relative changea complétement : bientôt naquit, entre eux, une prodigieuse inégalité ; il ne s'agit plus de quelque diversité personnelle de force, de courage, ou d'une part plus ou moins considérable en bestiaux, en esclaves, en meubles précieux ; le chef, devenu grand propriétaire, disposa de beaucoup de moyens de pouvoir ; les autres étaient toujours de simples guerriers ; et plus les idées de la propriété s'affermirent et s'étendirent dans les esprits, plus l'inégalité se développa avec tous ses effets. On voit, à cette époque, un grand nombre d'hommes libres tomber par degrés dans une condition très-inférieure ; les lois parlent sans cesse d'hommes libres, de Francs vivant sur les terres d'un autre, et réduits presque au même état que les colons [1]. La bande, considérée comme une société particulière, reposait sur deux faits, l'association volontaire des guerriers pour mener en commun une vie errante, et leur égalité : ces deux faits périrent dans les résultats de l'invasion ; d'une part, la vie errante cessa ; de l'autre, l'inégalité s'introduisit et grandit chaque jour entre les guerriers sédentaires.

Le morcellement progressif des terres, dans les trois siècles qui suivirent l'invasion, ne changea point ce résultat. Il n'y a aucun de vous qui n'ait entendu parler des bénéfices que le roi, ou les chefs

---

[1] *Essais sur l'Histoire de France*, p. 109-111.

considérables qui avaient occupé un vaste territoire, distribuaient à leurs hommes, pour les attacher à leur service, ou les récompenser de services rendus. Cette pratique, à mesure qu'elle s'étendit, produisit, sur ce qui restait de la bande guerrière, des effets analogues à ceux que je viens de vous signaler. D'une part, le guerrier à qui son chef donnait un bénéfice, allait l'habiter; nouveau principe d'isolement et d'individualité : d'autre part, ce guerrier avait d'ordinaire quelques hommes à lui; il en cherchait, il en trouvait qui venaient vivre avec lui dans son domaine; nouvelle source d'inégalité.

Tels furent les effets généraux de l'invasion sur les deux anciennes sociétés germaniques, la tribu et la bande. Elles se trouvèrent également désorganisées. Les hommes entrèrent dans des situations toutes différentes, des relations toutes nouvelles. Pour les lier de nouveau entre eux, pour en former de nouveau une société, et pour tirer de cette société un gouvernement, il fallut recourir à d'autres principes, à d'autres institutions. Dissoute comme la société romaine, la société germaine ne fournit de même, à celle qui lui succéda, que des débris.

J'espère, Messieurs, que ces mots, *société dissoute, société qui périt*, ne vous font point illusion, et que vous en démêlez le véritable sens. Une société ne se dissout que parce qu'une société nouvelle fermente et se forme dans son sein ; c'est là le travail caché qui tend à en séparer les éléments, pour les faire entrer dans de nouvelles combinaisons. Une telle désorganisation révèle que les faits sont changés, que les relations et les dispositions des hommes ne sont plus les mêmes, que d'autres principes, d'autres formes s'apprêtent à y présider. Ainsi, en disant qu'au vi{e} siècle, par les résultats de l'invasion, l'ancienne société, tant romaine que germaine, fut dissoute dans la Gaule, nous disons que par les mêmes causes, à la même époque, sur le même territoire, la société moderne commençait.

Il n'y a pas moyen, Messieurs, de démêler ni de contempler clairement ce premier travail ; toute origine, toute création est profondément cachée, et ne se manifeste au dehors que plus tard, quand elle a déjà fait de grands progrès. Cependant on peut la pressentir ; et il importe que vous sachiez, dès aujourd'hui, ce qui fermentait et naissait sous cette dissolution générale des deux éléments de la société moderne ; j'essaierai de vous en donner une idée en peu de mots.

Le premier fait qui se laisse entrevoir à cette époque est une certaine tendance vers le développement de la royauté. On s'est souvent prévalu de la royauté barbare au profit de la royauté moderne, à grand tort, je crois : au ive et au xviie siècle, ce mot exprime deux institutions, deux forces profondément diverses. Il y avait bien chez les Barbares quelques germes d'hérédité royale, quelques traces d'un caractère religieux inhérent à certaines familles descendues des premiers chefs de la nation, des héros devenus dieux. Nul doute cependant que le choix, l'élection, ne fût alors la principale origine de la royauté, et que le caractère de chefs guerriers ne dominât dans les rois barbares.

Lorsqu'ils furent transportés sur le territoire romain, leur situation changea. Ils y trouvèrent une place vide, celle des empereurs. Il y avait là un pouvoir, des titres, une machine de gouvernement, que les Barbares connaissaient, dont ils avaient admiré l'éclat, dont ils comprirent très-vite l'efficacité; ils devaient être fort tentés de se les approprier. Tel fut aussi le but de tous leurs efforts. Ils se révèlent à chaque pas : Clovis, Childebert, Gontran, Chilpéric, Clotaire, travaillent incessamment à se parer des noms, à exercer les droits de l'Empire; ils voudraient distribuer leurs ducs, leurs comtes, comme les empereurs distribuaient leurs consulaires, leurs correcteurs, leurs présidents; ils essaient de rétablir tout ce système d'impôts, de recrutement, d'administration, qui tombe en ruine. En un mot, la royauté barbare, étroite et grossière, fait effort pour se développer, et pour remplir, en quelque sorte, le cadre immense de la royauté impériale.

Pendant longtemps le cours des choses ne lui fut pas favorable, et ses premières tentatives eurent peu de succès; cependant on démêle, dès l'origine, qu'il en restera quelque chose, que la royauté nouvelle recueillera, dans l'avenir, une portion de cet héritage impérial qu'elle aurait voulu s'approprier, tout entier, du premier coup; immédiatement après l'invasion, elle devient moins guerrière, plus religieuse et plus politique qu'elle n'avait été jusque là, c'est-à-dire qu'elle revêt davantage le caractère de la royauté impériale. C'est là, si je ne m'abuse, le premier grand fait du travail qui devait enfanter la société nouvelle; fait encore peu apparent, facile cependant à entrevoir.

Le second est la naissance de l'aristocratie territoriale. La propriété apparaît, longtemps encore après l'établissement des Barbares, incertaine, mobile, désordonnée, passant d'une main à l'autre avec une prodigieuse rapidité. Cependant il est clair qu'elle se dispose à se fixer dans les mêmes mains et à se régler. La tendance des bénéfices est de devenir héréditaires; et, malgré les obstacles qui la repoussent, l'hérédité y prévaut en effet de plus en plus. En même temps on voit commencer, entre les possesseurs de bénéfices, cette organisation hiérarchique qui devint plus tard le régime féodal. Il ne faut pas transporter aux vi^e et viie siècles la féodalité du xiiie : rien de semblable n'existait; le désordre des propriétés et des relations personnelles était infiniment plus grand; cependant toutes choses concouraient, d'une part, à ce que la propriété se fixât; de l'autre, à ce que la société des propriétaires se constituât suivant une certaine hiérarchie. De même qu'on voit poindre, dès la fin du vi^e siècle, la royauté moderne, de même on voit poindre la féodalité.

Enfin, un troisième fait se développait aussi à cette époque. Je vous ai entretenus de l'état de l'Église; vous avez vu quelle était sa puissance, et comment elle était, pour ainsi dire, le seul reste vivant de la société romaine. Quand les Barbares se furent établis, voici dans quelle situation se trouva l'Église, au moins ce qu'elle devint bientôt. Les évêques étaient, vous le savez, les chefs naturels des villes; ils administraient le peuple dans l'intérieur de chaque cité; ils le représentaient auprès des Barbares; ils étaient ses magistrats au dedans, ses protecteurs au dehors. Le clergé avait donc dans le régime municipal, c'est-à-dire dans ce qui restait de la société romaine, de profondes racines. Il en poussa bientôt ailleurs : les évêques devinrent les conseillers des rois barbares. Ils les conseillèrent sur la conduite qu'ils avaient à tenir avec les peuples vaincus, sur ce qu'ils devaient faire pour devenir les héritiers des empereurs romains. Ils avaient beaucoup plus d'expérience et d'intelligence politique que les Barbares à peine sortis de Germanie; ils avaient le goût du pouvoir, ils étaient accoutumés à le servir et à en profiter. Ils furent donc les conseillers de la royauté naissante, en restant les magistrats et les patrons de la municipalité encore debout.

Les voilà établis d'une part auprès du peuple, de l'autre auprès des trônes. Ce n'est pas tout : une troisième situation commence bientôt pour eux; ils deviennent de grands propriétaires; ils entrent dans cette organisation hiérarchique de la propriété foncière, qui n'existait pas encore, mais tendait à se former; ils travaillent et réussissent très-promptement à y occuper une grande place. En sorte qu'à cette époque, dans les premiers rudiments de la société nouvelle, déjà l'Église tient à tout, est partout accréditée et puissante ; symptôme assuré qu'elle atteindra la première à la domination. Ce fut, en effet, ce qui arriva.

Tels étaient, Messieurs, à la fin du vi[e] et au commencement du viie siècle, les trois grands faits, encore cachés, visibles pourtant, par lesquels s'annonçait le nouvel ordre social. Il est, je crois, impossible de les méconnaître ; mais, en les reconnaissant, sachez bien qu'aucun n'avait encore pris la place ni la forme qu'il devait garder. Toutes choses étaient encore mêlées et confondues à tel point, qu'il eût été impossible à l'œil le plus clairvoyant de discerner quelques traits de l'avenir. J'ai déjà eu occasion de le dire, et dans vos lectures vous avez pu vous en convaincre : il n'y a aucun système, aucune prétention moderne, qui n'ait trouvé, dans ces origines de notre société, de quoi se légitimer. La royauté s'y est vue souveraine, unique héritière de l'Empire romain. L'aristocratie féodale a dit que dès lors elle possédait le pays tout entier, hommes et terres ; les villes, qu'elles avaient succédé à tous les droits des municipalités romaines ; le clergé, qu'il avait partagé tous les pouvoirs. Cette singulière époque s'est prêtée à tous les besoins de l'esprit de parti, à toutes les hypothèses de la science ; elle a fourni des arguments et des armes aux peuples, aux rois, aux grands, aux prêtres, à la liberté comme à l'aristocratie, à l'aristocratie comme à la royauté.

C'est qu'en effet, Messieurs, elle portait dans son sein toutes choses, la théocratie, la monarchie, l'oligarchie, la république, les constitutions mixtes; et toutes choses dans un état de confusion qui a permis à chacun d'y voir tout ce qui lui convenait. La fermentation obscure et déréglée des débris de l'ancienne société, tant germaine que romaine, et le premier travail de leur transformation en éléments de la société nouvelle, tel est le véritable état de la Gaule aux VIe et VIIe siècles, le seul caractère qu'on puisse lui assigner.

NEUVIÈME LEÇON.

Objet de la leçon. — Idée fausse de la loi salique. — Histoire de la rédaction de cette loi. — Deux systèmes à ce sujet. — Dix-huit manuscrits. — Deux textes de la loi salique. — De l'ouvrage de M. Wiarda sur l'histoire et l'explication de la loi salique. — Préfaces jointes aux manuscrits. — Valeur des traditions nationales sur l'origine et la rédaction de la loi salique. — De ses dispositions. — Elle est essentiellement un code pénal. — 1° De l'énumération et de la définition des délits dans la loi salique; 2° des peines; 3° de la procédure criminelle. — Caractère transitoire de cette législation.

Messieurs,

Nous avons à nous occuper aujourd'hui des lois barbares, et spécialement de la loi salique. Je vous demande pardon d'avance de quelques minutieux détails, indispensables, je crois, pour faire bien connaître le caractère de cette loi et l'état social qui s'y révèle. On s'y est grandement et longtemps trompé. On a attribué à la loi salique une importance fort exagérée. Vous savez la cause de cette erreur; vous savez qu'à l'avénement de Philippe-le-Long, et dans la lutte de Philippe de Valois et d'Édouard III pour la couronne de France, la loi salique fut invoquée pour repousser la succession des femmes, et qu'elle a été célébrée dès lors, par une foule d'écrivains, comme la première source de notre droit public, une loi toujours en vigueur, la loi fondamentale de la monarchie. Les hommes même les plus étrangers à cette illusion, Montesquieu, par exemple, n'ont pas laissé d'en subir un peu l'influence, et de parler de la loi salique avec un respect qu'à coup sûr il est difficile de lui porter, quand on ne lui attribue dans notre histoire que la place qu'elle y tient véritablement. On serait tenté de croire que la plupart des écrivains qui parlent de cette loi n'en ont étudié ni l'histoire, ni le contenu; qu'ils ignorent également d'où elle vient et ce qu'elle est. Ce sont là, Messieurs, les deux questions que nous avons à résoudre : il faut que nous sachions, d'une part, comment la loi salique a été rédigée, où, quand, par qui, pour qui; d'autre part, quels sont l'objet et le système de ses dispositions.

Quant à son histoire, rappelez-vous, je vous prie, Messieurs, ce que j'ai déjà eu l'honneur de vous dire sur la double origine et l'incohérence des lois barbares; elles sont à la fois antérieures et postérieures à l'invasion, germaines et germano-romaines; elles appartiennent à deux états de société différents. Ce caractère a influé sur toutes les controverses dont la loi salique a été l'objet; il a donné lieu à deux systèmes : dans l'un, elle a été rédigée en Germanie, sur la rive droite du Rhin, bien avant la conquête, dans la langue propre des Francs; tout ce qui, dans ces dispositions, ne convient pas à cette époque et à l'ancienne société germaine, y a été introduit plus tard, par les révisions successives qui ont eu lieu après l'invasion. Dans l'autre système, au contraire, la loi salique a été rédigée après la conquête, sur la rive gauche du Rhin, en Belgique ou en Gaule, au VIIe siècle peut-être, et en latin.

Rien de plus naturel que la lutte de ces deux systèmes ; ils devaient naître de la loi salique elle-même. Une circonstance particulière est venue les provoquer.

Il y a, Messieurs, dans les manuscrits qui nous en restent, deux textes de cette loi : l'un purement latin ; l'autre latin aussi, mais mêlé d'un grand nombre de mots germaniques, de gloses, d'explications dans l'ancienne langue franque, intercalées dans le cours des articles. Il contient deux cent cinquante-trois intercalations de ce genre. Ce second texte a été publié en 1557, à Bâle, par le jurisconsulte Jean Hérold, d'après un manuscrit de l'abbaye de Fulde. Le texte purement latin a été publié une première fois à Paris, sans date, ni nom d'éditeur ; et pour la seconde fois par Jean Dutillet, également à Paris, en 1573. L'un et l'autre ont eu depuis une foule d'éditions.

Il existe de ces deux textes dix-huit manuscrits[1], savoir : quinze du texte purement latin, trois du texte mêlé de mots germaniques. Ces manuscrits ont été trouvés, quinze sur la rive gauche du Rhin,

---

[1] M. Pertz, si je ne me trompe, en a découvert récemment deux autres ; mais rien n'a encore été publié à leur sujet.

en France; trois seulement en Allemagne. Vous pourriez être tentés de croire que les trois manuscrits trouvés en Allemagne sont ceux qui contiennent la glose germanique : il n'en est rien; sur les trois manuscrits avec la glose, deux seulement viennent d'Allemagne, le troisième a été trouvé à Paris; sur les quinze autres, quatorze ont été trouvés en France, et un en Allemagne.

Les quinze manuscrits du texte purement latin sont semblables, à peu de chose près. Il y a bien quelques variantes dans les préfaces, les épilogues, dans la disposition ou la rédaction des articles, mais de peu d'importance. Les trois manuscrits contenant la glose germanique diffèrent beaucoup plus; ils diffèrent quant au nombre des titres et des articles, quant à leur ordre, leur contenu même, et encore plus quant au style. De ces manuscrits, deux sont rédigés dans le latin le plus barbare.

Voilà donc deux textes de la loi salique qui appuient les deux solutions du problème; l'un paraît d'une origine plus romaine, l'autre plus purement germanique. Aussi la question a-t-elle pris cette forme : des deux textes, quel est le plus ancien? lequel peut être considéré comme primitif?

L'opinion commune, surtout en Allemagne, attribue au texte portant la glose germanique la plus haute antiquité. Il y a bien, à la première vue, quelques raisons de le supposer. Les trois manuscrits de ce texte portent : *Lex salica antiqua, antiquissima, vetustior*; tandis que, dans ceux du texte purement latin, on lit ordinairement : *Lex salica recentior, emendata, reformata.* Si l'on s'en rapportait à ces épigraphes, la question serait résolue.

Une autre circonstance semble conduire à la même solution. Plusieurs manuscrits contiennent une sorte de préface où l'histoire de la loi salique est racontée : voici la plus étendue ; vous verrez sur-le-champ quelles conséquences on a pu en tirer sur l'antiquité de la loi.

» La nation des Francs, illustre, ayant Dieu pour fondateur, forte sous les armes, ferme dans les traités de paix, profonde en conseil, noble et saine de corps, d'une blancheur et d'une beauté singulière, hardie, agile et rude au combat ; depuis peu convertie à la foi catholique, pure d'hérésie ; lorsqu'elle était encore sous une croyance barbare, avec l'inspiration de Dieu recherchant la clef de la science ; selon la nature de ses qualités, désirant la justice, gardant la piété. La loi salique fut dictée par les chefs de cette nation, qui en ce moment commandaient chez elle.

On choisit, entre plusieurs, quatre hommes, savoir, Wisogast, Bodogast, Salogast et Windogast[1], dans les lieux appelés Salagheve, Bodogheve, Windogheve. Ces hommes se réunirent dans trois mâls[2], discutèrent avec soin toutes les causes de procès, traitèrent de chacune en particulier, et décrétèrent leur jugement en la manière qui suit. Puis, lorsque, avec l'aide de Dieu, Choldwig le chevelu, le beau, l'illustre roi des Francs, eut reçu le premier baptême catholique, tout ce qui, dans ce pacte, était jugé peu convenable fut amendé avec clarté par les illustres rois Choldwig, Childebert et Chlothaire ; et ainsi fut dressé le décret suivant.

Vive le Christ, qui aime les Francs ! Qu'il garde leur royaume et remplisse leurs chefs de la lumière de sa grâce ! qu'il protége l'armée, qu'il leur accorde des signes qui attestent leur foi, la joie de la paix et la félicité ! que le Seigneur Jésus-Christ dirige dans les voies de la piété les règnes de ceux qui gouvernent ! car cette nation est celle qui, pe-

---

[1] *Gast* veut dire hôte ; *gheve* ou *gau*, canton, district ; *Salogast* est l'hôte, l'habitant du canton de Sale ; *Bodogast*, l'hôte du canton de Bode, etc.

[2] *Mallum*, assemblée des hommes libres.

tite en nombre, mais brave et forte, secoua de sa tête le dur joug des Romains, et qui, après avoir reconnu la sainteté du baptême, orna somptueusement d'or et de pierres précieuses les corps des saints martyrs que les Romains avaient brûlés par le feu, massacrés, mutilés par le fer, ou fait déchirer par les bêtes.

Des inventeurs de lois, et de leur ordre.

Moïse fut le premier entre tous qui expliqua en lettres sacrées les lois divines à la nation hébraïque. Le roi Phoronée établit le premier chez les Grecs les lois et les jugements. Mercure Trismégiste donna le premier des lois aux Égyptiens; Solon donna le premier des lois aux Athéniens; Lycurgue établit le premier des lois sur les Lacédémoniens, par l'autorité d'Apollon; Numa Pompilius, qui succéda à Romulus, donna le premier des lois aux Romains. Ensuite, comme le peuple factieux ne pouvait supporter ses magistrats, il créa des décemvirs pour écrire des lois, et ceux-ci déposèrent sur douze tables les lois de Solon traduites en latin; ils étaient: Appius-Claudius Sabin, T. L. Genutius, P. Sestius Vaticanus, T. Veturius Cicurinus, C. Julius Tullius, A. Manilius, P. Sulpicius Camerinus, Sp. Postumius Albus, P. Horatius Pulvillus, T. Romilius Vaticanus. Ces décemvirs furent nommés pour écrire des lois. Le consul Pompée voulut le premier établir que les lois fussent rédigées en livres; mais il ne persévéra pas par crainte des calomniateurs: César commença ensuite à le faire, mais il fut tué avant d'avoir achevé. Peu à peu les anciennes lois tombèrent en désuétude par vétusté et négligence; et quoiqu'on ne s'en servît plus, il était pourtant nécessaire de les connaître. Les lois nouvelles commencèrent à compter de Constantin et de ses successeurs: elles étaient mêlées et sans ordre. Depuis, l'auguste Théodose II, à l'imitation des Codes de Grégoire et d'Hermogène, fit recueillir et disposer, sous le nom de chaque empereur, les constitutions données depuis Constantin; et de son nom on appela ce code Théodosien. Ensuite, chaque nation choisit, selon sa coutume, la loi qui lui était propre; car une longue coutume passe pour une loi: la loi est une constitution écrite; la coutume est un usage fondé sur l'ancienneté ou une loi non écrite: car la loi est ainsi nommée de *lire* (*lex a legendo*), parce qu'elle est écrite; la coutume est une longue habitude tirée seulement des mœurs; l'habitude est un certain droit établi par les mœurs, et qui est pris comme loi; la loi est tout ce qui est déjà établi par la raison, qui convient à la bonne discipline et profite au salut: mais on nomme habitude ce qui est dans l'usage commun.

Théodoric, roi des Francs, lorsqu'il était à Châlons, choisit des hommes sages de son royaume, et qui étaient instruits dans les lois antiques ; et lui-même dictant, il ordonna d'écrire les lois des Francs, des Allemands, des Bavarois, et de toutes les nations qui étaient sous son pouvoir, selon la coutume de chacune. Il y ajouta ce qu'il fallait y ajouter, en ôta les choses mal réglées, et amenda, selon la loi des chrétiens, ce qui était suivant l'ancienne coutume païenne. Et ce que le roi Théodoric ne put changer à cause de la grande antiquité de la coutume des païens, le roi Childebert commença à le corriger, et le roi Chlothaire l'acheva. Le glorieux roi Dagobert renouvela toutes ces choses par les illustres hommes Claude, Chadoin, Domagne et Agilof; fit transcrire, avec des améliorations, les anciennes lois, et les donna écrites à chaque nation. Les lois sont faites afin que la malice humaine soit contenue par la crainte, que l'innocence soit à l'abri de tout péril au milieu des méchants, que ces méchants redoutent les supplices, et qu'ils mettent un frein à leur envie de nuire.

Ceci a été décrété par le roi, les chefs et tout le peuple chrétien qui se trouve dans le royaume des Mérovingiens.

. . . .
Au nom de Christ :
Commence le pacte de la loi salique.

Ceux qui ont rédigé la loi salique sont : Wisogast, Aregast, Salogast, Windogast, dans Bodham, Saleham et Widham.

De cette préface, des mots *antiqua*, *vetustior*, insérés dans un texte, et de quelques autres indications analogues, on a conclu : 1° que la loi salique avait été rédigée avant l'invasion, au delà du Rhin, dans la langue des Francs ; 2° que le manuscrit mêlé de mots germains était le plus ancien, et contenait des débris du texte primitif.

Le plus savant ouvrage, Messieurs, où cette controverse ait été résumée, est celui de M. Wiarda, intitulé : *Histoire et explication de la loi salique*, et publié à Brême en 1808. Je ne vous promènerai point dans le labyrinthe des débats qu'il engage sur les diverses parties des diverses questions qu'elle embrasse ; mais j'en indiquerai les principaux résultats. Ils sont en général appuyés de bonnes preuves, et la critique en est très-attentive.

Selon M. Wiarda, le texte mêlé de mots germaniques, dans les copies du moins que nous en avons, n'est pas plus ancien que l'autre; on pourrait même être tenté de le croire plus moderne. Deux articles surtout semblent l'indiquer : 1° le titre 61, intitulé *de Chrenecruda*[1], et qui traite de la cession de biens, se trouve également dans les deux textes ; mais le texte purement latin le donne comme une disposition en vigueur, tandis que le texte avec la glose ajoute : « Dans le temps actuel, ceci ne s'applique plus; » 2° au titre LVIII, § 1er, le texte avec la glose porte : « Selon l'antique loi, quiconque aura déterré ou dépouillé un corps déjà enseveli sera banni, etc. » Cette loi, qualifiée ici d'antique, se trouve dans le texte purement latin, sans aucune observation.

On ne saurait nier que ces deux passages du texte avec la glose ne semblent indiquer une date postérieure.

De cette comparaison des textes, M. Wiarda passe à l'examen des préfaces, et il en fait aisément ressortir les invraisemblances et les contradictions. Un grand nombre de manuscrits n'ont point de préface : dans ceux qui en ont, elles sont fort différentes. Celle-là même que je viens de vous lire est composée de parties incohérentes ; la seconde, de-

---

[1] C'est-à-dire *de l'herbe verte*, des anciens mots germains qui répondent aux mots modernes *grün*, vert (*green* en anglais), et *kraut*, herbe, plante.

puis ces mots : *les inventeurs des lois*, etc., est copiée textuellement dans le traité des *étymologies et des origines* d'Isidore de Séville, écrivain du viie siècle; la troisième, depuis ces mots : Théoderic, roi des Francs, se trouve également en tête d'un manuscrit de la loi des Bavarois. Les noms des premiers rédacteurs de la loi des Francs Saliens ne sont pas semblables dans la préface et dans le corps même de la loi. De ces circonstances et de beaucoup d'autres, M. Wiarda conclut que les préfaces sont de simples additions écrites, en tête du texte, par les copistes, qui ont recueilli, chacun à sa guise, des bruits populaires, et qu'on ne saurait leur attribuer une véritable autorité.

Aucun d'ailleurs des anciens documents, aucun des premiers chroniqueurs qui ont raconté avec détail l'histoire des Francs, ni Grégoire de Tours, ni Frédégaire, par exemple, ne parlent de la rédaction de leurs lois. Il faut descendre jusqu'au viiie siècle pour trouver un passage qui en fasse mention, et c'est dans l'une des plus confuses, des plus fabuleuses chroniques de cette époque, dans les *Gesta Francorum*, qu'on lit :

<small>Après une bataille que leur livra l'empereur Valentinien, et où tomba leur chef Priam, les Francs sortirent de Sicambrie, et vinrent s'établir dans les régions de la Germanie, aux extrémités du cours du fleuve du Rhin... Là, ils élurent roi Pharamond, fils de Marcomir, et, l'élevant sur leurs boucliers, le proclamèrent roi chevelu ; et alors ils commencèrent à avoir une loi que leurs anciens conseillers gentils, Wisogast, Windogast, Aregast et Salogast rédigèrent dans les bourgades germaines de Bodecheim, Salecheim et Windecheim. (*Gesta Franc.*, c. 3.)</small>

C'est sur ce paragraphe que se fondent toutes les

préfaces, inscriptions ou narrations placées en tête des manuscrits; elles n'ont point d'autre garantie et ne méritent pas plus de foi.

Après avoir ainsi écarté les documents indirects allégués à l'appui de la haute antiquité et de l'origine purement germaine de la loi, M. Wiarda aborde directement la question, et pense : 1° que la loi salique a été rédigée pour la première fois sur la rive gauche du Rhin, en Belgique, dans le territoire situé entre la forêt des Ardennes, la Meuse, la Lys et l'Escaut; pays où s'établit et qu'occupa longtemps la tribu des Francs Saliens, que cette loi régissait spécialement, et de qui elle a reçu son nom; 2° que, dans aucun des textes actuellement existants, elle ne paraît pas remonter au delà du VIIe siècle ; 3° enfin, qu'elle n'a jamais été rédigée qu'en latin. Ceci est reconnu de toutes les autres lois barbares, des lois ripuaire, bavaroise, allemande, et rien n'indique que la loi salique ait fait exception. Les dialectes germains, d'ailleurs, ne furent point écrits avant le règne de Charlemagne ; et Otfried de Weissembourg, traducteur de l'Évangile, appelle encore au IXe siècle la langue franque *linguam indisciplinabilem.*

Tels sont les résultats généraux du savant travail de M. Wiarda : à tout prendre, je les crois légitimes ; il s'est même trop peu prévalu d'un genre de preuves plus fortes, à mon avis, que la plupart de celles qu'il a si ingénieusement débattues, c'est-à-dire du contenu même de la loi salique et des faits qui s'y révèlent clairement. Il me semble évident, par les dispositions, les idées, le ton de cette loi, qu'elle appartient à une époque où les Francs étaient depuis assez longtemps au milieu d'une population romaine; elle fait sans cesse mention des Romains; et non pas comme d'habitants épars çà et là sur le territoire, mais comme d'une population nombreuse, laborieuse, agricole, déjà réduite, en grande partie du moins, à l'état de colons. On y voit aussi que le christianisme ne date pas d'hier parmi les Francs, qu'il tient déjà, dans la société et les esprits, une grande place ; il y est souvent question des églises, des évêques, des diacres, des clercs ; on reconnaît, dans plus d'un article, l'influence de la religion sur les notions morales et le changement qu'elle a déjà apporté dans les mœurs barbares. En un mot, les preuves intrinsèques, puisées dans la loi elle-même, me paraissent concluantes en faveur du système que M. Wiarda a soutenu.

Je crois cependant que les traditions qui, à travers beaucoup de contradictions et de fables, retentissent encore dans les préfaces et les épilogues annexés à la loi, ont plus d'importance et méritent plus d'égards qu'il ne leur en a accordé. Elles indiquent que, dès le VIIIe siècle, c'était une croyance répandue, un souvenir populaire, que les coutumes des Francs Saliens avaient été recueillies anciennement, avant qu'ils fussent chrétiens, dans un territoire plus germain que celui qu'ils occupaient. Quelque peu authentiques, quelque vicieux que soient les documents où ces traditions sont déposées, ils prouvent du moins qu'elles existaient. Il n'en faut pas conclure que la loi salique, telle que nous l'avons, soit d'une date très-reculée, ni qu'elle ait été rédigée comme on le raconte, ni même qu'elle ait jamais été écrite en langue germanique; mais qu'elle se rattache à des coutumes recueillies et transmises de génération en génération, lorsque les Francs habitaient vers l'embouchure du Rhin, et modifiées, étendues, expliquées, rédigées en loi à diverses reprises, depuis cette époque jusqu'à la fin du viiie siècle. C'est là, je crois, le résultat raisonnable auquel cette discussion doit conduire.

Permettez, Messieurs, qu'avant de quitter l'ouvrage de M. Wiarda, j'appelle un moment votre attention sur deux idées qu'il y développe, et qui contiennent, à mon avis, une large part de vérité. La loi salique, selon lui, n'est point une loi proprement dite, un code; elle n'a pas été rédigée et publiée par une autorité légale, officielle, soit un roi, soit une assemblée du peuple ou des grands. Il est tenté d'y voir une simple énumération de coutumes et de décisions judiciaires, un recueil fait par quelque prud'homme, quelque clerc barbare, recueil analogue au *Miroir des Saxons*, au *Miroir des Souabes*, et à plusieurs autres anciens monuments de la législation germanique, qui n'ont évidemment que ce caractère. M. Wiarda fonde cette conjecture sur l'exemple de plusieurs autres peuples à ce même degré de civilisation, et sur un assez grand nombre d'arguments ingénieux. Il en est un qui lui a échappé, le plus concluant peut-être; c'est un texte de la loi salique elle-même. On y lit :

Si quelqu'un a dépouillé un mort avant qu'on l'ait mis en terre, qu'il soit condamné à payer 1,800 deniers, qui font 45 sous; et, d'après une autre décision (*in alia sententia*), 2,500 deniers, qui font 62 sous et demi [1].

Évidemment, ce n'est pas là un texte législatif, car il contient pour le même délit deux peines différentes; et les mots, *d'après une autre décision*, sont exactement ceux qu'on trouverait dans le langage de la jurisprudence, dans un recueil d'arrêts.

M. Wiarda pense en outre, et ceci confirmerait l'opinion précédente, que la loi salique ne contient pas toute la législation, tout le droit des Francs Saliens. On trouve, en effet, dans les monuments des ixe, x^e et xie siècles, un certain nombre de cas qui sont dits réglés *secundum legem salicam*, et dont le texte de cette loi ne fait aucune mention. Certaines formes de mariage, certaines règles des fiançailles, sont expressément appelées *secundum legem salicam*, et n'y figurent aucunement. D'où on pourrait conclure qu'un grand nombre de coutumes des Francs Saliens n'avaient jamais été écrites, et ne font point partie du texte que nous possédons.

Voilà bien des détails, Messieurs, et j'en ai supprimé bien davantage; je ne vous ai donné que le résultat des controverses dont l'histoire seule de la loi salique a été l'objet. C'est pour ne s'en être pas rendu compte, pour n'avoir pas scruté avec soin les origines et les vicissitudes de cette loi, qu'on s'est si étrangement mépris sur sa nature. Entrons à pré-

---

[1] *Pact. leg. sal.*, éd. Hérold; tit. xvii, *de expoliationibus*, § 1.

sent dans l'examen de la législation elle-même, et tâchons d'y apporter une critique un peu précise, car ici encore on est étrangement tombé dans le vague et la déclamation.

Les deux textes sont d'étendue inégale : le texte mêlé de mots germaniques contient 80 titres et 420 articles ou paragraphes; le texte purement latin n'a que 70, 71, 72 titres, selon les différents manuscrits, et 406, 407 ou 408 articles. Un manuscrit, celui de Wolfenbüttel, très-confus à la vérité, va même au delà.

Au premier aspect, il est impossible de n'être pas frappé du chaos de la loi. Elle traite de toutes choses, du droit politique, du droit civil, du droit criminel, de la procédure civile, de la procédure criminelle, de la police rurale, et de toutes choses pêle-mêle, sans aucune distinction ni classification. Si on écrivait, chacun à part, les articles de nos divers codes, et qu'après les avoir mêlés dans une urne, on les en tirât successivement, l'ordre que mettrait le hasard entre les matières et les dispositions ne différerait guère de leur arrangement dans la loi salique.

Quand on regarde de plus près au contenu de cette loi, on s'aperçoit que c'est essentiellement une loi pénale, que le droit criminel y tient la première place, presque toute la place. Le droit politique n'y apparaît qu'indirectement, et par allusion à des institutions, à des faits qui sont regardés comme établis, et que la loi n'a aucun dessein de fonder ni même d'énoncer. Sur le droit civil, elle renferme quelques dispositions plus précises, vraiment impératives, insérées avec intention. Il en est de même quant à la procédure civile. En matière de procédure criminelle, la loi salique suppose à peu près toutes choses connues, instituées; elle ne fait que remplir quelques lacunes, spécifier en certains cas les obligations des juges, des témoins, etc. C'est la pénalité qui y domine; elle a évidemment pour but de réprimer des délits et d'infliger des peines. C'est un code pénal. On y compte 343 articles de pénalité, et 65 seulement sur tous les autres sujets.

Tel est le caractère de toutes les législations naissantes; c'est par les lois pénales que les peuples font le premier pas visible, le premier pas écrit, si je puis ainsi parler, hors de la barbarie. Ils ne songent point à écrire le droit politique; les pouvoirs qui les gouvernent, les formes de leur exercice sont des faits certains, convenus : ce n'est pas le temps où l'on discute les constitutions. Le droit civil subsiste également comme un fait; les conventions et les relations des hommes sont livrées aux règles de l'équité naturelle, ou s'accomplissent selon certains principes, certaines formules généralement acceptées; la détermination légale de cette portion du droit n'arrive qu'avec un plus grand développement de l'état social. Tantôt sous une forme religieuse, tantôt sous une forme purement humaine, le droit pénal apparaît le premier dans la carrière législative des nations; leur premier effort vers le perfectionnement de la vie civile consiste à opposer d'avance des barrières, à dénoncer d'avance des peines aux excès de la liberté individuelle. La loi salique appartient à cette époque de l'histoire de notre société.

Pour la connaître avec quelque précision, pour sortir des assertions et des discussions si vagues dont elle a été l'objet, essayons de la considérer : 1° dans l'énumération et la définition des délits; 2° dans l'application des peines; 3° dans la procédure criminelle. Ce sont là les trois éléments essentiels de toute législation pénale.

I. Les délits prévus dans la loi salique se classent presque tous sous deux chefs, le vol et la violence contre les personnes. Sur 343 articles de droit pénal, 150 se rapportent à des cas de vol ; et, dans ce nombre, 74 articles prévoient et punissent les vols d'animaux, savoir : 20, les vols de cochons ; 16, les vols de chevaux ; 13, les vols de taureaux, bœufs ou vaches ; 7, les vols de brebis et de chèvres ; 4, les vols de chiens ; 7, les vols d'oiseaux, et 7, les vols d'abeilles. La loi entre à ce sujet dans les plus minutieux détails; le délit et la peine varient selon l'âge, le sexe, le nombre des animaux volés, le lieu et l'époque du vol, etc.

Les cas de violence contre les personnes fournissent 113 articles, dont 30 pour le seul fait de mutilation, également prévu dans toutes ses variétés ; 24 pour violences envers les femmes, etc.

Je ne pousserai pas plus loin cette énumération des délits : deux caractères de la loi y sont clairement empreints. 1° Elle appartient à une société peu avancée, peu compliquée. Ouvrez les codes criminels d'un autre âge : les genres de délits y sont beaucoup plus divers, et dans chaque genre la spécification des cas est beaucoup moindre ; on reconnaît à la fois des faits plus variés et des idées plus générales. Il n'y a guère ici que les délits qui doivent se reproduire dès que les hommes commencent à se rapprocher, quelque simples que soient leurs relations, quelque monotone que soit leur vie.

2° C'est là aussi évidemment une société très-grossière, très-brutale, où le désordre des volontés et des forces individuelles est extrême, où nulle puissance publique n'en prévient les excès, où la sûreté des personnes et des propriétés est à chaque instant en péril. Cette absence de toute généralisation, de tout travail pour ramener les délits à des caractères simples et communs, atteste en même temps le peu de développement intellectuel et la précipitation du législateur. Il ne combine rien ; il est sous l'empire d'une nécessité pressante ; il prend pour ainsi dire sur le fait chaque action, chaque cas de vol, de violence, pour leur infliger sur-le-champ une peine. Grossier lui-même, il est aux prises avec des hommes grossiers, et ne sait rien de plus que porter un nouvel article de la loi partout où se commet un délit tant soit peu différent de ceux qu'il avait déjà atteints.

II. Des délits passons aux peines, et voyons quel est, sous ce nouveau rapport, le caractère de la loi salique.

Au premier coup d'œil, nous serons frappés de

sa douceur. Cette législation, qui, en matière de délits, révèle des mœurs si violentes, si brutales, ne contient point de peines cruelles; et non-seulement elle n'est pas cruelle, mais elle semble porter, à la personne et à la liberté des hommes, un singulier respect. Des hommes libres s'entend, car dès qu'il s'agit d'esclaves et même de colons, la cruauté brutale reparaît; la loi abonde en tortures et en supplices: mais pour les hommes libres, Francs et même Romains, elle est d'une extrême modération. Quelques cas seulement de peine de mort, encore peut-on toujours s'en racheter : point de peines corporelles, point d'emprisonnement. L'unique peine écrite, à vrai dire, dans la loi salique, est la composition, *wehrgeld, widrigeld*[1], c'est-à-dire une certaine somme que le coupable est tenu de payer à l'offensé ou à sa famille. Au *wehrgeld* se joint, dans un assez grand nombre de cas, ce que les lois germaines appellent le *fred*[2], somme payée au roi ou au magistrat, en réparation de la violation de la paix publique. A cela se réduit le système pénal de la loi.

La composition, Messieurs, est le premier pas de la législation criminelle hors du régime de la vengeance personnelle. Le droit caché sous cette peine, le droit qui subsiste au fond de la loi salique et de toutes les lois barbares, c'est le droit de chaque homme de se faire justice à soi-même, de se venger par la force; c'est la guerre entre l'offenseur et l'of-

---

[1] Argent de défense (de *wehren, wahren, bewahren*), garantie. Voyez mes *Essais sur l'Histoire de France*, p. 197.

[2] De *frieden*, paix.

fensé. La composition est une tentative pour substituer un régime légal à la guerre ; c'est la faculté donnée à l'offenseur de se mettre, en payant une certaine somme, à l'abri de la vengeance de l'offensé ; elle impose à l'offensé l'obligation de renoncer à l'emploi de la force.

Gardez-vous de croire cependant qu'elle ait eu dès l'origine cet effet; l'offensé a conservé longtemps le temps de choisir entre la composition et la guerre, de repousser le *wehrgeld* et de recourir à la vengeance. Les chroniques et les documents de tout genre ne permettent guère d'en douter. J'incline à penser qu'au vIII[e] siècle la composition était décidément obligatoire, et que le refus de s'en contenter était regardé comme une violence, non comme un droit; mais, à coup sûr, il n'en avait pas toujours été ainsi, et la composition ne fut d'abord qu'un essai assez peu efficace pour mettre fin à la lutte désordonnée des forces individuelles, une sorte d'offre légale de l'offenseur à l'offensé.

On s'en est fait en Allemagne, et surtout dans ces derniers temps, une bien plus haute idée. Des hommes d'une science et d'un esprit rares ont été frappés, non-seulement du respect pour la personne et la liberté de l'homme qui paraît, dans ce genre de peine, mais de plusieurs autres caractères qu'ils ont cru y reconnaître. Je ne vous arrêterai que sur un seul. Quel est, dès qu'on considère les choses sous un point de vue élevé et moral, quel est le vice radical des législations pénales modernes? Elles frappent, elles punissent, sans s'inquiéter de savoir si le coupable accepte ou non la peine, s'il reconnaît son tort, si sa volonté se range ou non à la volonté de la loi ; elles agissent uniquement par voie de contrainte ; la justice ne prend nul soin d'apparaître, à celui qu'elle atteint, sous d'autres traits que ceux de la force.

La composition a, pour ainsi dire, une physionomie pénale toute différente; elle suppose, elle entraîne l'aveu du tort par l'offenseur; elle est, de sa part, un acte de liberté ; il peut s'y refuser, et courir les chances de la vengeance de l'offensé ; quand il s'y soumet, il se reconnaît coupable, et offre la réparation du crime. De son côté, l'offensé, en acceptant la composition, se réconcilie avec l'offenseur ; il promet solennellement l'oubli, l'abandon de la vengeance : en sorte que la composition a, comme peine, des caractères beaucoup plus moraux que les châtiments de législations plus savantes ; elle témoigne un profond sentiment de moralité et de liberté.

Je résume ici, Messieurs, en les ramenant à des termes plus précis, les idées de quelques écrivains allemands modernes, entre autres d'un jeune homme, mort naguère, au grand deuil de la science, M. Rogge, qui les a exposées dans un *Essai sur le système judiciaire des Germains*, publié à Halle en 1820. A travers beaucoup de vues ingénieuses, et quelques explications probables de l'ancien état social germanique, il y a, je crois, dans ce système, une méprise générale et un grand défaut d'intelligence de l'homme et de la société barbare.

La source de l'erreur est, si je ne m'abuse, dans l'idée très-fausse qu'on s'est souvent formée de la liberté qui semble exister dans le premier âge des peuples. Nul doute qu'à cette époque la liberté des individus ne soit grande, en effet. D'une part, il n'existe entre les hommes que des inégalités peu variées et peu puissantes; celles qui dérivent de la richesse, de l'ancienneté de la race, et d'une multitude de causes complexes, n'ont pu encore se développer, ou ne produisent que des effets très-passagers. D'autre part, il n'y a point non plus, ou presque point, de puissance publique capable de contenir ou de réprimer les volontés individuelles. Les hommes ne sont donc fortement gouvernés ni par d'autres hommes, ni par la société; leur liberté est réelle; chacun fait à peu près ce qu'il veut, selon sa force, à ses risques et périls. Je dis selon sa force; cette coexistence des libertés individuelles n'est en effet, à cette époque, que la lutte des forces; c'est-à-dire la guerre entre les individus et les familles, la guerre continuelle, capricieuse, violente, barbare, comme les hommes qui se la font.

Ce n'est pas là la société : on ne tarde pas à s'en apercevoir; on fait effort en tous sens pour sortir d'un tel état, pour entrer dans les voies de l'ordre social. Le mal cherche partout son remède. Ainsi le veut cette vie mystérieuse, cette force secrète qui préside aux destinées du genre humain.

Deux remèdes se produisent : 1° l'inégalité se prononce entre les hommes ; les uns deviennent riches, les autres pauvres ; les uns nobles, les autres obscurs ; les uns patrons, les autres clients ; les uns maîtres, les autres esclaves : 2° la puissance publique se développe ; une force collective s'élève, qui, au nom et dans l'intérêt de la société, proclame et fait exécuter certaines lois.

Ainsi naissent, d'un côté, l'aristocratie, de l'autre, le gouvernement ; c'est-à-dire deux modes de répression des volontés individuelles, deux moyens de soumettre beaucoup d'hommes à une autre volonté que la leur.

A leur tour, les remèdes deviennent des maux : l'aristocratie opprime, la puissance publique opprime ; l'oppression amène un désordre, différent du premier, mais profond et intolérable. Cependant, au sein de la vie sociale, par le seul effet de sa durée, par le concours d'une multitude d'influences, les individus, seuls êtres réels, se sont développés, éclairés, perfectionnés ; leur raison n'est plus si courte, ni leur volonté si déréglée ; ils s'aperçoivent qu'ils pourraient fort bien vivre en paix sans une aussi grande somme d'inégalité ou de puissance publique ; c'est-à-dire que la société subsisterait fort bien sans coûter si cher à la liberté. Alors, de même qu'il y avait eu effort pour la création de la puissance publique, et au profit de l'inégalité entre les hommes, de même un effort commence vers un but contraire, vers la réduction de l'aristocratie et du gouvernement ; c'est-à-dire que la société tend vers un état qui, extérieurement du moins, et à n'en juger que sous ce rapport, ressemble à ce qu'elle était dans son premier âge, au libre développement des volontés individuelles, à cette situation où chaque homme fait ce qu'il veut, à ses risques et périls.

Si je me suis bien expliqué, Messieurs, vous savez maintenant où réside la grande erreur des admirateurs de l'état barbare : frappés d'une part du peu de développement soit de la puissance publique, soit de l'inégalité, d'autre part de l'étendue de liberté individuelle qui s'y rencontre, ils en ont conclu que la société, malgré la rudesse de ses formes, était au fond, dans son état normal, sous l'empire de ses principes légitimes, telle enfin qu'après ses plus beaux progrès elle tend visiblement à redevenir. Ils n'ont oublié qu'une seule chose : ils ne se sont point inquiétés de comparer, à ces deux termes de la vie sociale, les hommes eux-mêmes; ils ont oublié que, dans le premier, grossiers, ignorants, violents, gouvernés par la passion, toujours près de recourir à la force, ils étaient incapables de vivre en paix selon la raison et la justice, c'est-à-dire, de vivre en société, sans une puissance extérieure qui les y contraignît. Le progrès de la société consiste surtout à changer l'homme lui-même, à le rendre capable de liberté, c'est-à-dire capable de se gouverner lui-même selon la raison. Si la liberté a péri à l'entrée de la carrière sociale, c'est que l'homme n'a pas été capable d'y avancer en la gardant : qu'il la reprenne et l'exerce de plus en plus, c'est le but, c'est la perfection de la société; mais ce n'était nullement l'état primitif, la condition de la vie barbare. La liberté dans celle-ci n'était autre chose que l'empire de la force, c'est-à-dire la ruine ou plutôt l'absence de la société. C'est là ce qui a trompé tant d'hommes d'esprit sur le caractère des législations barbares, et en particulier de celle qui nous occupe. Ils y ont vu les principales conditions extérieures de la liberté, et, au milieu de ces conditions, ils ont placé les sentiments, les idées, les hommes d'un autre âge. Cette théorie de la composition, que je viens d'exposer, n'a pas une autre source : l'incohérence en est évidente; et, au lieu d'attribuer à ce genre de peine tant de valeur morale, il ne faut le regarder que comme un premier pas hors de l'état de guerre et de la lutte barbare des forces.

III. Quant à la procédure criminelle, au mode de poursuite et de jugement des délits, la loi salique est très-incomplète, et presque silencieuse; elle prend les institutions judiciaires comme un fait, et ne parle ni des tribunaux, ni des juges, ni des formes de l'instruction. On rencontre çà et là, sur les assignations, la comparution en justice, les obligations des témoins et des juges, l'épreuve par l'eau bouillante, etc., quelques dispositions spéciales; mais pour les compléter, pour reconstruire le système d'institutions et de mœurs auquel elles se rattachent, il faudrait porter ses regards fort au delà du texte et même de l'objet de la loi. Parmi les renseignements qu'elle contient sur la procédure criminelle, j'arrêterai votre attention sur deux points seulement, la distinction du fait et du droit, et les cojurants ou *conjuratores*.

Quand l'offenseur, sur l'assignation de l'offensé, paraissait dans le *mâl* ou assemblée des hommes libres, devant les juges, n'importe lesquels, comtes, rachimbourgs, ahrimans, etc., appelés à prononcer, la question qui leur était soumise était celle de savoir ce qu'ordonnait la loi sur le fait allégué : on ne venait point débattre devant eux la vérité ou la fausseté du fait; on accomplissait devant eux les conditions par lesquelles ce premier point devait être décidé ; puis, selon la loi sous laquelle vivaient les parties, ils étaient requis de déterminer le taux de la composition et toutes les circonstances de la peine.

Quant à la réalité du fait même, elle s'établissait devant les juges de diverses manières, par le recours au jugement de Dieu, l'épreuve de l'eau bouillante, le combat, etc.; quelquefois par des dépositions de témoins, le plus souvent par le serment des *conjuratores*. L'accusé arrivait suivi d'un certain nombre d'hommes, ses parents, ses voisins, ses amis, six, huit, neuf, douze, cinquante, soixante-douze, cent même dans certains cas, et qui venaient jurer qu'il n'avait pas fait ce qu'on lui imputait. Dans certains cas, l'offensé avait aussi les siens. Il n'y avait là ni interrogatoire, ni discussion de témoignages, ni examen proprement dit du fait; les *conjuratores* attestaient simplement, sous serment, la vérité de l'assertion de l'offensé ou de la dénégation de l'offenseur. C'est là, quant à la découverte des faits, le grand moyen, le système général des lois barbares : les *conjuratores* sont mentionnés bien moins souvent dans la loi des Francs Saliens que dans les autres lois barbares, dans celle des Francs Ripuaires, par exemple : nul doute cependant qu'ils n'y fussent également en usage, et le fond de la procédure criminelle.

Ce système a été, comme celui de la composition, un sujet de grande admiration pour beaucoup d'érudits ; ils y ont vu deux rares mérites : la puissance des liens de famille, d'amitié, ou de voisinage, et la confiance de la loi dans la véracité de l'homme : « Les Germains, dit Rogge, n'ont jamais senti le besoin d'un véritable système de preuves. Ce qu'il y a d'étrange dans cette assertion disparaît, si on est aussi pénétré que je le suis d'une pleine foi au noble caractère, et par-dessus tout à la véracité illimitée de nos aïeux [1]. »

Il serait plaisant, Messieurs, de passer de cette phrase à la lecture de Grégoire de Tours, du poëme des *Nibelungen*, et de tous les monuments, poétiques ou historiques, des anciennes mœurs germaines : la ruse, le mensonge, le manque de foi, s'y reproduisent à chaque pas, tantôt avec le plus subtil raffinement, tantôt avec l'audace la plus grossière. Croirez-vous que les Germains fussent autres devant leurs tribunaux que dans leur vie, et que

---

[1] *Ueber das gerichtwesen der Germanen;* dans la préface, p. vi.

les registres de leurs procès, si telle chose que des registres avait existé alors, donnassent un démenti à leur histoire ? Je n'ai garde de leur faire, de ces vices, un reproche particulier ; ce sont les vices des peuples barbares à toutes les époques, sous toutes les zones; les traditions américaines en déposent comme celles de l'Europe, et l'Iliade comme les *Nibelungen*. Je suis bien loin aussi de nier cette moralité naturelle de l'homme, qui ne l'abandonne jamais dans aucune condition, aucun âge de la société, et se mêle au plus brutal empire de l'ignorance ou de la passion. Mais vous comprenez sans peine ce que devaient être bien souvent, au milieu de telles mœurs, les serments des *conjuratores*.

Quant à l'esprit de tribu ou de famille, il était puissant, il est vrai, parmi les Germains, et les *conjuratores* en sont une preuve, entre beaucoup d'autres ; mais il n'avait point toutes les causes et ne produisait point toutes les conséquences morales qu'on lui attribue : un homme accusé était un homme attaqué ; ses proches le suivaient et l'entouraient devant le tribunal comme au combat. C'est entre les familles que l'état de guerre subsiste au sein de la barbarie : quoi d'étonnant qu'elles se groupent et se mettent en mouvement quand, sous telle ou telle forme, la guerre vient les menacer?

La véritable origine des *conjuratores*, Messieurs, c'est que tout autre moyen de constater les faits était à peu près impraticable. Pensez à ce qu'exige une telle recherche, à ce qu'il faut de développement intellectuel et de puissance publique pour le rapprochement et la confrontation des divers genres de preuves, pour recueillir et débattre des témoignages, pour amener seulement les témoins devant les juges et en obtenir la vérité, en présence des accusateurs et des accusés. Rien de tout cela n'était possible dans la société que régissait la loi salique ; et ce n'est point par choix ni par aucune combinaison morale, c'est parce qu'on ne savait et ne pouvait mieux faire, qu'on avait recours alors au jugement de Dieu et au serment des parents.

Tels sont, Messieurs, les principaux points de cette loi qui m'ont paru mériter votre attention. Je ne vous dis rien des fragments de droit politique, de droit civil, de procédure civile, qui s'y trouvent épars, ni même de cet article fameux qui ordonne que « la terre salique ne sera point recueillie par » les femmes, et que l'hérédité tout entière sera » dévolue aux mâles. » Personne n'ignore maintenant quel en est le véritable sens. Quelques dispositions relatives aux formalités par lesquelles un homme peut se séparer de sa famille [1], s'affranchir de toute obligation de parenté, et rentrer dans une complète indépendance, sont fort curieuses, et jettent un grand jour sur l'état social ; mais elles tiennent peu de place dans la loi, et n'en déterminent point le but. Elle est essentiellement, je le répète, un code pénal, et vous la connaissez maintenant sous ce rapport. A la considérer dans son ensemble, il est impossible de n'y pas reconnaître

---

[1] Tit. LIII, § 1—3.

une législation complexe, incertaine, transitoire. On y sent à chaque instant le passage d'un pays à un autre pays, d'un état social à un autre état social, d'une religion à une autre religion, d'une langue à une autre langue; presque toutes les métamorphoses qui peuvent avoir lieu dans la vie d'un peuple y sont empreintes. Aussi son existence a-t-elle été précaire et courte : dès le xe siècle, peut-être, elle était remplacée par une multitude de coutumes locales, auxquelles elle avait, à coup sûr, beaucoup fourni, mais qui avaient également puisé à d'autres sources, dans le droit romain, le droit canon, dans les nécessités de circonstance; et quand, au xive siècle, on invoqua la loi salique pour régler la succession à la couronne, depuis longtemps, à coup sûr, on n'en parlait plus que par souvenir et dans quelque grande occasion.

Trois autres lois barbares, celles des Ripuaires, des Bourguignons et des Visigoths, ont régné sur les peuples établis dans la Gaule; elles seront l'objet de notre prochaine réunion.

DIXIÈME LEÇON.

Objet de la leçon. — Le caractère transitoire de la loi salique se retrouve-t-il dans les lois des Ripuaires, des Bourguignons et des Visigoths ? — 1° De la loi des Ripuaires. — Des Francs Ripuaires. — Histoire de la rédaction de leur loi. — Son contenu. — En quoi elle diffère de la loi salique. — 2° De la loi des Bourguignons. — Histoire de sa rédaction. — Son contenu. — Son caractère distinctif. — 3° De la loi des Visigoths. — Elle intéresse plus l'histoire d'Espagne que l'histoire de France. — Son caractère général. — Effet de la civilisation romaine sur les Barbares.

Messieurs,

Dans notre dernière réunion, le caractère qui, en résumé, nous a paru dominant et fondamental dans la loi salique, c'est d'être une législation transitoire, essentiellement germaine sans doute, marquée déjà cependant d'une empreinte romaine, qui ne possédera point l'avenir, et où se révèlent, d'une part, le passage de l'état social germain à l'état social romain, de l'autre, la décadence et la fusion de ces deux éléments au profit d'une société nouvelle, à laquelle ils concourront l'un et l'autre, et qui commence à poindre au milieu de leurs débris.

Ce résultat de l'examen de la loi salique serait

singulièrement confirmé, si l'examen des autres lois barbares nous y faisait également aboutir ; bien plus, si nous trouvions, dans ces diverses lois, diverses époques de la transition, diverses phases de la transformation, qui s'y laissent entrevoir ; si nous reconnaissions, par exemple, que la loi des Ripuaires, la loi des Bourguignons, la loi des Visigoths, sont en quelque sorte placées, dans la même carrière que la loi salique, à des distances inégales, et nous livrent, s'il est permis d'employer ce langage, des produits plus ou moins avancés dans la combinaison de la société germaine et de la société romaine, et dans la formation de l'état nouveau qui en devait résulter.

C'est là, je crois, que nous conduira, en effet, l'examen attentif de ces trois lois, c'est-à-dire de toutes celles qui ont exercé, dans les limites de la Gaule, une véritable influence.

I. La distinction des Francs Ripuaires et des Francs Saliens vous est connue : c'étaient les deux principales tribus, ou plutôt les deux principales collections de tribus de la grande confédération des Francs. Les Francs Saliens tiraient probablement leur nom de la rivière de l'Yssel (*Ysala*), sur les bords de laquelle ils s'étaient établis, à la suite du mouvement de peuples qui les fit passer dans la Batavie ; leur nom était donc d'origine germanique, et on peut croire qu'ils se l'étaient donné eux-mêmes. Les Francs Ripuaires, au contraire, reçurent évidemment le leur des Romains : ils habitaient les rives du Rhin. A mesure que les Francs Saliens s'avancèrent vers le sud-ouest, dans la Belgique et dans la Gaule, les Francs Ripuaires se répandirent aussi à l'ouest, et occupèrent le pays situé entre le Rhin et la Meuse, jusqu'à la forêt des Ardennes. Les premiers sont devenus, ou à peu près, les Francs de Neustrie; les derniers, les Francs d'Austrasie. Ces deux noms, sans correspondre exactement à la distinction primitive, la reproduisent assez fidèlement.

Au début de notre histoire, les deux tribus paraissent un moment réunies en un seul peuple et sous un même empire. Permettez-moi de vous lire, au sujet de cette réunion, le récit de Grégoire de Tours, toujours, et bien à son insu, le peintre le plus vrai des mœurs et des événements de cette époque : vous y verrez ce que signifiaient alors ces mots, union des peuples et conquête :

Quand Clovis en vint aux mains avec Alaric, roi des Goths, il avait pour allié le fils de Sigebert-Claude (roi des Francs Ripuaires, et qui résidait à Cologne), nommé Chloderic. Ce Sigebert boitait, d'un coup qu'il avait reçu au genou, à la bataille de Tolbiac, contre les Allemands... Le roi Clovis, pendant son séjour à Paris, envoya en secret au fils de Sigebert, lui faisant dire : « Voilà que ton père est âgé, et il boite de » son pied malade; s'il venait à mourir, son royaume t'appartiendrait » de droit, ainsi que notre amitié. » Séduit par cette ambition, Chloderic forma le projet de tuer son père.

Sigebert étant sorti de la ville de Cologne, et ayant passé le Rhin pour se promener dans la forêt Buconia, s'endormit à midi dans sa tente; son fils envoya contre lui des assassins et le fit tuer, dans l'espoir qu'il possèderait son royaume. Mais, par le jugement de Dieu, il tomba dans la fosse qu'il avait méchamment creusée pour son père. Il envoya au roi Clovis des messagers pour lui annoncer la mort de son père, et lui dire : « Mon père est mort, et j'ai en mon pouvoir ses trésors et son royaume. » Envoie-moi quelques uns des tiens, et je leur remettrai volontiers » ceux des trésors qui te plairont. » Clovis lui répondit : « Je rends

» grâce à ta bonne volonté, et je te prie de montrer tes trésors à mes
» envoyés, après quoi tu les posséderas tous. » Chloderic montra donc
aux envoyés les trésors de son père. Pendant qu'ils les examinaient, le
prince dit : « C'est dans ce coffre que mon père avait coutume d'amasser
» ses pièces d'or. » Ils lui dirent : « Plongez votre main jusqu'au fond,
» pour trouver tout. » Lui l'ayant fait et s'étant tout à fait baissé, un
des envoyés leva sa francisque et lui brisa le crâne. Ainsi cet indigne
fils subit la mort dont il avait frappé son père.

Clovis apprenant que Sigebert et son fils étaient morts, vint dans
cette même ville ; et ayant convoqué tout le peuple, il leur dit : « Écou-
» tez ce qui est arrivé. Pendant que je naviguais sur le fleuve de l'Es-
» caut, Chloderic, fils de mon parent, tourmentait son père en lui di-
» sant que je voulais le tuer. Comme Sigebert fuyait à travers la forêt
» de Buconia, Chloderic a envoyé contre lui des meurtriers qui l'ont
» mis à mort ; lui-même a été assassiné, je ne sais par qui, au moment
» où il ouvrait les trésors de son père. Je ne suis nullement complice de
» ces choses. Je ne puis répandre le sang de mes parents, car cela est
» défendu ; mais puisque ces choses sont arrivées, je vous donne un
» conseil ; s'il vous est agréable, acceptez-le. Ayez recours à moi, met-
» tez-vous sous ma protection. » Le peuple répondit à ces paroles par
des applaudissements de main et de bouche, et l'ayant élevé sur un
bouclier, ils le créèrent leur roi. Clovis reçut donc le royaume et les trésors de Sigebert, et les ajouta à sa domination. Chaque jour, Dieu faisait tomber ses ennemis sous sa main et augmentait son royaume, parce
qu'il marchait le cœur droit devant le Seigneur, et faisait les choses qui
sont agréables à ses yeux [1].

Cette réunion des deux peuples, si un tel fait peut
porter ce nom, ne fut pas de longue durée. A la
mort de Clovis, son fils Théoderic fut roi des Francs
orientaux, c'est-à-dire des Francs Ripuaires ; il résidait à Metz. C'est à lui qu'on attribue, en général, la rédaction de leur loi : ainsi l'indique, en
effet, la préface de la loi salique que je vous ai déjà
lue, et qui se trouve également en tête de la loi des

---

[1] Grégoire de Tours, dans ma *Collection des Mémoires de l'Histoire de France*, t. I, p. 104-107.

Bavarois[1]. D'après cette tradition, la loi des Ripuaires devrait donc être placée de l'an 511 à l'an 534. Elle n'aurait pas, comme la loi salique, la prétention de remonter jusqu'à la rive droite du Rhin et dans l'ancienne Germanie : cependant son antiquité serait grande. Je suis porté à lui retrancher, dans sa forme actuelle du moins, à peu près un siècle de vie. La préface qui la fait rédiger sous le roi Théoderic attribue aussi à ce chef la loi des Allemands : or, il est à peu près constant que celle-ci ne fut rédigée que sous le règne de Clotaire II, de l'an 613 à l'an 628; ainsi donnent lieu de le croire les meilleurs manuscrits. L'autorité de cette préface devient donc fort suspecte quant à la loi des Ripuaires; et, d'après la comparaison attentive des témoignages, je suis porté à croire qu'elle prit seulement sous Dagobert Ier, de l'an 628 à l'an 638, la forme définitive sous laquelle elle nous est parvenue.

Passons de son histoire à son contenu. Je l'ai soumise à la même décomposition que la loi salique. Elle contient 89 ou 91 titres, et (selon des distributions diverses) 224 ou 277 articles, savoir : 164 de droit pénal, et 113 de droit politique ou civil, de procédure civile ou criminelle. Sur les 164 articles de droit pénal, on en compte 94 pour violences contre les personnes, 16 pour cas de vol, et 64 pour délits divers.

Au premier aspect, d'après cette simple décom-

---

[1] Voyez la leçon précédente, p. 263.

position, la loi ripuaire ressemble assez à la loi salique ; c'est aussi une législation essentiellement pénale, et qui révèle à peu près le même état de mœurs. Cependant, quand on y regarde de plus près, on découvre des différences importantes.

Je vous ai entretenus, dans notre dernière réunion, des *conjuratores*, ou co-jurants, qui, sans rendre un témoignage proprement dit, venaient attester par leur serment la réalité ou la fausseté des faits allégués par l'offensé ou l'offenseur. C'est surtout dans la loi des Ripuaires que les *conjuratores* tiennent une grande place. Il en est question dans cinquante-huit articles de cette loi, et elle règle avec détail, dans chaque occasion, le nombre des co-jurants, les formes de leur comparution, etc. La loi salique en parle bien plus rarement, si rarement que plusieurs personnes ont douté que le système des *conjuratores* fût en vigueur parmi les Francs Saliens. Ce doute ne me paraît pas fondé. Si la loi salique en parle à peine, c'est qu'elle regarde le système comme un fait établi, convenu, et qu'il n'est nul besoin d'écrire. Tout indique, d'ailleurs, que ce fait était réel et puissant. Quelles causes l'ont fait si fréquemment insérer dans la loi des Ripuaires? On l'ignore; j'en donnerai tout à l'heure la seule explication que j'en puisse entrevoir.

Un autre usage est aussi plus souvent mentionné dans la loi ripuaire que dans la loi salique; je veux parler du combat judiciaire. Il y en a bien quelque trace dans la loi salique; mais la loi ripuaire l'institue formellement dans six articles distincts. Cette institution, si un tel fait mérite le nom d'institution, a joué dans le moyen âge un trop grand rôle pour que nous ne cherchions pas à la bien comprendre au moment où elle paraît pour la première fois dans les lois.

J'ai essayé de montrer comment la composition, la seule peine, à vrai dire, de la loi salique, fut un premier essai pour substituer un régime légal au droit de guerre, à la vengeance, à la lutte des forces. Le combat judiciaire est une tentative du même genre; il a eu pour but de soumettre la guerre même, la vengeance individuelle, à certaines formes, à certaines règles. La composition et le combat judiciaire sont dans une relation intime, et se sont développés simultanément. Un crime avait été commis, un homme était offensé; c'était la croyance générale qu'il avait droit de se venger, de poursuivre, par la force, la réparation du tort qu'il avait subi. Cependant un commencement de loi, une ombre de puissance publique intervenait, et autorisait l'offenseur à offrir une certaine somme pour réparer son délit. Mais, dans l'origine, l'offensé avait droit de refuser la composition, et de dire : « Je veux exercer mon droit de vengeance, je veux » la guerre. » Le législateur alors, ou plutôt les coutumes, car nous personnifions, sous le nom de législateur, de pures coutumes qui n'eurent longtemps aucune autorité légale; les coutumes donc intervenaient, disant : « Si vous voulez vous ven- » ger, et faire la guerre à votre ennemi, vous la

« lui ferez selon certaines formes, en présence de
» certains témoins. »

Ainsi s'est introduit dans la législation le combat
judiciaire, comme une régularisation du droit de
guerre, une arène limitée ouverte à la vengeance.
Telle est sa première, sa véritable source; le recours
au jugement de Dieu, la vérité proclamée par Dieu
même dans l'issue du combat, ce sont là des idées
qui s'y sont associées plus tard, quand les croyances
religieuses et le clergé chrétien ont joué un grand
rôle dans la pensée et la vie des Barbares : originairement le combat judiciaire n'a été que la forme
légale du droit du plus fort, forme bien plus explicitement reconnue dans la loi des Ripuaires que
dans la loi salique.

A en juger d'après ces deux différences, on serait, au premier moment, tenté de croire que la
première de ces deux lois est la plus ancienne. Nul
doute, en effet, que le système des *conjuratores* et
le combat judiciaire n'appartiennent à la société
germaine primitive. La loi ripuaire en semblerait
donc la plus fidèle image. Il n'en est rien. Et d'abord, ces deux différences, qui semblent donner
à cette loi une physionomie plus barbare, indiquent
elles-mêmes un effort, un premier pas hors la barbarie; car elles révèlent le dessein, sinon de l'abolir, du moins de la régler. Le silence, à ce sujet,
laisse toutes choses sous l'empire de la coutume,
c'est-à-dire de la violence et du hasard. La loi ripuaire essaie, en écrivant, en déterminant la coutume, de la convertir en loi, c'est-à-dire de la

rendre fixe et générale : symptôme assuré d'une date plus moderne, d'une société un peu plus avancée.

Il y a d'ailleurs, entre les deux lois, d'autres différences qui prouvent incontestablement ce résultat.

1° Vous avez pu voir, par la simple énumération des articles, que le droit civil tient, dans la loi ripuaire, plus de place que dans la loi salique. Le droit pénal y domine toujours ; cependant la loi est moins exclusivement un code pénal ; la procédure, les témoignages, l'état des personnes, la propriété et ses divers modes de transmission, en un mot, toutes les parties de la législation étrangère à la pénalité y sont au moins indiquées, et quelquefois avec assez de précision.

2° De plus, et ceci est un fait important, la royauté apparaît bien davantage dans la loi ripuaire que dans l'autre. Elle n'y apparaît guère sous un rapport politique ; il n'est point question du pouvoir royal, ni de la manière dont il s'exerce ; mais il est question du roi, comme d'un individu plus considérable sous tous les rapports, et dont la loi doit s'occuper spécialement. Elle le considère surtout comme propriétaire ou patron, comme ayant de vastes domaines, et sur ces domaines des colons qui les exploitent, des hommes engagés à son service ou placés sous sa protection ; et, à ce titre, elle lui accorde, à lui-même ou aux siens, de nombreux et assez importants priviléges. Je vous en indiquerai quelques uns :

1° Si quelqu'un a enlevé par violence un objet quelconque appartenant à un homme du roi, ou à un homme attaché à une église, il paiera une composition triple de celle qui aurait dû être payée si le crime eût été commis envers un autre Ripuaire (tit. xi, § 4).

2° Si le crime a été commis par un homme attaché à une église ou à un des domaines du roi, il paiera la moitié de la composition qu'aurait payée un autre Franc. En cas de dénégation, il devra se justifier en se présentant au serment avec trente-six co-jurants (tit. xviii, § 5).

3° Un homme attaché aux domaines du roi, Romain ou affranchi tabulaire, appelé en justice, ne pourra y être interpellé, ni être l'objet d'une accusation capitale (tit. lx, § 22).

4° S'il est assigné à paraître en jugement, il fera connaître sa condition par une déclaration qu'il affirmera sur les autels; après quoi il sera procédé à son égard autrement qu'il n'est procédé à l'égard des Ripuaires (*Ibid.*, § 23).

5° Les esclaves appartenant au roi ou à une église ne plaident point par l'organe d'un défenseur; mais ils se défendent eux-mêmes, et sont admis à se justifier par serment, sans pouvoir être astreints à répondre aux interpellations qui leur seraient adressées (*Ibid.*, § 24).

6° Si quelqu'un entreprend de renverser une charte royale, sans pouvoir en produire une autre qui ait abrogé la première, il paiera de sa vie cet attentat (tit. lvii, § 7).

7° Quiconque se rendra coupable de trahison envers le roi paiera de sa vie cet attentat, et tous ses biens seront confisqués (tit. lxxi, § 1).

La loi salique ne dit rien de semblable; ici la royauté a fait évidemment un assez grand progrès.

3° La même différence existe entre les deux lois, quant à l'Église : les articles que je viens de lire le prouvent tous ; l'Église est partout assimilée au roi ; les mêmes priviléges sont accordés à ses terres et à ses colons.

4° On démêle aussi, dans la loi ripuaire, une influence un peu plus marquée de la loi romaine ; elle ne se borne pas à la mentionner pour dire que les Romains vivent sous son empire ; elle en accepte quelques dispositions. Ainsi, en réglant les formalités de l'affranchissement, elle dit :

« Nous voulons que tout Franc Ripuaire ou affranchi tabulaire qui, pour le bien de son âme, ou moyennant une rétribution, voudra affranchir son esclave dans les formes indiquées par la loi romaine, se présente à l'église devant les prêtres, les diacres, tout le clergé et le peuple..... » (Suivent les formalités de l'affranchissement) (tit. LX, § 1.)

C'est encore là une marque faible sans doute, mais réelle, d'une société un peu plus avancée.

5° Enfin, quand on lit avec attention la loi ripuaire dans son ensemble, on est frappé d'un caractère moins barbare que celui de la loi salique : les dispositions sont plus précises, plus étendues; on y démêle plus d'intentions, et des intentions plus réfléchies, plus politiques, inspirées par des vues plus générales. Ce ne sont pas toujours de simples coutumes qu'on rédige; le législateur dit quelquefois : «Nous établissons, nous ordonnons[1]. » Tout indique enfin que cette législation, sinon dans sa forme, du moins dans les idées et les mœurs qui en sont le fond, appartient à une époque postérieure, à un état un peu moins barbare, et révèle un pas nouveau dans la transition de la société germaine à la société romaine, et de ces deux sociétés à la société nouvelle que leur amalgame devait enfanter.

De la loi des Ripuaires passons à celle des Bourguignons, et voyons si nous y trouverons ce même fait.

---

[1] Tit. LXXVI, § 1; tit. XC.

La rédaction de la loi des Bourguignons flotte entre l'année 467 ou 468, la seconde du règne de Gondebaud, et l'année 534, époque de la chute de ce royaume sous les armes des Francs. Trois parties, de dates probablement diverses, composent cette loi : la première, qui comprend les 41 premiers titres, appartient évidemment au roi Gondebaud, et paraît avoir été publiée avant l'an 501. A partir du quarante-deuxième titre, le caractère de la législation change : les lois nouvelles ne sont guère que des modifications des précédentes ; elles expliquent, réforment, complètent, et l'annoncent quelquefois expressément. Par le rapprochement de plusieurs faits dans le détail desquels je n'ai garde d'entrer ici, on est fondé à croire que cette seconde partie a été rédigée et publiée vers l'an 517, par le roi Sigismond, successeur de Gondebaud. Enfin, deux suppléments forment une troisième partie, ajoutée à la loi sous le nom positif d'*additamenta*, probablement aussi par Sigismond, mort en 523.

La préface, placée en tête du texte, confirme ces conjectures : elle est évidemment composée de deux préfaces d'époque diverse ; l'une vient du roi Gondebaud, l'autre du roi Sigismond. Quelques manuscrits attribuent également celle-ci à Gondebaud ; mais ceux qui la donnent à Sigismond méritent certainement la préférence.

Cette préface, Messieurs, répand beaucoup de jour sur des questions bien plus importantes que la date de la loi ; elle en révèle le caractère, et la distingue nettement, dès l'abord, des deux lois barbares dont nous venons de nous occuper; j'ai besoin de vous la lire tout entière :

Le très-glorieux roi des Bourguignons Gondebaud, après avoir, pour l'intérêt et le repos de nos peuples, réfléchi mûrement à nos constitutions et à celles de nos ancêtres, et à ce qui, dans chaque matière et chaque affaire, convient le mieux à l'honnêteté, la règle, la raison et la justice, nous avons pesé tout cela avec nos grands convoqués; et, tant de notre avis que du leur, nous avons ordonné d'écrire les statuts suivants, afin que les lois demeurent éternellement :

Au nom de Dieu, la seconde année du règne de notre très-glorieux seigneur le roi Sigismond, le livre des ordonnances touchant le maintien éternel des lois passées et présentes a été fait à Lyon, le quatrième jour des calendes d'avril.

Par amour de la justice, au moyen duquel on se rend Dieu favorable, et on acquiert le pouvoir sur la terre, ayant d'abord tenu conseil avec nos comtes et nos grands, nous nous sommes appliqué à régler toutes choses de manière à ce que l'intégrité et la justice dans les jugements repoussent tout présent, toute voie de corruption. Tous ceux qui sont en pouvoir doivent, à compter de ce jour, juger entre le Bourguignon et le Romain selon la teneur de nos lois, composées et amendées d'un commun accord; de telle sorte que personne n'espère ni n'ose, dans un jugement ou une affaire, recevoir quelque chose de l'une des parties à titre de don ou d'avantage, mais que la partie qui a la justice de son côté l'obtienne, et que pour cela l'intégrité du juge suffise. Nous croyons devoir nous imposer à nous-même cette condition, afin que personne, dans quelque chose que ce soit, n'ose tenter notre intégrité par des sollicitations ou des présents, repoussant aussi loin de nous d'abord, par amour de la justice, ce que, dans tout notre royaume, nous interdisons à tous les juges. Notre fisc ne doit pas non plus prétendre davantage que la levée de l'amende, telle qu'on la trouvé établie dans les lois. Que les grands, les comtes, les conseillers, les domestiques et les maires de notre maison, les chanceliers et les comtes des cités et des campagnes, tant bourguignons que romains, ainsi que tous les juges-députés, même en cas de guerre, sachent donc qu'ils ne doivent rien recevoir pour les causes traitées ou jugées devant eux, et qu'ils ne doivent pas non plus rien demander aux parties à titre de promesse ou de récompense. Les parties ne doivent pas non plus être forcées à composer avec le juge, de manière à ce qu'il en reçoive quelque chose. Que si quelqu'un des juges sus nommés se laisse corrompre, et, malgré nos lois, est convaincu d'avoir reçu une récompense pour une affaire ou un jugement, eût-il jugé justement, que, pour l'exemple de tous, si le crime est prouvé, il soit puni de mort ; de telle sorte cependant que la faute de celui qui est convaincu de vénalité ayant été punie sur lui-même, n'enlève pas son bien à ses enfants ou héritiers légitimes. Quant aux secrétaires des juges-députés, nous pensons que, pour leur droit sur les jugements, un tiers d'as doit leur suffire dans les affaires au-dessus de dix *solidi* ; au-dessous de cette somme, ils doivent demander un moindre droit. Le crime de vénalité étant interdit sous les mêmes peines, nous ordonnons, comme l'ont fait nos ancêtres, de juger entre Romains suivant les lois romaines ; et que ceux-ci sachent qu'ils recevront, par écrit, la forme et la teneur des lois suivant lesquelles ils doivent juger, afin que personne ne se puisse excuser sur l'ignorance. Quant à ce qui aura été mal jugé autrefois, la teneur de l'ancienne loi sera conservée. Nous ajoutons ceci, que, si un juge accusé de corruption ne peut être convaincu d'aucune manière, l'accusateur sera soumis à la peine que nous avions ordonné d'infliger au juge prévaricateur. Si quelque point ne se trouve pas réglé dans nos lois, nous ordonnons qu'on en réfère à notre jugement sur ce point seulement. Si quelque juge, tant barbare que romain, par simplicité ou négligence, ne juge pas les affaires sur lesquelles a statué notre loi, et qu'il soit exempt de corruption, qu'il sache qu'il paiera trente *solidi* romains, et que, les parties interrogées, la cause sera jugée de nouveau. Nous ajoutons que si, après en avoir été sommés trois fois, les juges n'ont pas jugé, et si celui qui a l'affaire croit devoir en référer à nous, et qu'il prouve qu'il a sommé trois fois ses juges et n'a pas été entendu, le juge sera condamné à une amende de douze *solidi*. Mais si quelqu'un, dans une cause quelconque, ayant négligé de sommer trois fois les juges, comme nous l'avons prescrit ci-dessus, ose s'adresser à nous, il paiera l'amende que nous avons établie pour le juge retardataire. Et pour qu'aucune affaire ne soit retardée par l'absence des juges délégués, qu'aucun comte romain ou bourguignon ne s'arroge de juger une cause en l'absence du juge dont elle relève, afin que ceux qui ont recours à la loi ne puissent être incertains sur la juridiction. Il nous a plu de confirmer cette série de nos ordonnances par la subscription des comtes, afin que la règle qui a été écrite par notre volonté et celle de tous, gardée par la postérité, ait la solidité d'un pacte éternel. (Suivent les signatures de trente-deux comtes.)

Sans aller plus avant, Messieurs, d'après cette préface seule, la différence des trois lois est évidente : celle-ci n'est plus un simple recueil de coutumes, rédigé on ne sait bien par qui, ni à quelle époque, ni dans quelle intention ; c'est une œuvre de législation, émanée d'un pouvoir régulier, dans un but d'ordre public, qui offre, en un mot, quelques caractères vraiment politiques, et révèle un gouvernement, le dessein du moins d'un gouvernement.

Entrons dans l'intérieur même de la loi ; il ne dément point la préface.

Elle contient 110 titres et 354 articles, savoir : 142 articles de droit civil, 30 de procédure civile ou criminelle, et 182 de droit pénal. Le droit pénal se divise en 76 articles pour délits contre les personnes, 62 pour délits contre les propriétés, et 44 pour délits divers.

Voici les principaux résultats où conduit l'examen des dispositions ainsi classées :

1° La condition du Bourguignon et du Romain est la même ; toute diversité légale a disparu ; en matière civile ou criminelle, comme offensés ou offenseurs, ils sont placés sur un pied d'égalité. Les textes abondent en preuves. Je choisis quelques uns des plus saillants :

1° Que le Bourguignon et le Romain soient soumis à la même condition (tit. x, § 1).

2° Si une jeune fille romaine s'est unie à un Bourguignon sans l'aveu ou à l'insu de ses parents, qu'elle sache qu'elle ne recueillera rien du bien de ses parents (tit. xii, § 5).

3° Si quelque homme libre bourguignon est entré dans une maison pour quelque querelle, qu'il paie six *solidi* au maître de la maison, et douze *solidi* à titre d'amende. Nous voulons qu'en ceci la même condition soit imposée aux Romains et aux Bourguignons (tit. xv, § 1).

4° Si quelque homme, voyageant pour ses affaires privées, arrive à la maison d'un Bourguignon et lui demande l'hospitalité, et si le Bourguignon lui indique la maison d'un Romain et que cela se puisse prouver, que le Bourguignon paie trois *solidi* à celui dont il aura indiqué la maison, et trois *solidi* à titre d'amende (tit. xxxviii, § 6).

Ce sont là, à coup sûr, des soins minutieux pour maintenir les deux peuples sur le même niveau. Aussi lit-on dans Grégoire de Tours : « Le roi Gon-
» debaud institua, dans le pays qu'on nomme ac-
» tuellement la Bourgogne, des lois plus douces;
» afin qu'on n'opprimât pas les Romains[1]. »

2° Le droit pénal des Bourguignons n'est plus le même que celui des Francs. La composition y subsiste toujours, mais ce n'est plus la seule peine; les peines corporelles apparaissent; on rencontre aussi certaines peines morales; le législateur essaie de se servir de la souffrance, de la honte[2]. Déjà même il invente des peines étranges, comme on en trouve si souvent dans les législations du moyen âge. Si, par exemple, un épervier de chasse a été volé, le voleur est condamné à se laisser manger sur le corps, par l'épervier, six onces de chair, ou à payer six *solidi*. Ce n'est là qu'une bizarrerie sauvage; mais elle indique des essais de pénalité très-différents des anciennes coutumes germaines. La différence se manifeste aussi à d'autres symptômes : les délits sont beaucoup plus variés, il y en a moins

---

[1] Tom. i, p. 96 de ma *Collection des Mémoires relatifs à l'Histoire de France*.

[2] Voyez le premier supplément, tit. x.

contre les personnes, et on en voit naître qui tiennent à des relations sociales plus régulières et plus compliquées.

3° Aussi le droit civil et la procédure occupent-ils dans la loi des Bourguignons plus de place que dans les deux précédentes. Ils sont à peu près l'objet de la moitié des articles; dans la loi des Ripuaires, ils n'en prenaient que les deux cinquièmes, et seulement le sixième dans la loi salique. Il suffit d'ouvrir les lois de Gondebaud et de Sigismond pour y apercevoir une multitude de dispositions sur les successions, les testaments, les donations, les mariages, les contrats, etc.

4° On y rencontre même quelques emprunts positifs à la loi romaine. A peine avons-nous pu, tout à l'heure, démêler dans la loi ripuaire quelques traces d'un tel fait : ici, il est évident, surtout en ce qui concerne le droit civil : rien de plus simple; le droit civil était rare et faible dans les lois barbares; dès que le progrès des relations sociales en fournit, pour ainsi dire, la matière, ce fut à la législation romaine qu'on en dut emprunter la forme. Voici deux dispositions où l'imitation est certaine :

1°.	1°.
« Si quelque femme bourguignonne, après la mort de son mari, passe, comme il arrive, à de secondes ou à de troisièmes noces, et si elle a des fils de chaque mariage, qu'elle possède en usufruit,	« Que personne n'ignore que si les femmes, le temps légitime écoulé, passent à de secondes noces, en ayant des enfants du précédent mariage, elles doivent conserver, leur vie durant, l'usufruit

tant qu'elle vivra[1], la donation nuptiale ; mais qu'après sa mort, chacun de ses fils retrouve ce que son père avait donné à sa mère ; et qu'ainsi la femme n'ait aucun droit de donner, vendre ou aliéner rien de ce qu'elle a reçu en donation nuptiale. » (tit. XXIV, § 1.)

de ce qu'elles ont reçu [2] au temps de leurs noces, la propriété demeurant entière à leurs enfants, à qui les lois les plus sacrées en réservent le droit après leur mort. » (*Cod. Théod.*, liv. III, tit. VIII, l. 3). (*Ibid.*, l. 2.)

2°.

« Les donations et les testaments faits parmi notre peuple seront valables lorsque cinq ou sept témoins y auront apposé, comme ils le sauront faire, leur sceau ou souscription » (tit. XLIII, § 1).

2°.

« Dans les codicilles que ne précède pas un testament, comme dans les testaments, l'intervention de cinq ou de sept témoins ne doit jamais manquer » (*Cod. Théod.*, liv. IV, tit. IV, l. 1.)

Je pourrais indiquer encore quelques analogies semblables.

5° Enfin, la loi des Bourguignons montre clairement que la royauté avait fait, chez ce peuple, de grands progrès. Ce n'est pas qu'il en soit question là plus qu'ailleurs ; il n'en est même nullement question sous le point de vue politique ; la loi des Bourguignons est la moins politique des lois barbares, celle qui se renferme le plus exclusivement dans le droit pénal et le droit civil, et contient le moins d'allusions au gouvernement général. Mais, par l'ensemble de cette loi, par sa préface, par le ton et l'esprit de sa rédaction, on est à chaque instant averti que le roi n'est plus un simple chef de

---

[1] *Dum advivit usufructu possideat.*
Dum advixerit in usufructu possideat. (*Interpret.*)

guerriers, où seulement un grand propriétaire, et que la royauté est sortie de sa condition barbare, pour devenir un pouvoir public.

Vous le voyez, Messieurs, tout ceci révèle une société plus développée, plus régulière; l'élément romain prévaut de plus en plus sur l'élément barbare; nous avançons visiblement dans la transition de l'un à l'autre, ou plutôt dans le travail de fusion qui doit les combiner ensemble. Ce que les Bourguignons paraissent avoir surtout emprunté au monde romain, indépendamment de quelques traits de droit civil, c'est l'idée de l'ordre public, du gouvernement proprement dit : à peine entrevoit-on encore quelque trace des anciennes assemblées germaniques; l'influence du clergé ne paraît point dominante; c'est la royauté qui prévaut, et s'efforce de reproduire le pouvoir impérial. Les rois bourguignons sont ceux qui semblent avoir le plus complétement hérité des empereurs et régné sur leur modèle. Peut-être faut-il en chercher la cause dans la date de leur royaume, fondé l'un des premiers, et pendant que l'organisation de l'Empire subsistait encore, ou à peu près; peut-être aussi leur établissement, resserré dans de plus étroites limites que celui des Visigoths ou des Francs, a-t-il pu revêtir promptement une forme plus régulière. Quoi qu'il en soit, le fait est certain, et caractérise ce peuple et sa législation.

Elle continua d'être en vigueur après que les Bourguignons eurent passé sous le joug des Francs; les formules de Marculf et les capitulaires de Charlemagne en font foi [1]. On la retrouve même encore formellement mentionnée au IXe siècle, par les évêques Agobard et Hincmar ; mais peu d'hommes, disent-ils, vivent maintenant sous cette loi.

III. La destinée de la loi des Visigoths a été plus grande et plus longue. Elle forme un recueil considérable, intitulé *Forum judicum*, et a été successivement rédigée, de l'an 466, époque de l'avénement du roi Euric, qui résidait à Toulouse, à l'an 701, époque de la mort du roi Egica ou Egiza, qui résidait à Tolède. Cette seule indication annonce que, dans cet intervalle, de grands changements ont eu lieu dans la situation du peuple pour qui la loi était faite. Les Visigoths étaient d'abord établis dans le midi de la Gaule ; ce fut en 507 que Clovis les en chassa, et leur enleva toute l'Aquitaine ; ils ne conservèrent au nord des Pyrénées que la Septimanie. La législation des Visigoths n'importe donc à l'histoire de notre civilisation que jusqu'à cette époque ; plus tard, l'Espagne y est presque seule intéressée.

Pendant qu'il régnait à Toulouse, Euric fit écrire les coutumes des Goths ; son successeur Alaric, celui qui fut tué par Clovis, fit recueillir et publier, sous le nom de *Breviarium*, les lois de ses sujets romains. Les Visigoths étaient donc, au commencement du VIe siècle, dans la même situation que les Bourguignons et les Francs ; la loi barbare et la loi romaine étaient distinctes ; chaque peuple gardait la sienne.

[1] *Marculf.*, l. 1, f. 8 ; capit. 2 a 813. — Baluze, 1505.

Quand les Visigoths eurent été rejetés en Espagne, cet état changea ; leur roi Chindasuinthe (642-652) fondit les deux lois en une seule, et abolit formellement la loi romaine ; il n'y eut plus dès lors qu'un seul code, un seul peuple. Ainsi fut substitué, parmi les Visigoths, le système des lois réelles, ou selon le territoire, au système des lois personnelles, ou selon l'origine, selon les races. Ce dernier avait régné et régnait encore chez tous les peuples barbares, lorsque Chindasuinthe l'abolit chez les Visigoths. Mais ce fut en Espagne que s'accomplit cette révolution ; c'est là que de Chindasuinthe à Égica (642-701) le *Forum judicum* se développa, se compléta, et prit la forme sous laquelle nous le connaissons. Tant que les Visigoths occupèrent le midi de la Gaule, la première rédaction de leurs anciennes coutumes et le *Breviarium* régirent seuls le pays. Le *Forum judicum* n'a donc, pour la France, qu'un intérêt indirect. Cependant il a été quelque temps en vigueur dans une petite partie de la Gaule méridionale ; il occupe dans l'histoire générale des lois barbares une grande place, et y figure comme un phénomène très-remarquable. Permettez-moi donc de vous en faire connaître l'ensemble et le caractère. Sans cela, notre tableau des législations barbares serait incomplet, et l'idée qui nous en resterait inexacte.

La loi des Visigoths est incomparablement plus étendue qu'aucune de celles dont nous venons de nous occuper. Elle est composée d'un titre qui sert de préface, et de douze livres, divisés en 54 titres, qui comprennent 595 articles, ou lois distinctes, d'origine et de date diverses. Toutes les lois rendues ou réformées par les rois visigoths, d'Euric à Égica, sont contenues dans cette collection.

Toutes les matières législatives s'y rencontrent : ce n'est ni un recueil d'anciennes coutumes, ni une première tentative de réforme civile ; c'est un code universel, code de droit politique, de droit civil, de droit criminel ; code systématiquement rédigé, et qui a l'intention de pourvoir à tous les besoins de la société. Et c'est non-seulement un code, un ensemble de dispositions législatives, mais aussi un système de philosophie, une doctrine. Il est précédé et mêlé, çà et là, de dissertations sur l'origine de la société, la nature du pouvoir, l'organisation civile, la composition et la publication des lois. Et c'est non-seulement un système, mais encore un magasin d'exhortations morales, de menaces, de conseils. Le *Forum judicum*, en un mot, porte à la fois un caractère législatif, un caractère philosophique et un caractère religieux ; il tient de la loi, de la science et du sermon.

La cause en est simple ; la loi des Visigoths est l'œuvre du clergé ; elle est sortie des conciles de Tolède. Les conciles de Tolède ont été les assemblées nationales de la monarchie espagnole. L'Espagne a ce caractère singulier que, dès cette première période de son histoire, le clergé y a joué un beaucoup plus grand rôle que partout ailleurs : ce qu'étaient chez les Francs les champs de mars ou mai, chez les Anglo-Saxons, le wittenagemot, chez les Lombards l'assemblée générale de Pavie, les conciles de Tolède l'ont été chez les Visigoths d'Espagne. Là se rédigeaient les lois, se débattaient toutes les grandes affaires du pays. Le clergé était pour ainsi dire le centre autour duquel se groupaient la royauté, l'aristocratie laïque, le peuple, la société tout entière. Le code visigoth est évidemment l'ouvrage des ecclésiastiques; il a les vices et les mérites de leur esprit; il est incomparablement plus rationnel, plus juste, plus doux, plus précis; il connaît beaucoup mieux les droits de l'humanité, les devoirs du gouvernement, les intérêts de la société; il s'efforce d'atteindre à un but plus élevé et plus complexe que toutes les autres législations barbares. Mais, en même temps, sous le point de vue politique, il laisse la société plus dépourvue de garanties; il la livre d'une part au clergé, de l'autre à la royauté. Les lois franques, saxonnes, lombardes, bourguignonnes même, laissent subsister les garanties qui naissaient des anciennes mœurs, de l'indépendance individuelle, des droits de chaque propriétaire dans ses domaines, de la participation plus ou moins régulière, plus ou moins étendue, des hommes libres aux affaires de la nation, aux jugements, à la rédaction des actes de la vie civile. Dans le *Forum judicum*, presque tous ces débris de la société germanique primitive ont disparu; une vaste administration, semi-ecclésiastique, semi-impériale, s'étend sur la société.

Je pourrais, à coup sûr, me dispenser de le dire, et votre pensée a devancé mes paroles : ceci est un pas nouveau, et un pas immense, dans la route où nous marchons. Depuis que nous étudions les lois barbares, nous avançons de plus en plus vers le même résultat ; la fusion des deux sociétés devient de plus en plus générale, profonde ; et dans cette fusion, à mesure qu'elle s'accomplit, l'élément romain, civil ou religieux, domine de plus en plus. La loi ripuaire est moins germaine que la loi salique ; la loi des Bourguignons moins germaine que la loi ripuaire ; la loi des Visigoths bien moins encore que la loi des Bourguignons. Évidemment c'est en ce sens que coule le fleuve, vers ce but que tend le progrès des événements.

Singulier spectacle, Messieurs ! Tout à l'heure nous assistions au dernier âge de la civilisation romaine, et nous la trouvions en pleine décadence, sans force, sans fécondité, sans éclat, incapable, pour ainsi dire, de subsister. La voilà vaincue, ruinée par les Barbares ; et tout à coup elle reparait, puissante, féconde ; elle exerce sur les institutions, et les mœurs qui s'y viennent associer, un prodigieux empire ; elle leur imprime de plus en plus son caractère ; elle domine, elle métamorphose ses vainqueurs.

Deux causes, entre beaucoup d'autres, ont produit ce résultat : la puissance d'une législation civile, forte et bien liée ; l'ascendant naturel de la civilisation sur la barbarie.

En se fixant, en devenant propriétaires, les Barbares contractèrent, soit entre eux, soit avec les Romains, des relations beaucoup plus variées et plus durables que celles qu'ils avaient connues jusqu'alors ; leur existence civile prit plus d'étendue et de permanence. La loi romaine pouvait seule la régler ; elle seule était en mesure de suffire à tant de rapports. Les Barbares, tout en conservant leurs coutumes, tout en demeurant les maîtres du pays, se trouvèrent pris, pour ainsi dire, dans les filets de cette législation savante, et obligés de lui soumettre en grande partie, non sans doute sous le point de vue politique, mais en matière civile, le nouvel ordre social.

Le spectacle seul de la civilisation romaine exerçait d'ailleurs sur leur imagination un grand empire. Ce qui émeut aujourd'hui notre imagination, ce qu'elle cherche avec avidité dans l'histoire, les poëmes, les voyages, les romans, c'est le spectacle d'une société étrangère à la régularité de la nôtre ; c'est la vie sauvage, son indépendance, sa nouveauté, ses aventures. Autres étaient les impressions des Barbares ; c'est la civilisation qui les frappait, qui leur semblait grande et merveilleuse : les monuments de l'activité romaine, ces cités, ces routes, ces aqueducs, ces arènes, toute cette société si régulière, si prévoyante, si variée dans sa fixité, c'était là le sujet de leur étonnement, de leur admiration. Vainqueurs, ils se sentaient inférieurs aux vaincus ; le Barbare pouvait mépriser individuellement le Romain ; mais le monde romain, dans son ensemble, lui apparaissait comme quelque chose de supérieur ; et tous les grands hommes de l'âge de la conquête, les Alaric, les Ataulphe, les Théoderic et tant d'autres, en détruisant et foulant aux pieds la société romaine, faisaient tous leurs efforts pour l'imiter.

C'est là, Messieurs, un des principaux faits qui éclatent dans l'époque que nous venons de parcourir, et surtout dans la rédaction et la transformation successive des lois barbares. Nous rechercherons, dans notre prochaine réunion, ce qui restait des lois romaines pour régir les Romains eux-mêmes, pendant que les Germains s'appliquaient à écrire les leurs.

ONZIÈME LEÇON.

Perpétuité du droit romain après la chute de l'Empire. — De l'*Histoire du Droit romain dans le moyen âge*, par M. de Savigny. — Mérites et lacunes de cet ouvrage. — 1° Du droit romain chez les Visigoths. — *Breviarium Aniani*, recueilli par ordre d'Alaric. — Histoire et contenu de ce recueil. — 2° Du droit romain chez les Bourguignons. — *Papiani Responsum*. — Histoire et contenu de cette loi. — 3° Du droit romain chez les Francs. — Point de recueil nouveau. — La perpétuité du droit romain prouvée par divers faits. — Résumé.

Messieurs,

Nous connaissons l'état de la société germaine et de la société romaine avant l'invasion. Nous connaissons le résultat général de leur premier rapprochement, c'est-à-dire l'état de la Gaule immédiatement après l'invasion. Nous venons d'étudier les lois barbares, c'est-à-dire le premier travail des peuples germains pour adapter leurs anciennes coutumes à leur situation nouvelle. Étudions aujourd'hui la législation romaine à la même époque, c'est-à-dire cette partie des institutions et du droit romain qui survécut à l'invasion, et continua de régir les Gaulois-Romains.

C'est là l'objet d'un ouvrage allemand, célèbre depuis quelques années dans le monde savant, l'*Histoire du Droit romain dans le moyen âge*, par M. de Savigny. Le dessein de l'auteur est plus étendu que le nôtre, car il retrace l'histoire du droit romain, non-seulement en France, mais dans toute l'Europe. Il n'en a pas moins traité ce qui concerne la France avec plus de détails que je n'en puis donner ici; et, avant d'aborder le fond même du sujet, j'ai besoin de vous entretenir un moment de son travail.

La perpétuité du droit romain depuis la chute de l'Empire jusqu'à la renaissance des sciences et des lettres, telle en est l'idée fondamentale. L'opinion contraire a été longtemps et généralement répandue; on croyait que le droit romain était tombé avec l'Empire, pour ressusciter au xiie siècle, par la découverte d'un manuscrit des Pandectes, trouvé à Amalfi. C'est l'erreur que M. de Savigny a voulu dissiper : les deux premiers volumes sont entièrement consacrés à rechercher toutes les traces du droit romain du ve au xiie siècle, et à prouver, en retrouvant son histoire, qu'il n'a jamais cessé de subsister.

La démonstration est convaincante; le but est pleinement atteint. Cependant l'ouvrage, considéré dans son ensemble et comme œuvre historique, donne lieu à quelques observations.

Toute époque, Messieurs, toute matière historique, si je puis ainsi parler, peut être considérée sous trois points de vue différents, impose à l'historien une triple tâche. Il peut, il doit d'abord rechercher les faits mêmes, recueillir et mettre en lumière, sans autre dessein que l'exactitude, tout ce qui s'est passé. Les faits une fois retrouvés, il faut savoir quelles lois les ont régis ; comment ils se sont enchaînés ; par quelles causes se sont accomplis ces incidents qui sont la vie de la société, et la font marcher, par de certaines voies, vers un certain but. Je voudrais remarquer, avec clarté et précision, la différence des deux études. Les faits proprement dits, les événements extérieurs, visibles, sont le corps de l'histoire ; ce sont les membres, les os, les muscles, les organes, les éléments matériels du passé ; leur connaissance et leur description constituent ce qu'on pourrait appeler l'anatomie historique. Mais, pour la société comme pour l'individu, l'anatomie n'est pas toute la science. Non-seulement les faits subsistent, mais ils tiennent les uns aux autres ; ils se succèdent et s'engendrent par l'action de certaines forces, qui agissent sous l'empire de certaines lois. Il y a, en un mot, une organisation et une vie des sociétés comme de l'individu. Cette organisation a aussi sa science, la science des lois cachées qui président au cours des événements. C'est la physiologie de l'histoire.

Ni l'anatomie, ni la physiologie historique ne sont l'histoire complète, véritable. Vous avez énuméré les faits ; vous savez suivant quelles lois générales et intérieures ils se sont produits. Connaissez-vous aussi leur physionomie extérieure et vivante ? Sont-ils devant vos yeux sous des traits individuels, animés ? Assistez-vous au spectacle de la destinée et de l'activité humaine ? Il le faut absolument, car ces faits, qui sont morts, ont vécu; ce passé a été le présent; s'il ne l'est pas redevenu pour vous, si les morts ne sont pas ressuscités, vous ne les connaissez pas; vous ne savez pas l'histoire. L'anatomiste et le physiologiste soupçonneraient-ils l'homme s'ils ne l'avaient jamais vu vivant?

La recherche des faits, l'étude de leur organisation, la reproduction de leur forme et de leur mouvement, voilà donc l'histoire telle que la veut la vérité. On peut n'accepter que l'une ou l'autre de ces tâches; on peut considérer le passé sous tel ou tel point de vue, se proposer tel ou tel dessein; on peut s'attacher de préférence à la critique des faits, ou à l'étude de leurs lois, ou à la reproduction du spectacle. Ces travaux peuvent être excellents, glorieux; seulement il ne faut jamais oublier qu'ils sont partiels, incomplets; que ce n'est pas là l'histoire, qu'elle a un triple problème à résoudre; que toute grande œuvre historique, pour être mise à sa vraie place, doit être considérée et jugée sous un triple rapport.

Sous le premier, pour la recherche et la critique des éléments historiques matériels, l'*Histoire du Droit romain dans le moyen âge* est un livre très-remarquable. Non-seulement M. de Savigny a découvert ou rétabli beaucoup de faits inconnus ou méconnus, mais il a très-bien assigné (ce qui est plus rare et plus difficile) leur relation véritable. Quand je dis leur relation, je ne parle pas encore des liens qui les unissent dans leur développement, mais seulement de leur disposition, de la place qu'ils occupent les uns à l'égard des autres, et de leur importance relative. Rien de si commun, en histoire, même avec une science fort exacte des faits, que de leur assigner une place autre que celle qu'ils ont réellement occupée, de leur attribuer une importance qu'ils n'ont point eue. M. de Savigny n'a point échoué contre cet écueil : son énumération des faits est savante, rigoureuse, et il les distribue, il les mesure avec la même science, le même discernement; je le répète, dans tout ce qui tient à l'étude anatomique de cette portion du passé qui a fait l'objet de son travail, il ne laisse presque rien à désirer.

Comme histoire philosophique, comme étude de l'organisation générale et progressive des faits, je n'en saurais dire autant. Il ne paraît pas que M. de Savigny se soit proposé cette tâche, qu'il y ait même pensé. Non-seulement il n'a point cherché à mettre l'histoire particulière dont il s'occupait en rapport avec l'histoire générale de la civilisation et de l'humanité; mais, dans l'intérieur même de son sujet, il s'est peu inquiété de l'enchaînement systématique des faits; il ne les a point considérés comme causes et effets, dans leur rapport de génération. Ils se présentent dans son travail, isolés, n'ayant entre eux d'autre rapport que celui des dates, rapport qui n'est pas un lien véritable, et ne donne aux faits ni sens ni valeur.

La vérité poétique ne s'y rencontre pas davantage ; les faits n'apparaissent point à M. de Savigny sous leur physionomie vivante. Il n'avait sans doute, en un tel sujet, ni caractères, ni scènes à reproduire ; ses personnages sont des textes, ses événements des publications ou des abrogations de lois. Ces textes cependant, ces réformes législatives ont appartenu à une société qui avait ses mœurs, sa vie ; ils se sont associés à des événements plus propres à frapper l'imagination, à des invasions, à des fondations d'États, etc. Il y a là un certain aspect dramatique à saisir : M. de Savigny n'y réussit point ; ses dissertations ne sont point empreintes de la couleur du spectacle auquel elles se rattachent ; il ne reproduit pas plus les traits extérieurs et individuels de l'histoire que ses lois intimes et générales.

Et ne croyez pas, Messieurs, qu'il n'y ait en ceci d'autre mal que celui d'une lacune, et que cette absence de la vérité philosophique et poétique soit sans effet pour la critique des éléments matériels de l'histoire. Plus d'une fois M. de Savigny, faute d'avoir bien saisi les lois et la physionomie des faits, a été induit en erreur sur les faits mêmes ; il ne s'est pas trompé sur des textes, des dates ; il n'a pas omis ou inexactement rapporté tel ou tel événement ; il a commis un genre d'erreur pour lequel les Anglais ont un mot qui manque à notre langue, *misrepresentation*, c'est-à-dire qu'il a répandu sur les faits une fausse couleur ; fausseté qui ne tient pas à l'inexactitude de tel ou tel détail, mais au défaut de vérité dans l'aspect de l'ensemble, dans la manière dont le miroir réfléchit le tableau. En traitant, par exemple, de l'état social des Germains avant l'invasion, M. de Savigny parle avec détail des hommes libres, de leur situation et de leur rôle dans les institutions nationales [1] ; sa connaissance des documents historiques est étendue et exacte, les faits qu'il allègue sont vrais ; mais il ne s'est pas bien représenté la mobilité irrégulière des situations chez les Barbares, ni la lutte cachée de ces deux sociétés, la tribu et la bande guerrière, qui coexistaient chez les Germains, ni l'influence de la dernière pour altérer l'égalité et l'indépendance individuelle qui servaient de base à la première, ni les vicissitudes et les transformations successives que la condition des hommes libres avait subies par cette influence. De là une méprise générale, à mon avis, dans la peinture de cette condition ; il l'a faite trop belle, trop fixe, trop puissante ; il n'en a nullement fait pressentir la faiblesse et la chute prochaine.

Le même défaut paraît, quoiqu'à un moindre degré, dans son histoire même du droit romain du ve au xiie siècle : elle est complète et exacte en tant que recueil de faits ; mais les faits y sont tous placés, pour ainsi dire, sur le même plan ; on n'assiste point à leurs modifications successives, on ne voit point le droit romain se transformer à mesure que la nouvelle société se développe. Aucun enchaînement moral ne lie ces détails si savamment, si ingénieusement rétablis. La dissection anatomique, en un mot, est le caractère dominant de l'ouvrage ; l'organisation interne et la vie extérieure y manquent également.

[1] T. I, p. 160-195.

Réduit à sa vraie nature, comme critique des faits matériels, le livre de M. de Savigny est original et excellent ; il doit servir de base à toutes les études qui ont cette époque pour objet, car il met hors de doute la perpétuité du droit romain du ve au xiie siècle, et résout ainsi pleinement le problème que l'auteur s'est proposé.

Maintenant qu'il est résolu, on s'étonne que ce problème se soit jamais élevé, et qu'on ait jamais pu douter de la permanence du droit romain après la chute de l'Empire. Non-seulement les lois barbares font partout mention des lois romaines; mais il n'y a presque aucun document, aucun acte de cette époque, qui n'atteste, directement ou indirectement, leur application quotidienne. Peut-être l'erreur qu'a combattue M. de Savigny n'a-t-elle pas été aussi générale ni aussi absolue qu'il semble le supposer et qu'on le répète communément. Ce furent les *Pandectes* qui reparurent au xiie siècle ; et quand on a célébré la résurrection du droit romain à cette époque, c'est surtout de la législation de Justinien qu'on a voulu parler. En y regardant de plus près, on s'apercevrait, je crois, que la perpétuité en Occident des autres portions du droit romain, du code Théodosien, par exemple, et de tous les recueils auxquels il servit de base, n'a pas été aussi complétement méconnue que le donne à croire l'ouvrage de M. de Savigny. Mais peu importe : plus ou moins étendue, l'erreur à ce sujet a été réelle, et M. de Savigny, en la dissipant, a fait faire à la science un immense progrès.

Je vais mettre sous vos yeux les principaux résultats de son travail, mais dans un ordre contraire à celui que nous avons suivi en étudiant les lois germaniques. Nous avons commencé par les plus barbares, pour finir par celles où l'esprit romain avait pénétré le plus avant. Nous étudierons au contraire d'abord les pays où le droit romain a conservé le plus d'empire, pour le suivre dans les divers degrés de son affaiblissement.

C'est dire que le royaume des Visigoths est le premier dont nous ayons à nous occuper. Ce fut, vous vous le rappelez, de l'an 466 à l'an 484 que le roi Euric, qui résidait à Toulouse, fit écrire, pour la première fois, les coutumes des Goths. En 506, son successeur, Alaric II, fit recueillir et publier, sous une nouvelle forme, les lois de ses sujets romains. On lit, en tête de quelques uns des manuscrits de ce recueil, la préface suivante :

En ce volume sont contenues les lois ou décisions de droit, choisies dans le code Théodosien et autres livres, et expliquées ainsi que cela a été ordonné, le seigneur roi Alaric étant à la vingt-deuxième année de son règne, l'illustre comte Goiaric présidant à ce travail. Exemplaire du décret : lettre d'avis à Timothée V. S. comte.

Avec l'aide de Dieu, occupé des intérêts de notre peuple, nous avons corrigé, après mûre délibération, ce qui semblait inique dans les lois; de telle sorte que, par le travail des prêtres et autres nobles hommes, toute obscurité des lois romaines et du droit antique soit dissipée, et qu'une plus grande clarté s'y répande, afin que rien ne demeure ambigu, et ne soit pour les plaideurs un sujet de longues controverses. Toutes ces lois donc étant expliquées et réunies en un seul livre par le choix d'hommes sages, l'assentiment des vénérables évêques et de nos sujets provinciaux, élus à cet effet, a confirmé ledit recueil, auquel est jointe une claire interprétation. Notre clémence a donc ordonné que le livre soussigné .... fût remis au comte Goiaric pour la décision des affaires, afin que désormais tous les procès soient terminés selon ses dispositions, et qu'il ne soit permis à personne de mettre en avant aucune loi, ni règle de droit, si ce n'est ce que contient le présent livre, souscrit, comme nous l'avons ordonné, de la main de l'honorable homme Anianus. Il convient donc que tu prennes garde à ce que, dans ton ressort, aucune autre loi ou formule de droit ne soit alléguée ni admise. Que si par hasard telle chose arrivait, sache que ce serait au péril de ta tête ou aux dépens de ta fortune. Nous ordonnons que cette prescription soit jointe au livre que nous t'envoyons, afin que la règle de notre volonté et la crainte de la peine contiennent tous nos sujets.

Moi, Anianus, homme honorable, d'après l'ordre du très-glorieux roi Alaric, j'ai mis au jour et souscrit ce volume des lois théodosiennes, décisions de droit et autres livres, recueilli à Aire, la vingt-deuxième année de son règne. Nous avons collationné.

Donné le quatrième jour des nones de février, la vingt-deuxième année du règne du roi Alaric, à Toulouse.

Cette préface contient tout ce que nous savons sur l'histoire de la rédaction de ce code. J'ai peu d'explications à y ajouter. Goiaric était le comte du palais, chargé de veiller à son exécution dans tout le royaume ; Anianus, en qualité de référendaire, devait en souscrire les diverses copies, et les expédier aux comtes provinciaux ; Timothée est un de ces comtes. La plupart des manuscrits n'étant que des copies faites dans un intérêt privé, ne donnent ni la préface, ni aucune lettre d'envoi.

Le recueil d'Alaric contient : 1° le code Théodosien (16 livres) ; 2° les novelles des empereurs Théodose, Valentinien, Marcien, Majorien et Sévère ; 3° les Institutes du jurisconsulte Gaïus ; 4° cinq livres du jurisconsulte Paul, intitulés *Receptœ sententiœ* ; 5° le code Grégorien (13 titres) 6° le code Hermogénien (2 titres) ; 7° enfin, un passage de l'ouvrage de Papinien, intitulé *Liber Responsorum*.

Les constitutions et les novelles des empereurs sont appelées *Leges*; les travaux des jurisconsultes, y compris les codes Grégorien et Hermogénien, qui n'étaient point émanés d'un pouvoir public et officiel, portent simplement le nom de *Jus*. C'est la distinction de la loi et de la jurisprudence.

Le recueil, dans son ensemble, était appelé *Lex romana*, et non *Breviarium*; on ne rencontre point ce dernier nom avant le XVIe siècle [1]. Il n'y a, du *Breviarium Alaricianum*, qu'une seule édition séparée, donnée en 1528, à Bâle, par Sichard. Il a été inséré, du reste, tantôt partiellement, tantôt en entier, dans les diverses éditions du code Théodosien.

Il est divisé en deux parties essentielles : 1° un texte ou extrait des sources du droit que je viens d'énumérer; 2° une interprétation. Les *Institutes* de Gaïus sont le seul ouvrage où l'interprétation et le texte soient fondus ensemble.

Le texte n'est que la reproduction de la législation originaire; elle n'y est pas toujours complète; toutes les constitutions impériales, par exemple, ne sont pas insérées dans le *Breviarium*; mais celles qu'il reproduit ne sont point mutilées; l'ancien droit y paraît dans sa pureté, indépendamment des changements qu'avait dû y introduire la chute de l'Empire. *L'Interprétation*, au contraire, rédigée du temps d'Alaric par les jurisconsultes,

---

[1] On lit, dans la leçon précédente (page 306), qu'Alaric fit recueillir et publier, sous le nom de *Breviarium*, les lois de ses sujets romains. C'est une inadvertance de langage.

civils ou ecclésiastiques, qu'il avait chargés de ce travail, tient compte de ces changements ; elle explique, modifie, change quelquefois positivement le texte, pour l'adapter au nouvel état du gouvernement et de la société ; elle est donc, pour l'étude des institutions et des lois romaines à cette époque, plus importante et plus curieuse que le texte même.

L'existence seule d'un tel livre est la preuve la plus claire et la plus concluante de la perpétuité du droit romain : on pourrait en vérité se dispenser de l'ouvrir. Ouvrons-le cependant : nous y trouverons partout la trace de la société romaine, de ses institutions, de ses magistrats, aussi bien que de sa législation civile.

Le régime municipal occupe dans *l'Interprétation* du *Breviarium* une place immense ; la curie et ses magistrats, les *duumvirs*, les *défenseurs*, etc., y reviennent à chaque instant, et attestent que la municipalité romaine subsiste et agit. Et non-seulement elle subsiste, mais elle a acquis plus d'importance et d'indépendance : à la chute de l'Empire, les gouverneurs des provinces romaines, les *præsides*, les *consulares*, les *correctores* ont disparu ; à leur place on aperçoit les *comtes* barbares. Mais toutes les attributions des gouverneurs romains n'ont point passé aux comtes ; il s'en est fait une sorte de partage : les unes appartiennent aux comtes ; ce sont en général celles où le pouvoir central est intéressé, comme la levée des impôts, des hommes, etc. ; les autres, celles qui ne concernent que la vie privée des citoyens, sont allées à la curie, aux magistrats municipaux. Je n'ai garde d'énumérer ici tous ces changements; mais en voici quelques exemples puisés dans *l'Interprétation* :

1° Ce qui se faisait auparavant par le préteur (*alibi* le président) doit se faire maintenant par les juges de la cité. (*Interp.* Paul. 1, 7; § 2. — *Int.* C. Th. XI, 4, 2.)

2° L'émancipation, qui avait coutume de se faire par-devant le président, doit se faire maintenant par-devant la curie. (Gaïus, 1, 6.)

3° Les tuteurs étaient nommés à Constantinople par le préfet de la ville, dix sénateurs et le préteur. *L'Interprétation* met à leur place « les premiers de la cité avec le juge » (probablement le duumvir). (*Int.* C. Th. III, 17, 3.)

4° Les testaments doivent être ouverts dans la curie. (*Interp.* C. Th. IV, 4, 4.)

Les cas de ce genre abondent, et ne permettent pas de douter que, loin de périr avec l'Empire, le régime municipal n'eût acquis après l'invasion, dans la Gaule méridionale du moins, plus d'extension et de liberté.

Un second changement considérable s'y laisse aussi entrevoir. Dans l'ancienne municipalité romaine, les magistrats supérieurs, le *duumvir*, le *quinquennalis*, etc., exerçaient leur juridiction comme un droit personnel, nullement par voie de délégation et en qualité de représentants de la curie; c'était à eux-mêmes, non au corps municipal, que le pouvoir appartenait. Le principe du régime municipal était plus aristocratique que démocratique. Tel avait été le résultat des anciennes mœurs romaines, et spécialement de l'amalgame primitif des pouvoirs religieux et politiques dans les magistrats supérieurs.

Dans le *Breviarium*, l'aspect du régime municipal change ; ce n'est plus en son propre nom, c'est au nom et comme délégué de la curie que le *defensor* exerce son pouvoir. A la curie en corps appartient la juridiction. Le principe de son organisation devient démocratique ; et déjà se prépare ainsi la transformation qui fera, de la municipalité romaine, la commune du moyen âge.

Ce sont là, Messieurs, quant à la permanence du droit romain sous les Visigoths, les principaux résultats de l'ouvrage de M. de Savigny. Je ne sais s'il a bien mesuré la portée du dernier, et toutes ses conséquences dans l'histoire de la société moderne. Mais il l'a certainement entrevu, et en général ses idées sont aussi précises que son érudition est exacte et étendue. De tous les savants allemands qui se sont occupés de ce sujet, c'est à coup sûr le plus exempt de tout préjugé germanique, celui qui se laisse le moins entraîner au désir d'amplifier la puissance des anciennes institutions ou des mœurs germaines dans la civilisation moderne, et qui fait à l'élément romain la meilleure part. Quelquefois cependant la préoccupation de l'esprit national, si je puis m'exprimer ainsi, l'a encore trompé, et j'en citerai un singulier exemple. Il dit, à la fin du chapitre sur le régime municipal sous les Visigoths :

« Le texte du *Code* ordonne qu'à Rome, pour prononcer sur une accusation criminelle contre un sénateur, cinq sénateurs soient désignés par le sort : *l'Interprétation* rend cette règle générale, et exige cinq des principaux citoyens, *du même rang que l'accusé*, *c'est-à-dire décurions ou plébéiens, selon la condition de l'accusé lui-même*... Ne pourrait-on conjecturer ici l'influence des *Scabini* germains [1] ? »

Ainsi, M. de Savigny suppose que, selon *l'Interprétation* du *Breviarium*, les juges tirés au sort, en matière criminelle, devaient, sous les Visigoths au VIe siècle, être de même condition que l'accusé, que tout homme devait être jugé par ses pairs ; car c'est ainsi qu'on rédige communément le principe de l'institution du jury selon les mœurs germaines. Voici la phrase latine sur laquelle se fonde cette induction.

« *Cùm pro objecto crimine aliquis audiendus est,*
» *quinque nobilissimi viri judices, de reliquis sibi similibus, missis sortibus eligantur* [2]. »

C'est-à-dire :

Si quelqu'un est traduit en justice pour accusation de crime, que cinq nobles hommes soient désignés par le sort, entre leurs pareils, pour être juges.

Ces mots *de reliquis sibi similibus* signifient évidemment que les cinq juges seront tirés au sort entre leurs pareils, et non entre les pareils de l'accusé. Il n'y a donc là aucune trace de cette idée que les juges doivent être de même rang et de même condition que l'accusé. Les mots *nobilissimi viri* au-

---

[1] T. I, p. 265.
[2] *Interp*. Cod. Th. XI, 1, 12.

raient dû en convaincre M. de Savigny et prévenir son erreur : comment les appliquer, en effet, à des juges plébéiens ?

Passons des Visigoths aux Bourguignons, et recherchons quel a été, chez ces derniers, l'état de la législation romaine à la même époque.

La préface de leur loi barbare contient, vous vous le rappelez, cette phrase :

> Nous ordonnons, comme l'ont fait nos ancêtres, de juger entre Romains suivant les lois romaines ; et que ceux-ci sachent qu'ils recevront par écrit la forme et la teneur des lois suivant lesquelles ils doivent juger, afin que personne ne se puisse excuser sur l'ignorance [1].

Le Bourguignon Sigismond avait donc, en 517, l'intention de faire ce que le Visigoth Alaric avait fait onze ans auparavant, de recueillir les lois romaines pour ses sujets romains.

En 1566, Cujas trouva dans un manuscrit un ouvrage de droit qu'il publia sous le titre de *Papiani Responsum*, ou *Liber Responsorum*, et qui n'a pas cessé de porter ce nom. Il est divisé en 47 ou 48 titres, et offre les caractères suivants :

1° L'ordre et l'intitulé des titres correspondent presque minutieusement à l'ordre et à l'intitulé des titres de la loi barbare des Bourguignons ; le titre ii *de homicidiis* au titre ii *de homicidiis;* le titre 3 *de libertatibus* au titre iii *de libertatibus servorum nostrorum*, et ainsi de suite. M. de Savigny a dressé le tableau comparatif des deux lois [2], et la corrélation est évidente.

[1] Voyez la leçon précédente, p. 300.
[2] T. ii, p. 13-16.

2° On lit dans le titre II de cet ouvrage, *de homicidiis :*

Et comme il est bien clair que la loi romaine n'a rien réglé sur le prix des hommes tués, notre seigneur a ordonné que, selon la qualité de l'esclave, le meurtrier aurait à payer à son maître les prix suivants, savoir :

Pour un intendant............................	100 *solidi.*
Pour un serviteur personnel..................	60
Pour un laboureur ou un gardeur de porcs......	30
Pour un bon ouvrier en or.....................	100
Pour un forgeron..............................	50
Pour un charpentier...........................	40

Il faut que ceci soit observé selon l'ordre du seigneur roi.

Ce sont l'énumération et la composition réglées, au titre correspondant, par la loi des Bourguignons.

3° Enfin, deux titres du premier supplément de cette loi (tit. I et XIX) sont textuellement empruntés au *Papiani Responsum*, publié par Cujas.

Il est évident que cet ouvrage n'est autre que la loi annoncée par Sigismond à ses sujets romains, au moment où il publiait la loi de ses sujets barbares.

D'où vient le titre de cette loi? Pourquoi s'appelle-t-elle *Papiani Responsum?* Ne serait-elle, en effet, que la répétition d'un ouvrage de Papinien, souvent appelé Papien par les manuscrits? Rien n'est moins probable. M. de Savigny a fort ingénieusement résolu cette question. Il conjecture que Cujas a trouvé le manuscrit de la loi romaine des Bourguignons à la suite d'un manuscrit du *Breviarium* d'Alaric, sans que rien marquât la séparation des deux ouvrages; et que le *Breviarium* finissant par un passage du *Liber Responsorum* de Papinien, Cujas a, par inadvertance, attribué ce passage et donné ce titre à l'ouvrage suivant. L'examen de plusieurs manuscrits confirme cette conjecture, et Cujas lui-même s'était douté de l'erreur.

Comme le *Breviarium* d'Alaric précéda de quelques années seulement la loi des Romains-Bourguignons, et la suggéra peut-être, quelques personnes ont supposé qu'elle n'en était qu'un extrait. C'est une erreur : beaucoup plus court et plus incomplet que le *Breviarium*, le *Papiani Responsum*, puisque ce nom lui est resté, a cependant puisé plus d'une fois aux sources du droit romain, et fournit, à ce sujet, d'importantes indications.

Il tomba probablement en désuétude lorsque le royaume des Bourguignons fut tombé sous le joug des Francs; tout indique que le *Breviarium* d'Alaric, plus étendu et qui satisfaisait mieux aux divers besoins de la vie civile, le remplaça progressivement, et devint la loi des Romains dans toutes les contrées de la Gaule qu'avaient possédées les Bourguignons comme les Visigoths.

Restent les Francs. Quand ils eurent conquis, ou à peu près, toute la Gaule, le *Breviarium*, et quelque temps aussi le *Papien*, continuèrent d'être en vigueur dans les contrées où ils régnaient auparavant. Mais au nord et au nord-est de la Gaule, dans les premiers établissements des Francs, la situation est différente : on ne trouve là point de nouveau code romain, aucune tentative de recueillir et de rédiger la loi romaine pour les anciens habitants. Il est certain cependant qu'elle a continué de les régir ; voici les principaux faits qui ne permettent pas d'en douter :

1° Les lois salique et ripuaire répètent continuellement que les Romains seront jugés selon la loi romaine. Plusieurs décrets des rois francs, entre autres un décret de Clotaire Ier en 560, et un de Childebert II en 595, renouvellent cette injonction, et empruntent au droit romain quelques unes de ses dispositions. Les monuments législatifs des Francs attestent donc sa perpétuité.

2° Un autre genre de monuments non moins authentiques la prouve également. A coup sûr plusieurs d'entre vous connaissent les *formules* ou modèles des formes suivant lesquelles se rédigeaient, du vi{e} au xe siècle, les principaux actes de la vie civile, les testaments, les donations, les affranchissements, les ventes, etc. Le principal recueil de formules est celui que publia le moine Marculf, vers la fin, à ce qu'il paraît, du viie siècle. Plusieurs érudits, Mabillon, Bignon, Sirmond, Lindenbrog, en ont retrouvé d'autres dans de vieux manuscrits. Un grand nombre de ces formules reproduisent, dans les mêmes termes, les anciennes formes du droit romain sur les affranchissements d'esclaves, sur les donations, les testaments, la prescription, etc., et prouvent ainsi qu'il était toujours d'une application habituelle.

3° Tous les monuments de cette époque, dans les pays occupés par les Francs, sont pleins des noms du régime municipal romain, duumvirs, défenseurs, curie, curiales, et présentent ces institutions comme toujours en vigueur.

4° Beaucoup d'actes civils subsistent en effet, des testaments, des donations, des ventes, etc., qui sont passés, suivant les formes du droit romain, dans la curie, et inscrits sur ses registres.

5° Enfin, les chroniqueurs du temps parlent souvent d'hommes versés dans la connaissance de la loi romaine, et qui en font une étude attentive. Au vi⁰ siècle, l'Auvergnat Andarchius « était très-savant dans les œuvres de Virgile, les livres de la loi Théodosienne et l'art du calcul [1]. » A la fin du vii⁰ siècle, saint Bonet, évêque de Clermont, « était imbu des principes des grammairiens, et savant dans les décrets de Théodose [2]. » Saint Didier, évêque de Cahors, de 629 à 654, « s'appliqua, dit sa vie manuscrite, à l'étude des lois romaines. »

Ce n'étaient point là, à coup sûr, des érudits ; il n'y avait alors point d'Académie des inscriptions, et on n'étudiait pas le droit romain par curiosité.

Il n'y a donc pas moyen de douter que, chez les Francs comme chez les Bourguignons et les Visigoths, il continua d'être en vigueur, surtout dans la législation civile et le régime municipal. Ceux d'entre vous, Messieurs, qui voudraient rechercher les preuves de détail, les textes originaux sur lesquels se fondent les résultats que je viens d'expo-

[1] Grég. de Tours, l. IV, c. 47.
[2] *Acta sanct. Juana*, c. 1, n° 3.

ser, en trouveront un grand nombre dans l'ouvrage de M. de Savigny (t. I, p. 267-273; t. II, p. 104-118), et plus encore dans l'*Histoire du Régime municipal de France*, que vient de publier M. Raynouard[1], ouvrage plein de recherches curieuses et si complètes sur certaines questions, qu'en vérité on ne peut les taxer que de surabondance.

Vous le voyez, Messieurs, le fait que je me proposais de mettre en lumière est indubitable : les monuments de tout genre nous le montrent, à des degrés inégaux sans doute, chez les différents peuples, mais partout réel et permanent. Son importance est grande, car il annonçait à la Gaule un état social tout différent de celui où elle avait vécu jusqu'alors. Il n'y avait guère plus de cinq siècles qu'elle était tombée au pouvoir des Romains, et déjà il n'y restait plus presque aucune trace de l'ancienne société gauloise. La civilisation romaine a eu cette terrible puissance d'extirper les lois, les mœurs, la langue, la religion nationales, de s'assimiler pleinement ses conquêtes. Toutes les expressions absolues sont exagérées; cependant, à considérer les choses en général, au VIe siècle, tout en Gaule était romain. Le fait contraire accompagne la conquête barbare; les Germains laissent à la population vaincue ses lois, ses institutions locales, sa langue, sa religion. Une invincible unité marchait à la suite des Romains; ici, la diversité s'éta-

---

[1] Deux vol. in-8°. Paris, chez Sautelet, rue de Richelieu, 14, et chez Alexandre Mesnier, place de la Bourse.

blit par le fait même et de l'aveu des conquérants. Nous avons reconnu que l'empire de la personnalité, de l'indépendance individuelle, ce caractère de la civilisation moderne, était d'origine germanique ; nous en retrouvons ici l'influence ; l'idée de la personnalité préside aux lois comme aux actions ; l'individualité des peuples, bien que soumis à la même domination politique, est proclamée comme celle des hommes. Il faudra des siècles pour que la notion du territoire l'emporte sur celle de la race, pour que la législation, de personnelle, redevienne réelle, pour qu'une nouvelle unité nationale résulte de la fusion lente et laborieuse des éléments divers.

Cela convenu, Messieurs, et la perpétuité de la législation romaine bien établie, que ce mot cependant ne vous fasse pas illusion : on s'y est beaucoup trompé ; parce qu'on a vu le droit romain continuer, parce qu'on a rencontré les mêmes noms, les mêmes formes, on en a conclu que les principes, que l'esprit des lois étaient aussi restés les mêmes : on a parlé du droit romain du xe siècle comme de celui de l'Empire. Langage plein d'erreur : quand Alaric et Sigismond ordonnèrent un nouveau recueil des lois romaines à l'usage de leurs sujets romains, ils firent exactement ce que firent ailleurs Théodoric et Dagobert, en faisant rédiger pour leurs sujets francs les lois barbares. Comme les lois salique et ripuaire écrivaient d'anciennes coutumes, déjà mal adaptées au nouvel état des peuples germains, de même le *Breviarium* d'Alaric et le

Papiani Responsum recueillirent des lois déjà vieillies et en partie inapplicables. Par la chute de l'Empire et l'invasion, tout l'ordre social devait changer; les relations des hommes étaient différentes, un autre régime de la propriété commençait; les institutions politiques romaines ne pouvaient subsister; les faits de tout genre se renouvelaient sur toute la face du territoire. Et quelles lois donne-t-on à cette société naissante, désordonnée, mais féconde? Deux lois anciennes : les anciennes coutumes barbares et l'ancienne législation romaine. Évidemment ni les unes ni les autres ne pouvaient lui convenir; les unes et les autres devaient se modifier, se métamorphoser profondément, pour s'adapter aux nouveaux faits.

Quand donc nous disons qu'au vie siècle le droit romain s'est perpétué, que les lois barbares ont été écrites; quand nous trouvons dans les siècles postérieurs toujours les mêmes mots : *droit romain, lois barbares,* ne croyez pas que nous parlions du même droit, des mêmes lois. En se perpétuant, le droit romain a changé; après avoir été écrites, les lois barbares se sont dénaturées. Les uns et les autres sont au nombre des éléments essentiels de la société moderne; mais comme des éléments entrent dans une combinaison nouvelle, qui naîtra d'une longue fermentation, et au sein de laquelle ils n'apparaîtront que transformés.

C'est à cette transformation successive, Messieurs, que j'essaierai de vous faire assister; les historiens n'en parlent pas; des mots invariables la couvrent; c'est un travail intérieur, un spectacle profondément caché, et auquel on n'arrive qu'en perçant beaucoup d'enveloppes, en se défendant de l'illusion que nous fait la similitude des formes et des noms.

Nous voilà au terme de nos recherches sur l'état de la société civile en Gaule du vi[e] siècle au milieu du viiie. Nous étudierons dans notre prochaine réunion les changements survenus dans la société religieuse à la même époque, c'est-à-dire l'état et la constitution de l'Église.

DOUZIÈME LEÇON.

Objet de la leçon. — De l'état de l'Église en Gaule, du vi⁰ siècle au milieu du viii⁰. — Analogie de l'état primitif de la société religieuse et de la société civile. — De l'unité de l'Église, ou de la société spirituelle. — Des deux éléments ou conditions de la société spirituelle : 1° unité de la vérité, c'est-à-dire de la raison absolue ; 2° liberté des esprits, c'est-à-dire de la raison individuelle. — De l'état de ces deux idées dans l'Église chrétienne, du vi⁰ au viii⁰ siècle. — Elle adopte l'une et méconnaît l'autre. — De l'unité de l'Église dans la législation. — Conciles généraux. — Différence entre l'Église d'Orient et l'Église d'Occident, quant à la poursuite des hérétiques. — Des rapports de l'Église avec l'État, du vi⁰ au viii⁰ siècle : 1° dans l'Empire d'Orient ; 2° dans l'Occident, et spécialement dans la gaule-franque. — Intervention du pouvoir temporel dans les affaires de l'Église. — Du pouvoir spirituel dans les affaires de l'État. — Résumé.

MESSIEURS,

Nous rentrons aujourd'hui dans une route où nous avons déjà marché ; nous reprenons un fil que nous avons tenu : nous avons à nous occuper de l'histoire de l'Église chrétienne en Gaule, depuis l'accomplissement de l'invasion jusqu'à la chute des rois mérovingiens, c'est-à-dire du vi⁰ au milieu du viii⁰ siècle.

La détermination de cette période n'est point arbitraire ; l'avénement des rois carlovingiens a marqué une crise dans la société religieuse aussi bien que dans la société civile. C'est une date qui fait époque, et à laquelle il convient de s'arrêter.

Rappelez-vous, je vous prie, le tableau que j'ai tracé de l'état de la société religieuse en Gaule avant la chute définitive de l'Empire romain, c'est-à-dire à la fin du IVe et au commencement du Ve siècle. Nous avons considéré l'Église sous deux points de vue : 1° dans sa situation extérieure, dans ses rapports avec l'État ; 2° dans sa constitution intérieure, dans son organisation sociale et politique. A ces deux problèmes fondamentaux se rallient, nous l'avons vu, toutes les questions particulières, tous les faits.

Ce double examen nous a fait entrevoir, dans les cinq premiers siècles de l'Église, le germe de toutes les solutions des deux problèmes, quelque exemple de toutes les formes, des essais de toutes les combinaisons. Point de système, soit quant aux relations extérieures de l'Église, soit quant à son organisation intérieure, qui ne puisse remonter jusqu'à cette époque, et s'y rattacher à quelque autorité. L'indépendance, l'obéissance, la souveraineté ou les transactions de l'Église avec l'État, le presbytérianisme ou l'épiscopat, l'absence complète du clergé ou sa domination presque exclusive, nous avons tout rencontré, tout aperçu.

Nous venons d'examiner l'état de la société civile après l'invasion, dans les VIe et VIIe siècles, et nous sommes arrivés au même résultat. Nous y avons également trouvé le germe, l'exemple de tous les systèmes d'organisation sociale et de gouvernement : la monarchie, l'aristocratie et la démocratie ; les assemblées d'hommes libres ; le patronage du chef de bande sur ses guerriers, du grand propriétaire sur les propriétaires inférieurs ; la royauté absolue et impuissante, élective et héréditaire, barbare, impériale et religieuse ; tous les principes, en un mot, qui se sont développés dans la vie de l'Europe moderne, nous ont dès lors simultanément apparu.

Remarquable similitude, Messieurs, dans les origines et l'état primitif des deux sociétés : la richesse et la confusion y sont pareilles ; toutes choses y sont ; aucune à sa place et dans sa mesure ; l'ordre y viendra avec le développement ; en se développant, les éléments divers se dégageront, se distingueront, déploieront chacun ses prétentions et ses forces propres, d'abord pour se combattre, ensuite pour transiger. Telle sera l'œuvre progressive du temps et de l'homme.

C'est à ce travail que nous allons désormais assister : nous avons saisi, dans le berceau des deux sociétés, tous les éléments matériels, tous les principes rationnels de la civilisation moderne ; nous allons les suivre dans leurs luttes, leurs négociations, leurs amalgames, dans toutes les vicissitudes de leur destinée spéciale et commune. C'est là, à proprement parler, l'histoire de la civilisation ; nous n'avons guère fait encore que reconnaître le théâtre de cette histoire, et en nommer les acteurs.

Vous ne vous étonnerez pas, Messieurs, qu'en entrant dans une nouvelle ère nous rencontrions d'abord la société religieuse; elle était, vous le savez, la plus avancée et la plus forte; soit dans la municipalité romaine, soit auprès des rois barbares, soit dans la hiérarchie des conquérants devenus propriétaires, nous avons partout reconnu la présence et l'influence des chefs de l'Église. Du iv° au xiii° siècle, c'est l'Église qui a marché la première dans la carrière de la civilisation. Il est donc naturel que, dans cet intervalle, toutes les fois que nous avons fait une halte et que nous nous remettons en mouvement, ce soit par elle que nous ayons à recommencer.

Nous étudierons son histoire du vi° au viii° siècle, sous les deux points de vue déjà indiqués: 1° dans ses relations avec l'État; 2° dans sa constitution propre et intérieure.

Mais, avant d'aborder l'une ou l'autre de ces questions, et les faits qui s'y rattachent, je dois appeler votre attention sur un fait qui les domine tous, qui caractérise l'Église chrétienne en général, et a décidé, pour ainsi dire, de sa destinée.

Ce fait, c'est l'unité de l'Église, l'unité de la société chrétienne, indépendamment de toutes les diversités de temps, de lieu, de domination, de langue, d'origine.

Singulier phénomène! C'est au moment où l'Empire romain se brise et disparaît, que l'Église chrétienne se rallie et se forme définitivement. L'unité politique périt, l'unité religieuse s'élève. Je ne sais combien de peuples divers d'origine, de mœurs, de langage, de destinée, se précipitent sur la scène;

tout devient local, partiel; toute idée étendue, toute institution générale, toute grande combinaison sociale s'évanouit; et c'est à ce moment que l'Église chrétienne proclame le plus haut l'unité de sa doctrine, l'universalité de son droit.

Fait glorieux et puissant, Messieurs, qui a rendu, du ve au xiiie siècle, d'immenses services à l'humanité. L'unité de l'Église a seule maintenu quelque lien entre des pays et des peuples que tout d'ailleurs tendait à séparer; sous son influence, quelques notions générales, quelques sentiments d'une vaste sympathie ont continué de se développer; et, du sein de la plus épouvantable confusion politique que le monde ait jamais connue, s'est élevée l'idée la plus étendue et la plus pure, peut-être, qui ait jamais rallié les hommes, l'idée de la société spirituelle; car c'est là le nom philosophique de l'Église, le type qu'elle a voulu réaliser.

Quel sens attachaient à ces mots, Messieurs, les hommes de cette époque, et quels progrès avaient-ils déjà faits dans cette voie? Qu'était vraiment, dans les esprits et dans les faits, cette société spirituelle, objet de leur ambition et de leur respect? Comment était-elle conçue et pratiquée? Il faut répondre à ces questions pour savoir ce qu'on dit quand on parle de l'unité de l'Église, et ce qu'on doit penser de ses principes comme de ses résultats.

Une conviction commune, c'est-à-dire une même idée reconnue et acceptée comme vraie, telle est la base fondamentale, le lien caché de la société humaine. On peut s'arrêter aux associations les plus bornées et les plus simples, ou s'élever aux plus compliquées, aux plus étendues ; on peut examiner ce qui se passe entre trois ou quatre Barbares réunis pour une expédition de chasse, ou dans le sein d'une assemblée appelée à traiter des affaires d'un grand peuple ; partout et dans tous les cas, c'est dans l'adhésion des individus à une même pensée que consiste essentiellement le fait de l'association : tant qu'ils ne se sont pas compris et entendus, ils ne sont que des êtres isolés, placés les uns à côté des autres, mais qui ne se pénètrent et ne se tiennent point. Un même sentiment, une même croyance, quels qu'en soient la nature ou l'objet, telle est la condition première de l'état social ; c'est dans le sein de la vérité seulement, ou de ce qu'ils prennent pour la vérité, que les hommes s'unissent et que naît la société. Et en ce sens, un philosophe moderne[1] a eu grande raison de dire qu'il n'y a de société qu'entre les intelligences ; que la société ne subsiste que sur les points et dans les limites où s'accomplit l'union des intelligences ; que là où les intelligences n'ont rien de commun, la société n'est pas; en d'autres termes, que la société intellectuelle est la seule société, l'élément nécessaire et comme le fond de toutes les associations extérieures et apparentes.

Or, le caractère essentiel de la vérité, Messieurs, et précisément ce qui en fait le lien social par excel-

---

[1] M. l'abbé de Lamennais

lence, c'est l'unité. La vérité est une, c'est pourquoi les hommes qui l'ont reconnue et acceptée sont unis; union qui n'a rien d'accidentel ni d'arbitraire, car la vérité ne dépend ni des accidents des choses, ni de l'incertitude des hommes; rien de passager, car la vérité est éternelle; rien de borné, car la vérité est complète et infinie. Comme de la vérité, l'unité sera donc le caractère essentiel de la société qui n'aura que la vérité pour objet, c'est-à-dire de la société purement spirituelle. Il n'y a pas, il ne peut y avoir deux sociétés spirituelles; elle est, de sa nature, unique et universelle.

Ainsi est née l'Église; de là cette unité qu'elle a proclamée comme son principe, cette universalité qui a toujours été son ambition. Plus ou moins claire, plus ou moins rigoureuse, c'est là l'idée qui repose au fond de toutes ses doctrines, qui plane au-dessus de tous ses travaux. Bien avant le vi[e] siècle, et dès le berceau même du christianisme, elle apparaît dans les écrits et les actes de ses plus illustres interprètes.

Mais pour que la société spirituelle naisse et subsiste, l'unité de la vérité en elle-même ne suffit point; il faut qu'elle apparaisse aux esprits et les rallie. L'union des esprits, c'est-à-dire la société spirituelle, est la conséquence de l'unité de la vérité; mais tant que cette union n'est pas accomplie, la conséquence manque au principe, la société spirituelle n'est pas. Or, à quelle condition s'unissent les esprits dans la vérité? A cette condition qu'ils la connaissent et acceptent son empire : quiconque obéit sans connaître la vérité, par ignorance et non par lumière, ou quiconque, ayant connaissance de la vérité, refuse de lui obéir, n'est pas entré dans la société spirituelle : nul n'en fait partie s'il ne voit et ne veut ; elle exclut d'une part l'ignorance, de l'autre la contrainte ; elle exige de tous ses membres l'intime et personnelle adhésion de l'intelligence et de la liberté.

Or, à l'époque qui nous occupe, Messieurs, ce second principe, ce second caractère de la société spirituelle manquait à l'Église. Il y aurait injustice à dire qu'elle le méconnût absolument, et qu'elle pensât que la société spirituelle peut subsister entre des hommes sans l'aveu de leur intelligence et de leur liberté. Posée ainsi dans sa forme simple et nue, cette idée est choquante et nécessairement repoussée ; l'exercice plein et hardi de la raison et de la volonté était d'ailleurs trop récent, et encore trop fréquent dans l'Église, pour qu'elle tombât dans un si grossier oubli. Aussi n'affirmait-elle point que la vérité eût droit d'employer la contrainte ; sans cesse même elle répétait que les armes spirituelles étaient les seules dont elle pût et dût se servir. Mais ce principe n'était, si je puis ainsi parler, qu'à la surface des esprits, et s'évaporait de jour en jour. L'idée que la vérité, une et universelle, a droit de poursuivre, par la force, les conséquences de son unité et de son universalité, devenait de jour en jour l'idée dominante, active, efficace. Des deux conditions de la société spirituelle, l'unité rationnelle de la doctrine et l'union réelle des esprits, la première préoccupait presque seule l'Église ; la seconde était sans cesse oubliée ou violée.

Il a fallu bien des siècles, Messieurs, pour lui rendre sa place et son pouvoir, c'est-à-dire pour mettre en lumière la vraie nature de la société spirituelle, sa nature complète et l'harmonie de ses éléments. Ce fut longtemps l'erreur générale de croire que l'empire de la vérité, c'est-à-dire de la raison universelle, pouvait être établi sans le libre exercice de la raison individuelle, sans le respect de son droit. On méconnaissait ainsi la société spirituelle, en la proclamant; on l'exposait à n'être qu'une illusion mensongère. L'emploi de la force fait bien plus que la souiller, il la tue : pour que son unité soit, non-seulement pure, mais réelle, il faut qu'elle éclate au milieu du développement de toutes les intelligences, de toutes les libertés.

Ce sera l'honneur de notre temps, Messieurs, d'avoir ainsi pénétré dans l'essence de la société spirituelle, bien plus avant que n'avait encore fait le monde; de l'avoir bien plus complétement connue et revendiquée. Nous savons maintenant qu'elle a deux conditions : 1° la présence d'une vérité générale, absolue, règle des croyances et des actions humaines ; 2° le plein développement de toutes les intelligences, en face de cette vérité, et la libre adhésion des ames à son pouvoir. Que l'une de ces deux conditions ne nous fasse jamais oublier l'autre ; que l'idée de la liberté des esprits n'affaiblisse point en nous celle de l'unité de la société spirituelle : parce que les convictions individuelles doivent être éclairées et libres, ne nous laissons pas emporter à croire qu'il n'y a point de vérité universelle qui ait droit de commander ; en respectant la raison de chacun, ne perdons pas de vue la raison unique et souveraine. L'histoire de la société humaine s'est passée jusqu'ici en alternatives de l'une à l'autre de ces dispositions. A certaines époques les hommes ont été surtout frappés de la nature et des droits de cette vérité universelle, absolue, maître légitime au règne duquel ils aspirent ; ils se sont flattés qu'ils l'avaient enfin rencontré, qu'ils le possédaient, et, dans leur folle confiance, ils lui ont accordé le pouvoir absolu, qui bientôt et inévitablement a engendré la tyrannie. Après l'avoir longtemps subie, respectée même, l'homme l'a reconnue ; il y a vu le nom, les droits de la vérité usurpés par des forces ignorantes ou perverses ; alors il s'est plus irrité contre les idoles qu'occupé de Dieu même ; l'unité de la raison divine, si cette expression m'est permise, n'a plus été l'objet de sa contemplation habituelle ; il a surtout songé au droit de la raison humaine dans les relations des hommes, et a souvent fini par oublier que, si elle est libre, la volonté n'est point arbitraire ; que, s'il y a droit d'examen pour la raison individuelle, elle est cependant subordonnée à cette raison générale qui sert de mesure, de pierre de touche à tous les esprits. Et de même que, dans le premier cas, il y avait une tyrannie, de même, dans le second, il y a eu anarchie, c'est-à-dire absence de croyances générales, puissantes, absence de principes dans les ames et de ciment dans la société. On peut espérer que notre temps est appelé à éviter l'un et l'autre écueil, car il est, si je puis ainsi parler, en possession de la carte qui les signale l'un et l'autre. Le développement de la civilisation doit s'accomplir désormais sous l'influence simultanée d'une double foi, d'un double respect; la raison universelle sera recherchée comme la loi suprême et le dernier but; la raison individuelle sera libre et provoquée à se développer comme le meilleur moyen d'atteindre à la raison universelle. Et si la société spirituelle n'est jamais complète et pure, ce que ne permet pas l'imperfection humaine, du moins son unité ne courra plus le risque d'être factice et trompeuse.

Nous avons entrevu, Messieurs, à l'époque qui nous occupe, l'état des esprits sur cette grande idée: passons à l'état des faits, et recherchons quelles conséquences pratiques avait déjà produites cette unité de l'Église, dont nous venons de décrire les caractères rationnels.

Elle éclate surtout dans la législation ecclésiastique, et elle y éclate d'autant plus qu'elle est en contradiction avec tout ce qui se passe d'ailleurs. Nous avons étudié, dans nos dernières réunions, la législation civile du ve au viiie siècle; et la diversité, une diversité de plus en plus croissante, nous en a paru le trait fondamental. La tendance de la société religieuse est bien différente; elle aspire à l'unité dans les lois; elle y atteint. Et ce n'est pas qu'elle puise exclusivement ses lois dans les monuments primitifs de la religion, dans les livres saints, toujours et partout les mêmes : à mesure qu'elle se développe, des besoins nouveaux se manifestent ; il faut des lois nouvelles, un nouveau législateur : quel sera-t-il? L'Orient s'est séparé de l'Occident, l'Occident se morcèle chaque jour en États distincts et indépendants. Y aura-t-il, pour l'Église ainsi dispersée, plusieurs législateurs? Les conciles de la Gaule, de l'Espagne, de l'Italie, leur donneront-ils des lois religieuses? Non, Messieurs; au-dessus de la diversité des Églises nationales, des conciles nationaux, au-dessus de toutes les différences qui s'introduisent nécessairement dans la discipline, le culte, les usages, il y aura, pour l'Église tout entière, une législation générale, unique. Les décrets des conciles généraux seront partout obligatoires et acceptés. Il y a eu, du IVe au VIIIe siècle, six conciles œcuméniques ou généraux ; ils ont tous été tenus en Orient, par les évêques d'Orient, sous l'influence des empereurs d'Orient ; à peine quelques évêques d'Occident y ont-ils paru[1].

[1] TABLEAU DES CONCILES GÉNÉRAUX, DU IVe AU VIIIe SIÈCLE.

DATE.	LIEU.	ASSISTANTS.	ORIENTAUX.	OCCIDENTAUX.
325	Nicée...............	318	315	3
381	Constantinople.........	150	149	1
431	Éphèse...............	68	67	1
451	Chalcédoine...........	353	350	3
553	Constantinople.........	164	158	6
680	Constantinople.........	56	51	5

Eh bien! malgré tant de causes de mésintelligence et de séparation, malgré la diversité des langues, des gouvernements, des mœurs, bien plus, malgré la rivalité des patriarches de Rome, de Constantinople et d'Alexandrie, la législation des conciles généraux est partout adoptée; l'Occident s'y soumet comme l'Orient; à peine quelques uns des décrets du cinquième concile sont-ils momentanément contestés. Tant l'idée de l'unité est déjà puissante dans l'Église, tant le lien spirituel domine toutes choses!

Quant au second principe de la société spirituelle, la liberté des esprits, il faut faire, entre l'Orient et l'Occident, quelque distinction; l'état des faits n'était pas le même dans les deux contrées.

En exposant l'état de l'Église aux ive et ve siècles, je vous ai fait connaître quelles étaient, en matière d'hérésie, les dispositions de la législation et des esprits. Le principe de la persécution n'était pas, vous vous le rappelez, clairement établi, ni constamment dominant; cependant il prévalait de plus en plus; malgré les généreuses protestations de quelques évêques, malgré la diversité des cas, les lois de Théodose, la persécution des ariens, des donatistes, des pélagiens, le supplice des priscillianistes, ne permettent pas d'en douter.

A partir du vi^e siècle, et dans l'Empire d'Orient, vrai successeur et continuateur de l'Empire romain, les choses et les idées suivirent le même cours; le principe de la persécution se développa; l'histoire des monophysites, des monothélites, de plusieurs autres hérésies, et la législation de Justinien, en font foi.

En Occident, l'invasion et toutes ses conséquences suspendirent quelque temps ses progrès, et d'abord presque tout mouvement intellectuel s'arrêta; au milieu du bouleversement continuel des existences, quelle place restait pour la contemplation et l'étude? les hérésies furent rares; la lutte continua entre les ariens et les orthodoxes; mais on vit s'élever peu de doctrines nouvelles, et celles qui essayèrent de se produire ne furent guère qu'un faible retentissement des hérésies d'Orient. La persécution manqua donc, pour ainsi dire, de matière et d'occasion. Les évêques, d'ailleurs, ne la provoquaient point; des affaires plus pressantes les retenaient; la situation de l'Église était périlleuse; il fallait s'occuper non-seulement de ses intérêts temporels, mais de sa sûreté, de son existence; on s'inquiétait beaucoup moins de quelques variétés d'opinion. Cinquante-quatre conciles ont été tenus en Gaule dans le vi° siècle; deux seulement, celui d'Orange et celui de Valence, en 529, se sont occupés de dogmes; ils ont condamné l'hérésie des semi-pélagiens, que leur avait léguée le v° siècle.

Les rois barbares enfin, les nouveaux maîtres du sol prenaient peu d'intérêt et rarement part dans de tels débats. Les empereurs d'Orient étaient théologiens aussi bien que les évêques; ils avaient été élevés, nourris dans la théologie; ils avaient, sur ses problèmes et ses querelles, des opinions personnelles et arrêtées; Justinien, Héraclius s'enga-

geaient volontairement et pour leur propre compte à
la poursuite de l'hérésie. A moins qu'un grand motif politique ne les y poussât, Gondebaud, Chilpéric, Gontran ne s'en troublaient point. Il nous
est parvenu, des rois bourguignons, goths, francs,
un grand nombre d'actions et de paroles qui prouvent combien ils étaient peu disposés à mettre leur
force au service de tels intérêts : « Nous ne pou-
» vons commander la religion, disait Théodoric,
» roi des Ostrogoths; personne ne peut être forcé
» à croire malgré lui [1]... Puisque la Divinité souffre
» diverses religions, disait le roi Théodabat, nous
» n'osons en prescrire une seule. Nous nous sou-
» venons d'avoir lu qu'il faut sacrifier à Dieu vo-
» lontairement, et non par la contrainte d'un
» maître. Celui-là donc qui tente de faire autre-
» ment s'oppose évidemment aux ordres divins [2]. »

Sans doute Cassiodore prête ici aux deux rois
goths la supériorité de sa raison; mais enfin ils adoptaient son langage; et dans beaucoup d'autres cas,
soit ignorance, soit bon sens, on voit les princes
barbares manifester les mêmes dispositions.

En fait donc, et par le concours de causes diverses, la seconde condition de la société spirituelle,
la liberté des esprits, fut moins violée à cette époque
en Occident qu'en Orient. Il ne faut cependant pas
s'y tromper, ce n'était là qu'un accident, un effet
temporaire de circonstances extérieures; au fond

---

[1] *Cassiod. Variar. ep.*, l. II, ep. 27.
[2] *Ibid.*, l x, ep. 26.

le principe était également méconnu, et le cours général des choses tendait également à faire prévaloir la persécution.

Vous le voyez, Messieurs, en dépit de quelques différences, l'unité de l'Église, avec les conséquences du sens qu'on y attachait, était partout le fait dominant, en Occident comme en Orient, dans l'état social comme dans les esprits. C'était là le principe qui présidait, dans la société religieuse, aux opinions, aux lois, aux actions, le point duquel on partait toujours, le but vers lequel on ne cessait de tendre. Dès le ive siècle, cette idée a été pour ainsi dire l'étoile sous l'influence de laquelle la société religieuse s'est développée en Europe, et qu'il faut avoir toujours en vue pour suivre et comprendre les vicissitudes de sa destinée.

Ce point convenu, et le fait caractéristique de cette époque bien établi, entrons dans l'examen particulier de l'état de l'Église, et recherchons quels étaient : 1° ses rapports avec la société civile et son gouvernement ; 2° son organisation propre et intérieure. Nous serons probablement obligés de nous renfermer aujourd'hui dans la première question.

Reportez-vous, je vous prie, Messieurs, à ce que j'ai eu l'honneur de vous en dire en parlant de l'Église au ve siècle : il nous a paru que ses rapports avec l'État pouvaient être réglés dans quatre systèmes différents : 1° la complète indépendance de l'Église ; l'Église inaperçue, ignorée, ne recevant de l'État ni loi ni appui : 2° la souveraineté de l'État sur l'Église ; la société religieuse gouvernée, sinon complètement, du moins dans ses principaux éléments, par la puissance civile ; 3° la souveraineté de l'Église sur l'État ; le gouvernement temporel, sinon directement possédé, du moins complétement dominé par le pouvoir spirituel ; 4° enfin la coexistence des deux sociétés, des deux pouvoirs, séparés, mais alliés à certaines conditions diverses, variables, qui les unissent sans les confondre.

Nous avons en même temps reconnu qu'au v® siècle ce dernier système prévalait; que l'Église chrétienne et l'Empire romain existaient l'une dans l'autre, comme deux sociétés distinctes, ayant chacune son gouvernement, ses lois, mais s'adoptant et se soutenant mutuellement. Au sein de leur alliance, nous avons démêlé les traces encore visibles d'un autre principe, d'un état antérieur, la souveraineté de l'État sur l'Église, l'intervention et la prépondérance décidée des empereurs dans son administration. Enfin, nous avons entrevu, mais dans le lointain, la souveraineté de l'Église sur l'État, la domination du gouvernement temporel par le pouvoir spirituel.

Telle nous a paru, au v® siècle, et dans son ensemble, la situation de l'Église chrétienne dans ses rapports avec l'État.

Au vi® siècle, si nous regardons à l'Empire d'Orient, sur lequel il faut toujours porter sa vue pour bien comprendre ce qui s'est passé en Occident, et les changements qu'y a fait subir au cours des choses l'invasion barbare, deux faits simultanés nous frapperont :

I.

1° Le clergé, surtout l'épiscopat, obtient sans cesse, des empereurs, de nouvelles faveurs, de nouveaux priviléges. Justinien donne aux évêques : 1° la juridiction civile sur les moines et les religieuses comme sur les clercs [1]; 2° la surveillance des biens des cités, et la prépondérance dans toute l'administration municipale [2]; 3° l'affranchissement de la puissance paternelle [3]; 4° il défend aux juges temporels de les appeler comme témoins, et de leur demander un serment [4]. Héraclius leur accorde la juridiction criminelle sur les clercs [5]. L'influence et les immunités de la société religieuse dans la société civile vont toujours croissant.

2° Cependant les empereurs se mêlent de plus en plus des affaires de l'Église; non-seulement de ses relations avec l'État, mais de ses affaires intérieures, de sa constitution, de sa discipline. Et non-seulement ils se mêlent de son gouvernement, mais ils interviennent dans ses croyances; ils rendent des décrets en faveur de tel ou tel dogme, ils réglementent la foi.

A tout prendre, l'autorité des empereurs d'Orient sur la société religieuse est plus générale, plus active, plus fréquente, plus despotique qu'elle ne l'avait été jusque-là; malgré le progrès de ses priviléges, la situation de l'Église envers le pouvoir civil

---

[1] *Nov. Justin.*, 79 et 83; A. C , 539.
[2] *Cod. Justin.*, l. i, tit. iv, l. 26.
[3] *Nov*, 81.
[4] *Nov.*, 123 , c. 7.
[5] Gieseler, *Lehrbuch der Kirchengeschichte*, t. i, p. 602.

est faible, subalterne, déchue de ce qu'elle était dans l'ancien Empire.

Deux textes contemporains ne vous permettront pas d'en douter.

Au milieu du viᵉ siècle, les Francs envoyèrent une ambassade à Constantinople; le clergé d'Italie écrivit aux envoyés francs pour leur donner, sur l'empire d'Orient, les renseignements qu'il croyait utiles au succès de leur mission :

> Les évêques grecs, leur dit-il, ont de grandes et opulentes églises, et ils ne supportent pas d'être suspendus deux mois du gouvernement des affaires ecclésiastiques; aussi, s'accommodant au temps et à la volonté des princes, consentent-ils sans débat à faire tout ce qu'on leur demande [1].

Voici un document qui parle encore plus haut. L'empereur d'Orient, Maurice (582-602), avait interdit, à quiconque occupait des fonctions civiles, de se faire clerc ou d'entrer dans un monastère; il avait envoyé cette constitution à Rome, au pape Grégoire-le-Grand, pour qu'il la répandît dans l'Occident. Rome ne tenait plus à l'Empire grec que par un faible lien; Grégoire n'avait vraiment rien à craindre de l'empereur; il était ardent et fier; le décret de Maurice lui déplaisait; il voulait marquer sa désapprobation, tenter même peut-être quelque résistance; il termine ainsi sa lettre :

> Moi qui dis ces choses à mes seigneurs, que suis-je, sinon poussière et ver de terre? Cependant, comme je pense que cette constitution va contre Dieu, auteur de toutes choses, je ne puis le taire à mes seigneurs :

---

[1] Mansi, Conc., t. IX, p. 153.

et voilà que le Christ y répondra en vous disant, par moi le dernier de ses serviteurs et des vôtres : « Je t'ai fait de secrétaire comte des gardes, » de comte des gardes césar, de césar empereur, et non-seulement » empereur, mais encore père d'empereur ; *j'ai confié mes prêtres entre* » *tes mains*, et toi tu retires les soldats de mon service. » Réponds, je t'en prie, très-pieux seigneur, à ton serviteur ; que répondras-tu au jour du jugement à ton Dieu qui viendra et te dira ces choses ?

Pour moi, soumis à ton ordre, j'ai envoyé cette loi dans les diverses contrées de la terre ; et j'ai dit à mes sérénissimes seigneurs, dans cette feuille où je dépose mes réflexions, que cette loi allait contre celle du Dieu tout-puissant ; j'ai donc accompli ce que je devais des deux côtés ; j'ai rendu obéissance à César, et ne me suis point tu sur ce qui m'a paru contre Dieu [1].

A coup sûr, de la part d'un tel homme, dans une telle situation, avec un tel dessein, le ton de cette lettre est d'une douceur et d'une modestie singulière. Quelques siècles plus tard, Grégoire eût tenu, au souverain le plus voisin et le plus redoutable, un bien autre langage. Celui qu'il prend ici ne peut avoir d'autre cause que les habitudes de subordination et de dépendance de l'Église envers les empereurs d'Orient, au milieu de la continuelle extension de ses immunités.

L'Église d'Occident offre, après l'invasion et sous les rois barbares, un autre spectacle. Ses nouveaux maîtres ne se mêlent en aucune façon de ses dogmes ; ils la laissent, en matière de foi, agir et se gouverner comme il lui plaît. Ils n'interviennent guère non plus dans sa discipline proprement dite, dans les relations des clercs entre eux. Mais, dans tout ce qui tient aux rapports de la société religieuse avec la société civile, dans tout ce qui peut intéres-

---

[1] *Greg. M. Epist.*, l. III, ep. 65, à l'empereur Maurice.

ser le pouvoir temporel, l'Église perd de l'indépendance et des priviléges; elle est moins libre et moins bien traitée que sous les empereurs romains.

1° Vous avez vu qu'avant la chute de l'Empire les évêques étaient élus par le clergé et par le peuple. L'empereur n'y intervenait que dans des cas rares, pour les villes les plus considérables. Il n'en est plus ainsi en Gaule après l'établissement des monarchies barbares. Les églises étaient riches; les rois barbares s'en font un moyen de récompenser leurs serviteurs, de s'enrichir eux-mêmes. En mille occasions ils nomment directement les évêques. L'Église proteste; elle réclame l'élection; elle n'y réussit pas toujours; beaucoup d'évêques sont maintenus sur les siéges où les rois seuls les ont placés. Cependant le fait ne se change point en droit, et continue de passer pour un abus. Les rois eux-mêmes en conviennent à plusieurs reprises. L'Église regagne peu à peu l'élection; mais elle cède aussi à son tour; elle accorde qu'après l'élection la confirmation du roi est nécessaire. Aussi l'évêque, qui jadis prenait possession de son siége dès qu'il avait été sacré par le métropolitain, n'y monte plus qu'après avoir obtenu l'adhésion royale. Tel est non-seulement le fait, mais la loi religieuse et civile.

« Qu'il ne soit permis à personne, ordonne, en 549, le concile d'Orléans, d'acquérir l'épiscopat à prix d'argent; mais qu'avec le consentement du roi, celui qui aura été élu par le clergé et le peuple soit consacré évêque par le métropolitain..... et ses suffragants.
» A la mort d'un évêque, dit Clotaire II, en 1615, que celui qui doit être ordonné à sa place par le métropolitain et ses suffragants soit élu par le clergé et le peuple, et..... ordonné d'après l'ordre du prince. »

La lutte entre l'élection et la nomination royale se reproduit souvent; mais, dans tous les cas, la nécessité de la confirmation est reconnue.

2° Comme sous l'Empire romain, les conciles ne peuvent être convoqués que de l'aveu du prince, et il menace les évêques quand ils essaient de s'y soustraire :

> Nous avons appris par le bruit public....., écrit, au VII⁰ siècle, le roi Sigebert à Didier, évêque de Cahors, que vous avez été convoqué par... l'évêque de Vulfoleud pour tenir un concile dans notre royaume, le 1ᵉʳ de septembre....., avec les autres..... évêques de votre province..... Quoique nous désirions maintenir l'observation des canons et des règles ecclésiastiques, comme nos pères les ont conservés, cependant, *parce qu'on ne nous a pas donné connaissance de la convocation de cette assemblée, nous sommes convenus ensemble, avec nos grands, de ne pas souffrir que ce concile se tienne à notre insu dans nos États*, et qu'aucuns évêques de notre royaume s'assemblent aux prochaines calendes de septembre. Dans la suite, si on nous avertit à temps du sujet d'un concile, soit qu'il ait lieu pour régler la discipline de l'Église, ou pour le bien de l'Etat, ou pour d'autres affaires, nous ne nous refuserons point à ce qu'il se réunisse, à condition cependant.... qu'on nous en donne auparavant connaissance. C'est pourquoi nous vous écrivons cette lettre pour vous défendre de... vous trouver à cette assemblée avant que vous sachiez notre volonté.

Les monuments ou les actes mêmes de treize conciles, rassemblés dans les VI⁰ et VII⁰ siècles, expriment formellement qu'ils ont été convoqués par l'ordre ou tenus avec le consentement du roi[1]. Et

---

[1] Ce sont :

1°	Le 1ᵉʳ	concile d'Orléans, en	511.
2°	—	d'Orléans,	533.
3°	—	de Clermont,	535.
4°	—	d'Orléans,	549.
5°	—	de Paris,	555.
6°	—	de Tours,	567.
7°	—	de Lyon,	575.

ce consentement est nécessaire, non-seulement pour la convocation, mais souvent pour la mise en vigueur des canons une fois rendus.

Je ne doute pas cependant qu'en ceci le fait ne fû très-souvent contraire au droit reconnu, et qu'une foule de conciles, surtout les simples conciles provinciaux, ne se réunissent et ne réglassent leurs affaires sans aucune autorisation.

3° Quelques écrivains [1] ont pensé que l'indépendance de l'Église eut aussi à souffrir d'une institution qui prit, chez les Francs, plus de développement qu'ailleurs : je veux parler de la chapelle du roi et du clerc, qui, sous le nom d'*archi capellanus*, *abbas regii oratorii*, *apocrisiarius*, en avait la direction. Chargé d'abord seulement de l'exercice du culte dans l'intérieur du palais, ce supérieur de la chapelle prit peu à peu plus d'importance, et devint, pour parler le langage, si peu applicable, de notre temps, une espèce de ministre des affaires ecclésiastiques de tout le royaume : on suppose qu'elles se traitaient presque toutes par son intermédiaire, et que la royauté y exerçait par là une grande influence. Il se peut que cette influence ait été réelle dans certains moments, sous tel ou tel

8°	—	de Châlons,	579.
9°	—	de Mâcon,	581.
10°	—	de Valence,	584.
11°	—	de Verdun,	»
12°	—	de Paris,	615.
13°	—	de Châlons,	650.

[1] Entre autres M. Planck, dans son *Histoire de la Constitution de l'Église chrétienne* (en allemand), ouvrage d'une science et d'une impartialité rares. Voyez t. II, p. 149.

roi, sous Charlemagne, par exemple; mais je doute fort qu'en général, et par elle-même, l'institution fût efficace; elle dut servir plutôt le pouvoir de l'Église auprès du roi, que celui du roi dans l'Église.

4° Il y avait quelque chose de plus réel dans les restrictions que subirent, à cette époque, les priviléges ecclésiastiques. Elles furent nombreuses et importantes. Par exemple, il fut défendu à tout évêque d'ordonner prêtre un homme libre, sans le consentement du roi[1]. Les clercs étaient exempts du service militaire; les rois ne voulaient pas que les hommes libres pussent, à ce titre, s'en affranchir à leur gré. Aussi l'Église, à cette époque, apparaît-elle peuplée d'esclaves; c'est surtout parmi ses propres esclaves, parmi les serfs ou les colons de ses domaines, qu'elle se recrute; et cette circonstance n'est peut-être pas une de celles qui ont le moins contribué aux efforts de l'Église pour améliorer la condition des serfs. Beaucoup de clercs en étaient sortis; et, indépendamment des motifs religieux, ils en connaissaient les misères, ils portaient quelque sympathie à ceux qui y étaient plongés.

En matière criminelle, les clercs n'avaient point obtenu en Occident le privilége qu'en Orient leur accorda Héraclius; ils étaient jugés par les juges ordinaires et laïques. En matière civile le clergé se jugeait lui-même, mais dans les cas seulement où l'affaire n'intéressait que des clercs; si le différend

---

[1] Concile d'Orléans, en 511, can. 6.

avait lieu entre un clerc et un laïque, le laïque n'était point tenu de comparaître devant l'évêque ; il attirait au contraire le clerc devant ses juges. Quant aux charges publiques, il y avait certaines églises dont les domaines en étaient exempts, et le nombre en croissait chaque jour; mais l'immunité n'était point générale. A tout prendre, immédiatement après l'invasion, et dans ses principaux rapports avec le pouvoir temporel, le clergé de la Gaule franque semble moins indépendant et investi de moins de priviléges qu'il ne l'avait été dans la Gaule romaine.

Mais les moyens ne lui manquaient pas, soit pour ressaisir avec le temps ses avantages, soit pour s'assurer de larges compensations. En n'intervenant point dans les affaires de dogme, c'est-à-dire dans le gouvernement intellectuel de l'Église, les rois barbares lui laissaient la source la plus féconde de pouvoir. Il sut y puiser abondamment. En Orient, les laïques prirent part à la théologie et à l'influence qu'elle conférait. En Occident, le clergé seul s'adressa aux esprits, et les posséda seul. Seul il parlait aux peuples, seul il les ralliait autour de certaines idées qui devenaient des lois. Ce fut surtout par là qu'il reconquit la puissance, et répara les échecs que l'invasion lui avait fait subir. Vers la fin de l'époque qui nous occupe, on peut déjà s'en apercevoir. L'Église se relève évidemment des coups que lui ont portés le désordre des temps et l'avidité brutale des Barbares. Elle fait reconnaître et consacrer son droit d'asile. Elle acquiert, sur les juges laïques d'un ordre inférieur, une sorte de droit de surveillance et de révision. Les conséquences de sa juridiction sur tous les péchés se développent. Par les testaments et les mariages, elle pénètre de plus en plus dans l'ordre civil. Des juges ecclésiastiques sont associés aux juges laïques toutes les fois qu'un clerc est en cause. Enfin, la présence des évêques, soit auprès des rois, soit dans les assemblées des grands, soit dans la hiérarchie des propriétaires, leur assure une participation puissante dans l'ordre politique; et si le souverain temporel se mêle des affaires de l'Église, l'Église, à son tour, étend de plus en plus, dans les affaires du monde, son action et son pouvoir.

C'est là, Messieurs, quant à la situation réciproque de la société civile et de la société religieuse, le caractère dominant de cette époque. Le pouvoir temporel et le pouvoir spirituel se rapprochent, se pénètrent, empiètent de plus en plus l'un sur l'autre. Avant l'invasion, quand l'Empire était encore debout, quoique les deux sociétés fussent déjà fort enlacées l'une dans l'autre, cependant la distinction était encore profonde. L'indépendance de l'Église, dans ce qui la concernait directement, était assez grande; et, en matière temporelle, quoiqu'elle eût beaucoup d'influence, elle n'avait guère d'action directe que sur le régime municipal et au sein des cités. Pour le gouvernement général de l'État, l'empereur avait sa machine toute montée, ses conseils, ses magistrats, ses armées; en un mot, l'ordre politique était complet et régulier, à part de la société religieuse et de son gouvernement. Après l'invasion, au milieu de la dissolution de l'ordre politique et du trouble universel, les limites des deux gouvernements disparurent; ils vécurent l'un et l'autre au jour le jour, sans principes, sans conditions arrêtées, se rencontrant partout, se heurtant, se confondant, se disputant les moyens d'action, luttant et transigeant dans les ténèbres et au hasard. Cette co existence déréglée du pouvoir temporel et du pouvoir spirituel, cet enchevêtrement bizarre de leurs attributions, ces usurpations réciproques, cette incertitude de leurs limites, tout ce chaos de l'Église et de l'État, qui a joué un si grand rôle dans notre histoire, qui a enfanté tant d'événements et de théories, c'est à l'époque dont nous nous occupons qu'il en faut rapporter l'origine; il en était le trait le plus saillant.

Nous nous occuperons, dans notre prochaine réunion, de l'organisation intérieure de l'Église, et des changements qui y sont survenus durant le même intervalle.

TREIZIÈME LEÇON.

De l'organisation et de l'état intérieur de l'Église gallo-franque du VIe au VIIIe siècle. — Faits caractéristiques de l'état de l'Église gauloise au Ve siècle. — Que deviennent-ils après l'invasion ? — La domination exclusive du clergé dans la société religieuse continue. — Faits qui la modifient : 1° séparation de l'ordination et de la tonsure ; clercs non ecclésiastiques ; 2° patronage des laïques sur les églises qu'ils ont fondées ; 3° des oratoires ou chapelles particulières ; 4° des avocats des églises. — Tableau de l'organisation générale de l'Église. — Des paroisses et de leurs prêtres. — Des archi prêtres et des archi diacres. — Des évêques. — Des métropolitains. — Tentatives pour établir le patriarcat en Occident. — Chute des métropolitains. — Prépondérance et despotisme de l'épiscopat. — Lutte des prêtres de paroisse contre les évêques. — Les évêques l'emportent. — Le despotisme les corrompt. — Décadence du clergé séculier. — Nécessité d'une réforme.

Messieurs,

Vous savez quels furent, dans la Gaule franque, du VIe au VIIIe siècle, les rapports de l'Église avec l'État, et leurs principales modifications. Examinons aujourd'hui l'organisation propre et intérieure de l'Église, à la même époque : elle est curieuse et pleine de vicissitudes.

Une société religieuse peut, vous vous le rappelez, être constituée d'après deux principaux systèmes. Dans l'un, les fidèles, les laïques prennent, comme les prêtres, part au gouvernement; la société religieuse n'est point sous l'empire exclusif de la société ecclésiastique. Dans l'autre système, le pouvoir appartient au clergé seul; les laïques y sont étrangers; c'est la société ecclésiastique qui gouverne la société religieuse.

Cette distinction fondamentale une fois établie, nous avons reconnu que, dans l'un et l'autre de ces deux grands systèmes, peuvent se développer des modes d'organisation très-divers : là, par exemple, où la société religieuse se gouverne elle-même, il se peut : 1° qu'elle forme un seul corps, que toutes les associations locales soient réunies en une église générale, sous la direction d'une ou de plusieurs assemblées, où les ecclésiastiques et les laïques soient réunis; 2° qu'il n'y ait point d'église générale et unique, que chaque congrégation particulière, chaque église locale se gouverne elle-même; 3° qu'il n'y ait point de clergé proprement dit, point d'hommes investis d'un pouvoir spirituel permanent; que les laïques s'acquittent eux-mêmes des fonctions religieuses. Ces trois modes d'organisation ont été réalisés par les presbytériens, les indépendants et les quakers.

Si le clergé domine seul, si la société religieuse est soumise à la société ecclésiastique, celle-ci peut être constituée et gouvernée monarchiquement, aristocratiquement ou démocratiquement, par la papauté, l'épiscopat ou des assemblées de prêtres, égaux entre eux. L'exemple de ces constitutions diverses se rencontre également dans l'histoire.

En fait, dans l'Église gauloise du vᵉ siècle, deux de ces principes avaient déjà prévalu : 1° la séparation de la société religieuse et de la société ecclésiastique, du clergé et du peuple, était consommée; le clergé seul gouvernait l'Église; domination atténuée cependant par quelque reste de l'intervention des fidèles dans l'élection des évêques. 2° Dans le sein du clergé, le système aristocratique l'emportait; l'épiscopat dominait seul; domination également atténuée, d'un côté par l'intervention des simples clercs dans l'élection des évêques, de l'autre par l'activité des conciles, source de liberté dans l'Église, quoique les évêques y siégeassent seuls.

Tels étaient, au moment de l'invasion, les faits dominants, les traits caractéristiques de l'Église gauloise : que sont-ils devenus après l'invasion? ont-ils persisté ou disparu? quelles modifications ont-ils subies du viᵉ au viiiᵉ siècle? Ce sont les questions qui doivent nous occuper aujourd'hui.

I. Et d'abord nul doute que la séparation du clergé et du peuple, la domination exclusive des ecclésiastiques sur les laïques, ne se soit maintenue. Immédiatement après l'invasion, elle parut fléchir un moment; dans le péril commun, le clergé se rapprocha du peuple. Ce fait n'est positivement écrit et visible nulle part; mais on l'entrevoit, on le sent partout : en parcourant les documents de cette époque, on est frappé de je ne sais quelle intimité nouvelle entre les prêtres et les fidèles : ceux-ci vivent pour ainsi dire dans les églises; en mille occasions l'évêque les réunit, leur parle, les consulte : la gravité des temps, la communauté des sentiments et des destinées obligent le gouvernement à s'établir au milieu de la population : elle soutient le pouvoir qui la protége ; en le soutenant, elle y prend part.

Cet effet est de courte durée. Vous vous rappelez à quelle cause principale j'ai attribué la domination exclusive du clergé sur le peuple : elle m'a paru surtout amenée par l'extrême infériorité du peuple, infériorité d'intelligence, d'énergie, d'influence. Après l'invasion, ce fait ne changea point, il s'aggrava plutôt. Les misères du temps firent tomber plus bas encore la masse de la population gallo-romaine. De leur côté, les prêtres, quand une fois les vainqueurs se furent convertis, ne sentirent plus le même besoin de se tenir étroitement unis aux vaincus ; le peuple perdit donc cette importance momentanée qu'il semblait avoir acquise. Les Barbares n'en héritèrent point : ils n'étaient nullement capables de s'associer au gouvernement de l'Église ; ils n'en avaient nulle envie ; et les rois furent bientôt les seuls laïques qui y prissent part.

Plusieurs faits cependant combattirent cet isolement de la société ecclésiastique dans la société religieuse, et donnèrent aux laïques de l'influence à défaut de pouvoir.

1° Le premier, beaucoup trop peu remarqué, à mon avis, et qui a eu de longues et importantes conséquences, fut la séparation de l'ordination et de la tonsure. Jusqu'au vi° siècle, la tonsure avait lieu au moment de l'entrée dans les ordres ; aussi était-elle regardée comme le signe de l'ordination, *signum ordinis*. A partir du VIe siècle, on voit la tonsure conférée sans aucune admission dans les ordres; au lieu d'être *signum ordinis*, elle est dite *signum destinationis ad ordinem*. Le principe de l'Église avait été jusque là : *Tonsura ipse est ordo*, « la tonsure est l'ordre même ; » on maintient ce principe, mais en l'expliquant : La tonsure est l'ordre même, dit-on, mais dans le plus large sens du terme, et comme une certaine préparation au service divin [1]. Tout atteste en un mot que, dès lors, la tonsure et l'ordination furent distinctes, et que beaucoup d'hommes étaient tonsurés sans entrer dans les ordres, devenaient clercs sans devenir ecclésiastiques [2].

Ils voulaient participer aux immunités de l'Église; elle les recevait dans ses rangs comme elle ouvrait ses temples aux proscrits. Elle y gagnait d'étendre son crédit et ses forces ; mais la société religieuse y gagnait de son côté un moyen d'action sur la société ecclésiastique; ces simples tonsurés ne partageaient complétement ni les intérêts ni l'esprit de corps, ni la vie du clergé proprement dit ; ils conservaient en une certaine mesure les habitudes, les sentiments

---

[1] *Largo sensu vocabuli et prout est quædam dispositio ad divinum officium.*

[2] M. Plank dit même qu'on donnait souvent la tonsure à des enfants; et il renvoie au 6e canon du 10e concile de Tolède, tenu en 656, qui défend qu'elle soit conférée avant l'âge de dix ans. Mais il y a en ceci quelque confusion. Il ne s'agit dans ce canon que des enfants élevés dans les monastères, et que la tonsure vouait à la vie religieuse. Ce fait n'a aucune analogie avec celui dont nous nous occupons, et à l'appui duquel M. Planck l'invoque. (*Hist. de la constit. de l'Église chrétienne*, t. II, p. 78, not. 8. — Labbe, Conc., t. VI, col. 463.)

de la population laïque, et les faisaient pénétrer dans l'Église. Plus nombreuse qu'on ne le pense communément, cette classe d'hommes a joué dans l'histoire du moyen âge un rôle considérable. Liée à l'Église sans lui appartenir, jouissant de ses priviléges sans tomber sous le joug de ses intérêts et de ses mœurs, protégée et non asservie, c'est dans son sein que s'est développé cet esprit de liberté que nous verrons éclater vers la fin du xie siècle, et dont Abailard fut alors le plus illustre interprète. Dès le viie, elle atténua cette séparation du clergé et du peuple qui était le caractère dominant de l'époque, et l'empêcha de porter tous ses fruits.

2° Un second fait concourut au même résultat. Depuis que le christianisme était devenu puissant, c'était, vous le savez, un usage fréquent de fonder et de doter des églises. Le fondateur jouissait, dans l'église qui lui devait son origine, de certains priviléges, d'abord purement honorifiques; on inscrivait son nom dans l'intérieur de l'église, on priait pour lui; on lui accordait même quelque influence sur le choix des prêtres chargés de l'office divin. Il arriva que des évêques voulurent fonder ainsi des églises hors de leur diocèse, soit dans leur ville natale, soit au milieu de quelque domaine, ou par tout autre motif. On leur reconnut sans hésiter le droit de choisir les prêtres appelés à les desservir; plusieurs conciles s'occupèrent de régler l'exercice de ce droit, et les rapports de l'évêque fondateur avec celui dans le diocèse duquel était située la fondation :

1.

« Si un évêque, dit le concile d'Orange, veut bâtir une église dans le territoire d'une cité, soit pour l'intérêt de ses domaines, soit pour l'utilité de l'Église, soit pour quelque autre convenance ; qu'après en avoir obtenu la permission, qu'on ne saurait lui refuser sans crime, il ne s'ingère pas à en faire la dédicace, laquelle est absolument réservée à l'évêque du territoire où l'église nouvelle se trouve située. Mais cette grâce sera accordée à l'évêque fondateur, que l'évêque du lieu ordonnera les clercs qu'il désirera voir dans sa fondation ; ou s'ils sont déjà ordonnés, ledit évêque du lieu les acceptera [1]. »

Ce patronage ecclésiastique amena bientôt un patronage laïque de même nature. Les fondations par des laïques devenaient de plus en plus fréquentes. Les conditions et les formes en étaient très-variées : quelquefois le fondateur se réservait une part des revenus dont il dotait son église ; il alla même jusqu'à stipuler qu'il entrerait en partage des offrandes et de tous les biens que l'église pourrait acquérir d'ailleurs ; en sorte qu'on fondait et dotait des églises par spéculation, par entreprise, pour courir les chances de leur fortune et s'associer à leur prospérité future. Les conciles prirent des mesures contre de tels abus, mais ils reconnurent et consacrèrent le droit des fondateurs, laïques aussi bien qu'ecclésiastiques, à influer sur le choix des prêtres desservants :

« Mus par une pieuse compassion, disent les évêques d'Espagne, réunis en concile à Tolède, nous avons décidé que, tant que vivront les fondateurs d'églises, il leur sera permis d'en avoir soin, et que surtout ils devront faire attention à présenter à l'ordination des évêques de dignes recteurs pour ces églises : que s'ils n'en donnent pas de tels, alors ceux que l'évêque du lieu aura jugés agréables à Dieu seront consacrés à son

---

[1] Concile d'Orange, en 441, c. 10.

culte, et avec le consentement des fondateurs desserviront leur église. Que si, au mépris des fondateurs, l'évêque fait une ordination, elle sera nulle, et il sera contraint, à sa honte, d'ordonner, pour le même lieu, les sujets convenables choisis par les fondateurs [1].

A ce titre donc des laïques exercèrent, dans l'Église, une certaine influence, et prirent quelque part à son gouvernement.

3° En même temps, et à mesure que l'état social prenait un peu de fixité, s'introduisait parmi les grands propriétaires, dans les campagnes et même dans les villes, l'usage d'instituer chez eux, dans l'intérieur de leur maison, un oratoire, une chapelle, et d'avoir un prêtre pour la desservir. Ces chapelains devinrent bientôt, pour les évêques, le sujet d'une vive sollicitude. Ils étaient placés sous la dépendance de leur patron laïque bien plus que sous celle de l'évêque voisin ; ils devaient participer à l'esprit de la maison où ils vivaient, et se séparer plus ou moins de l'Église. C'était d'ailleurs pour les laïques puissants un moyen de se procurer les secours de la religion, et d'en remplir les devoirs sans dépendre absolument de l'évêque du diocèse. Aussi voit-on les conciles de cette époque surveiller avec soin ce clergé non enrégimenté, disséminé dans la société laïque, et dont ils semblent craindre tantôt la servitude, tantôt l'indépendance :

Si quelqu'un, ordonne le concile d'Agde, veut avoir sur ses terres un oratoire, autre que l'église de la paroisse où est la réunion ordinaire et légitime, nous permettons et trouvons bon que, dans les fêtes

[1] IXe concile de Tolède, tenu en 655, c. 2. Je citerai souvent les conciles espagnols, parce qu'ils ont rédigé plus explicitement et plus clairement des faits qui avaient lieu aussi en Gaule.

ordinaires, il y fasse dire la messe pour la commodité des siens; mais Pâques, Noël, l'Épiphanie, l'Ascension, la Pentecôte, la naissance de saint Jean-Baptiste, et les autres jours encore qui seraient tenus pour de grandes fêtes, ne doivent être célébrés que dans les cités ou les paroisses. Les clercs qui, sans l'ordre ou la permission de l'évêque, aux fêtes ci-dessus désignées, diraient ou entendraient la messe dans des oratoires, seraient exclus de la communion [1].

Si des paroisses, dit le concile d'Orléans, sont établies dans la maison d'hommes puissants, et que les clercs qui les desservent, avertis par l'archidiacre de la cité, négligent, à la faveur de la puissance du maître de la maison, d'accomplir ce que, suivant le degré de leur ordre, ils doivent à la maison du seigneur, qu'ils soient corrigés suivant la discipline ecclésiastique. Et si, par les agents des seigneurs ou par les seigneurs eux-mêmes, lesdits clercs sont empêchés dans l'accomplissement de quelque devoir ecclésiastique, que les auteurs d'une telle iniquité soient éloignés des saintes cérémonies, jusqu'à ce que, s'étant amendés, ils soient rentrés dans la paix de l'Église [2].

Plusieurs de nos frères et évêques, dit également le concile de Châlons, ont porté plainte au saint synode, au sujet des oratoires construits, il y a longtemps, dans les maisons de campagne des grands. Ceux à qui appartiennent ces maisons disputent aux évêques les biens qui ont été donnés à ces oratoires, et ne souffrent même pas que les clercs qui les desservent soient sous la juridiction de l'archidiacre; il importe de réformer cela : ainsi donc que les biens de ces oratoires, et les clercs qui les desservent, soient en la puissance de l'évêque, afin qu'il puisse s'acquitter de ce qui est dû à ces oratoires et au service divin; et si quelqu'un s'y oppose, qu'il soit excommunié suivant la teneur des anciens canons [3].

Ce n'était pas sans raison que les évêques, dans l'intérêt de leur pouvoir, voyaient ce clergé domestique avec tant de méfiance; un exemple s'en est rencontré dans les temps modernes, qui nous en révèle les effets. En Angleterre, sous le règne de Charles Ier, avant l'explosion de la révolution, pendant la lutte de l'Église anglicane et du parti pu-

[1] Concile d'Agde, en 506, c. 21.
[2] Concile d'Orléans, en 541, c. 26.
[3] Concile de Châlons, en 650, c. 14.

ritain, les évêques chassèrent des cures tous les ecclésiastiques soupçonnés d'opinions puritaines. Qu'arriva-t-il? les gentilshommes, les grands propriétaires qui partageaient ces opinions, prirent chez eux, à titre de chapelains, les ministres expulsés. Une grande partie du clergé, dont les évêques se méfiaient, se plaça ainsi sous le patronage de la société laïque, et y exerça une influence redoutable au clergé officiel. En vain l'Église anglicane poursuivit ses adversaires jusque dans l'intérieur des familles; quand la tyrannie est obligée de pénétrer si avant, elle s'énerve bientôt, ou se précipite vers sa ruine : la petite noblesse, la haute bourgeoisie d'Angleterre défendirent leurs chapelains avec la plus persévérante énergie; on les cachait, on les échangeait de maison à maison; on éludait ou on bravait les anathèmes épiscopaux. Les évêques avaient beau ruser, opprimer; ils n'étaient plus le clergé unique, nécessaire; la population recélait dans son sein un clergé étranger à l'Église légale, et de plus en plus ennemi. Du vi{e} au viiie siècle, le danger n'était pas le même; les évêques n'avaient à craindre ni schisme, ni insurrection. Cependant l'institution des chapelains avait un effet analogue : elle tendait à former un petit clergé moins étroitement uni au corps de l'Église, plus rapproché des laïques, plus disposé à partager leurs mœurs, à faire enfin cause commune avec le siècle et le peuple. Aussi ne cessèrent-ils de surveiller et de réprimer attentivement les chapelains. Ils ne parvinrent cependant point à les détruire, ils n'o=

sèrent pas le tenter : le développement du régime féodal donna même à cette institution une fixité qui lui avait manqué d'abord ; et ce fut encore là une des voies par lesquelles les laïques ressaisirent, dans le gouvernement de la société religieuse, une influence que leur refusait sa constitution légale et extérieure.

4° Les évêques furent eux-mêmes contraints de leur en ouvrir une autre. L'administration des affaires temporelles et des biens des églises était souvent pour eux une source d'embarras et de périls ; ils avaient non-seulement des différends à vider, des procès à soutenir ; mais, dans l'épouvantable désordre des temps, les biens de l'Église étaient exposés à de continuelles dévastations, engagés et compromis dans une foule de querelles, de guerres privées ; et lorsqu'il fallait s'en défendre, lorsque l'Église avait, à l'occasion de ses domaines ou de ses droits, quelque brigandage à repousser, quelque épreuve légale, peut-être même, en certains cas, un combat judiciaire à soutenir, les menaces pieuses, les exhortations, les excommunications même ne suffisaient pas toujours ; les armes temporelles et mondaines lui manquaient. Elle eut, pour se les procurer, recours à un expédient. Depuis longtemps déjà certaines églises, notamment en Afrique, étaient dans l'usage de se choisir des défenseurs qui, sous le nom de *causidici, tutores, vicedomini*, se chargeaient de paraître pour elles en justice, et de les protéger *adversus potentias divitum.* Une nécessité analogue et bien plus pressante amena les églises de la Gaule franque à chercher parmi leurs voisins laïques un patron qui, sous le nom d'*advocatus*, prît en main leur cause et se fît leur homme, non-seulement dans les débats judiciaires où elles auraient besoin de lui, mais contre les brigandages qui pouvaient les menacer. Les *avocats* de l'Église n'apparaissent pas encore, du vi⁰ au viii⁰ siècle, avec les développements ni sous les formes qu'ils reçurent plus tard, au sein du régime féodal ; on ne distingue pas encore les *advocati sagati*, ou armés, des *advocati togati*, chargés simplement des affaires civiles. Mais l'institution n'en est pas moins déjà réelle et efficace ; on voit une foule d'églises se choisir des *advocats;* elles ont soin de prendre des hommes puissants et braves ; les rois en donnent eux-mêmes quelquefois aux églises qui n'en ont pas encore, et des laïques sont ainsi appelés à partager l'administration temporelle de l'Église, et à exercer sur ses affaires une assez grande influence.

Ordinairement c'était en leur accordant certains priviléges, surtout en leur donnant l'usufruit de quelque domaine, que les églises sollicitaient ainsi l'appui et payaient les services de quelque puissant voisin.

Voilà déjà, Messieurs, si je puis ainsi parler, quatre portes ouvertes à la société religieuse pour entrer dans la société ecclésiastique, et y exercer quelque pouvoir : la séparation de l'ordination et de la tonsure, c'est-à-dire l'introduction, dans l'Église, d'un grand nombre de clercs non ecclésiastiques; les droits attachés à la fondation et au patronage des églises ; l'institution des oratoires particuliers ; enfin, l'intervention des avocats dans l'administration des intérêts temporels de l'Église ; telles sont les principales causes qui ont combattu, à l'époque dont nous nous occupons, la domination exclusive de la société ecclésiastique sur la société religieuse, et atténué ou retardé ses effets. J'en pourrais indiquer plusieurs autres que j'omets, parce qu'elles furent moins générales et moins évidentes. *A priori,* un tel fait était facile à présumer : cette séparation des gouvernants et des gouvernés ne pouvait être aussi absolue que les institutions officielles de l'Église, à cette époque, donneraient lieu de le croire. S'il en eût été ainsi, si le peuple des fidèles eût été à ce point étranger au corps des prêtres, et dépourvu de toute action sur son gouvernement, le gouvernement, à son tour, se serait bientôt trouvé étranger à son peuple, et dépourvu de tout pouvoir. Il ne faut pas croire que la servitude soit complète partout où se rencontrent les formes et même les principes de la tyrannie. La Providence ne permet pas que le mal se développe dans toute la rigueur de ses conséquences ; et la nature humaine, souvent si faible, si aisément vaincue par quiconque la veut opprimer, a pourtant des habiletés infinies et une force merveilleuse pour échapper au joug qu'elle semble accepter. Nul doute que, du vi[e] au viiie siècle, la société religieuse ne portât celui de la société ecclésiastique, et que la séparation du clergé et du peuple, source déjà de beaucoup de mal, ne dût un jour leur coûter fort cher à tous deux; mais elle était beaucoup moins complète qu'elle ne paraissait; elle n'avait lieu qu'avec une foule de restrictions et de modifications qui la rendaient seules possible et peuvent seules l'expliquer.

II. Entrons maintenant dans le sein de la société ecclésiastique même, et voyons ce que devint, du viᵉ au viiiᵉ siècle, son organisation intérieure, spécialement cette prépondérance de l'épiscopat qui en était, au vᵉ siècle, le caractère dominant.

L'organisation du clergé, Messieurs, était complète à cette époque, et à peu près telle, du moins dans ses formes essentielles, qu'elle est restée jusqu'aux temps modernes. Je puis donc la mettre sous vos yeux dans son ensemble; vous en suivrez mieux les variations.

Le clergé comprenait deux ordres, les ordres mineurs et les ordres majeurs. Les premiers étaient au nombre de quatre : les acolytes, les portiers, les exorcistes et les lecteurs. On appelait ordres majeurs les sous-diacres, les diacres et les prêtres. L'inégalité était profonde : les quatre ordres mineurs n'étaient guère conservés que de nom, et par respect pour les anciennes traditions; quoiqu'on les comptât dans le clergé, à vrai dire, ils n'en faisaient pas partie; on ne leur imposait point, on ne leur recommandait même pas le célibat; ils étaient considérés comme des serviteurs plutôt que comme des membres du clergé. Lors donc qu'on parle du clergé et du gouvernement ecclésiastique à cette époque, c'est uniquement des ordres majeurs qu'il s'agit.

Même dans les ordres majeurs, l'influence des deux premiers, des sous-diacres et des diacres, était faible; les diacres s'occupaient plutôt de l'administration des biens de l'Église et de la distribution de ses aumônes que du gouvernement religieux proprement dit. C'est dans l'ordre des prêtres, à vrai dire, que ce gouvernement était renfermé; ni les ordres mineurs, ni les deux autres ordres majeurs, n'y participaient réellement.

Le corps des prêtres subit, dans les six premiers siècles, de nombreuses et importantes vicissitudes. L'évêque doit en être considéré, à mon avis, comme l'élément primitif et fondamental; non que les mêmes fonctions, les mêmes droits aient toujours été indiqués par ce mot; l'épiscopat du IIe siècle différait grandement de celui du VIe; il n'en est pas moins le point de départ de l'organisation ecclésiastique. L'évêque était, dans l'origine, l'inspecteur, le chef de la congrégation religieuse de chaque ville. L'Église chrétienne est née dans les villes; les évêques ont été ses premiers magistrats.

Quand le christianisme se répandit dans les campagnes, l'évêque municipal ne suffit plus. Alors parurent les chorévêques ou évêques des campagnes, évêques mobiles, ambulants, *episcopi vagi*, considérés, tantôt comme les délégués, tantôt comme les égaux, les rivaux même des évêques de villes, et que ceux-ci s'efforcèrent d'abord de soumettre à leur pouvoir, ensuite d'abolir.

Ils y réussirent : les campagnes une fois chrétiennes, les chorévêques à leur tour ne suffirent plus : il fallait une institution plus fixe, plus régulière, moins contestée par les magistrats les plus influents de l'Église, c'est-à-dire par les évêques des cités. Alors se formèrent les paroisses ; chaque agglomération chrétienne un peu considérable devint une paroisse et eut pour chef religieux un prêtre, subordonné naturel de l'évêque de la cité voisine, de qui il recevait et tenait tous ses pouvoirs ; car il paraît que, dans l'origine, les prêtres de paroisse n'agissaient absolument que comme représentants, comme délégués des évêques, et non en vertu de leur propre droit.

La réunion de toutes les paroisses agglomérées autour d'une ville, dans une circonscription longtemps vague et variable, forma le diocèse.

Au bout d'un certain temps, et pour porter dans les relations du clergé diocésain plus de régularité et d'ensemble, on forma de plusieurs paroisses une petite association connue sous le nom de *chapitre rural*, et à la tête du chapitre rural fut mis un archiprêtre. Plus tard, on réunit plusieurs chapitres ruraux dans une nouvelle circonscription, appelée *district*, et qui fut dirigée par un archidiacre. Cette dernière institution naissait à peine à l'époque dont nous traitons : on trouve, il est vrai, longtemps auparavant, les archidiacres dans les diocèses ; mais il n'y en a qu'un, et il ne préside point à une circonscription territoriale ; établi dans la ville épiscopale, à côté de l'évêque : il le remplace, soit dans l'exercice de sa juridiction, soit pour la visite du diocèse. Ce fut seulement à la fin du vii*, ou même au commencement du viii* siècle, qu'on vit dans le même diocèse plusieurs archidiacres, résidant loin de l'évêque, et placés chacun à la tête d'un district. On rencontre encore dans la Gaule franque, à cette époque, quelques chorévêques ; mais le nom et la charge ne tardèrent pas à disparaître.

L'organisation diocésaine fut alors complète et définitive. L'évêque, vous le voyez, en avait été la source, comme il en était resté le centre. Il avait beaucoup changé lui-même ; mais c'était autour de lui et sous son influence que s'étaient opérés presque tous les autres changements.

Tous les diocèses compris dans la province civile formaient la province ecclésiastique, sous la direction du métropolitain ou archevêque, c'est-à-dire de l'évêque de la métropole provinciale. La qualité de métropolitain n'a été que l'expression de ce fait. La métropole civile était d'ordinaire plus riche, plus peuplée que les autres villes de la province ; son évêque eut plus d'influence ; on se réunit autour de lui dans les occasions importantes ; sa résidence devint le chef-lieu du concile provincial ; il le convoqua, il en fut le président. Il était de plus chargé de confirmer et de sacrer les évêques nouvellement élus dans la province ; de recevoir les accusations intentées contre les évêques, et les appels de leurs décisions, et de les porter, après en avoir fait un premier examen, au concile provincial, qui avait seul droit de les juger véritablement. Les métropolitains s'efforçaient sans cesse d'envahir ce droit, et de s'en faire un pouvoir personnel. Ils y réussirent assez souvent : mais, à vrai dire, et dans toutes les grandes circonstances, c'était au concile provincial qu'il appartenait; les métropolitains n'étaient chargés que d'en surveiller l'exécution.

Dans certains États enfin, surtout en Orient, l'organisation de l'Église s'étendit au delà des métropolitains. De même qu'on avait constitué les paroisses en diocèse, et les diocèses en province, on entreprit de constituer les provinces en églises nationales, sous la direction d'un patriarche. L'entreprise réussit en Syrie, en Palestine, en Égypte, dans l'Empire d'Orient; il y eut un patriarche à Antioche, à Jérusalem, à Alexandrie, à Constantinople; il fut, à l'égard des métropolitains, ce qu'étaient les métropolitains à l'égard des évêques; et l'organisation ecclésiastique correspondit, sur tous les degrés de la hiérarchie, à l'organisation politique.

La même tentative eut lieu en Occident, non-seulement de la part des évêques de Rome, qui travaillèrent de très-bonne heure à devenir les patriarches de l'Occident tout entier, mais indépendamment de leurs prétentions, et même contre eux. Il n'y a presque aucun des États formés après l'invasion, qui n'ait essayé, du vi^e au viiie siècle, de se constituer en église nationale, et de se donner un patriarche. En Espagne, le métropolitain de Tolède; en Angleterre, celui de Cantorbéry; dans la Gaule franque, les archevêques d'Arles, de Vienne, de Lyon, de Bourges, ont porté le titre de primat ou patriarche des Gaules, de la Grande-Bretagne, de l'Espagne, et tenté d'en exercer tous les droits. Mais la tentative échoua partout : les États d'Occident naissaient à peine ; leurs limites, leur gouvernement, leur existence même étaient sans cesse en question. Les Gaules en particulier étaient partagées entre plusieurs peuples, et dans le sein de chaque peuple, entre les fils des rois ; les évêques d'un royaume ne voulaient pas reconnaître l'autorité d'un primat étranger ; le gouvernement civil s'y opposait également. L'évêque de Rome, d'ailleurs, déjà en possession d'une grande influence là même où sa suprématie officielle n'était pas reconnue, combattait avec ardeur l'établissement des patriarches ; dans les Gaules, son habileté consista à faire passer la primatie d'un métropolitain à l'autre, à empêcher qu'elle ne se fixât longtemps sur le même siége ; il favorisa les prétentions tantôt du métropolitain de Vienne, tantôt de celui d'Arles, plus tard de celui de Lyon, plus tard encore de celui de Sens ; et, dans cette mobilité de l'ordre religieux et civil, l'institution ne put jamais acquérir ni force ni fixité.

Les mêmes causes qui la firent échouer portèrent plus loin leur influence : comme elles avaient empêché le système du patriarcat de prévaloir, elles affaiblirent et ruinèrent le système archiépiscopal. Du VIe au VIIIe siècle, les métropolitains tombèrent de chute en chute ; si bien qu'à l'avénement des Carlovingiens, ils n'existaient presque plus. La seule circonstance du morcellement des Gaules en

États différents leur devait être fatale. La circonscription de la société religieuse ne cadrait plus avec celle de la société civile. A la province du métropolitain de Lyon, par exemple, appartenaient des évêques dépendant du royaume des Visigoths et de celui des Francs, et qui saisissaient avec empressement ce moyen d'échapper à son pouvoir, bien sûrs d'être soutenus par le souverain temporel. La prépondérance des métropolitains était née d'ailleurs, vous venez de le voir, de celle des villes où ils résidaient, et de leur ancienne qualification de métropole. Or, dans le bouleversement de l'invasion, l'importance relative des villes changea; des cités riches, considérables, de vraies métropoles, s'appauvrirent et se dépeuplèrent. D'autres, moins maltraitées du sort, conservèrent plus de force et d'influence. Ainsi disparut la cause qui avait fait de tel ou tel évêque un métropolitain, et ce mot devint un mensonge; grand péril pour le pouvoir qu'il exprimait. Enfin, il était dans la nature de l'institution qu'elle fût attaquée à la fois d'un côté par les évêques, qui ne se souciaient pas d'avoir un supérieur; de l'autre, par l'évêque de Rome, qui ne voulait pas de rivaux. Ce fut, en effet, ce qui arriva. Les évêques aimaient bien mieux avoir pour métropolitain général l'évêque de Rome, éloigné et soigneux de les ménager, car il ne les dominait pas encore. Ainsi en butte à deux ennemis, attaqués en haut et en bas, les métropolitains déclinèrent de jour en jour; les évêques cessèrent d'écouter leurs injonctions ou leurs conseils, les fidèles de recourir à leur intervention ; et lorsqu'en 744 Pepin-le-Bref consulta le pape Zacharie sur les moyens de remettre l'ordre dans l'Église bouleversée, une des premières questions qu'il lui adressa fut celle de savoir comment il fallait s'y prendre pour que les métropolitains fussent honorés par les évêques et les prêtres de paroisse.

C'était, en effet, dans les évêques et les prêtres que résidait, à cette époque, le gouvernement de l'Église : ils en étaient les seuls membres actifs et puissants. Quelles étaient leurs relations, et comment était réparti entre eux le pouvoir ?

Le fait général, évident, c'est la domination exclusive et, on peut le dire, despotique des évêques. Recherchons-en de près les causes : c'est le meilleur moyen de bien connaître la situation de l'Église.

1° Et d'abord la chute des métropolitains laissa les évêques sans supérieurs, ou à peu près. Avec le chef de la province ecclésiastique déchut le synode provincial, qu'il convoquait et présidait. Ces assemblées, véritables supérieurs des évêques, devant lesquelles on appelait de leurs jugements, où se portaient toutes les affaires qui ne pouvaient être décidées par eux seuls, devinrent rares et peu actives. Il se tint en Gaule, dans le cours du vi° siècle, cinquante-quatre conciles de tout genre, vingt seulement dans le vii° siècle, sept seulement dans la première moitié du viii°[1] ; encore cinq de ceux-

---

[1] *Voir* les tableaux ci-contre.

ci se tinrent-ils en Belgique ou sur les bords du Rhin. Sans supérieurs individuels, sans assemblées

TABLEAU DES CONCILES DE GAULE AU VIe SIÈCLE.

DATE.	LIEU.	ASSISTANTS.
A. C.		
506	Agde...............	25 évêques, 8 prêtres, 2 diacres pour leurs évêques.
507	Toulouse.	
511	Orléans............	32 évêques.
515	Saint-Maurice	4 évêques, 8 comtes.
516	Lyon.	
517	Lieu incertain.......	16 évêques.
517	*Epaonense*..........	25 évêques.
517	Lyon...............	11 évêques.
524	Arles...............	14 évêques, 4 prêtres.
527	Carpentras..........	19 évêques.
529	Orange.............	14 évêques, 8 *viri illustres*.
529	Valence.	
529	Vaison..............	11 ou 12 évêques.
530	Angers.............	5 évêques.
533	Orléans............	26 évêques, 5 prêtres.
535	Clermont...........	15 évêques.
538	Orléans............	19 évêques, 7 prêtres.
540	Orléans.	
541	Orléans............	38 évêques, 11 prêtres, 1 abbé.
545	Arles.	
549	Orléans............	50 évêques, 21 prêtres, archidiacres ou abbés.
549	Arles..............	10 évêques.
550	Toul.	
550	Metz.	
554	Arles..............	11 évêques, 8 prêtres, diacres ou archidiacres.
555	Lieu incertain en Bretagne.	
555	Paris...............	27 évêques.
557	Paris...............	16 évêques.
563	Saintes.	
567	Lyon...............	8 évêques, 5 prêtres, 1 diacre.
567	Tours	7 évêques.
573	Paris...............	32 évêques, 1 prêtre.
575	Lyon.	
577	Paris.	
578	Auxerre............	L'évêque d'Auxerre, 7 abbés, 34 prêtres, 3 diacres, tous du diocèse d'Auxerre.

de leurs égaux, les évêques se trouvèrent donc presque indépendants.

De plus, le système des élections épiscopales changea. Vous avez vu que l'élection par le clergé et le peuple, bien que légale et fréquente encore à l'époque qui nous occupe, était cependant bien plus incertaine et bien moins réelle. Une force étrangère, la royauté, y intervenait sans cesse, pour y porter le trouble ou l'impuissance : sans cesse les rois nommaient directement les évêques, malgré les protestations continuelles de l'Église, et, dans tous les cas, l'élu avait besoin de leur confirmation. Les liens qui unissaient les évêques à leurs prêtres

DATE.	LIEU.	ASSISTANTS.
A. C.		
579	Châlons.	
579	Saintes.	
580	Braines.	
581	Lyon.	
581	Mâcon................	21 évêques.
583	Lyon................	8 évêques, 12 délégués d'évêques.
584	Valence.	
585	Mâcon..............	43 évêques, 15 délégués, 16 évêques sans siége.
587	Andelot.	
588	Clermont.	
588	Lieu incertain.	
589	Sourcy près de Soissons.	
589	Châlons,	
589	Narbonne............	7 évêques.
590	Sur les confins de l'Auvergne, du Rouergue et du Gévaudan.	
590	Poitiers	6 évêques.
590	Metz.	
591	Nanterre.	
594	Châlons.	

se trouvèrent ainsi fort affaiblis; c'était presque uniquement par l'élection que le clergé influait en-

TABLEAU DES CONCILES DE GAULE AU VIIe SIÈCLE.

DATE.	LIEU.	ASSISTANTS.
A. C.		
603	Châlons.	
615	Paris.	
Peu après.	Lieu incertain.	
625	Reims.	41 évêques.
627	Mâcon.	
628	Clichy	Évêques et grands laïques.
633	Clichy	16 évêques, Dagobert, grands.
638	Paris	9 évêques, Dagobert, grands.
648	Bourges.	
650 ou 645	Orléans.	
650	Châlons	38 évêques, 5 abbés, 1 archidiacre.
658	Nantes.	
664	Paris	25 évêques.
669	Clichy	Évêques et grands.
670	Sens	30 évêques.
670	Autun.	
679	Lieu incertain.	
684 ou 685	Dans le palais du roi.	
688	*Ibid.*	
692 ou 682	Rouen	16 évêques, 4 abbés, 1 légat, 3 archidiacres, beaucoup de prêtres et de diacres.

TABLEAU DES CONCILES DE GAULE DANS LA PREMIÈRE MOITIÉ DU VIIIe SIÈCLE.

DATE.	LIEU.	ASSISTANTS.
A. C.		
719	Maëstricht.	
742	En Germanie.	
743	Leptines.	
744	Soissons.	23 évêques, beaucoup de prêtres et de grands laïques.
745	En Germanie.	
748	*Ibid.*	
752	Vermerie.	

core sur l'épiscopat, et cette influence fut, sinon détruite, du moins énervée et contestée.

2° Il en résulta une autre circonstance qui sépara encore plus les évêques de leurs prêtres. Quand le clergé les élisait, il les prenait dans son sein; il choisissait des hommes déjà connus et accrédités dans le diocèse. Quand, au contraire, une foule d'évêques reçurent leur titre des rois, la plupart arrivèrent étrangers, inconnus, sans affection comme sans crédit dans le clergé qu'ils avaient à gouverner. Pris même dans le diocèse, ils y étaient souvent dépourvus de considération; c'étaient des intrigants qui avaient réussi par des voies honteuses, ou même à prix d'argent, à obtenir la préférence royale. Ainsi se brisaient encore les liens qui unissaient les évêques au clergé; ainsi le pouvoir épiscopal, qu'aucun pouvoir supérieur ne contenait plus guère, s'affranchissait également de l'influence de son peuple; et de même que le clergé s'était séparé de la population laïque, de même l'épiscopat se séparait du clergé.

3° Ce n'est pas tout : le clergé lui-même déclinait; non-seulement il perdait son pouvoir, mais sa position, et, pour ainsi dire, sa qualité s'abaissait. Vous avez vu qu'un grand nombre d'esclaves entraient, à cette époque, dans l'Église, et par quelles causes. Les évêques s'aperçurent bientôt qu'un clergé ainsi formé était sans racines, sans force, bien plus facile à gouverner et à vaincre, s'il tentait de résister. Aussi, dans beaucoup de diocèses, eurent-ils soin de le recruter à la même source, d'aider eux-mêmes au cours naturel des choses ; et cette origine subalterne d'une foule de prêtres contribua longtemps à la souveraineté de l'épiscopat.

4° En voici une quatrième cause, plus puissante encore et plus étendue. Les évêques étaient seuls administrateurs des biens de l'Église. Ces biens étaient de deux sortes : d'une part, les biens-fonds, chaque jour plus considérables, puisque c'était sous cette forme que se faisaient la plupart des donations aux églises ; de l'autre, les offrandes des fidèles dans les églises mêmes. Je dirai un mot, en passant, d'une troisième espèce de revenus ecclésiastiques, qui a joué plus tard un grand rôle, mais qui, au viie siècle, n'était pas encore bien établie ; je veux dire la dîme. Depuis les premiers siècles, le clergé fait de continuels efforts pour ramener ou généraliser cette institution hébraïque ; il la prêche, il la loue ; il rappelle les traditions et les mœurs juives. Deux conciles gaulois du vi[e] siècle, celui de Tours en 567, et celui de Mâcon en 585, en font l'objet de dispositions formelles. Mais on sent, à leur ton même, que ces dispositions sont plutôt des exhortations que des lois :

Nous vous avertissons instamment, écrit aux fidèles le concile de Tours, « que, suivant les leçons d'Abraham, vous ne manquiez pas » d'offrir à Dieu la dîme de tous vos biens, afin de conserver tout le » reste [1] ; »

et ces exhortations sont de peu d'effet. Ce fut plus tard, et seulement sous les Carlovingiens, qu'avec

[1] Labbe, t. v, col. 868.

l'aide de la puissance civile, le clergé atteignit son but, et rendit la dîme générale et régulière. A l'époque dont nous traitons, les biens-fonds et les offrandes étaient ses seuls revenus. Or, ne croyez pas, Messieurs, que ces revenus appartinssent à l'église spéciale, à la paroisse où en était la source : le produit de tous les domaines situés, de toutes les offrandes reçues dans le diocèse, formait une masse dont l'évêque avait seul la disposition :

> Que les domaines, les terres, les vignes, les esclaves, le pécule......, qui sont donnés aux paroisses, dit le concile d'Orléans, demeurent dans la puissance de l'évêque [1].

Chargé de pourvoir à la dépense du culte et à l'entretien des prêtres, dans tout le diocèse, c'était l'évêque qui déterminait la part afférente à chaque paroisse. Certaines règles, à la vérité, s'établirent bientôt à cet égard : on faisait ordinairement, des revenus d'une paroisse, trois parts; un tiers était affecté aux clercs qui la desservaient, un second tiers aux dépenses du culte, et le dernier revenait à l'évêque. Mais, en dépit de cette injonction légale, souvent rappelée par les canons, la centralisation des revenus ecclésiastiques persistait; l'administration générale appartenait à l'évêque, et il est aisé de pressentir l'étendue de ce moyen de pouvoir.

5° Il disposait des personnes à peu près comme des choses, et la liberté des prêtres de paroisse n'é-

---

[1] Concile d'Orléans, en 611, c. 14, 15.

tait guère mieux garantie que leur revenu. Le principe de la servitude de la glèbe, si je puis ainsi parler, s'introduisit dans l'Église ; on lit dans les actes des conciles :

Il est dit, dans la loi sur les colons des champs, que chacun doit rester là où il a commencé de vivre. Les canons ordonnent pareillement que les clercs qui travaillent dans le champ de l'Église demeurent là où ils ont commencé [1]. »

Qu'aucun évêque n'élève en grade un clerc étranger [2].

Que nul n'ordonne le clerc qui n'aura pas d'abord promis de rester au lieu où on l'aura mis [3].

Jamais pouvoir sur les personnes n'a été plus expressément établi.

6° Les progrès de l'importance politique des évêques tournèrent également au profit de leur domination religieuse. Ils entraient dans les assemblées nationales ; ils entouraient et conseillaient les rois. Comment de pauvres prêtres auraient-ils lutté avec avantage contre de tels supérieurs? Tels étaient, d'ailleurs, le désordre des temps et la difficulté comme la nécessité de maintenir quelque lien général, quelque unité dans l'administration de l'Église, que le cours des choses, d'accord avec les passions des hommes, tendait à fortifier le pouvoir central. Le despotisme de l'aristocratie épiscopale prévalut par les mêmes causes qui firent prévaloir

---

[1] Concile de Séville, en 619, c. 3.
[2] Concile d'Angers, en 453, c. 9.
[3] Concile de Valence, en 524, c. 6.

celui de l'aristocratie féodale ; c'était peut-être, à cette époque, le besoin commun et dominant, le seul moyen de maintenir la société.

Mais c'est l'honneur et le salut de la nature humaine que le mal, même inévitable, ne s'accomplit jamais sans résistance, et que la liberté, en protestant et luttant sans cesse contre la nécessité, prépare l'affranchissement, au moment même où elle subit le joug. Les évêques abusèrent étrangement de leur immense pouvoir : les prêtres et les revenus de leurs diocèses furent en proie à des violences et à des exactions de tout genre : les actes des conciles, composés d'évêques seuls, sont, à cet égard, le témoin le plus irrécusable.

Nous avons appris, dit le concile de Tolède, que les évêques traitent leurs paroisses, non épiscopalement, mais cruellement ; et tandis qu'il a été écrit : « Ne dominez pas sur l'héritage du Seigneur, mais rendez-» vous les modèles du troupeau, » ils accablent leurs diocèses de pertes et d'exactions. C'est pourquoi que toutes les choses que s'approprient les évêques leur soient refusées, à l'exception de ce que leur accordent les anciennes constitutions ; que les clercs, soit paroissiaux, soit diocésains, qui seront tourmentés par l'évêque, portent leurs plaintes au métropolitain, et que le métropolitain ne tarde pas à réprimer de tels excès [1].

Ceux qui ont déjà obtenu les degrés ecclésiastiques, c'est-à-dire les prêtres, dit le concile de Braga, ne doivent point être sujets à recevoir des coups, si ce n'est pour des fautes graves et mortelles. Il ne convient pas que chaque évêque, à son gré et selon qu'il lui plaît, frappe de coups et fasse souffrir ses honorables membres, de peur qu'il ne perde ainsi le respect que lui doivent ceux qui lui sont soumis [2].

Les clercs ne perdirent pas tout respect des évê-

---

[1] Concile de Tolède, en 589, c. 20.
[2] Concile de Braga, en 675, c. 7.

ques, mais ils n'acceptèrent pas non plus toute leur tyrannie. Un fait important, et trop peu remarqué, se révèle çà et là dans le cours de cette époque : c'est la lutte des prêtres de paroisse contre les évêques. Trois symptômes principaux, consignés dans les actes des conciles, ne permettent pas de le méconnaître :

1° Les prêtres de paroisse, les clercs inférieurs se liguent entre eux pour résister ; ils forment, contre l'évêque, des *conjurations*, semblables à ces conjurations, à ces communes que formèrent plus tard les bourgeois des villes contre leurs seigneurs :

Si quelques clercs, comme cela est arrivé naguère en beaucoup de lieux, à l'instigation du diable, rebelles à l'autorité, se réunissent en conjuration, se prêtent entre eux des serments, ou se donnent des écrits, que sous aucun prétexte une telle audace ne demeure cachée, et que, la chose une fois connue, lorsqu'on viendra au synode, les évêques alors rassemblés punissent les coupables, suivant le rang et la qualité des personnes [1].

Si des clercs, afin de se révolter, se lient en conjuration soit par des serments, soit par des écrits, et tendent artificieusement des piéges à leur évêque, et si, avertis de renoncer à ces pratiques, ils dédaignent d'obéir, qu'ils soient dépouillés tout-à-fait de leur rang [2].

2° Les prêtres ont sans cesse recours, contre leur évêque, à l'appui des laïques, probablement du patron de la paroisse, ou de tout autre homme puissant avec lequel ils sont en relation : « Que les » clercs ne s'élèvent point contre leur évêque, au » moyen des puissants du siècle [3] ; » telle est l'injonction sans cesse répétée des conciles.

---

[1] Concile d'Orléans, en 538, c. 21.
[2] Concile de Reims, en 625, c. 2; voyez aussi concile de Narbonne, en 589, c 5.
[3] Concile de Clermont, en 535, c. 4.

3° Mais en répétant cette injonction, en proscrivant les *conjurations* de prêtres, les conciles eux-mêmes essaient de porter au mal quelque remède : des plaintes leur arrivent de toutes parts, et ils se sentent obligés d'en tenir compte. Quelques textes, puisés dans leurs actes, en diront plus à cet égard que tous les commentaires :

Comme il nous est parvenu des plaintes sur ce que certains évêques s'emparent des choses données par certains fidèles aux paroisses, de telle sorte qu'ils n'en laissent que bien peu ou presque rien aux églises auxquelles elles ont été données, il nous a paru juste et raisonnable que si l'église de la cité où réside l'évêque est si bien pourvue qu'avec la grâce du Christ elle ne manque de rien, tout ce qui reste aux paroisses soit distribué aux clercs qui les desservent ou employé à la réparation de leurs églises. Mais si l'évêque a beaucoup de dépenses à faire, et pas assez de revenus pour y suffire, qu'on laisse aux paroisses plus riches ce qui convient raisonnablement, soit pour les clercs, soit pour l'entretien des bâtiments, et que l'évêque emploie à son usage, afin de pourvoir à ses dépenses, ce qu'il y aura de surplus [1].

Si des offrandes ont été faites aux basiliques établies dans les cités, en terres, ou meubles, ou autres choses quelconques, qu'elles soient à la disposition de l'évêque, et qu'il soit libre d'en employer ce qui convient, soit aux réparations de la basilique, soit à l'entretien des clercs qui la desservent. Quant aux biens des paroisses ou des basiliques établies dans les bourgs dépendant des cités, qu'on observe la coutume de chaque lieu [2].

Il a été décidé qu'aucun évêque, dans la visite de son diocèse, ne recevrait, de chaque église, rien au-delà de ce qui lui est dû, comme marque d'honneur pour son siége ; il ne prendra point le tiers de toutes les offrandes du peuple dans les églises de paroisse, mais ce tiers restera pour les luminaires de l'église et pour les réparations ; et chaque année il en sera tenu compte à l'évêque. Car si l'évêque prend ce tiers, il enlève à l'église ses luminaires et l'entretien de son toit [3].

L'avarice est la racine de tous les maux, et cette soif coupable s'em-

[1] Concile de Carpentras, en 527.
[2] Concile d'Orléans, en 538, c. 5.
[3] Concile de Braga, en 572, c. 2.

pare même du cœur des évêques. Beaucoup de fidèles, par amour pour le Christ et les martyrs, élèvent des basiliques dans les paroisses des évêques, et y déposent des offrandes; mais les évêques s'en emparent, et les détournent à leur usage. De là suit que les clercs manquent pour célébrer les saints offices, car ils ne reçoivent pas leurs honoraires. Les basiliques délabrées ne sont point réparées, parce que l'avidité sacerdotale a enlevé toutes les ressources. Le présent concile ordonne donc que les évêques gouvernent leurs diocèses sans recevoir rien de plus que ce qui leur est dû d'après les anciens décrets, c'est-à-dire le tiers des offrandes et des revenus des paroisses; que s'ils prennent quelque chose de plus, le concile le fasse rendre à la demande, soit des fondateurs des églises, soit de leurs parents. Que les fondateurs des basiliques sachent cependant qu'ils ne conservent aucun pouvoir sur les biens qu'ils confèrent auxdites églises; et que, selon les canons, la dotation de l'église, ainsi que l'église elle-même, est sous la juridiction de l'évêque [1].

Entre les choses qu'il nous convient de régler d'un commun accord, il importe surtout de satisfaire sagement aux plaintes des prêtres paroissiaux de la province de Galice; plaintes qui ont pour objet la rapacité de leurs évêques, et que la nécessité les a poussés enfin à soumettre à un examen public. Ces évêques, en effet, comme l'a évidemment manifesté une enquête, accablent d'exactions leurs églises paroissiales; et pendant qu'ils vivent eux-mêmes avec un riche superflu, il est prouvé qu'ils ont réduit presque à la ruine certaines basiliques. Afin donc que de tels abus ne se renouvellent point, nous ordonnons que, selon le synode de Braga, chacun des évêques de ladite province ne reçoive annuellement, de chacune des basiliques de son diocèse, pas plus de deux *solidi*. Et lorsque l'évêque visite son diocèse, qu'il ne soit à charge à personne par la multitude de ses serviteurs, et que le nombre de ses voitures ne soit pas de plus de cinq, et qu'il ne demeure pas plus d'un jour dans chaque basilique [2].

En voilà plus qu'il n'en faut sans doute pour prouver l'oppression et la résistance, le mal, et la tentative d'y porter remède. La résistance échoua, le remède fut inefficace; le despotisme épiscopal continua de se déployer. Aussi, au commencement

---

[1] Concile de Tolède, en 633, c. 33.
[2] Concile de Tolède, en 646, c. 4.

du viii⁰ siècle, l'Église était-elle tombée dans un désordre presque égal à celui de la société civile. Sans supérieurs et sans inférieurs à redouter, dégagés de la surveillance des métropolitains comme des conciles, et de l'influence des prêtres, une foule d'évêques se livraient aux plus scandaleux excès. Maîtres des richesses toujours croissantes de l'Église, rangés au nombre des grands propriétaires, ils en adoptaient les intérêts et les mœurs : ils abandonnaient leur caractère ecclésiastique pour mener la vie laïque ; ils avaient des chiens, des faucons de chasse ; ils marchaient entourés de serviteurs armés ; ils allaient eux-mêmes à la guerre : bien plus, ils faisaient, contre leurs voisins, des expéditions de violence et de brigandage. Une crise était inévitable ; tout préparait, tout proclamait la nécessité d'une réforme. Vous verrez qu'elle fut tentée en effet, peu après l'avénement des Carlovingiens, par la puissance civile. Mais l'Église elle-même en contenait le germe : à côté du clergé séculier s'était développé un autre ordre, réglé par d'autres principes, animé d'un autre esprit, et qui semblait destiné à prévenir cette dissolution dont l'Église était menacée. Je veux parler des moines. Leur histoire, du vi⁰ au viii⁰ siècle, sera l'objet de notre prochaine réunion.

QUATORZIÈME LEÇON.

Histoire du clergé régulier, ou des moines, du vi⁰ au viii⁰ siècle. — Que les moines ont été d'abord des laïques. — Importance de ce fait. — Origine et développement progressif de la vie monastique en Orient. — Premières règles. — Importation des moines en Occident. — Ils y sont mal reçus. — Leurs premiers progrès. — Différence entre les monastères orientaux et occidentaux. — Opinion de saint Jérôme sur les égarements de la vie monastique. — Causes générales de son extension. — De l'état des moines en Occident au v⁰ siècle. — Leur puissance et leur incohérence. — Saint Benoît. — Sa vie. — Il fonde le monastère du mont Cassin. — Analyse et appréciation de sa règle. — Elle se répand dans tout l'Occident, et y gouverne presque tous les monastères.

Messieurs,

Depuis que nous avons repris l'histoire de la société religieuse dans la Gaule franque, nous avons considéré : 1° le fait général, dominant, qui a caractérisé l'Église du vi⁰ au viii⁰ siècle, c'est-à-dire son unité ; 2° ses rapports avec l'État ; 3° son organisation intérieure, la situation réciproque des gouvernants et des gouvernés, la constitution du gouvernement, c'est-à-dire du clergé.

Nous avons reconnu que, vers le milieu du viii⁰ siècle, le gouvernement de l'Église, le clergé était tombé dans un état de grand désordre et de décadence. Nous avons pressenti la nécessité d'une crise, d'une réforme : j'ai indiqué qu'un principe de réforme existait déjà dans le sein du clergé lui-même ; j'ai nommé le clergé régulier, les moines. C'est de leur histoire, à la même époque, que nous avons à nous occuper aujourd'hui.

Ces mots *clergé régulier*, Messieurs, sont d'un effet trompeur. Il semble, à les entendre, que les moines aient toujours été des ecclésiastiques, qu'ils aient fait essentiellement partie du clergé. Telle est en effet l'idée générale qu'on s'en est formée, et qu'on leur applique indistinctement, sans égard aux temps, aux lieux, aux modifications successives de l'institution. Et non-seulement on regarde les moines comme des ecclésiastiques, mais on est tenté de les regarder, pour ainsi dire, comme les plus ecclésiastiques de tous, les plus complétement séparés de la société civile, les plus étrangers à ses intérêts, à ses mœurs. C'est là, si je ne me trompe, l'impression qui, à leur nom seul, aujourd'hui et depuis long-temps, s'éveille naturellement dans les esprits.

Impression pleine d'erreur, Messieurs : à leur origine, et au moins pendant deux siècles, les moines n'ont point été des ecclésiastiques ; c'étaient de purs laïques, réunis, sans doute, par une croyance religieuse, dans un sentiment et un dessein religieux, mais étrangers, je le répète, à la société ecclésiastique, au clergé proprement dit.

Et non-seulement telle a été l'institution à son

origine; mais ce caractère primitif, qu'on perd si communément de vue, a influé sur toute son histoire, et en explique seul les vicissitudes.

J'ai déjà eu occasion[1] de dire quelques mots sur l'établissement des monastères en Occident, surtout dans le midi de la Gaule. Je reprendrai aujourd'hui les faits de plus haut, et les suivrai de plus près dans leur développement.

C'est en Orient, personne ne l'ignore, que les moines ont pris naissance. Ils y ont été, en commençant, bien éloignés de la forme qu'ils ont revêtue depuis, et sous laquelle l'esprit a coutume de se les représenter. Dès les premiers temps du christianisme, quelques hommes, plus exaltés que d'autres, s'imposaient des sacrifices, des rigueurs extraordinaires. Ce n'était point là une innovation chrétienne; elle se rattachait non-seulement à un penchant général de la nature humaine, mais aux mœurs religieuses de tout l'Orient, et à certaines traditions judaïques. Les *ascètes* (c'était le nom qu'on donnait à ces pieux enthousiastes; ἄσκησις, *exercice, vie ascétique*) sont le premier degré des moines. Ils ne se séparaient point encore de la société civile; ils ne fuyaient point dans les déserts; ils se condamnaient seulement au jeûne, au silence, à toutes sortes d'austérités, surtout au célibat.

Bientôt ils se retirèrent du monde : ils allèrent vivre loin des hommes, absolument seuls, au milieu des bois, au fond de la Thébaïde. Les ascètes devin-

---

[1] Voyez à la IVe leçon, p. 120 de ce volume.

rent des *ermites,* des *anachorètes ;* c'est le second degré de la vie monastique.

Au bout de quelque temps, et par des causes qui n'ont point laissé de traces, cédant peut-être au pouvoir d'attraction de quelque solitaire plus célèbre, de saint Antoine, par exemple, ou peut-être simplement lassés d'un complet isolement, les ermites se rapprochèrent, bâtirent leurs huttes les unes près des autres, et, continuant de vivre chacun dans la sienne, se livrèrent cependant ensemble aux exercices religieux, et commencèrent à former une véritable communauté. Ce fut alors, à ce qu'il paraît, qu'ils reçurent le nom de *moines.*

Ils firent un pas de plus. Au lieu de rester dans des huttes séparées, ils se rassemblèrent sous le même toit, dans un seul édifice ; l'association fut plus étroite, la vie commune plus complète. Ils devinrent des *cœnobites.* C'est le quatrième degré de l'institut monastique ; il atteignit alors sa forme définitive, celle à laquelle devaient s'adapter tous ses nouveaux développements.

A peu près vers cette époque on voit naître, pour les maisons des cénobites, pour les monastères, une certaine discipline convenue, des règles écrites qui déterminent les pratiques de ces petites sociétés, les obligations de leurs membres. Parmi ces règles primitives des moines d'Orient, les plus célèbres sont celles de saint Antoine, de saint Macaire, de saint Hilarion, de saint Pachôme. Aucune n'est longue ni détaillée ; on y trouve des prescriptions spéciales, accidentelles, mais nulle prétention de dominer et de diriger la vie entière. Ce sont des préceptes plutôt que des institutions, des coutumes plutôt que des lois. Les *ascètes*, les *ermites* et toutes les différentes sortes de moines continuaient de subsister en même temps que les *cœnobites*, et dans toute l'indépendance de leur premier état.

Le spectacle d'une telle vie, tant de rigidité et d'enthousiasme, de sacrifice et de liberté, ébranla fortement l'imagination des peuples. Les moines se multiplièrent avec une rapidité prodigieuse, et se diversifièrent à l'infini. Je n'entrerai pas, vous le pensez bien, dans le détail de toutes les formes que prit, sous ce nom, l'exaltation des fidèles ; j'indiquerai seulement les termes extrêmes, pour ainsi dire, de la carrière qu'elle parcourut, et ses deux effets à la fois les plus étranges et les plus divers. Pendant que, sous le nom de *messaliens* ou εὔχιτα, des bandes nombreuses de fanatiques parcouraient la Mésopotamie, l'Arménie, etc., dénigrant le culte légal, célébrant la seule prière irrégulière, spontanée, et se livrant dans les villes, sur les places publiques, à toutes sortes d'écarts, d'autres, pour se séparer plus absolument de tout contact humain, s'établissaient, à l'exemple de saint Siméon d'Antioche, au sommet d'une colonne, et, sous le nom de *stylites*, vouaient leur vie à ce bizarre isolement ; et ni les uns ni les autres ne manquaient d'admirateurs et d'imitateurs[1].

Dans la dernière moitié du IVe siècle, la règle de

---

[1] Il y a eu des stylites en Orient jusqu'au XIIe siècle.

saint Basile vint apporter, dans le nouvel institut, quelque régularité. Rédigée en forme de réponse à des questions de tout genre [1], elle devint bientôt la discipline générale des monastères d'Orient, de tous ceux du moins qui prirent un peu d'ensemble et de fixité. Tel devait être le résultat de l'influence du clergé séculier sur la vie monastique, dont les plus illustres évêques, saint Athanase, saint Basile, saint Grégoire de Nazianze, et une foule d'autres, se déclarèrent alors les patrons. Ce patronage ne pouvait manquer d'y introduire plus d'ordre et de système. Cependant les monastères demeurèrent des associations purement laïques, étrangères au clergé, à ses fonctions, à ses droits. Point d'ordination, point d'engagement ecclésiastique pour les moines. Leur caractère dominant était toujours l'exaltation religieuse et la liberté; on entrait dans l'association, on en sortait; on choisissait son séjour, ses austérités; l'enthousiasme prenait la forme, se jetait dans la route qui lui plaisait. Les moines, en un mot, n'avaient rien de commun avec les prêtres, sinon les croyances et le respect qu'ils inspiraient à la population.

Tel était, dans la dernière moitié du IVe siècle, l'état de l'institut monastique en Orient. Ce fut à peu près vers cette époque qu'il fut importé en Occident. Saint Athanase, chassé de son siége et retiré à Rome [2], y amena avec lui quelques moines, et y célébra leurs vertus et leur gloire. Ses récits et

---

[1] Elle contient 203 questions et autant de réponses.
[2] En 341.

le spectacle que donnèrent les premiers moines, ou ceux qui suivirent leur exemple, furent mal accueillis de la population occidentale. Le paganisme était encore très-fort en Occident, surtout en Italie. Les classes supérieures, qui avaient abandonné ses croyances, voulaient du moins conserver ses mœurs, et une partie du menu peuple en gardait encore les préjugés. Les moines y furent, à leur début, un objet de mépris et de colère. Aux funérailles de Blésilla, jeune religieuse romaine, morte, disait-on, par excès de jeûnes, en 384, le peuple criait : « Quand » donc chassera-t-on de la ville cette détestable » race de moines ? Pourquoi ne les lapide-t-on pas ? » pourquoi ne les jette-t-on pas dans la rivière ? » C'est saint Jérôme qui rapporte ainsi les propos populaires [1].

> Dans les cités d'Afrique, dit Salvien, et surtout dans les murs de Carthage, dès qu'il paraissait un homme en manteau, pâle et la tête rase, ce peuple, aussi malheureux qu'infidèle, ne pouvait le voir sans l'accabler de malédictions et d'injures ; et si quelque serviteur de Dieu, venu des monastères d'Égypte, ou des lieux saints de Jérusalem, ou des vénérables retraites de quelque ermitage, se rendait dans cette ville pour s'acquitter de quelque œuvre pieuse, le peuple le poursuivait de ses outrages, d'odieux éclats de rire et de détestables sifflets [2].

J'ai nommé ailleurs [3] Rutilius Numatianus, poëte gaulois qui vécut longtemps à Rome, et nous a laissé un poëme sur son retour dans sa patrie ; il y dit, en passant près de l'île de Gorgone :

---

[1] Lettres à Paul; lett. 22. *al.* 25.
[2] Salvien, *de Gubern. Dei*, VIII. 4.
[3] Leçon quatrième, p. 124 de ce volume.

> Je déteste ces écueils, théâtre d'un récent naufrage. Là s'est perdu un de mes concitoyens, descendu vivant au tombeau. Il était des nôtres naguère ; issu de nobles aïeux, en possession d'une noble fortune, heureux par un noble mariage ; mais, poussé par les furies, il a abandonné les hommes et les dieux, et maintenant, crédule exilé, il se complaît dans une sale retraite. Malheureux, qui croit au sein de la malpropreté se repaître des biens célestes, et se tourmente lui-même, plus cruel pour lui-même que les dieux offensés ! Cette secte est-elle donc, je vous le demande, plus fatale que les poisons de Circé ? Circé changeait les corps, maintenant ce sont les esprits qui sont changés[1].

Sans doute Rutilius était païen ; mais beaucoup de gens en Occident l'étaient comme lui, et recevaient les mêmes impressions.

Cependant la même révolution qui avait couvert l'Orient de moines poursuivait son cours en Occident, amenant partout les mêmes effets. Là aussi le paganisme disparut ; les nouvelles croyances, les nouvelles mœurs envahirent toute la société ; et, comme en Occident, la vie monastique eut bientôt les plus grands évêques pour patrons, le peuple entier pour admirateur. Saint Ambroise à Milan, saint Martin à Tours, saint Augustin en Afrique, célébrèrent sa sainteté et fondèrent eux-mêmes des monastères. Saint Augustin donna même aux religieuses de son diocèse une espèce de règle, et bientôt l'institution fut en vigueur dans tout l'Occident.

Elle y prit cependant, dès l'origine, un caractère particulier que j'ai déjà eu occasion de signaler : sans doute on voulut imiter ce qui s'était passé en Orient ; on s'informa curieusement des pratiques suivies dans les monastères orientaux ; leur

---

[1] *Itin.* I, vers 517 et suiv.

description fut, vous le savez, l'objet de deux ouvrages publiés à Marseille par Cassien, et dans l'établissement de plusieurs des monastères nouveaux on eut grand soin de s'y conformer. Mais le génie occidental différait trop de celui de l'Orient pour ne pas les marquer aussi de son empreinte. Le besoin de la retraite, de la contemplation, d'une rupture éclatante avec la société civile, avait été la source et le trait fondamental des moines d'Orient : en Occident, au contraire, et surtout dans la Gaule méridionale, où furent fondés, au commencement du ve siècle, les principaux monastères, ce fut pour vivre en commun, dans un but de conversation comme d'édification religieuse, que se réunirent les premiers moines. Les monastères de Lérins, de Saint-Victor, et plusieurs autres, furent surtout de grandes écoles de théologie, des foyers de mouvement intellectuel ; ce n'était point de solitude, de macérations, mais de discussion et d'activité, qu'il s'agissait là.

Et non-seulement cette diversité de situation et de tour d'esprit des Orientaux et des Occidentaux était réelle, mais les contemporains eux-mêmes l'observaient, s'en rendaient compte ; et, en travaillant à étendre en Occident l'institut monastique, les hommes clairvoyants avaient soin de dire qu'il ne fallait pas imiter servilement l'Orient, et d'en expliquer les raisons. En fait de jeûnes et d'austérités, par exemple, les règles des monastères d'Occident furent, en général, moins rigides : « Beaucoup manger, disait Sulpice Sévère, est

» gourmandise chez les Grecs, naturel chez les
» Gaulois [1]. »

La rigueur de l'hiver, dit aussi Cassien, ne nous permet pas de nous contenter de chaussures légères, ni d'un surtout sans manches, ni d'une seule tunique; et celui qui se présenterait vêtu d'un petit froc ou d'un mince manteau de poil de chèvre, ferait rire au lieu d'édifier [2].

Une autre cause ne contribua pas moins à donner à l'institut monastique en Occident une nouvelle direction. Ce ne fut guère que dans la première moitié du ve siècle qu'il s'y répandit et s'y établit réellement. Or, à cette époque, les monastères d'Orient avaient déjà pris tout leur développement; tous les écarts de l'exaltation ascétique y avaient déjà été donnés en spectacle au monde. Les grands évêques d'Occident, les chefs de l'Église et des esprits en Europe, quelle que fût leur ardeur religieuse, furent frappés de ces excès du monachisme naissant, des actes de folie auxquels il avait conduit, des vices qu'il avait souvent couverts. Nul homme d'Occident n'avait, à coup sûr, plus d'enthousiasme religieux, ni une imagination plus vive, plus orientale, ni un caractère plus fougueux que saint Jérôme. Il ne s'aveugla point cependant sur les fautes et les périls de la vie monastique, telle que l'Orient en offrait le modèle. Permettez-moi de vous lire quelques uns des passages où il a exprimé sa pensée à ce sujet; ils sont au nombre des documents les plus intéressants de l'époque, et qui la font le mieux connaître :

[1] Sulp. Sév. Dial. 1, 8.
[2] Cassien, *de Instit. Cœnob*, l. 11.

Il est des moines, dit-il, qui, par l'humidité des cellules, par des jeûnes immodérés, par ennui de la solitude, par excès de lectures,..... tombent dans la mélancolie, et ont plutôt besoin des remèdes d'Hippocrate que de nos avis... J'ai vu des personnes, de l'un et de l'autre sexe, en qui le cerveau avait été altéré par trop d'abstinence, surtout parmi celles qui habitaient dans des cellules froides et humides; elles ne savaient plus ce qu'elles faisaient, ni comment se conduire, ni ce qu'il fallait dire ou taire [1].

Et ailleurs :

J'ai vu des hommes qui, renonçant au siècle, d'habits seulement et de nom, mais point de fait, n'ont rien changé à leur ancienne façon de vivre. Leur fortune est plutôt accrue que diminuée. Ils ont les mêmes cohortes d'esclaves, les mêmes pompes de banquets. C'est de l'or qu'ils mangent sur de misérables plats de faïence ou d'argile; et, au milieu des essaims de leurs serviteurs, ils se font appeler solitaires [2]...

Fuis aussi ces hommes que tu verrais chargés de chaînes, avec une barbe de bouc, un manteau noir, et les pieds nus en dépit du froid.... Ils entrent dans les maisons des nobles; ils trompent de pauvres petites femmes couvertes de péchés; ils apprennent toujours, et n'arrivent jamais à la connaissance de la vérité; ils feignent la tristesse, et, livrés en apparence à de longs jeûnes, s'en dédommagent la nuit par des repas furtifs [3].

Et ailleurs encore :

Je rougis de le dire : du fond de nos cellules, nous condamnons le monde ; en nous roulant dans le sac et la cendre, nous prononçons nos sentences sur les évêques. Que signifie cet orgueil d'un roi sous la tunique d'un pénitent?... La superbe se glisse promptement dans la solitude : cet homme a jeûné quelque peu; il n'a vu personne; il se croit déjà un homme de poids; il oublie quel il est, d'où il vient, où il va, et son cœur et sa langue errent déjà de toutes parts. Contre la volonté de l'apôtre, il juge les serviteurs d'autrui; il porte la main où l'attire sa gourmandise; il dort tant qu'il veut; il ne respecte personne; il fait

---

[1] Saint Jérôme, lett. 95 (al. 4), ad Rusticum; 97 (al. 8) ad Demetriadem.
[2] Saint Jérôme, lett. 95 (al. 4), ad Rusticum.
[3] Saint Jérôme, lett. 18 (al. 22), ad Eustochium.

ce qu'il veut ; il croit tous les autres inférieurs à lui ; il est plus souvent dans les villes que dans sa cellule ; et il fait le modeste au milieu de ses frères, lui qui, sur les places publiques, se heurte sans cesse contre les passants [1].

Ainsi, le plus emporté, le plus enthousiaste des pères d'Occident ne méconnaissait ni la démence, ni l'hypocrisie, ni l'intolérable orgueil qu'enfantait dès lors la vie monastique; et il les caractérisait avec ce bon sens colère, cette éloquence satirique et passionnée qui lui est propre ; et il les dénonçait hautement, de peur de la contagion.

Plusieurs des plus illustres évêques d'Occident, saint Augustin entre autres, avaient la même clairvoyance et écrivaient dans le même sens ; aussi s'appliquèrent-ils à prévenir autour d'eux les absurdes écarts où les moines d'Orient étaient tombés. Mais en prenant ce soin, en signalant la démence ou l'hypocrisie à laquelle la vie monastique servait tour à tour de fond, ils travaillèrent incessamment à la propager. C'était pour eux un moyen d'arracher à la société civile païenne, toujours la même en fait malgré sa conversion apparente, une partie des laïques. Sans entrer dans le clergé, les moines suivaient la même voie, servaient la même influence ; le patronage des évêques ne pouvait leur manquer. Leur eût-il manqué, leurs progrès ne s'en seraient probablement pas ralentis. Ce n'est à aucune combinaison ecclésiastique, ni même au mouvement et à la direction particulière que le chris-

---

[1] Saint Jérôme, lett. 15 (al. 77), ad Marcum; 95 (al. 4), ad Rusticum.

tianisme pouvait imprimer à l'imagination des hommes, que la vie monastique dut son origine. L'état général de la société à cette époque en fut la véritable source. Elle était atteinte de trois vices : l'oisiveté, la corruption et le malheur. Les hommes étaient inoccupés, pervertis, et en proie à toutes sortes de misères; voilà pourquoi il s'en trouva tant qui se firent moines. Un peuple laborieux, honnête, ou heureux, ne serait jamais entré dans cette voie. Quand la nature humaine ne peut se déployer pleinement et avec harmonie, quand l'homme ne peut poursuivre le vrai but de sa destinée, c'est alors que son développement devient excentrique, et que, plutôt que d'accepter sa propre ruine, il se jette à tout risque dans les plus étranges situations. Pour vivre et agir d'une manière régulière, raisonnable, l'humanité a besoin que les faits au milieu desquels elle vit et agit soient, dans une certaine mesure, raisonnables, réguliers, que ses facultés trouvent à s'employer, que sa condition ne soit pas trop dure, que le spectacle de la corruption et de l'abaissement général ne révolte pas, ne désole pas les ames fortes, en qui la moralité ne saurait s'engourdir. L'ennui, le dégoût d'une molle perversité, et le besoin de fuir les misères publiques, c'est là ce qui fit les moines d'Orient, bien plutôt que le caractère particulier du christianisme et les accès de l'exaltation religieuse. Ces mêmes circonstances existaient en Occident; la société italienne, gauloise, africaine, au milieu de la chûte de l'Empire et des dévastations des Barbares, était tout aussi malheureuse, tout aussi dépravée, tout aussi oisive que celle de l'Asie-Mineure ou de l'Égypte. Les vraies causes de l'extension continuelle de la vie monastique étaient donc les mêmes dans les deux contrées, et devaient y produire les mêmes effets.

Aussi, malgré les diversités que j'ai fait remarquer, la similitude fut-elle grande, et les conseils des plus illustres évêques n'empêchèrent pas que les écarts des moines d'Orient ne trouvassent en Occident des imitateurs. Ni les ermites, ni les reclus, ni aucune des pieuses folies de la vie ascétique, ne manquèrent à la Gaule. Saint Sénoch, Barbare d'origine, retiré dans les environs de Tours, se fit enfermer entre quatre murs, si serrés qu'il ne pouvait faire, du bas du corps, aucun mouvement, et vécut plusieurs années dans cette situation, objet de la vénération de la population environnante. Les reclus Caluppa en Auvergne, Patrocle dans le territoire de Langres, Hospitius en Provence, ne furent pas tout à fait aussi admirables; cependant leur célébrité était grande comme leurs austérités [1]. Les stylites même eurent en Occident des émules; et le récit que nous en a laissé Grégoire de Tours peint avec tant de vérité et d'intérêt les mœurs de ce temps, que je crois devoir vous le lire tout entier. Grégoire raconte sa propre conversation avec le moine Wulfilaïch, Barbare sans doute, comme l'indique son nom, et qui, le premier en Occident, avait tenté de donner à saint Siméon d'Antioche un rival.

[1] Voy. Grégoire de Tours, t. I, p. 231, 232, 311, dans ma *Collection des Mémoires relatifs à l'Histoire de France.*

« Je me rendis dans le territoire de Trèves, dit Wulfilaïch à Grégoire;
» j'y construisis, de mes propres mains, sur cette montagne, la petite
» demeure que vous voyez. J'y trouvai un simulacre de Diane que les
» gens du lieu, encore infidèles, adoraient comme une divinité. J'y éle-
» vai une colonne, sur laquelle je me tenais avec de grandes souffran-
» ces, sans aucune espèce de chaussure; et lorsqu'arrivait le temps de
» l'hiver, j'étais tellement brûlé des rigueurs de la gelée, que très-sou-
» vent elles ont fait tomber les ongles de mes pieds, et l'eau glacée
» pendait à ma barbe en forme de chandelles; car cette contrée passe
» pour avoir souvent des hivers très-froids. » Nous lui demandâmes
avec instance de nous dire quelles étaient sa nourriture et sa boisson,
et comment il avait renversé le simulacre de la montagne; il nous dit:
« Ma nourriture était un peu de pain et d'herbe, et une petite quantité
» d'eau. Mais il commença à accourir vers moi une grande quantité de
» gens des villages voisins. Je leur prêchais continuellement que Diane
» n'existait pas, que le simulacre et les autres objets auxquels ils pen-
» saient devoir adresser un culte n'étaient absolument rien. Je leur
» répétais aussi que ces cantiques qu'ils avaient coutume de chanter en
» buvant, et au milieu de leurs débauches, étaient indignes de la Di-
» vinité, et qu'il valait bien mieux offrir le sacrifice de leurs louanges
» au Dieu tout-puissant qui a fait le ciel et la terre. Je priais aussi bien
» souvent le Seigneur qu'il daignât renverser le simulacre, et arracher
» ces peuples à leurs erreurs. La miséricorde du Seigneur fléchit ces es-
» prits grossiers, et les disposa, prêtant l'oreille à mes paroles, à quit-
» ter leurs idoles et à suivre le Seigneur. J'assemblai quelques uns d'en-
» tre eux, afin de pouvoir, avec leur secours, renverser ce simulacre
» immense que je ne pouvais détruire par ma seule force. J'avais déjà
» brisé les autres idoles, ce qui était plus facile. Beaucoup se rassemblè-
» rent autour de la statue de Diane; ils y jetèrent des cordes, et com-
» mencèrent à la tirer; mais tous leurs efforts ne pouvaient parvenir à
» l'ébranler. Alors je me rendis à la basilique, me prosternai à terre,
» et suppliai avec larmes la miséricorde divine de détruire, par la puis-
» sance du ciel, ce que l'effort terrestre ne pouvait suffire à renverser.
» Après mon oraison, je sortis de la basilique, et vins retrouver les
» ouvriers; je pris la corde, et aussitôt que nous recommençâmes à ti-
» rer, dès le premier coup l'idole tomba à terre; on la brisa ensuite,
» et avec des maillets de fer on la réduisit en poudre..... Je me disposais
» à reprendre ma vie ordinaire; mais les évêques, qui auraient dû me
» fortifier, afin que je pusse continuer plus parfaitement l'ouvrage que
» j'avais commencé, survinrent, et me dirent : — La voie que tu as
» choisie n'est pas la voie droite, et toi, indigne, tu ne saurais t'égaler

» à Siméon d'Antioche, qui vécut sur sa colonne. La situation du lieu
» ne permet pas d'ailleurs de supporter une pareille souffrance; descends
» plutôt, et habite avec les frères que tu as rassemblés. — A ces paro-
» les, pour n'être pas accusé du crime de désobéissance envers les évê-
» ques, je descendis, et j'allai avec eux, et pris aussi avec eux le repas.
» Un jour l'évêque m'ayant fait venir loin du village, y envoya des ou-
» vriers avec des haches, des ciseaux et des marteaux, et fit renverser
» la colonne sur laquelle j'avais coutume de me tenir. Quand je revins
» le lendemain, je trouvai tout détruit; je pleurai amèrement; mais je
» ne voulus pas rétablir ce qu'on avait détruit, de peur qu'on ne m'ac-
» cusât d'aller contre les ordres des évêques; et depuis ce temps je de-
» meure ici, et me contente d'habiter avec mes frères [1]. »

Tout est également remarquable dans ce récit, et l'énergique dévoûment, et l'enthousiasme insensé de l'ermite, et le bon sens, peut-être un peu jaloux, des évêques; on y reconnaît à la fois l'influence de l'Orient et le caractère propre de l'Occident. Et de même que l'évêque de Trèves réprimait la démence des stylites, de même saint Augustin poursuivait l'hypocrisie errant sous le manteau monacal :

Le rusé ennemi des hommes, dit-il, a dispersé partout des hypocrites sous des traits de moines; ils parcourent les provinces, où personne ne les a envoyés, errant en tous sens, ne s'établissant ne s'arrêtant nulle part. Les uns vendent çà et là des reliques de martyr, si tant est que ce soient des martyrs; les autres étalent leurs robes et leurs phylactères [2].

Je pourrais citer beaucoup d'autres exemples où ce double fait, la ressemblance et la différence de l'Orient et de l'Occident, est également empreint. Au milieu de ces tiraillements, à travers ces alternatives de folie et de sagesse, les progrès de l'in-

---

[1] Grég. de Tours, t. 1, p. 440-444.
[2] Saint Augustin, de *Opere monac.*, c. 28.

stitut monastique continuaient; le nombre des moines allait toujours croissant; ils erraient ou se fixaient, remuaient le peuple par leurs prédications, ou l'édifiaient par le spectacle de leur vie. De jour en jour, on les prenait en plus grande admiration et respect : l'idée s'établissait que c'était là la perfection de la conduite chrétienne. On les proposait pour modèles au clergé; déjà on donnait à quelques uns l'ordination, pour les faire prêtres ou même évêques; et pourtant c'étaient encore des laïques, conservant une grande liberté, ne faisant point de vœux, ne contractant point d'engagement religieux, toujours distincts du clergé, souvent même attentifs à s'en séparer :

> C'est l'ancien avis des Pères, dit Cassien, avis qui persiste toujours, qu'un moine doit, à tout prix, fuir les évêques et les femmes; car ni les femmes, ni les évêques, ne permettent au moine qu'ils ont une fois engagé dans leur familiarité de se reposer en paix dans sa cellule, ni d'attacher ses yeux sur la doctrine pure et céleste, en contemplant les choses saintes [1].

Tant de liberté et de puissance, une action si forte sur les peuples et une telle absence de formes générales, d'organisation régulière, ne pouvaient manquer de donner lieu à de grands désordres. La nécessité d'y mettre un terme, de rassembler sous un gouvernement commun, sous une même discipline, ces missionnaires, ces solitaires, ces reclus, ces cénobites, chaque jour plus nombreux, et qui n'étaient ni du peuple, ni du clergé, se faisait fortement sentir.

[1] Cassien, *de Instit. cœnob.*, XI, 17.

Vers la fin du vᵉ siècle, en 480, naquit en Italie, à Nursia, dans le duché de Spolète, d'une famille riche et considérable, l'homme destiné à résoudre ce problème, et à donner aux moines d'Occident la règle générale qu'ils attendaient ; je parle de saint Benoît. A l'âge de douze ans, il fut envoyé à Rome pour y faire ses études. C'était le moment de la chute de l'Empire et des grands troubles de l'Italie ; les Hérules et les Ostrogoths s'en disputaient la possession ; Théodoric en chassait Odoacre ; Rome était sans cesse prise, reprise, menacée. En 494, Benoît, à peine âgé de quatorze ans, en sortit avec Cyrilla, sa nourrice; et, peu après, on le trouve ermite au fond d'une caverne, à Subiaco, dans la campagne de Rome. Pourquoi cet enfant s'y retira, comment il y vécut, on n'en sait rien ; car sa légende seule le raconte, et place à chaque pas une merveille morale, ou un miracle proprement dit. Quoi qu'il en soit, au bout d'un certain temps, la vie que menait Benoît, sa jeunesse, ses austérités, attirèrent les pâtres des environs ; il les prêcha ; et la puissance de sa parole, l'autorité de son exemple, le concours toujours plus nombreux des auditeurs, le rendirent bientôt célèbre. En 510, des moines voisins, réunis à Vicovaro, voulurent l'avoir pour chef; il s'y refusa d'abord, disant aux moines que leur conduite était désordonnée, qu'on se livrait dans leur maison à toutes sortes d'excès, qu'il en entreprendrait la réforme et les soumettrait à une règle très-dure. Ils persistèrent, et Benoît devint abbé de Vicovaro.

Il entreprit en effet, avec une invincible énergie, la réforme qu'il avait annoncée ; et, comme il l'avait prévu, les moines se lassèrent bientôt du réformateur. La lutte entre eux et lui devint si violente, qu'ils essayèrent de l'empoisonner dans le calice. Il s'en aperçut par un miracle, dit sa légende, quitta le monastère, et reprit, à Subiaco, sa vie d'ermite.

Sa renommée s'était répandue au loin ; non plus seulement des pâtres, mais des laïques de toute condition, des moines errants, se rassemblèrent pour vivre près de lui. Equitius et Tertullus, nobles romains, lui envoyèrent leurs fils, Maur et Placide : Maur, âgé de douze ans ; Placide, tout enfant. Il fonda, autour de sa caverne, des monastères. En 520, il en avait, à ce qu'il paraît, déjà fondé douze, composés chacun de douze moines, et dans lesquels il commençait à essayer les idées et les institutions par lesquelles, à son avis, la vie monastique devait être réglée.

Mais le même esprit d'insubordination et de jalousie qui l'avait chassé du monastère de Vicovaro se manifesta bientôt dans ceux qu'il venait lui-même de fonder. Un moine nommé Florentius lui suscita des ennemis, lui tendit des embûches. Benoît s'irrita, renonça une seconde fois à la lutte, et, emmenant quelques uns de ses disciples, entre autres Maur et Placide, se retira, en 528, sur les frontières des Abruzzes et de la terre de Labour, auprès de Cassino.

Il trouva là ce que l'ermite Wulfilaïch, dont je

viens de vous lire l'histoire, avait trouvé près de Trèves, le paganisme encore vivant, et le temple et la statue d'Apollon debout sur le mont Cassin, colline qui domine la ville. Benoît renversa le temple et la statue, extirpa le paganisme, rassembla de nombreux disciples, et fonda un nouveau monastère.

Ce fut dans celui-ci, où il demeura et domina jusqu'à la fin de sa vie, qu'il appliqua enfin dans son ensemble, et publia sa *Règle de la vie monastique*. Elle devint bientôt, personne ne l'ignore, la loi générale et presque unique des moines d'Occident. C'est par la règle de saint Benoît que l'institut monastique occidental a été réformé, et qu'il a reçu sa forme définitive. Arrêtons-nous donc ici, et examinons avec quelque soin ce petit code d'une société qui a joué dans l'histoire de l'Europe un rôle si important.

L'auteur commence par exposer en fait l'état des moines occidentaux à cette époque, c'est-à-dire au commencement du vi^e siècle.

> Il est notoire, dit-il, qu'il y a quatre espèces de moines : premièrement les *cénobites*, ceux qui vivent dans un monastère, combattant sous une règle ou un abbé. Le second genre est celui des *anachorètes*, c'est-à-dire *ermites;* ce sont ceux qui, non par une ferveur de novice, mais instruits par une longue épreuve de la vie monastique, ont déjà appris, au grand profit de beaucoup de gens, à combattre le diable, et qui, bien préparés, sortent seuls de l'armée de leurs frères pour aller livrer un combat singulier... La troisième sorte de moines est celle des *sarabaïtes*, qui, n'étant éprouvés par aucune règle, ni par les leçons de l'expérience, comme l'or est éprouvé dans la fournaise, et semblables plutôt à la molle nature du plomb, gardent, par leurs œuvres, fidélité au siècle, et mentent à Dieu par leur tonsure. On rencontre

ceux-ci au nombre de deux, trois ou plusieurs, sans pasteur, ne s'occupant pas des brebis du Seigneur, mais de leurs propres troupeaux : ils ont pour loi leur désir; ce qu'ils pensent ou ce qu'ils préfèrent, ils le disent saint; ce qui ne leur plaît pas, ils trouvent que ce n'est pas permis. La quatrième espèce est celle des moines qu'on nomme *gyrovagues*, qui, pendant toute leur vie, habitent trois ou quatre jours diverses cellules dans diverses provinces, toujours errants et jamais stables, obéissant à leurs voluptés et aux débauches de la gourmandise, et en toutes choses pires que les sarabaïtes. Il vaut mieux se taire que de parler de leur misérable façon de vivre ; les passant donc sous silence, venons, avec l'aide de Dieu, à régler la très-forte association des cénobites.

Les faits ainsi établis, la règle de saint Benoît se divise en 73 chapitres, savoir :

9 chapitres sur les devoirs moraux et généraux des frères ;

13 sur les devoirs religieux et les offices ;

29 sur la discipline, les fautes, les peines, etc. ;

10 sur le gouvernement et l'administration intérieure ;

12 sur divers sujets, comme les hôtes, les frères en voyage, etc.

C'est-à-dire, 1° neuf chapitres sur le code moral; 2° treize de code religieux ; 3° vingt-neuf de code pénal ou de discipline ; 4° dix de code politique ; 5° douze sur divers sujets.

Reprenons chacun de ces petits codes, et voyons quels principes y dominent, quels furent le sens et la portée de la réforme qu'accomplit leur auteur.

1° Quant aux devoirs moraux et généraux des moines, les points sur lesquels repose toute la règle de saint Benoît sont l'abnégation de soi-même, l'obéissance et le travail. Quelques uns des moines d'Orient avaient bien essayé d'introduire le travail dans leur vie; mais la tentative n'avait jamais été générale ni suivie. Ce fut la grande révolution que fit saint Benoît dans l'institut monastique; il y introduisit surtout le travail manuel, l'agriculture. Les moines bénédictins ont été les défricheurs de l'Europe; ils l'ont défrichée en grand, en associant l'agriculture à la prédication. Une colonie, un essaim de moines, peu nombreux d'abord, se transportaient dans des lieux incultes, ou à peu près, souvent au milieu d'une population encore païenne, en Germanie, par exemple, en Bretagne; et là, missionnaires et laboureurs à la fois, ils accomplissaient leur double tâche, souvent avec autant de péril que de fatigue. Voici comment saint Benoît règle l'emploi de la journée dans ses monastères; vous verrez que le travail y tient une grande place:

> L'oisiveté est l'ennemie de l'ame, et par conséquent les frères doivent, à certains moments, s'occuper au travail des mains; dans d'autres, à de saintes lectures. Nous croyons devoir régler cela ainsi. Depuis Pâques jusqu'aux calendes d'octobre, en sortant de prime ils travailleront, presque jusqu'à la quatrième heure, à ce qui sera nécessaire : de la quatrième heure presque près de la sixième, ils vaqueront à la lecture. Après la sixième heure, sortant de table, ils se reposeront dans leurs lits sans bruit; ou si quelqu'un veut lire, qu'il lise, mais de manière à ne gêner personne; et que none soit dit au milieu de la huitième heure. Qu'ils travaillent ensuite jusqu'à vêpres à ce qui sera à faire. Et si la pauvreté du lieu, la nécessité ou la récolte des fruits les tient constamment occupés, qu'ils ne s'en affligent point, car ils sont vraiment moines s'ils vivent du travail de leurs mains, ainsi qu'ont fait nos pères et les apôtres; mais que toutes choses soient faites avec mesure, à cause des faibles.
>
> Depuis les calendes d'octobre jusqu'au commencement du carême,

qu'ils vaquent à la lecture jusqu'à la deuxième heure ; qu'à la deuxième on chante tierce, et que jusqu'à none tous travaillent à ce qui leur sera enjoint ; qu'au premier coup de none tous quittent l'ouvrage et soient prêts pour le moment où on sonnera le second coup. Après la réfection, qu'ils lisent ou récitent des psaumes.

Dans les jours du carême, qu'ils lisent depuis le matin jusqu'à la troisième heure, et qu'ils travaillent ensuite suivant qu'il leur sera ordonné jusqu'à la dixième heure. Dans ces jours de carême, tous recevront, de la bibliothèque, des livres qu'ils liront de suite et entièrement. Ces livres doivent être donnés au commencement du carême. Surtout qu'on choisisse un ou deux anciens pour parcourir le monastère aux heures où les frères sont occupés à la lecture, et qu'ils voient s'ils ne trouveront pas quelque frère négligent qui se livre au repos ou à la conversation, ne soit point appliqué à lire, et qui non-seulement soit inutile à soi-même, mais encore détourne les autres. Si l'on en trouve un de la sorte, qu'il soit repris une et deux fois ; s'il ne s'amende pas, qu'il soit soumis à la correction de la règle, de façon à intimider les autres. Que le dimanche tous vaquent à la lecture, excepté ceux qui sont choisis pour diverses fonctions. Si quelqu'un est négligent et paresseux, de sorte qu'il ne veuille ou ne puisse méditer ni lire, qu'on lui enjoigne un travail, pour qu'il ne reste pas sans rien faire. Quant aux frères infirmes ou délicats, qu'on leur impose un ouvrage ou un emploi tel qu'ils ne soient ni oisifs, ni accablés par la rigueur du travail..... Leur faiblesse doit être prise en considération par l'abbé [1].

Avec le travail, saint Benoît prescrit l'obéissance passive des moines à leur supérieur : règle moins nouvelle, et qui prévalait aussi chez les moines d'Orient, mais qu'il a rédigée d'une manière beaucoup plus expresse, et en en développant plus rigoureusement les conséquences. Il est impossible, Messieurs, en étudiant l'histoire de la civilisation européenne, de ne pas s'étonner du rôle qu'y a joué cette idée, et de n'en pas chercher curieusement l'origine. L'Europe ne l'a reçue, à coup sûr, ni de

---

[1] Reg. S. Bened. c. 48.

la Grèce, ni de l'ancienne Rome, ni des Germains, ni du christianisme proprement dit. Elle commence à paraître sous l'Empire romain, et sort du culte de la majesté impériale. Mais c'est dans l'institut monastique qu'elle a vraiment grandi et s'est développée; c'est de là qu'elle est partie pour se répandre dans la civilisation moderne. C'est là le fatal présent que les moines ont fait à l'Europe, et qui a si longtemps altéré ou énervé ses vertus mêmes. Ce principe revient sans cesse dans la règle de saint Benoît : plusieurs chapitres intitulés, *de obedientia, de humilitate*, etc., l'énoncent et le commentent avec détail. En voici deux qui vous montreront jusqu'où la rigueur de l'application était poussée. Le chapitre 68, intitulé, *Si quelque chose d'impossible est ordonné à un frère*, est ainsi conçu :

Si par hasard quelque chose de difficile ou d'impossible est ordonné à un frère, qu'il reçoive en toute douceur et obéissance le commandement qui le lui ordonne. Que s'il voit que la chose passe tout à fait la mesure de ses forces, qu'il expose convenablement et patiemment la raison de l'impossibilité à celui qui est au-dessus de lui, ne s'enflant pas d'orgueil, ne résistant pas, ne contredisant pas. Que si, après son observation, le prieur persiste dans son avis et son commandement, que le disciple sache qu'il en doit être ainsi, et que, se confiant en l'aide de Dieu, il obéisse.

Le chapitre 69 a pour titre : *Que, dans le monastère, nul n'ose en défendre un autre*, et porte :

Il faut prendre bien garde que, dans aucune occasion, un moine n'ose dans le monastère en défendre un autre, ou pour ainsi dire le protéger, même quand ils seraient unis par le lien du sang, et qu'en aucune manière cela ne soit osé par les moines, parce qu'il en peut résulter de graves occasions de scandale. Si quelqu'un transgresse ceci, qu'il en soit sévèrement repris.

L'abnégation de soi-même est la conséquence naturelle de l'obéissance passive. Quiconque est tenu d'obéir absolument, et en toute occasion, n'est pas; toute personnalité lui est ravie. Aussi la règle de saint Benoît établit-elle formellement l'interdiction de toute propriété comme de toute volonté personnelle :

> Il faut surtout extirper du monastère, et jusqu'à la racine, ce vice, que quelqu'un possède quelque chose en propre. Que personne n'ose rien donner ni recevoir sans l'ordre de l'abbé, ni rien avoir en propre, aucune chose, ni un livre, ni des tablettes, ni un stylet, ni quoi que ce soit ; car il ne leur est pas même permis d'avoir en leur propre puissance leur corps et leur volonté [1].

L'individualité peut-elle être plus complétement abolie ?

2° Je ne vous arrêterai pas sur les treize chapitres qui règlent le culte et les offices religieux ; ils ne donnent lieu à aucune observation importante.

3° Ceux qui traitent de la discipline et de la pénalité appellent au contraire toute notre attention. C'est là que paraît le plus considérable peut-être des changements apportés par saint Benoît dans l'institut monastique, l'introduction des vœux solennels, perpétuels. Jusque là, bien que l'entrée dans un monastère fît présumer l'intention d'y rester, bien

---

[1] C. 33.

que le moine contractât une sorte d'obligation morale qui tendait à prendre de jour en jour plus de fixité, cependant aucun vœu, aucun engagement formel n'était encore prononcé. Ce fut saint Benoît qui les introduisit et en fit la base de la vie monastique, dont le caractère primitif disparut ainsi complétement. L'exaltation et la liberté, tel était ce caractère ; les vœux perpétuels, qui ne pouvaient tarder à être placés sous la garde de la puissance publique, y substituèrent une loi, une institution :

> Que celui qui doit être reçu, dit la règle de saint Benoît, promette dans l'oratoire, devant Dieu et ses saints, la perpétuité de son séjour, la réforme de ses mœurs et l'obéissance... Qu'il fasse un acte de cette promesse, au nom des saints dont les reliques sont déposées là, et de l'abbé présent. Qu'il écrive cet acte de sa main ; ou, s'il ne sait écrire, qu'un autre, à sa demande, l'écrive pour lui ; et que le novice y fasse une croix, et pose de sa main l'acte sur l'autel [1].

Le mot de *novice* vous révèle une autre innovation : un noviciat était en effet la conséquence naturelle de la perpétuité des vœux ; et saint Benoît, qui joignait à une imagination exaltée et à un caractère ardent beaucoup de bon sens et de sagacité pratique, ne manqua pas de le prescrire. La durée en était de plus d'un an ; on lisait, à plusieurs reprises, la règle tout entière au novice, en lui disant : « Voilà la loi sous laquelle tu veux combattre ; » si tu peux l'observer, entre ; si tu ne le peux, va en » liberté. » A tout prendre, les conditions et les formes de l'épreuve sont évidemment conçues dans un

---
[1] C. 58.

esprit de sincérité, et avec l'intention de se bien assurer que la volonté du récipiendaire soit réelle et forte.

4° Quant au code politique, au gouvernement même des monastères, la règle de saint Benoît offre un singulier mélange de despotisme et de liberté. L'obéissance passive en est, vous venez de le voir, le principe fondamental : en même temps le gouvernement est électif; l'abbé est toujours choisi par les frères. Ce choix une fois fait, ils perdent toute liberté, ils tombent sous la domination absolue de leur supérieur, mais du supérieur qu'ils ont élu, et de celui-là seul.

Il y a plus : en imposant aux moines l'obéissance, la règle ordonne à l'abbé de les consulter. Le chapitre 3, intitulé, *Qu'il faut prendre l'avis des frères,* porte expressément :

> Toutes les fois que quelque chose d'important doit avoir lieu dans le monastère, que l'abbé convoque toute la congrégation, et dise de quoi il s'agit, et qu'après avoir entendu l'avis des frères, il y pense à part soi, et fasse ce qu'il jugera le plus convenable. Nous disons d'appeler tous les frères au conseil, parce que Dieu révèle souvent au plus jeune ce qui vaut le mieux. Que les frères donnent leur avis en toute soumission, et qu'ils ne se hasardent pas à le défendre avec opiniâtreté ; que la chose dépende de la volonté de l'abbé, et que tous obéissent à ce qu'il a jugé salutaire. Mais de même qu'il convient aux disciples d'obéir au maître, de même il convient à celui-ci de régler toutes choses avec prudence et justice. Que la règle soit suivie en tout, et que nul n'ose s'en écarter en rien ....
> Si de petites choses sont à faire dans l'intérieur du monastère, qu'on prenne seulement l'avis des anciens, ainsi qu'il est écrit : *Fais toutes choses avec conseil, et tu ne te repentiras pas de les avoir faites.*

Ainsi coexistent, dans ce singulier gouvernement, l'élection, la délibération, et le pouvoir absolu.

5° Les chapitres qui traitent de sujets divers n'ont rien de bien remarquable, sinon un caractère de bon sens et de douceur qui éclate du reste dans beaucoup d'autres parties de la règle, et dont il est impossible de n'être pas frappé. La pensée morale et la discipline générale en sont sévères; mais, dans le détail de la vie, elle est humaine et modérée; plus humaine, plus modérée que les lois romaines, que les lois barbares, que les mœurs générales du temps; et je ne doute pas que les frères, renfermés dans l'intérieur d'un monastère, n'y fussent gouvernés par une autorité, à tout prendre, plus raisonnable et d'une manière moins dure qu'ils ne l'eussent été dans la société civile.

Saint Benoît était si préoccupé de la nécessité d'une règle douce et modérée, que la préface qu'il y a jointe finit en ces termes :

> Nous voulons donc instituer une école du service du Seigneur, et nous espérons n'avoir mis dans cette institution rien d'âpre ni de pénible; mais si, d'après le conseil de l'équité, il s'y trouve, pour la correction des vices et le maintien de la charité, quelque chose d'un peu trop rude, ne va pas, effrayé de cela, fuir la voie du salut : à son commencement elle est toujours étroite; mais, par le progrès de la vie régulière et de la foi, le cœur se dilate, et on court avec une douceur ineffable dans la voie des commandements de Dieu.

Ce fut en 528 que saint Benoît donna sa règle : en 543, époque de sa mort, elle était déjà répandue dans toutes les parties de l'Europe. Saint Placide l'avait portée en Sicile; d'autres en Espagne.

Saint Maur, disciple chéri de saint Benoît, l'introduisit en France. A la demande d'Innocent, évêque du Mans, il partit du monastère du mont Cassin à la fin de l'année 542, pendant que saint Benoît vivait encore : lorsqu'il arriva à Orléans, en 543, saint Benoît ne vivait déjà plus; mais l'institution n'en suivit pas moins son cours. Le premier monastère fondé par saint Maur fut celui de Glanfeuil, en Anjou, ou Saint-Maur-sur-Loire. A la fin du vi[e] siècle, la plupart des monastères de France avaient adopté la même règle ; elle était devenue la discipline générale de l'ordre monastique, si bien que, vers la fin du viiie siècle, Charlemagne faisait demander, dans les diverses parties de son Empire, s'il y existait d'autres moines que ceux de l'ordre de saint Benoît.

Nous n'avons encore étudié, Messieurs, que la moitié, pour ainsi dire, des révolutions de l'institut monastique à cette époque, ses révolutions intérieures, les changements survenus dans le régime et la législation des monastères. Il nous reste à examiner leurs révolutions extérieures, leurs rapports d'une part avec l'État, de l'autre avec le clergé, leur situation dans la société civile et dans la société ecclésiastique. Ce sera l'objet de notre prochaine réunion.

QUINZIÈME LEÇON.

Des rapports des moines avec le clergé du IVe au VIIIe siècle. — Leur indépendance primitive. — Son origine. — Causes de son déclin. — 1° A mesure que le nombre et le pouvoir des moines augmentent, les évêques étendent sur eux leur juridiction. — Canons des conciles. — 2° Les moines demandent et obtiennent des priviléges. — 3° Ils aspirent à entrer dans le clergé. — Dissidence et lutte à ce sujet parmi les moines eux-mêmes. — Les évêques repoussent d'abord cette prétention. — Ils y cèdent. — En entrant dans le clergé, les moines perdent leur indépendance. — Tyrannie des évêques sur les monastères. — Résistance des moines. — Chartes concédées par les évêques à quelques monastères. — Les moines recourent à la protection des rois, à celle des papes. — Caractère et limites de cette intervention. — Similitude de la lutte des monastères contre les évêques, et de celle des communes contre les seigneurs féodaux.

MESSIEURS,

Nous avons étudié le régime intérieur des monastères du IVe au VIIIe siècle; occupons-nous aujourd'hui de leur situation extérieure dans l'Église en général, de leurs rapports avec le clergé.

De même qu'on s'est trompé sur l'état et le régime intérieur des monastères, en oubliant le caractère primitif des moines, laïques d'abord et non ecclésiastiques, de même on s'est beaucoup trompé sur leur situation dans l'Église, en oubliant leur caractère également primitif, qui était la liberté, l'indépendance.

La fondation d'un grand nombre de monastères appartient à une époque où les moines étaient déjà, et depuis longtemps, incorporés dans le clergé; beaucoup ont été fondés par un patron, laïque ou ecclésiastique, tantôt un évêque, tantôt un roi ou un grand seigneur; et on les voit, dès leur origine, soumis à une autorité à laquelle ils doivent leur existence. On a supposé qu'il en avait toujours été ainsi, que tous les monastères avaient été la création de quelque volonté étrangère et supérieure à celle de la congrégation elle-même, et qui l'avait plus ou moins retenue sous son empire. C'est méconnaître complétement la situation primitive de ces établissements, et le véritable mode de leur formation.

Les premiers monastères n'ont été fondés par personne, ils se sont fondés eux-mêmes. Ils n'ont point été, comme plus tard, une œuvre pie de quelque homme riche et puissant qui se soit empressé de faire bâtir un édifice, d'y adjoindre une église, de le doter, et d'y appeler d'autres hommes pour qu'ils y menassent une vie religieuse. Les associations monastiques se sont formées spontanément, entre égaux, par l'élan des ames, et sans autre but que d'y satisfaire. Les moines ont précédé le monastère, ses édifices, son église, sa dotation; ils se sont réunis, chacun par sa volonté et pour son compte, sans dépendre de personne au dehors, aussi libres que désintéressés.

En se réunissant, ils se trouvèrent naturellement placés, dans tout ce qui tenait aux mœurs, aux croyances, aux pratiques religieuses, sous la surveillance des évêques. Le clergé séculier existait avant les monastères ; il était organisé, il avait des droits, une autorité reconnue ; les moines y furent soumis comme les autres chrétiens. La vie morale et religieuse de tous les fidèles était l'objet de l'inspection et de la censure épiscopale ; celle des moines fut dans le même cas : l'évêque n'était investi à leur égard d'aucune juridiction, d'aucune autorité particulière ; ils rentraient dans la condition générale des laïques, et vivaient, du reste, dans une grande indépendance, élisant leurs supérieurs, administrant les biens qu'ils possédaient en commun, sans aucune obligation, sans aucune charge envers personne, se gouvernant eux-mêmes, en un mot, comme il leur convenait.

Leur indépendance et l'analogie de leur situation avec celle des autres laïques était telle que, par exemple, ils n'avaient point d'église particulière, point d'église attachée à leur monastère, point de prêtre qui célébrât, pour eux spécialement, le service divin ; ils allaient à l'église de la cité ou de la paroisse voisine, comme tous les fidèles, réunis à la masse de la population.

C'est là l'état primitif des monastères, le point de départ de leurs rapports avec le clergé. Ils n'y demeurèrent pas longtemps : plusieurs causes concoururent bientôt pour altérer leur indépendance, et les lier plus intimement à la corporation ecclésiastique. Essayons de les reconnaître, et de marquer les divers degrés de la transition.

Le nombre et la puissance des moines allaient toujours croissant : quand je dis puissance, c'est influence que je veux dire, action morale sur le public ; car de la puissance proprement dite, de la puissance légale, constituée, les moines n'en avaient point ; mais leur influence était de jour en jour plus visible et plus forte. Ils attiraient, à ce titre seul, de la part des évêques, une surveillance plus assidue, plus attentive. Le clergé comprit très-promptement qu'il avait là, ou de redoutables rivaux, ou d'utiles instruments. Il s'appliqua donc de très-bonne heure à les contenir et à s'en emparer. L'histoire ecclésiastique du ve siècle atteste les efforts continuels des évêques pour étendre et constituer leur juridiction sur les moines. La surveillance générale qu'ils étaient en droit d'exercer sur tous les fidèles, leur en fournissait mille occasions et mille moyens. La liberté même dont jouissaient les moines s'y prêtait, car elle donnait lieu à beaucoup de désordres; et l'autorité épiscopale était, de toutes, la plus naturellement appelée à intervenir pour les réprimer. Elle intervint donc, et les actes des conciles du ve siècle abondent en canons qui n'ont d'autre objet que d'affirmer et d'établir la juridiction des évêques sur les monastères. Le plus fondamental est un canon du concile œcuménique tenu à Chalcédoine en 451, et qui porte :

Que ceux qui ont sincèrement et réellement embrassé la vie solitaire soient honorés comme il convient ; mais comme quelques uns, sous l'apparence et le nom de moines, troublent les affaires civiles et ecclésiastiques, parcourant au hasard les villes, et tentant même d'instituer à eux seuls des monastères, il a plu que personne ne pût bâtir ni fonder un monastère ou un oratoire sans l'aveu de l'évêque de la cité Que les moines, dans chaque cité ou campagne, soient soumis à l'évêque, se plaisent au repos, ne s'appliquent qu'aux jeûnes et à l'oraison, et demeurent dans le lieu où ils ont renoncé au siècle. Qu'ils ne se mêlent point des affaires ecclésiastiques et civiles, ne s'embarrassent de rien au dehors et ne quittent pas leurs monastères, à moins que, pour quelque œuvre nécessaire, cela ne soit ordonné par l'évêque de la cité [1].

Ce texte prouve que, jusque là, la plupart des monastères se fondaient librement, par la seule volonté des moines eux-mêmes ; mais ce fait est déjà considéré comme un abus, et l'autorisation de l'évêque est formellement exigée. Sa nécessité devint loi en effet, et je lis dans les canons du concile d'Agde, tenu en 506 :

Nous défendons qu'il soit institué de nouveaux monastères sans la connaissance de l'évêque [2].

En 511, le concile d'Orléans ordonne :

Que les abbés, selon l'humilité qui convient à la vie religieuse, soient soumis à la puissance des évêques ; et, s'ils font quelque chose contre la règle, qu'ils soient repris par les évêques ; et qu'étant convoqués, ils se réunissent une fois l'an dans le lieu que l'évêque aura choisi [3].

Ici l'évêque va plus loin, il se fait le ministre de la règle dans l'intérieur même des monastères : ce n'est pas de lui qu'ils la tiennent ; il n'a pas été le

[1] Conc. de Chalcédoine, en 451, can. 4.
[2] Can. 58.
[3] Can. 19.

pouvoir législatif monastique; mais il prend le droit d'y surveiller l'exécution des lois.

Le même concile ajoute :

Qu'aucun moine, abandonnant, par ambition ou vanité, la congrégation du monastère, n'ose se construire une cellule à part sans la permission de l'évêque, ou l'aveu de son abbé[1].

Nouveau progrès de l'autorité épiscopale : les ermites, les anachorètes, les reclus attiraient, plus que les cénobites, l'admiration et la faveur populaire : les moines les plus ardents étaient toujours disposés à quitter l'intérieur du monastère pour se livrer à ces glorieuses austérités. Assez longtemps aucune autorité n'intervint pour l'empêcher, pas même celle de l'abbé; vous voyez ici consacré le pouvoir répressif, non-seulement de l'abbé, mais de l'évêque; lui aussi se charge de contenir les moines dans l'intérieur de la maison, et de réprimer les effets extérieurs de l'exaltation.

En 553, un nouveau concile d'Orléans décrète :

Que les abbés qui méprisent les ordres des évêques ne soient point admis à la communion, à moins qu'ils ne renoncent humblement à cette révolte[2].

Et un an après :

Que le monastère et la discipline des moines soient sous l'autorité de l'évêque dans le territoire duquel ils sont situés.

Qu'il ne soit point permis aux abbés d'errer loin de leur monastère

---

[1] Conc. d'Orléans, c. 22.
[2] C. 22.

sans la permission de l'évêque. Que, s'ils l'ont fait, ils soient corrigés régulièrement par leur évêque, selon les anciens canons.

Que les évêques prennent soin des monastères de filles établis dans leur cité ; et qu'il ne soit permis à aucune abbesse de rien faire contre la règle de son monastère[1].

Quand toutes ces règles eurent été proclamées, quoiqu'elles ne continssent rien de bien précis, quoique la juridiction des évêques n'y fût point, comme vous le voyez, exactement déterminée, cependant elle se trouva établie ; elle intervint dans les points principaux de l'existence des moines, dans la fondation des monastères, dans l'observation de leur discipline, dans les devoirs des abbés ; et reconnue en principe, quoique souvent repoussée en fait, elle s'affermit en s'exerçant.

Les moines eux-mêmes concoururent à ses progrès. Quand ils eurent acquis beaucoup d'importance, ils prétendirent à une existence séparée ; il leur déplut d'être assimilés aux simples laïques, et confondus dans la masse des fidèles ; ils voulurent être érigés en corporation distincte, en institution positive. L'indépendance et l'influence ne leur suffirent plus, il leur fallut le privilége. Or, de qui pouvaient-ils l'obtenir, sinon du clergé ? L'autorisation des évêques pouvait seule les constituer à part de la société religieuse en général, et les privilégier dans son sein. Ils demandèrent ces priviléges et les obtinrent, mais en les payant. Il y en avait, par exemple, un bien simple, celui de ne

---

[1] Conc. d'Orléans en 554, c. 1, 2, 5.

pas aller à l'église de la paroisse, d'en construire une dans l'intérieur du monastère, et d'y célébrer le service divin. On le leur accorda sans peine : mais il fallait des prêtres pour desservir ces églises; or, les moines n'étaient pas prêtres, et n'avaient pas droit de célébrer l'office. On leur donna des prêtres, et le clergé extérieur eut dès lors le pied dans l'intérieur des monastères; il y envoya des hommes à lui, des délégués, des surveillants. Par ce seul fait, l'indépendance des moines essuyait déjà une grave atteinte : ils s'en aperçurent, et essayèrent de remédier au mal; ils demandèrent qu'au lieu de prêtres envoyés du dehors, l'évêque ordonnât prêtres quelques moines. Le clergé y consentit, et, sous le nom de *hieromonachi*, les monastères eurent des prêtres choisis dans leur sein. Ils y étaient bien un peu moins étrangers que ceux qui venaient du dehors, cependant ils appartenaient au clergé séculier, prenaient son esprit, s'associaient à ses intérêts, se séparaient plus ou moins de leurs frères; et par cette seule distinction établie dans l'intérieur du monastère entre les simples moines et les prêtres, entre ceux qui assistaient aux offices et ceux qui les célébraient, l'institut monastique perdit déjà quelque chose de son indépendance et de son homogénéité.

La perte était si réelle que plus d'un supérieur de monastère, plus d'un abbé s'en aperçut, et tenta de la réparer, de la limiter du moins. Les règles de plusieurs ordres monastiques parlent des prêtres établis dans le monastère avec un sentiment de méfiance, et s'appliquent à en restreindre tantôt le nombre, tantôt l'influence. Saint Benoît inséra formellement dans la sienne deux chapitres à ce sujet :

> Si un abbé, dit-il, veut faire ordonner pour lui un prêtre ou un diacre, qu'il choisisse parmi les siens quelqu'un qui soit digne de s'acquitter des fonctions sacerdotales. Mais que celui qui sera ordonné se garde de tout orgueil, et qu'il ne prétende rien qui ne lui soit prescrit par l'abbé ; qu'il sache qu'il est encore plus assujetti qu'un autre à la discipline régulière ; que le sacerdoce ne lui soit pas une occasion d'oublier l'obéissance et la règle ; mais que de plus en plus il avance en Dieu ; qu'il se tienne toujours à la fonction par où il est entré dans le monastère, sauf les devoirs de l'autel, quand même, par le choix de la congrégation et la volonté de l'abbé, il serait, à cause des mérites de sa vie, porté à un rang plus élevé. Qu'il sache qu'il doit observer la règle établie par les doyens et les prieurs ; que s'il ose agir autrement, il soit jugé non comme prêtre, mais comme rebelle. Et si, après avoir été souvent averti, il ne se corrige pas, que l'évêque même soit appelé en témoignage. S'il ne s'amende pas, et que ses fautes soient éclatantes, qu'il soit chassé du monastère, dans le cas cependant où sa révolte serait telle qu'il ne voudrait pas se soumettre ni obéir à la règle [1].
>
> Si quelqu'un de l'ordre des prêtres demande à être reçu dans le monastère, qu'on n'y consente pas sur-le-champ ; s'il persiste dans sa demande, qu'il sache qu'il sera assujetti à toute la discipline de la règle, et que rien ne lui en soit relâché [2].

Cette crainte un peu jalouse, cette vigilance à réprimer l'orgueil des prêtres, à les assujettir à la vie des moines, se manifestent aussi ailleurs et par d'autres symptômes ; elles n'en prouvent que mieux les progrès du clergé extérieur dans l'intérieur des monastères, et le danger qu'il faisait courir à leur ancienne indépendance.

[1] *Reg. S. Bened.*, c. 62.
[2] *Ibid.*, c. 60.

Elle avait à subir un bien autre échec. Non contents d'être séparés de la société laïque, et élevés au-dessus d'elle par leurs privilèges, les moines conçurent bientôt l'ambition d'entrer pleinement dans la société ecclésiastique, de participer aux privilèges et au pouvoir du clergé. Cette ambition se révèle de très-bonne heure dans l'institut monastique. Elle n'était pas approuvée de tous. Les moines exaltés et rigides, ceux dont l'imagination était fortement saisie de la sainteté de la vie monastique et aspirait à toutes ses gloires, répugnaient à recevoir les ordres sacrés. Les uns regardaient la cléricature comme une vie plus mondaine, qui les détournait de la contemplation des choses divines : les autres se jugeaient indignes de la prêtrise, et ne se trouvaient pas dans un état assez parfait pour célébrer l'office divin. De là naissaient, dans les rapports des moines et du clergé, de singuliers incidents. Au IVe siècle, pendant que saint Épiphane était évêque dans l'île de Chypre, un moine, nommé Paulinien, célèbre par ses vertus, et en grande odeur de sainteté, se trouvait dans l'île. Plusieurs fois on lui avait proposé de le faire prêtre; il s'y était toujours refusé, disant qu'il en était indigne ; mais saint Épiphane voulait absolument le consacrer. Voici comment il s'y prit; c'est lui-même qui le raconte :

<small>Pendant qu'on célébrait la messe dans l'église d'un village qui est près de notre monastère, à son insu et lorsqu'il ne s'y attendait aucunement, nous l'avons fait saisir par plusieurs diacres, et nous lui avons fait tenir la bouche, de peur que, voulant s'échapper, il ne nous adjurât par le nom de Christ. Nous l'avons d'abord ordonné diacre, et nous</small>

l'avons sommé, par la crainte qu'il avait de Dieu, d'en remplir l'office. Il résistait fortement, soutenant qu'il était indigne. Il a fallu presque le contraindre, car nous avons eu grand'peine à le persuader par les témoignages des Écritures, et en lui alléguant les ordres de Dieu. Et lorsqu'il a eu fait les fonctions de diacre dans le saint sacrifice, nous lui avons de nouveau fait tenir la bouche avec une extrême difficulté; nous l'avons ordonné prêtre; et, par les mêmes raisons que nous lui avions déjà fait valoir, nous l'avons décidé à siéger au rang des prêtres [1].

On en venait rarement à de si violentes extrémités; mais je pourrais citer plusieurs autres exemples de moines qui répugnaient sincèrement à devenir prêtres, et s'y refusaient obstinément.

Telle n'était pas cependant, il s'en fallait bien, leur disposition générale. La plupart avaient grande envie d'entrer dans les ordres, car le clergé était le corps supérieur : c'était s'élever qu'être reçu dans son sein. « Si le désir de devenir clerc te pi- » que, dit saint Jérôme à un moine, apprends afin » de pouvoir enseigner ; ne prétends pas être sol- » dat sans avoir été milicien, et maître avant d'a- » voir été disciple [2]. »

Le désir de devenir clerc piquait en effet si vivement les moines, que Cassien le range parmi les tentations dont le démon les poursuit, et spécialement parmi celles qu'il attribue au démon de la vaine gloire :

Quelquefois, dit-il, le démon de la vaine gloire inspire à un moine le désir des degrés de la cléricature, de la prêtrise ou du diaconat. A l'en croire, s'il en était revêtu malgré lui, il en remplirait les devoirs

---

[1] Saint Épiphane, lettre à Jean, évêque de Jérusalem, t. II, p. 312.
[2] Saint Jérôme, lettre 4, *ad Rusticum*.

avec tant de rigueur, qu'il pourrait donner des exemples de sainteté même aux autres prêtres, et qu'il gagnerait à l'Église beaucoup de gens, non-seulement par sa belle façon de vivre, mais par sa doctrine et ses discours [1].

Et il raconte à ce sujet l'anecdote suivante, singulière preuve, en effet, de la passion avec laquelle certains moines aspiraient à devenir prêtres, et de l'empire que prenait sur leur imagination ce désir :

Je me souviens, dit-il, que, pendant mon séjour dans la solitude de Scythie, un vieillard m'a raconté qu'étant allé un jour à la cellule d'un certain frère pour le visiter, comme il approchait de la porte, il l'entendit prononcer au dedans certaines paroles; il s'arrêta un peu, voulant savoir ce qu'il lisait de l'Écriture, ou bien ce qu'il redisait de mémoire, selon l'usage. Et comme ce pieux espion, l'oreille appliquée à la porte, écoutait curieusement, il s'aperçut que l'esprit de vaine gloire tentait le frère, car il parlait comme s'il adressait, dans l'église, un sermon au peuple. Le vieillard s'arrêta encore, et il entendit que le frère, après avoir fini son sermon, changeait d'office et faisait fonction de diacre à la messe des catéchumènes. Il frappa enfin à la porte, et le frère vint à sa rencontre avec sa vénération accoutumée, et l'introduisit dans sa cellule. Puis, un peu tourmenté dans sa conscience des pensées qui l'avaient occupé, il lui demanda depuis combien de temps il était là, craignant sans doute de lui avoir fait l'injure de le faire attendre à la porte; et le vieillard lui répondit en souriant : « Je suis arrivé » au moment où tu célébrais la messe des catéchumènes [2]. »

A coup sûr, des hommes à ce point préoccupés d'un tel désir devaient y sacrifier, sans hésiter, leur indépendance. Voyons comment ils atteignirent leur but, et quel résultat eut pour eux le succès.

[1] Cassien, *de Cœnob. inst.* XI, 14.
[2] *Ibid.*, c. 15.

Le clergé vit d'abord l'ambition des moines avec assez de jalousie et de méfiance. Dès le iv⁰ siècle, quelques évêques, plus hardis ou plus clairvoyants que d'autres, ou dans quelque dessein particulier, les accueillirent avec faveur. Saint Athanase, par exemple, évêque d'Alexandrie, engagé dans sa grande lutte contre les ariens, parcourut les monastères d'Égypte, combla les moines de marques de distinction, et en choisit plusieurs pour les ordonner prêtres, et même les faire évêques. Les moines étaient orthodoxes, ardents, populaires. Athanase comprit qu'il aurait là des alliés puissants et dévoués. Son exemple fut suivi, en Occident, par quelques évêques, notamment par saint Ambroise à Milan, et par Eusèbe, évêque de Verceil. Mais l'épiscopat en général tint une autre conduite; il continua de traiter froidement, avec méfiance, les prétentions des moines, et de les combattre sous main. Les preuves en sont écrites jusqu'au vii⁰ siècle. A la fin du iv⁰, par exemple, l'évêque de Rome, saint Sirice (384-398), permet qu'on leur confère les ordres sacrés ; mais il recommande qu'on ne leur remette aucun des intervalles qui doivent les séparer, de peur qu'un trop grand nombre de moines ne pénètrent trop promptement dans le clergé. Au milieu du siècle suivant, saint Léon-le-Grand (440-460) engage Maxime, patriarche d'Antioche, à ne pas donner trop facilement aux moines de son diocèse, même aux plus saints, la permission de prêcher, car leur prédication peut avoir, pour l'empire du clergé, de graves conséquences.

A la fin du vi[e] siècle, saint Grégoire-le-Grand recommande aux évêques de ne prendre que rarement des moines ordonnés pour prêtres de paroisse, et de ne les employer qu'avec réserve. A tout prendre, et au milieu même de la faveur qu'il leur témoigne, l'épiscopat se montre toujours jaloux des moines, et enclin à les écarter du clergé.

Mais le progrès de leur popularité surmonta bientôt cette secrète résistance. Il fut bientôt établi que leur vie était la vie chrétienne par excellence, qu'elle surpassait en mérite celle du clergé extérieur, qu'il n'avait rien de mieux à faire que de les imiter, et qu'un prêtre, ou même un évêque, en se faisant moine, avançait dans les voies de la sainteté et du salut. Les conciles eux-mêmes, composés d'évêques, proclamèrent ces maximes :

> Si des clercs, dit un concile de Tolède, désirant suivre une meilleure vie, veulent embrasser la règle des moines, que l'évêque leur donne libre accès dans les monastères, et ne gêne en rien le dessein de ceux qui veulent se livrer à la contemplation [1].

Quand elles furent généralement reconnues, il n'y eut plus moyen de résister à l'invasion des moines, ni de leur mesurer la prêtrise et l'épiscopat avec parcimonie. Au commencement du viie siècle, Boniface IV proclame qu'ils sont *plus quam idonei*, plus que propres à toutes les fonctions de la cléricature ; et peu à peu, les événements et les esprits marchant toujours dans ce sens, les moines se trou-

[1] Conc. de Tolède en 633, c. 60.

vèrent incorporés dans le clergé, et, tout en conservant une existence distincte, associés, en toute occasion, à ses priviléges et à son pouvoir. Il est impossible de déterminer avec exactitude la date précise de cette admission ; elle a été progressive et longtemps incomplète ; au viiiᵉ siècle même, les moines sont quelquefois encore appelés laïques, et considérés comme tels. Cependant on peut dire que, vers la fin du viᵉ et au commencement du viiᵉ siècle, la révolution à laquelle ils avaient travaillé depuis la fin du ivᵉ était consommée ; ils étaient décidément des clercs. Voyons quels en furent les résultats pour leur situation extérieure, et ce que devinrent les moines dans le clergé, lorsqu'ils en firent décidément partie.

Il est évident qu'ils y durent perdre beaucoup d'indépendance, et que l'autorité des évêques sur les monastères s'étendit et s'affermit nécessairement. Vous savez quel était, du viiᵉ au viiiᵉ siècle, le pouvoir de l'épiscopat sur les prêtres de paroisse. Le sort des moines ne fut pas meilleur. Ces petites associations que nous venons de voir si indépendantes, sur lesquelles les évêques avaient à peine une juridiction morale, qu'ils travaillaient avec tant de soin à attirer sous leur empire, voici comment, dès le viiᵉ siècle, elles étaient traitées ; je laisse parler les conciles eux-mêmes :

Il a été annoncé au présent concile que les moines, par l'ordre des évêques, étaient assujettis à des travaux serviles, et que, contre les instituts canoniques, les droits des monastères étaient usurpés avec une témérité illégitime ; de telle sorte qu'un monastère devenait presque un domaine, et que cette illustre partie du corps de Christ était presque réduite à l'ignominie et à la servitude. Nous avertissons donc les chefs des églises qu'ils ne commettent plus rien de semblable; et que les évêques ne fassent dans les monastères que ce que leur prescrivent les canons, c'est-à-dire exhorter les moines à une vie sainte, instituer les abbés et autres officiers, et réformer les choses qui seraient contre la règle [1].....

Quant aux présents qui sont faits à un monastère, que les évêques n'y touchent point [2]....

Une chose déplorable a lieu, que nous sommes forcés d'extirper par une censure sévère. Nous avons appris que certains évêques..... établissent injustement prélats dans certains monastères... quelques uns de leurs parents ou de leurs favoris..., et leur procurent des avantages iniques, afin de se faire donner ensuite par eux, soit ce qui est en effet régulièrement dû à l'évêque du diocèse, soit tout ce que peut ravir au monastère la violence de l'exacteur qu'ils ont envoyé [3].

Je pourrais multiplier beaucoup ces citations : toutes attesteraient également que les monastères subissaient à cette époque, de la part des évêques, une odieuse tyrannie.

Ils avaient cependant des moyens de résistance, et en firent usage. Pour en bien expliquer la nature, permettez-moi de laisser là un moment les moines, et d'appeler votre attention sur un fait analogue, et beaucoup plus connu.

Personne n'ignore que, du VIIIe au Xe siècle, les villes qui subsistaient encore dans la Gaule, grandes ou petites, furent amenées à entrer dans la société féodale, à revêtir tous les caractères de ce régime nouveau, à prendre place dans sa hiérarchie, à en contracter les obligations pour en posséder les

---

[1] Conc. de Tolède en 633, c. 51.
[2] Conc. de Lérida en 524, c. 3.
[3] Conc. de Tolède en 655, c. 3.

droits, à vivre sous le patronage d'un seigneur. Ce patronage était dur, déréglé, et les villes en supportaient impatiemment le poids. De très-bonne heure, dès qu'elles furent engagées dans la féodalité, elles essayèrent de le secouer, de ressaisir quelque indépendance. Quels furent leurs moyens? Il y avait, dans les communes, des débris de l'ancien régime municipal : dans leur condition misérable, elles choisissaient encore quelques obscurs magistrats : quelques propriétés leur restaient ; elles les administraient elles-mêmes : elles conservaient, en un mot, à certains égards, une existence distincte de celle qu'elles avaient revêtue en entrant dans la société féodale, une existence qui se rattachait à des institutions, à des principes, à un état social tout différents. Ces restes de leur ancienne existence, ces débris du régime municipal devinrent le point d'appui à l'aide duquel les communes luttèrent contre le maître féodal qui les avait envahies, et ressaisirent progressivement quelque liberté.

Un fait analogue s'est accompli dans l'histoire des monastères et de leurs rapports avec le clergé. Vous venez de voir les moines entrant dans la société ecclésiastique et tombant sous l'autorité des évêques, comme les communes entrèrent plus tard dans la société féodale, et tombèrent sous l'autorité des seigneurs. Mais les moines conservèrent aussi quelque chose de leur existence primitive, de leur indépendance originaire ; on leur avait donné, par exemple, des domaines : ces domaines ne furent point confondus avec ceux de l'évêque dans le diocèse duquel le monastère était situé ; ils n'allèrent pas se perdre dans cette masse commune des biens de l'Église, dont l'évêque avait seul l'administration : ils demeurèrent la propriété distincte et personnelle de chaque établissement. Les moines continuèrent aussi d'exercer quelques uns de leurs droits : l'élection de leur abbé et des autres officiers monastiques, l'administration intérieure du monastère, etc. De même donc que les communes retinrent quelques débris du régime municipal et de leurs propriétés, et s'en servirent pour lutter contre la tyrannie féodale, de même les moines retinrent quelques débris de leur constitution intérieure et de leurs biens, et s'en servirent pour lutter contre la tyrannie épiscopale. En sorte que les communes ont marché dans la route et sur les pas des monastères ; non qu'elles les aient imités, mais parce que la même situation a amené les mêmes résultats.

Suivons dans ses vicissitudes la résistance des moines contre les évêques ; vous verrez se développer de plus en plus cette analogie.

La lutte se borna d'abord à des plaintes, à des réclamations portées, soit à l'évêque lui-même, soit aux conciles. Quelquefois les conciles les accueillaient, et rendaient des canons pour faire cesser le mal : je vous ai lu tout à l'heure des textes qui le prouvent. Mais un remède écrit est peu efficace. Les moines sentirent la nécessité de recourir à quelque autre moyen. Ils résistèrent ouvertement à leur évêque ; ils refusèrent d'obéir à ses injonctions, de le recevoir dans le monastère ; plus d'une fois ils repoussèrent à main armée ses envoyés. Cependant la résistance leur pesait, l'évêque les excommuniait, interdisait leurs prêtres : la lutte était fâcheuse pour tous. On traita. Les moines promirent de rentrer dans l'ordre, de faire quelques présents à l'évêque, de lui céder quelque part de domaine, s'il voulait s'engager à respecter désormais le monastère, à ne point piller leurs biens, à les laisser jouir en paix de leurs droits. L'évêque y consentit, et donna au monastère une charte. Ce sont de vraies chartes que ces immunités, ces priviléges, conférés à certains monastères par leurs évêques, et dont l'usage devint si fréquent qu'on en trouve la rédaction officielle dans les *Formules* de Marculf. Je vais vous la lire ; vous serez frappés du caractère de ces actes :

> Au saint seigneur et vénérable frère en Christ, l'abbé un tel, ou à toute la congrégation d'un tel monastère, bâti en tel et tel lieu, par un tel, en l'honneur de tels saints; un tel, évêque. L'amour que nous vous portons nous a poussé, par l'inspiration divine, à régler pour votre repos des choses qui nous assurent une récompense éternelle, et, sans nous écarter du droit chemin, ni franchir aucune limite, à établir des règles qui obtiennent, par l'aide du Seigneur, une éternelle durée ; car on ne s'assure pas une moindre récompense de Dieu en s'appliquant à ce qui doit se passer dans les temps à venir, qu'en donnant, dans le temps présent, des secours aux pauvres..... Nous croyons devoir insérer dans cette feuille ce que vous et vos successeurs devez faire avec l'assistance du Saint-Esprit, ou plutôt ce à quoi est tenu l'évêque de la sainte Église lui-même ; savoir : que ceux de votre congrégation qui doivent exercer dans votre monastère les saints ministères, quand ils seront présentés par l'abbé et toute la congrégation, reçoivent de nous ou de nos successeurs les ordres sacrés, sans que, pour cet honneur, il soit perçu aucun don : que l'évêque susdit, par respect pour le lieu et sans en recevoir aucun prix, bénisse l'autel du monastère et accorde, si on le lui

demande, le saint chrême chaque année; et lorsque, par la volonté divine, un abbé aura passé du monastère à Dieu, que l'évêque du lieu élève, sans en attendre de récompense, au rang d'abbé, le moine remarquable par les mérites de sa vie qu'il saura avoir été choisi dans son sein, et suivant la règle, et unanimement par toute la congrégation des moines. Que nos successeurs, évêques ou archidiacres, ou tous autres administrateurs, ou quelque personne que ce puisse être de la susdite cité, ne s'arrogent aucune autre puissance sur ledit monastère, ni dans l'ordination des personnes, ni sur les biens, ni sur les métairies déjà données ou qui seront données dans la suite par le roi, ou par des particuliers. Qu'ils n'osent pas non plus prétendre ou extorquer, à titre de présent, quelque chose dudit monastère, ainsi que des autres monastères et des paroisses; qu'ils ne s'emparent point de ce qui a été donné ou le sera dans la suite par des hommes craignant Dieu, soit que cela ait été offert sur l'autel, ou que ce soit des livres sacrés, ni de rien de ce qui concerne la splendeur du culte divin. Et qu'à moins d'être prié par la congrégation ou l'abbé d'y venir faire la prière, aucun de nous n'entre dans l'intérieur du monastère et n'en franchisse l'enceinte. Et si, après en avoir été prié par les moines, l'évêque est venu pour faire la prière ou leur être utile en quelque chose, qu'après la célébration des saints mystères, et après avoir reçu de simples et courts remercîments, il songe à regagner sa demeure sans avoir besoin d'en être requis par personne; de telle sorte que les moines, qui sont tenus pour des solitaires, puissent, sous la conduite de Dieu, passer le temps dans un repos parfait, et que vivant sous une règle sainte, et imitant les saints pères, ils puissent plus complétement implorer Dieu pour le bien de l'Église et le salut de la patrie. Et si quelques moines de cet ordre se conduisent avec tiédeur et autrement qu'il ne faut, qu'ils soient, s'il le faut, corrigés selon la règle par leur abbé; sinon, l'évêque de la ville doit les contraindre pour que rien ne soit enlevé à l'autorité canonique, qui fait le repos des serviteurs de la foi. Si quelqu'un de nos successeurs (ce qu'à Dieu ne plaise!) rempli de perfidie et poussé par la cupidité, voulait, dans un esprit de témérité, violer les choses ci-dessus contenues, qu'abattu sous le coup de la vengeance divine, il soit soumis à l'anathème, et sache qu'il est exclu pour trois ans de la communion des frères; et que ce privilége n'en soit pas moins éternellement inébranlable. Pour que cette constitution demeure toujours en vigueur, nous et nos frères les seigneurs évêques avons voulu la corroborer par nos signatures.

Fait en tel lieu, tel jour de telle année[1].

[1] Marculf, l. 1, form, 1.

Quand nous arriverons à l'histoire des communes, vous verrez que les chartes qu'elles arrachèrent à leurs seigneurs semblent souvent calquées sur ce modèle.

Il arriva aux monastères ce qui devait arriver aussi aux communes : leurs privilèges étaient sans cesse violés ou abolis. Ils furent obligés de recourir à une garantie supérieure ; ils invoquèrent celle du roi : un prétexte naturel se présenta ; les rois fondaient des monastères, et en les fondant ils prenaient quelques précautions pour les mettre à l'abri de la tyrannie des évêques ; ils les gardaient sous leur protection spéciale ; ils interdisaient à l'évêque toute usurpation des biens ou des droits des moines. Ainsi prit naissance l'intervention de la royauté dans les rapports des monastères et du clergé. Les monastères même que les rois n'avaient pas fondés eurent recours à eux, et obtinrent leur protection, soit à prix d'argent, soit autrement. Les rois n'attentaient aucunement à la juridiction des évêques ; on ne leur contestait aucun de leurs droits religieux ; la garantie portait presque exclusivement sur les biens monastiques. Elle fut quelquefois efficace ; aussi les évêques mirent-ils tout en œuvre pour l'éluder ; souvent ils refusèrent de reconnaître les lettres de protection et d'immunité accordées par le roi ; quelquefois ils les falsifièrent, et, par l'entremise de quelque agent, de quelque traître, les firent interpoler, ou même enlever des archives des monastères. Pour en exploiter plus librement les richesses, ils s'avisèrent enfin d'un autre expédient : ils s'en nommèrent eux-mêmes abbés : une porte leur était ouverte pour ce nouvel empiétement ; beaucoup de moines étaient devenus évêques, et en général évêques du diocèse où était situé leur monastère ; ils y avaient donc conservé des relations, des partisans ; et la charge d'abbé venant à vaquer, il leur fut plus facile de s'en emparer. Évêques ainsi et abbés à la fois, ils se livraient sans contrainte à tous les abus. L'oppression et la dilapidation des monastères allaient toujours croissant ; les moines cherchèrent un nouveau protecteur ; ils s'adressèrent au pape. Le pouvoir de la papauté s'était affermi et étendu ; elle saisissait volontiers les occasions de l'étendre encore ; elle intervint comme la royauté était intervenue, dans les mêmes limites, au moins pendant longtemps, sans porter atteinte à la juridiction spirituelle des évêques, sans leur retrancher aucun droit, uniquement pour réprimer leurs violences sur les biens, les personnes, et pour maintenir les règles monastiques. Les priviléges accordés par les papes, à certains monastères de la Gaule franque, jusqu'au commencement du VIIIe siècle, ne vont pas plus loin ; ils ne les dégagent point de la juridiction épiscopale pour les transférer sous la juridiction papale. Le monastère de Fulde fut le premier au sujet duquel eut lieu cette translation, et elle s'opéra de l'aveu de l'évêque du diocèse, saint Boniface, qui plaça lui-même le monastère sous l'autorité directe du Saint-Siége. On ne rencontre jusque là aucun exemple semblable, et les papes et les rois n'interviennent que pour faire rentrer les évêques dans les limites de leurs justes droits.

Telles furent, Messieurs, les vicissitudes par lesquelles passèrent, durant cet intervalle, les associations monastiques dans leurs rapports avec le clergé. Leur état primitif est l'indépendance ; elles en perdent quelque chose du moment où elles sollicitent et reçoivent du clergé quelques priviléges. Ces priviléges excitent leur ambition : les moines veulent entrer dans la corporation ecclésiastique ; ils y entrent, et se trouvent dès lors, comme les prêtres, soumis à l'autorité mal définie et mal limitée des évêques. Les évêques abusent ; les monastères résistent : à la faveur des débris de leur indépendance primitive, ils obtiennent des garanties, des chartes. Ces chartes sont peu respectées ; ils ont recours à l'autorité civile, à la royauté, qui confirme les chartes et les prend sous sa protection. La protection royale ne suffit pas ; les moines s'adressent à la papauté, qui intervient à un autre titre, mais sans un succès plus décisif. C'est dans cet état de lutte entre la protection des rois et des papes et la tyrannie des évêques, que nous laissons les monastères au milieu du viiie siècle. Sous la race des Carlovingiens, ils eurent à subir des secousses encore plus fatales, et dont ils ne se relevèrent que par de bien plus grands efforts. Nous en parlerons à cette époque. Dans celle qui nous occupe, l'analogie de l'histoire des monastères avec celle des communes, qui éclata deux siècles plus tard, est le fait important à remarquer.

Nous voilà, Messieurs, au terme de l'histoire de la civilisation sociale du vi^e siècle au milieu du viiie. Nous avons parcouru les révolutions de la société civile et de la société religieuse, considérées l'une et l'autre dans leurs divers éléments. Nous avons encore à étudier, durant la même époque, l'histoire de la civilisation purement intellectuelle, morale, les idées qui ont préoccupé les hommes, les ouvrages qu'elles ont produits, en un mot l'histoire philosophique et littéraire de la France ; nous y entrerons samedi prochain.

FIN DU PREMIER VOLUME.

TABLE ANALYTIQUE

DES MATIÈRES

CONTENUES DANS CE VOLUME.

PREMIÈRE LEÇON.

Pages.

Objet du cours.—Deux méthodes pour étudier avec détail l'histoire de la civilisation européenne. — Motifs pour étudier de préférence l'histoire d'une civilisation spéciale.—Motifs pour étudier celle de la France. — Des faits essentiels qui constituent la perfection de la civilisation. — Comparaison des grands peuples de l'Europe sous ce point de vue.—De la civilisation anglaise.—Allemande.—Italienne. —Espagnole. — Française. — La civilisation française est la plus complète, et celle qui représente le plus fidèlement la civilisation générale. — Qu'il s'agit, en l'étudiant, de tout autre chose que d'une simple étude. — De la tendance qui prévaut aujourd'hui dans l'ordre intellectuel. — De la tendance qui prévaut dans l'ordre social. — Deux problèmes en résultent. — Leur contradiction apparente. — Notre temps est appelé à les résoudre. — Troisième problème, purement moral, également élevé par l'état actuel de la civilisation. — Reproches injustes dont elle est l'objet. — Nécessité de les prévenir. — Toute science aujourd'hui devient une puissance sociale. — Toute puissance doit travailler au perfectionnement moral de l'individu, aussi bien qu'à l'amélioration de la société.   1

IIe LEÇON.

Nécessité de lire une histoire de France générale avant d'étudier celle de la civilisation. — De l'ouvrage de M. de Sismondi. — Pourquoi il faut étudier l'état politique avant l'état moral, la société avant l'homme. —De l'état social de la Gaule au ve siècle. — Des monuments originaux et des ouvrages modernes qui le font con-nature. — Différence de la société civile et de la société religieuse à cette époque. — Administration impériale de la Gaule. — Des gouverneurs de provinces. — De leurs bureaux. — De leur traitement. —Utilité et vices de cette administration. — Chute de l'Empire romain. — De la société gauloise. — 1° Des sénateurs. — 2° Des curiales. — 3° Du peuple. — 4° Des esclaves. — Relations publiques de ces diverses classes. — Décadence et impuissance de la société civile gauloise. — Ses causes. — Le peuple se rallie à la société religieuse.. 32

IIIe LEÇON.

Objet de la leçon. — Variété des principes et des formes de la société religieuse en Europe. — Classification des divers systèmes, 1° quant aux rapports de l'Église avec l'État ; 2° quant à la constitution intérieure de l'Église. — Tous ces systèmes prétendent remonter à l'Église primitive. — Examen critique de ces prétentions. — Elles ont toutes une certaine mesure de légitimité.—Fluctuation et complexité de la situation extérieure et du régime intérieur de la société chrétienne du Ier au Ve siècle. — Tendances dominantes. — Faits qui avaient prévalu au Ve siècle. — Causes de liberté dans l'Église à cette époque. — De l'élection des évêques. — Des conciles. — Comparaison de la société religieuse et de la société civile. —De la vie des chefs de ces deux sociétés.—Lettres de Sidoine Apollinaire. 67

IVe LEÇON.

Objet de la leçon. —Que faut-il entendre par l'état moral d'une société? — Influence réciproque de l'état social sur l'état moral, et de l'état moral sur l'état social.—Au IVe siècle, la société civile gauloise possède seule des institutions favorables au développement intellectuel. — Des écoles gauloises. — De la situation légale des professeurs. — La société religieuse n'a d'autre moyen de développement et d'influence que ses idées. — Cependant l'une languit et l'autre prospère. — Décadence des écoles civiles. — Activité de la société chrétienne. — Saint Jérôme, saint Augustin et saint Paulin de Nole. — Leur correspondance avec la Gaule. — Fondation et caractère des monastères dans la Gaule. — Causes de la différence de l'état moral des deux sociétés. — Tableau comparatif de la littérature civile et de la littérature chrétienne aux IVe et Ve siècles. — Inégalité de la liberté d'esprit dans les deux sociétés. — Nécessité que la religion prêtât son appui aux études et aux lettres........... 107

Ve LEÇON.

Des principales questions débattues en Gaule au ve siècle. — Du pélagianisme. — De la méthode à suivre dans son histoire. — Des faits moraux qui ont donné lieu à cette controverse : 1° de la liberté humaine ; 2° de l'impuissance de la liberté, et de la nécessité d'un secours extérieur ; 3° de l'influence des circonstances extérieures sur la liberté ; 4° des changements moraux qui surviennent dans l'ame humaine sans que l'homme les attribue à sa volonté. — Des questions qui naissent naturellement de ces faits. — Du point de vue spécial sous lequel on a dû les considérer dans l'Église chrétienne au ve siècle. — Histoire du pélagianisme à Rome, en Afrique, en Orient et dans la Gaule. — Pélage. — Célestius. — Saint Augustin. — Histoire du semi-pélagianisme. — Cassien. — Fauste. — Saint Prosper d'Aquitaine. — Des prédestinatiens. — Influence et résultats généraux de cette controverse.................. 137

VIe LEÇON.

Objet de la leçon. — Caractère général de la littérature du moyen âge. — De la transition de la philosophie païenne à la théologie chrétienne. — De la question de la nature de l'ame dans l'Église chrétienne. — La plupart des anciens pères se prononcent pour le système de la matérialité. — Efforts pour en sortir. — Marche analogue des idées dans la philosophie païenne. — Commencements du système de la spiritualité. — Saint Augustin, Némésius, Mamert Claudien. — Fauste, évêque de Riez. — Ses arguments pour la matérialité de l'ame. — Mamert Claudien lui répond. — Considération de Mamert Claudien dans la Gaule. — Analyse et citations de son traité de la nature de l'ame. — Du dialogue d'Évagre entre le chrétien Zachée et le philosophe Apollonius. — Des effets de l'invasion des Barbares sur l'état moral de la Gaule................. 172

VIIe LEÇON.

Objet de la leçon. — De l'élément germanique dans la civilisation moderne. — Des monuments de l'ancien état social des Germains. — 1° Des historiens romains et grecs ; 2° des lois barbares ; 3° des traditions nationales. — Ils se rapportent à des époques fort diverses. — On les a souvent employés pêle-mêle. — Erreur qui en résulte. — De l'ouvrage de Tacite sur les mœurs des Germains. — Des opinions des écrivains allemands modernes sur l'ancienne société germanique. — Quel genre de vie y prévalait, la vie errante ou la vie sédentaire ? — Des institutions. — De l'état moral. — Comparaison entre l'état des tribus germaines et celui d'autres peuplades. — Fausseté de la plupart des tableaux de la vie barbare. — Principaux caractères de la véritable influence des Germains sur la civilisation moderne... 197

VIIIe LEÇON.

Objet de la leçon. — Description de l'état de la Gaule dans la dernière moitié du VIe siècle. — Véritable caractère des invasions germaniques. — Cause d'erreur à ce sujet. — Dissolution de la société romaine : 1° dans les campagnes ; 2° dans les villes, quoique à un moindre degré. — Dissolution de la société germaine : 1° de la peuplade ou tribu ; 2° de la bande guerrière. — Éléments du nouvel état social. — 1° De la royauté naissante ; — 2° de la féodalité naissante ; — 3° de l'Église après l'invasion. — Résumé.............. 231

IXe LEÇON.

Objet de la leçon. — Idée fausse de la loi salique. — Histoire de la rédaction de cette loi. — Deux systèmes à ce sujet. — Dix-huit manuscrits. — Deux textes de la loi salique. — De l'ouvrage de M. Wiarda sur l'histoire et l'explication de la loi salique. — Préfaces jointes aux manuscrits. — Valeur des traditions nationales sur l'origine et la rédaction de la loi salique. — De ses dispositions. — Elle est essentiellement un code pénal. — 1° De l'énumération et de la définition des délits dans la loi salique ; 2° des peines ; 3° de la procédure criminelle. — Caractère transitoire de cette législation. 258

Xe LEÇON.

Objet de la leçon. — Le caractère transitoire de la loi salique se retrouve-t-il dans les lois des Ripuaires, des Bourguignons et des Visigoths ? — 1° De la loi des Ripuaires. — Des Francs Ripuaires. — Histoire de la rédaction de leur loi. — Son contenu. — En quoi elle diffère de la loi salique. — 2° De la loi des Bourguignons. — Histoire de sa rédaction. — Son contenu. — Son caractère distinctif. — 3° De la loi des Visigoths. — Elle intéresse plus l'histoire d'Espagne que l'histoire de France. — Son caractère général. — Effet de la civilisation romaine sur les Barbares................ 287

XIe LEÇON.

Perpétuité du droit romain après la chute de l'Empire. — De l'*Histoire du Droit romain dans le moyen âge*, par M. de Savigny. — Mérites et lacunes de cet ouvrage. — 1° Du droit romain chez les Visigoths. — *Breviarium Aniani*, recueilli par ordre d'Alaric. — Histoire et contenu de ce recueil. — 2° Du droit romain chez les Bourguignons. — *Papiani Responsum.* — Histoire et contenu de cette loi. — 3° Du droit romain chez les Francs. — Point de recueil nouveau. — La perpétuité du droit romain prouvée par divers faits. — Résumé.. 313

XIIe LEÇON.

Objet de la leçon. — De l'état de l'Église en Gaule, du vie siècle au milieu du viiie. — Analogie de l'état primitif de la société religieuse et de la société civile. — De l'unité de l'Église, ou de la société spirituelle. — Des deux éléments ou conditions de la société spirituelle : 1° unité de la vérité, c'est-à-dire de la raison absolue ; 2° liberté des esprits, c'est-à-dire de la raison individuelle. — De l'état de ces deux idées dans l'Église chrétienne, du vie au viiie siècle. — Elle adopte l'une et méconnaît l'autre. — De l'unité de l'Église dans la législation. — Conciles généraux. — Différence entre l'Église d'Orient et l'Église d'Occident, quant à la poursuite des hérétiques. — Des rapports de l'Église avec l'État, du vie au viiie siècle : 1° dans l'Empire d'Orient ; 2° dans l'Occident, et spécialement dans la Gaule franque. — Intervention du pouvoir temporel dans les affaires de l'Église. — Du pouvoir spirituel dans les affaires de l'État. — Résumé.. 337

XIIIe LEÇON.

De l'organisation et de l'état intérieur de l'Église gallo-franque, du vie au viiie siècle. — Faits caractéristiques de l'état de l'Église gauloise au ve siècle. — Que deviennent-ils après l'invasion ? — La domination exclusive du clergé dans la société religieuse continue. — Faits qui la modifient : 1° séparation de l'ordination et de la tonsure ; clercs non ecclésiastiques ; 2° patronage des laïques sur les églises qu'ils ont fondées ; 3° des oratoires ou chapelles particulières ; 4° des avocats des églises. — Tableau de l'organisation générale de l'Église. — Des paroisses et de leurs prêtres. — Des archiprêtres et des archidiacres. — Des évêques. — Des métropolitains. — Tentatives pour établir le patriarcat en Occident. — Chute des métropolitains. — Prépondérance et despotisme de l'épiscopat. — Lutte des prêtres de paroisse contre les évêques. — Les évêques l'emportent. — Le despotisme les corrompt. — Décadence du clergé séculier. — Nécessité d'une réforme............................ 364

XIVᵉ LEÇON.

Histoire du clergé régulier, ou des moines, du ɪvᵉ au vɪɪɪᵉ siècle. — Que les moines ont été d'abord des laïques. — Importance de ce fait. — Origine et développement progressif de la vie monastique en Orient. — Premières règles. — Importation des moines en Occident. — Ils y sont mal reçus. — Leurs premiers progrès. — Différence entre les monastères orientaux et occidentaux. — Opinion de saint Jérôme sur les égarements de la vie monastique. — Causes générales de son extension. — De l'état des moines en Occident au vᵉ siècle. — Leur puissance et leur incohérence. — Saint Benoît. — Sa vie. — Il fonde le monastère du mont Cassin. — Analyse et appréciation de sa règle. — Elle se répand dans tout l'Occident, et y gouverne presque tous les monastères........................ 397

XVᵉ LEÇON.

Des rapports des moines avec le clergé, du ɪvᵉ au vɪɪɪᵉ siècle. — Leur indépendance primitive. — Son origine. — Causes de son déclin. — 1° A mesure que le nombre et le pouvoir des moines augmentent, les évêques étendent sur eux leur juridiction. — Canons des conciles. — 2° Les moines demandent et obtiennent des priviléges. — 3° Ils aspirent à entrer dans le clergé. — Dissidence et lutte à ce sujet parmi les moines eux-mêmes. — Les évêques repoussent d'abord cette prétention. — Ils y cèdent. — En entrant dans le clergé, les moines perdent leur indépendance. — Tyrannie des évêques sur les monastères. — Résistance des moines. — Chartes concédées par les évêques à quelques monastères. — Les moines recourent à la protection des rois, à celle des papes. — Caractère et limites de cette intervention. — Similitude de la lutte des monastères contre les évêques, et de celle des communes contre les seigneurs féodaux... 426

FIN DE LA TABLE.

www.ingramcontent.com/pod-product-compliance
Lightning Source LLC
Chambersburg PA
CBHW070820250426
43671CB00036B/632